INTRODUCCIÓN
A LOS CUATRO
EVANGELIOS

TRATADO GENERAL SOBRE LOS CUATRO
EVANGELIOS QUE ANALIZA LA VIDA, PASIÓN Y
MUERTE DE JESUCRISTO

ERNESTO TRENCHARD

CONTIENE UN ESTUDIO PROGRAMADO POR LA

FACULTAD
LATINOAMERICANA DE ESTUDIOS
TEOLÓGICOS

Editorial Portavoz desea expresar su agradecimiento a la junta de directores del Centro Evangélico de Formación Bíblica de Madrid, por permitir esta edición especial como parte de los cursos de la Facultad Latinoamericana de Estudios Teológicos (FLET).

La misión de *Editorial Portavoz* consiste en proporcionar productos de calidad —con integridad y excelencia—, desde una perspectiva bíblica y confiable, que animen a las personas a conocer y servir a Jesucristo.

EDITORIAL PORTAVOZ
2450 Oak Industrial Dr. NE
Grand Rapids, Michigan 49505 USA.

Visítenos en: www.portavoz.com

ISBN 978-0-8254-1724-5

7 8 9 10 edición / año 18

Impreso en los Estados Unidos de América
Printed in the United States of America

Contenido

SECCIÓN I   INTRODUCCIÓN GENERAL

El Evangelio y los Evangelios 19; El origen del Evangelio
20; **El Evangelio en Cristo Jesús 21;** El Evangelio en la persona y las obras de Jesucristo 21; El Evangelio en las palabras de Jesucristo 22; El Evangelio se funda en la obra de la
cruz y la resurrección 23; **Los Doce como testigos de la vida,
muerte y resurrección del Señor 24;** El entrenamiento de los
Doce 24; **La tradición oral 26;** La proclamación apostólica
26; La doctrina de los apóstoles 26; El paso de la tradición
oral a los Evangelios escritos 28; El llamado «problema
sinóptico» 29; **El Evangelio cuadriforme 30; La veracidad
de los Evangelios 32;** El testimonio interno del Espíritu 32;
Evidencia documental 32; El testimonio de los escritos cristianos del primer siglo 33; **Conclusión 35;** *Preguntas* 35

SECCIÓN II   LOS TRES EVANGELIOS SINÓPTICOS

El autor 37; Evidencia externa 38; Evidencia interna 38; **La
fecha y lugar de redacción 39; Características del Evangelio 40;** La presentación del material en secciones 40; El espacio que dedica el autor a las enseñanzas del Señor 40;
Abundantes citas del Antiguo Testamento 41; **Las finalidades del Evangelio 41;** La presentación de Jesús a los judíos

3

como su Mesías y Rey 41; La manifestación del cumplimiento de la revelación anterior en Cristo 43; La declaración de las características del Reino hecha realidad en Cristo 44; Expresiones que subrayan el tema del Reino 44; **Material peculiar a Mateo 44;** Narraciones peculiares a Mateo 45; Parábolas peculiares a Mateo 45; Milagros peculiares a Mateo 45; Fórmula bautismal peculiar a Mateo 45; **El plan de Mateo 45;** Dos grandes movimientos 45; Grandes secciones señaladas por Mateo 46; **Un análisis del Evangelio 46;** *Preguntas* 51

El autor 50; Notas biográficas 50; Evidencia externa 53; Evidencia interna 54; Evidencia por analogía 54; **Fecha del Evangelio 55; Rasgos destacados del Evangelio 56;** La sencillez del plan 56; La rapidez de la narración 56; La brevedad de las enseñanzas 56; La limitación de las citas del Antiguo Testamento 57; La traducción de frases arameas 57; Las reacciones personales frente a Jesús 57; La falta de una introducción biográfica 57; **La finalidad del Evangelio 58;** Marcos escribió con el fin de proveer a los creyentes gentiles de los datos más imprescindibles sobre la persona y obra del Salvador 58; Marcos presenta a Cristo como el Siervo de Dios 58; **Material peculiar a Marcos 59;** Milagros 59; Parábolas 60; **El contenido del Evangelio 60; El escenario del ministerio 62; Notas sobre el epílogo 63;** *Preguntas* 63

El autor 64; Evidencia externa 64; Evidencia interna 67; **La fecha del Evangelio 66; El valor histórico de los escritos de Lucas 67;** El plan de Lucas 67; La prueba de la historicidad en los Hechos 67; **Notas biográficas sobre Lucas 69;** Lucas, el gentil culto, médico de profesión 69; Las referencias a Lucas en las Epístolas 69; La presencia de Lucas en los Hechos 70;

SECCIÓN IX   EL MINISTERIO DEL SEÑOR (TERCERA PARTE)

SECCIÓN XI   LA GRAN CONSUMACIÓN DEL MINISTERIO

**relaciones del Padre y del Hijo en la crisis de la Cruz 306;
El alcance del valor del sacrificio 307;** *Pregunta* 308

Abreviaturas

a.C.	=	antes de Jesucristo
AT	=	Antiguo Testamento
c.	=	circa, alrededor de la fecha de
cap.	=	capítulo
caps.	=	capítulos
comp	=	compárese con
d.C.	=	después de Jesucristo
km.	=	kilómetros
LXX	=	Versión griega del A.T. principal en el siglo III a.c., llamada "La Alejandrina" o "La Septuaginta"
NT	=	Nuevo Testamento
Vers. H.A.	=	Versión Hispano-Americana
Vers. Mod.	=	Versión Moderna
Vers. R.V.	=	Versión Reina-Valera

Citas bíblicas: Normalmente las citas del Antiguo Testamento se han sacado de la Versión Moderna, y las del Nuevo Testamento de la Versión Hispanoamericana, por ser éstas más fieles que la Versión Reina-Valera a los originales hebreo y griego, a pesar de su magnífico lenguaje. Con todo, algunas citas se han modificado con referencia a otras versiones de reconocida autoridad con el propósito de acercarlas más al sentido exacto de los originales.

Prefacio de los editores

Dejamos intacto el prólogo que el autor escribió para la primera edición de este libro, pues en él se puede ver mucho de lo que el señor Ernesto Trenchard quiso que su obra fuera. Solamente añadiremos por nuestra parte que los años pasados desde dicha edición han puesto de manifiesto lo útil que ha sido este tomo sobre los Cuatro Evangelios y lo mucho que ayuda para comprender la presentación cuádruple de Nuestro Señor Jesucristo que en ellos se halla, su relación con el resto de la Biblia y la importancia del fondo ambiental en que se desarrolló el ministerio público del Señor. Numerosos estudios en iglesias, cursillos y particulares han sido llevados a cabo con la ayuda de este libro y esperamos que siga siendo usado por el Señor con la misma bendición como hasta ahora.

El índice de temas que se añade a esta nueva edición aumentará la utilidad del libro, y los muchos asuntos que trata serán hallados con mayor facilidad cada vez que se use como fuente de información en todo lo relacionado con los Evangelios y otros temas bíblicos próximos a ellos.

Quiera el Señor que el mensaje vivificador del Evangelio sea más conocido y mejor comprendido por muchas personas que puedan hacer uso de esta obra, utilizándola tanto para estudio como para lectura o consulta debido al rico material que contiene.

Madrid (España)

Prólogo

Desde que B. F. Westcott publicó su célebre *Introduction to the Study of the Gospels,* en el año 1860, han aparecido una larga serie de tomos en lengua inglesa sobre los Evangelios. Algunos de los autores han seguido la buena pista marcada por el gran escriturario, mientras que otros se han desviado hacia apreciaciones que minan por completo la base histórica de los escritos fundamentales del cristianismo. En cuanto a estos últimos pensamos especialmente en Dibelius y Bultmann, cuya «crítica de forma» de los Evangelios nos dejaría con sólo unos pobres restos «auténticos», recogidos por los perspicaces «eruditos» de las «formas estereotipadas» que los predicadores del primer siglo inventaron a los efectos de interesar a su público, utilizando algunas frases o algunos datos que quizá correspondían realmente al ministerio del Maestro, pero que no pueden percibirse sino por la vista penetrante de los mencionados críticos y de otros de su escuela.

Huelga decir que el autor del presente volumen sigue la buena pauta de los escriturarios conservadores, quienes han sabido utilizar la verdadera erudición bíblica, al par que reconocen la inspiración divina de las Escrituras y se postran ante la señera figura del Dios-Hombre, que se nos presenta en los cuatro Evangelios aureolada de gloria tan resplandeciente que lleva implícita en sí misma su propia testificación como el «Verbo que llegó a ser carne y habitó entre nosotros, lleno de gracia y de verdad».

El tema en sí es sublime y, tratándose de la lengua castellana, muy poco estudiado en círculos evangélicos. Con mayor placer, pues, el autor ofrece este libro a la atención de hermanos que se deleitan en los tesoros de las Sagradas Escrituras, a pesar de las manifiestas imperfecciones de una obra que forzosamente condensa un material de riqueza inagotable en muy pocas páginas.

Una y otra vez se ha visto ante la disyuntiva de ajustar amplios temas, de importancia fundamental, a meros resúmenes, so pena de producir un libro que, por su extensión, dejaría de ser útil para los hermanos que sirven en el Evangelio sin haber tenido la oportunidad de estudios especiales.

Al autor no le interesa la originalidad de concepto en este campo, necesariamente muy trabajado por los escriturarios debido a su importancia fundamental, tanto doctrinal como apologética. Lo que le interesa es que el lector evangélico estudioso pueda tener a su alcance, en su propia lengua, una parte siquiera de los documentados trabajados de tantos buenos eruditos y expositores sanos en la fe que han escrito sobre los Evangelios en lengua inglesa. A ellos expresa el autor su profunda gratitud, ya que le han ayudado durante las meditaciones de muchos años a percibir más claramente los rayos de gloria divina «en la faz de Jesucristo»; con todo, es suya la obra de selección y de presentación, y la responsabilidad por las enseñanzas de este libro, como también por la posición doctrinal que trasciende sus páginas.

Este libro debe su origen a una labor didáctica, y si algún mérito tiene, además de presentar en castellano datos sobre los Evangelios que difícilmente se hallarían en otros escritos, es el de la claridad de la presentación a través de secciones y subsecciones, cuyos epígrafes ofrecen análisis de una gran riqueza de temas. «Curándose en salud» quizá, el autor adelanta que toda consideración puramente literaria ha tenido que subordinarse a la finalidad didáctica. Para él lo importante es enseñar la Palabra, y todo lo demás es secundario. Espera que algunos hallen de su agrado este intento, logrado o no, de exponer la esencia de la Palabra a la consideración y meditación de los creyentes estudiosos. El que no lo sea, hallará poco atractivo en esta obra.

Hace once años, en relación con los trabajos de formación bíblica de Cursos de Estudio Bíblico (C.E.B., España), se produjo un curso sobre los Evangelios, que adaptaba material muy bondadosamente provisto por el director del prestigioso London

Bible College. Al agotarse el curso se pensó en una obra que no sólo sirviera como libro de texto para los estudiantes de C.E.B., sino que pudiera aprovecharse ampliamente entre los evangélicos de habla española. El autor reconoce su deuda a aquel buen material que tanto nos ayudó a la preparación del curso ya caducado, pero el libro actual rebasa por mucho los límites anteriores, y han sido consultados en su preparación libros «standard» tales como el exhaustivo *Guide to the Gospels,* por W. Graham Scroggie; *Nuestro Nuevo Testamento,* por Merrill C. Tenney (Editorial Portavoz); *The Reliability of the New Testament y The Growing Days,* por F.F. Bruce; *The Gospel of the Kingdom,* por G.E. Ladd, amén de las secciones y artículos pertinentes al tema de la *International Standard Encyclopedia, The Dictionary of the Bible,* por James Hastings; *Nuevo auxiliar bíblico,* por G.T. Manley (Editorial CLIE), y las teologías sistemáticas de distintas «escuelas», como las de W.H. Griffith-Thomas, Louis Berkhof, y Lewis S. Chafer.

Muy importante en el estudio de los Evangelios es el concepto del «Reino de Dios», frente al cual el autor adopta una posición un tanto individualista, ya que no puede hallarse conforme con las definiciones ni de los «dispensacionalistas» ni con las de los «antidispensacionalistas», creyendo que toda la evidencia bíblica no puede caber dentro del molde ni de la primera escuela ni de la segunda. Su posición se acerca mucho a la del doctor George E. Ladd, en el libro ya mencionado, y a la que expone Erich Sauer en *El triunfo del Crucificado* (Editorial Portavoz).

Por tratarse de un libro de texto de Cursos de Estudio Bíblico se hallan «Preguntas» al final de cada sección para el uso de los estudiantes, pero suponemos que no han de molestar al lector que no sea estudiante de C.E.B., a quien aconsejamos que las medite a guisa de ejercicio personal de recapitulación y meditación.

El autor agradece a su esposa la laboriosa tarea de sacar sentido de sus borradores, como también a sus demás colegas, los señores Daniel Pujol y Pablo Wickham, sus valiosos trabajos en el repaso de los originales. Pide a Dios que los arduos (y deleitosos) trabajos de redactar este libro tengan por resultado que algunos compartan la experiencia de Juan en la isla de Patmos:

«Volvíme entonces para ver de quién era la voz que hablaba conmigo y vuelto... vi... al Hijo del hombre» (Ap. 1:12, 13).

ERNESTO TRENCHARD

Barcelona (España)
mayo de 1961

Introducción general

EL EVANGELIO Y LOS EVANGELIOS

Los cuatro Evangelios son escritos singulares en su género que, en su conjunto, nos proveen de la única información directa que poseemos sobre la gran intervención salvadora de Dios en el mundo en la persona de su Hijo. Es verdad que se hallan unas breves referencias al Cristo en escritos extra-bíblicos del primer siglo, pero no añaden nada a lo que se desprende de la presentación cuádruple del Dios-Hombre en los cuatro Evangelios. Pertenecen al género biográfico en cierto sentido, ya que describen el nacimiento y las actividades de Jesucristo; pero hemos de notar que no pretenden presentar vidas completas del Maestro, sino que los autores humanos, bajo la guía del Espíritu Santo, seleccionan ciertos incidentes y enseñanzas que demuestran la realidad de la revelación de Dios en Cristo, sin ninguna intención de agotar el material: cosa que, según el apóstol Juan, habría sido imposible, tanta era la riqueza de obra y palabra del corto período del ministerio del Verbo encarnado en la tierra (Juan 21:25).

Es notable que los cuatro evangelistas describen la pasión, la muerte expiatoria y la resurrección del Señor con gran lujo de detalle, por hallarse en esta consumación de la obra de Cristo la esencia misma del EVANGELIO.

Por el hecho de presentar la persona y la obra de Jesucristo, quien es el único fundamento del Evangelio, estos cortos escritos fueron llamados «los Evangelios» por los cristianos del primer siglo. Es interesante notar que pronto agruparon los cuatro escritos en un tomo que daban en llamar EL EVANGELIO, de la forma en que coleccionaron las epístolas de Pablo en un tomo llamado EL APÓSTOL. Enlazados estos dos tomos por LOS HECHOS DE LOS APÓSTOLES, disponían ya de la parte más esencial del Nuevo Testamento.

El origen del Evangelio

La palabra «Evangelio», como todos saben, significa «Buenas Nuevas», pero son buenas nuevas muy especiales, ya que se trata del mensaje salvador que Dios se digna hacer llegar al hombre, a pesar de su rebeldía. No hemos de buscar el origen último del Evangelio en los libros que estudiamos, ni siquiera en el misterio de la encarnación; tenemos que remontarnos mucho más alto, llegando a los designios eternos del Trino Dios. El apóstol Pablo describe en sublimes palabras tanto el origen como la manifestación del Evangelio en 2 Timoteo 1:8–11 : «Sufre conmigo los trabajos por el Evangelio, según el poder de Dios, quien nos salvó y llamó con vocación santa, no conforme a nuestras obras, sino conforme a su propio propósito y gracia, que nos fue dada en Cristo Jesús antes de los tiempos eternos; mas ahora se mostró por la manifestación de nuestro Salvador Cristo Jesús, el cual abolió la muerte y sacó a la luz la vida y la inmortalidad por el Evangelio; para el cual fui constituido predicador y apóstol y maestro». Este sustancioso pasaje nos señala el origen del Evangelio, su manifestación en Cristo, y su promulgación por los apóstoles, que viene a ser un resumen bíblico del contenido de esta introducción.

En su estilo peculiar, el apóstol Pedro describe también el origen del Evangelio «antes de la fundación del mundo» y su «manifestación al fin de los tiempos» por amor a los escogidos (1 P. 1:18–21). El mismo Señor insistió en que su mensaje procedía «de arriba», y que pudo traerse a los hombres solamente por medio de quien «descendió del cielo» (Jn. 3:12–16; comp. 3:30–34). Una y otra vez el Maestro recalcó que no proclamaba un mensaje individualista y humano, sino que obraba en perfecta armonía con el Padre (Jn. 8:28; 12:49–50; 6:32–58 etc.), manifestando en el mundo lo que se había determinado en sagrado consejo entre Padre, Hijo y Espíritu Santo. El autor de *Hebreos* empieza su sublime epístola recordando el hecho de que Dios había hablado anteriormente a los padres por los profetas, en diversos tiempos y maneras, pero «al fin de esos días nos habló en su Hijo».

El Hijo no sólo era portavoz de las Buenas Nuevas del Cielo, sino que en su persona, y a través del profundo significado de su obra, *era* la voz de Dios, *era* el Evangelio, como también y eternamente *es* «Camino, Verdad y Vida».

Hay «Evangelio» en el AT, ya que Dios anticipa las bendiciones de la obra redentora de Cristo a los fieles de todos los tiempos, pero la revelación era incompleta aún, y no se había colocado todavía la base histórica que permitiese la operación de la gracia de Dios (Ro. 3:25, 26). Hay destellos de luz, pero aún no se había levantado el sol de justicia que «viniendo en este mundo, alumbra a todo hombre» (Jn. 1:9).

EL EVANGELIO EN CRISTO JESÚS
El Evangelio en la persona y las obras de Jesucristo

Ya hemos notado el gran hecho de que el Evangelio se encarna en la persona de Jesucristo, pero aquí queremos llamar la atención del lector a los medios, aparentemente tan sencillos, que se emplean en los cuatro Evangelios para dar a conocer esta gran verdad. Cada evangelista hace su selección de incidentes, sea por lo que recordaba como testigo ocular, sea por investigar los hechos por medio de muchos testigos y ayudado por escritos ya redactados como lo hace Lucas (Lc. 1:1–4). Las personas se revelan por lo que dicen y hacen, por las actitudes que adoptan durante el período de observación. No de otra manera se revela el Hijo de Dios a través de los relatos de los Evangelios. Cada nueva obra de gracia y poder, cada contacto con las almas necesitadas, cada reacción contra la hipocresía de los «religionistas» de su día, constituye una nueva pincelada que añade algo esencial al retrato final. Así se va revelando la naturaleza y los atributos del Cristo, que luego resultan ser los mismos atributos de Dios, revelados por medio de una vida humana en la tierra: amor perfecto, justicia intangible, santidad inmarcesible, gracia inagotable, poder ilimitado dentro del programa divino, y omnisciencia que penetra hasta lo más íntimo del hombre y hasta el secreto de la naturaleza del Padre (comp. Jn. 2:24, 25 con Mt. 11:27). Después de acallar Jesús la tempestad, los discípulos preguntan: «¿Quién, pues, es éste, que aun el viento y el mar le obedecen?». De hecho la misma pregunta se formulaba, consciente o inconscientemente, tras todas sus obras y palabras, hasta que por fin Tomás Dídimo cayó a sus plantas exclamando: «¡Señor mío y Dios mío!». La intención de revelarse a sí mismo, y al Padre por medio de sí mismo, queda patente en su contestación a Felipe: «¿Tanto tiempo ha que estoy con vosotros, y no me has conocido? El que me ha visto a mí ha visto al Padre» (Jn. 14:9).

Hemos de distinguir dos facetas de esta maravillosa revelación: 1) de la naturaleza de Dios, que ya hemos notado en breve resumen; 2) la revelación de la naturaleza de su obra redentora. Recogiendo este último punto, rogamos que el lector medite en cualquiera de los milagros de sanidad del Señor. Por ejemplo, un leproso «viene a él», lleno de los efectos de la terrible enfermedad. Todos los demás huyen, porque son impotentes ante el mal del prójimo, y quieren sobre todo salvarse a sí mismos del contagio. Sólo Cristo está en pie y escucha el ruego: «Si quieres, puedes limpiarme». No sólo pronuncia la palabra de poder que sana al enfermo, sino que extiende la mano para tocar aquella pobre carne carcomida, lo que constituye el primer contacto con otra persona desde que se declaró la enfermedad. Mucho más se podría escribir sobre este solo caso, pero lo escrito basta para comprender que llega a ser una manifestación, por medio de un acto específico, del amor, de la gracia, del poder sanador del Señor, que restaura los estragos causados por el pecado. De parte del leproso se pone de manifiesto que hay plena bendición para todo aquel que acude con humildad y fe a las plantas del Señor.

El Evangelio en las palabras de Jesucristo

Cristo es el prototipo de todos los heraldos del Evangelio, puesto que no sólo obra, sino enseña y proclama la Palabra de Dios. Juan Marcos empieza su Evangelio de esta manera : «Principio del Evangelio de Jesucristo, Hijo de Dios», y más tarde, al empezar a detallar el ministerio del Señor en Galilea, escribe:

«Jesús vino a Galilea predicando [proclamando] el Evangelio del Reino de Dios» (Mr. 1:14). Mateo resume la obra en Galilea diciendo: «Rodeó Jesús toda Galilea, enseñando en las sinagogas de ellos, y proclamando el Evangelio del Reino» (Mt. 4:23). Lucas, después de notar cómo el Señor aplicó a sí mismo la evangélica cita de Isaías 61:1 y 2, en la sinagoga de Nazaret, refiere estas palabras del Señor: «También a otras ciudades es necesario que anuncie el Evangelio, *porque para esto soy enviado*» (Lc. 4:43). Vemos, pues, que aquel que era en sí la misma esencia del Evangelio, y quien lo ilustraba diáfanamente por medio de sus obras, se dedicaba también a su proclamación, ya que «la fe viene por el oír, y el oír por la Palabra de Dios». Anunciaba que el Reino de Dios, tanto tiempo esperado, había adquirido un centro, convirtiéndose en realidad espiritual gracias a la presencia del Rey en la tierra, quien vino para quitar las barreras del pecado y hacer posible un Reino fundado sobre el hecho eterno de su persona y sobre la divina eficacia de su obra. Hemos de entender la palabra «Evangelio» en sentido amplio, y no sólo como el ruego al pecador que se someta y se salve. Es el resumen de toda la obra de Dios a favor de los hombres que quieren ser salvos, y, desde este punto de vista, toda la enseñanza del Señor que se conserva en los cuatro Evangelios es Evangelio», una maravillosa presentación de lo que Dios quiere que los hombres sepan: mensaje que en todas sus inumerables facetas llama al hombre a la sumisión de la fe y a la obediencia. Muchos heraldos ha habido, pero ninguno como él, cuyas palabras eran tan elocuentes y poderosas que hasta los alguaciles enviados a prenderle tuvieron que volver a sus amos diciendo en tono de asombro: «¡Jamás habló hombre alguno como este hombre habla!» (Jn. 7:46).

El Evangelio se funda en la obra de la cruz y la resurrección

En la última sección de este libro tendremos ocasión para considerar —hasta donde llegan las pobres palabras humanas frente a misterio tal— el significado de la obra de la cruz y el triunfo de la resurrección de nuestro Señor Jesucristo. Aquí nos corresponde recordar al lector que sólo en el sacrificio del calvario se encuentran tanto el amor como la justicia de Dios y que únicamente allí, a través de la misteriosa obra de expiación, pudieron abrirse las puertas cerradas, dando paso a la gracia de Dios, con el fin de que el pecador, delincuente convicto y sentenciado por sus ofensas en contra de la santa Ley de Dios, fuese justificado y bendecido. Satisfecho el principio fundamental de la justicia intangible del Trono de Dios, y sellada la obra por el manifiesto triunfo sobre la muerte, Cristo resucitado llega a ser el tema del Evangelio, el Primero y el Último, el que murió y vive por los siglos de los siglos (Ap. 1:17–18). Se ha sacado a la luz la vida y la inmortalidad por el Evangelio, en el corazón del cual se hallan la cruz y la tumba vacía.

LOS DOCE COMO TESTIGOS DE LA VIDA, MUERTE Y RESURRECCIÓN DEL SEÑOR

El entrenamiento de los Doce

Los Doce habían sido discípulos del Señor antes de ser constituidos apóstoles o enviados suyos. Marcos nota el momento del llamamiento del Señor en estas palabras: «Y subió Jesús al monte, y llamó a sí a los que él quiso, y fueron a él. Y constituyó doce, para que estuviesen con él, y para enviarlos a predicar, con potestad de echar fuera demonios» (Mt. 3:13–15). El aspecto más importante de su preparación se indica por la frase «para que estuviesen con él», ya que luego habían de testificar sobre todo de la persona del Señor, que se revelaba, como hemos visto, por cuanto hacía y decía, conjuntamente con sus reacciones frente a los hombres, frente a la historia, y frente a la voluntad de Dios, que era la suya propia, y que había venido para manifestar y cumplir. Cada intervención del Señor suscitaba preguntas, que por fin hallaron su contestación en la confesión de Pedro: «Tú eres el Cristo, el Hijo del Dios viviente»; o según otra confesión suya: «Tú tienes palabras de vida eterna, y nosotros hemos creído y conocemos que tú eres el Santo de Dios» (Mt. 16:16; Jn. 6:68, 69). La verdad en cuanto a la naturaleza divina y humana de Cristo tuvo que ser grabada en el corazón y la mente de los apóstoles por medio de una reiteración de pruebas que nacieron de las mismas circunstancias del ministerio del Señor. El pleno reconocimiento de quién era el Señor —que sólo llegó a ser una convicción inquebrantable después de la resurrección— había de ser el sólido fundamento de todo lo demás. Su excelsa obra dependía de la calidad de su persona, como Dios manifestado en carne y como el «Hijo del Hombre», consumación de la verdadera humanidad y representante de la raza por ser el «Postrer Adán».

Es preciso meditar en la importancia de los Doce como testigos-apóstoles, pues si hubiese faltado aquel eslabón de toda garantía entre la persona de Cristo y su obra salvadora, por una parte, y los hombres que necesitaban saber para creer y ser salvos, por otra, la «manifestación» se habría producido en un vacío, y no habría pasado de ser fuente de vagas leyendas en lugar de una declaración en forma histórica garantizada por el testimonio fidedigno de testigos honrados. Más tarde, y precisamente ante el tribunal del sanedrín que condenó al Señor, Pedro y Juan, prototipos de estos testigos-apóstoles, declararon: «No podemos dejar de anunciar *lo que hemos visto y oído*» (Hch. 4:20). Hacia el final de su vida, Pedro reiteró: «Porque al daros a conocer la potencia y la venida del Señor nuestro Jesucristo, no seguimos fábulas por arte compuestas, sino que hablamos como testigos oculares que fuimos de su majestad» (2 P. 1:16).

No sólo tomaron buena nota estos fieles testigos de las actividades del Señor Jesucristo, sino que recibieron autoridad suya para actuar como tales, con el fin de que obrasen y hablasen en su Nombre y frente al pueblo de Israel y delante de los hombres en general. Como apóstoles tuvieron autoridad para completar el canon de las Escrituras inspiradas —luego se añade Pablo con una comisión algo distinta—, siendo capacitados por el Espíritu Santo para recordar los incidentes y las palabras del ministerio del Señor, como también para recibir revelaciones sobre verdades aún escondidas. Este aspecto de su obra se describe con diáfana claridad en los discursos del Cenáculo, capítulos 13 a 16 de Juan, y podemos fijarnos especialmente en Juan 14:25, 26; 15:26, 27; 16:615. El Espíritu Santo actuaba como «testigo divino» a través de los testigos-apóstoles; la manera en que se desarrolló este doble testimonio complementario e inquebrantable se describe sobre todo en Hechos, capítulos 1 a 5, bien que es la base de toda la revelación del NT.

LA TRADICIÓN ORAL

La proclamación apostólica

En primer término, y como base de todo lo demás de su obra, los apóstoles tenían que «proclamar como heraldos» (el verbo griego es *kerusso,* y la proclamación *kerugma*) los grandes hechos acerca de la manifestación del Mesías, su rechazo por los príncipes de los judíos, y la manera en que Dios, por medio de sus altas providencias, había cumplido las Escrituras que profetizaban la obra del Siervo de Jehová precisamente por medio de la incredulidad de Israel y el poder bruto de los romanos. El trágico crimen del rechazo se volvió en medio de bendición, puesto que los pecados habían sido expiados por el sacrificio de la cruz, y el Resucitado, maravillosamente justificado y ensalzado por Dios, ofrecía abundantes bendiciones a los arrepentidos. Sendos y hermosos ejemplos de este «*kerugma*» se hallan en Hechos 2:14–36; 3:12–26; 10:34–43; 13:16–41. No nos olvidemos de que la predicación del Evangelio ha de ser en primer lugar el anuncio público de lo que Dios hizo en Cristo, pues el alma que no comprende lo que es la cruz y la resurrección, con el valor de la persona del Salvador, carecerá de base donde pueda colocar una fe de confianza, una fe salvadora.

La doctrina de los apóstoles

Con razón los evangélicos, en países donde predomina el romanismo, se ponen en guardia al oír la frase «la tradición oral», pero el estudiante ha de saber que hay «tradición oral» falsa y dañina, como también la hay (o la había) como algo fundamental e imprescindible para la transmisión del Evangelio. Roma pretende guardar una «tradición oral» *después* de la terminación del canon de los escritos inspirados del NT, interpretándola según los dictados autoritarios de la Iglesia, y en último término por el Papa infalible. Esta falsa tradición, que se dice existir al lado de los escritos inspirados del NT, permite a Roma interpretar las Escrituras a su manera, desvirtuando lo inspirado y seguro de «la fe entregada una vez para siempre a los santos» a través de los testimonios apostólicos escritos, en aras de unas tradiciones inciertas que se recopilan de los escritos de los «Padres», obras de valor muy desigual. Va sin decir que no admitimos ni por un momento esta pretendida tradición y rechazamos las deducciones que de ella se sacan.

En cambio, si tomamos en cuenta que Marcos, el Evangelio que quizá se redactó primero, corresponde a la última etapa de la vida de Pedro (digamos sobre la década 50–60), queda un hueco de veinte a treinta años entre la Crucifixión y el primer testimonio escrito que ha llegado a nuestras manos. Desde luego existían escritos anteriores, como es lógico suponer, y que se mencionan en el prólogo del Evangelio de Lucas (1:1–4), pero mucho del material que ahora hallamos en los cuatro Evangelios tenía que transmitirse en forma oral antes de ponerse por escrito.

Podemos percibir el principio de la etapa de la verdadera «tradición oral» en Hechos 2:42, que describe la vida de la Iglesia que acababa de nacer en Jerusalén como consecuencia de la predicación de Pedro en el día de Pentecostés: «*Y perseveraban en la doctrina [enseñanza] de los apóstoles, en la comunión*, en el partimiento del pan y en las oraciones». Como hemos visto, los apóstoles cumplían su cometido como heraldos del Rey, crucificado, resucitado y glorificado, proclamando el hecho y el significado de la cruz y la resurrección ante las multitudes que se congregaban para oírles en el patio de los gentiles en el área del Templo; pero llevaban a cabo otra labor también: la de instruir a los nuevos hermanos en la fe, y éstos «perseveraban» en estas enseñanzas, o sea, se mostraban diligentes y constantes en aprenderlas. Sin duda alguna, los relatos del ministerio de Jesucristo formaban parte importantísima e imprescindible de las enseñanzas de los apóstoles, quienes, ayudados por un círculo de hermanos muy enterados de los detalles de la obra de Cristo, reiteraban una y otra vez los incidentes más destacados y significativos de la vida, subrayando especialmente la gran crisis de la pasión, muerte y resurrección del Señor. Aleccionados por el Señor resucitado (Lc. 24:25–27, 44–48), citarían muy a menudo las profecías que se habían cumplido por la obra redentora de Cristo, pero aquí nos interesan las enseñanzas que daban sobre la vida de Jesús.

Tanto las narraciones como los extractos de las enseñanzas del Maestro adquirían, a causa de su constante reiteración, formas más o menos fijas al ser anunciadas y aprendidas muchas veces; este «molde» era ventajoso cuando los «enseñados» repetían las historias a otros, pues servía en parte para salvarlas de las fluctuaciones asociadas con toda transmisión oral. Las formas se fijaron durante los primeros tiempos apostólicos, lo que garantiza su exactitud esencial. Es probable que algunos discípulos, con don para la redacción, hayan escrito narraciones del ministerio de Cristo desde el principio, pero, debido a la escasez de materiales de escribano, y la rápida extensión de la obra, es seguro que muchos creyentes habrán tenido que depender de la «tradición oral» durante muchos años.

El paso de la tradición oral a los Evangelios escritos

Escribiendo probablemente sobre los años 57 a 59, Lucas empieza su Evangelio destinado, como veremos, a Teófilo y a un círculo de gentiles cultos, con palabras que echan bastante luz sobre los comienzos de las narraciones evangélicas escritas: «Habiendo emprendido muchos la coordinación de un relato de los hechos que entre nosotros se han cumplido —se trata del ministerio del Señor— tal como nos los transmitieron aquellos que desde el principio fueron testigos oculares de ellos y ministros de la Palabra; hame parecido conveniente también a mí, después de haberlo averiguado todo con exactitud, desde su principio, escribirte una narración ordenada, oh excelentísimo Teófilo, para que conozcas bien la certeza de las cosas en las cuales has sido instruido» (Lc. 1:1–4). Aprendemos que por la época en que Lucas empezó a redactar los resultados de sus investigaciones había muchas narraciones que recogían las enseñanzas de los apóstoles que se explicaron al principio por el método catequístico que hemos notado. A la sazón, ninguna de aquellas narraciones había adquirido autoridad de «escrito inspirado», aprobado por los apóstoles como el complemento de su misión de «recordar» y transmitir la verdad sobre la persona y la obra del Maestro, pero se acercaba el momento de la selección, por la providencia de Dios y bajo la vigilancia de los apóstoles, de *cuatro escritos* que habían de transmitir a través de los siglos el retrato espiritual de Cristo y el detalle necesario de su obra.

Según los datos que constan en la breve introducción al Evangelio de Marcos que se hallará en la segunda sección, veremos que hay razones para creer que Juan Marcos recogió en el Evangelio que lleva su nombre las enseñanzas del apóstol Pedro. Constituye, pues, un ejemplo claro de cómo la enseñanza de un apóstol se cuaja en forma literaria por la ayuda de un discípulo y amanuense. Mateo y Juan redactan principalmente la sustancia de sus propios recuerdos, avivados éstos por el Espíritu Santo. Ya hemos visto que Lucas, no siendo testigo ocular de los hechos, se dedicó a una concienzuda labor de investigación, interrogando a testigos, y examinando escritos anteriores, llegando por estos medios a la cima de su hermosa obra; el auxilio del Espíritu Santo no sería menos necesario por tratarse de una labor de paciente investigación. Sus estrechas relaciones con Pablo prestarían autoridad apostólica a sus escritos (Lucas y Los Hechos).

El llamado «problema sinóptico»

Los tres primeros Evangelios se llaman «sinópticos» («vista general», o «parecida») por la razón de que, en contraste con el de Juan, presentan la Vida de una forma aproximadamente igual, dentro de las distintas características que estudiaremos. Es decir, que reflejan las impresiones de los testigos inmediatos de los hechos, y trazan los movimientos y obras del Señor dentro de una perspectiva cercana e histórica. En cambio Juan, al final de su vida, pone por escrito la Vida según la comprende después de largos años de meditaciones y de revelaciones, elevándola a un plano espiritual. Sus hechos son históricos también, pero su tratamiento de los hechos es personal y espiritual.

Son las interrelaciones de los tres sinópticos lo que ha dado lugar al supuesto «problema», ya que se encuentran muchos incidentes (especialmente aquellos que se relacionan con el ministerio de Galilea) que son casi idénticos en su sustancia y forma. Para el que escribe el fenómeno es natural e inevitable si tenemos en cuenta que las primeras tradiciones orales, a causa del método de enseñanza y de reiteración, adoptaron formas más o menos estereotipadas desde el principio, y es natural que guardasen las mismas formas al ser redactadas por escrito. Si la semejanza surge de copiar de unos escritos a otros, es interesante —pero no de importancia vital— considerar cuál sería la fuente anterior. De hecho casi toda la sustancia del Evangelio según Marcos se halla en Mateo y Lucas (menos unos cincuenta versículos). Obviamente, Mateo y Lucas contienen mucho material que no se halla en Marcos, pero hemos de notar que existen coincidencias entre Mateo y Marcos, diferenciándose los pasajes de Lucas, y también hay coincidencias entre Lucas y Marcos, diferenciándose Mateo. También hay material coincidente en Mateo y Lucas que no se halla en Marcos. Surgen las preguntas: ¿tenían delante el Evangelio de Marcos tanto Mateo como Lucas? En este caso, ¿disponían de otra fuente distinta que explicara el material que tienen en común que no se halla en Marcos? Muchos eruditos han afirmado la existencia de tal documento, llamándolo «Q» (alemán = «quelle», «fuente»). Por otra parte, es posible que los eruditos pierden el tiempo en buscar «los tres pies al gato», y que de hecho todo se explica por un gran número de «moldes» que daban forma a la tradición oral, que estaban a la disposición de todos, juntamente con las tempranas narraciones que menciona Lucas, sin olvidarnos de la importancia vital de los conocimientos, intereses y propósitos de cada uno de los evangelistas.

Mucho más importante es que podemos percibir la mano de Dios que guiaba y habilitaba a siervos suyos aptos para la delicada tarea, de trascendental valor, de recopilar y redactar, por la ayuda del Espíritu Santo, precisamente los cuatro aspectos de la Vida que nos han sido transmitidos, y en los cuales es evidente aquella calidad espiritual y divina que los eleva por encima de meras biografías o historias.

EL EVANGELIO CUADRIFORME

¿Por qué tenemos cuatro «Evangelios» y no uno solo que reúna en sí la sustancia histórica y didáctica de todos? Se han redactado muchas «armonías» de los Evangelios, siendo la primera y la más importante aquella que publicara Taciano el Sirio, y que se llamaba el *Diatessaron* (170 d.C.) a causa de sus cuatro componentes. Pero este esfuerzo «lógico» y «conveniente» destruye algo de verdadero valor, ya que cada Evangelio presenta una faceta distinta y peculiar de la Vida, por lo que el retrato total gana mucho en definición y en profundidad. Para formar una idea del rostro de un «amigo por carta», a quien nunca hemos visto personalmente, ¿qué sería mejor? ¿Que nos mandara una sola fotografía grande «de cara», o cuatro fotos sacadas «de cara», de perfil, de medio perfil, etcétera? Sin duda valdría mucho más la serie de semblanzas desde distintos puntos de vista. Así sucede con las maravillosas «fotografías» literarias que son los cuatro Evangelios, pues cada evangelista expone las múltiples glorias y bellezas morales del Dios-Hombre según le fueron reveladas; por lo tanto cada escrito, aun siendo completo en sí, suplementa y complementa los otros tres, presentando los cuatro juntos una perfecta revelación de nuestro Señor Jesucristo. Su vitalidad y su veracidad son tales que, aún hoy, después de tantos siglos, al leerlos nos sentimos en la presencia de nuestro divino Maestro, y quedamos hondamente impresionados tanto por el impacto de su persona, como por la fuerza vital de sus palabras, que nos llegan con tanta claridad como si las oyésemos pronunciar ahora mismo.

Tuvimos ocasión de notar arriba que, durante los primeros años del siglo segundo, los cristianos juntaron en un volumen los escritos de los cuatro evangelistas (desgajando «Lucas» de «Los Hechos»), llamando al conjunto EL EVANGELIO. Luego cada escrito llegó a conocerse como «El Evangelio según San Mateo, San Marcos, etc. Quedó intacto el concepto de un solo Evangelio, bien que presentado según sus distintas facetas por cuatro autores diferentes. Los matices que distinguen estos escritos evangélicos se han de detallar en la segunda sección, de modo que no hemos de elaborar más este tema aquí. Únicamente ponemos de relieve que contemplamos la misma persona en los cuatro Evangelios, y que el significado de su obra es idéntico en todos. Se trata de distintos puntos de vista, relacionados con la finalidad de cada escrito, y no de Evangelios «diferentes».

LA VERACIDAD DE LOS EVANGELIOS

El testimonio interno del Espíritu

El creyente que ha experimentado en sí mismo el poder vivificador y transformador del Evangelio, ya posee, por el testimonio interno del Espíritu, evidencia muy suficiente de la veracidad y de la eficacia de la Palabra divina; pero, como cristianos y siervos de Dios, nos toca tratar con muchas personas que no han visto «la visión celestial» y, al testificar de la verdad delante de ellos, es necesario que sepamos dar razón de la fe que está en nosotros. Por eso conviene saber algo de las pruebas objetivas que se relacionan con la historicidad y la fiel transmisión de los Evangelios, corazón de la Palabra santa y de la fe cristiana.

Evidencia documental

Por «evidencia documental» queremos decir los textos griegos de los cuatro Evangelios que están a la disposición de los traductores y escriturarios en nuestros tiempos. Pasaron catorce siglos antes de que los textos pudiesen beneficiarse de la exacta impresión y rápida distribución que se debe a la invención de la imprenta, durante los cuales las copias tenían que hacerse a mano, fuese en frágiles papiros, fuese en costosos pergaminos. Los autógrafos de los evangelistas se han perdido, igual que todos los de las obras clásicas de la antigüedad, y hemos de depender en todos estos casos de copias de copias. Pero se puede afirmar, sin posibilidad alguna de contradicción de parte de personas enteradas de estas cuestiones, que no existe obra literaria antigua alguna sobre cuya autenticidad abunden tantas pruebas, sobre todo en el terreno documental. Los copistas cristianos, inspirados por su fe, eran mucho más diligentes que los paganos, dedicándose gran número de ellos a sacar copias de los preciosos escritos apostólicos que eran el sustento espiritual de las iglesias de los primeros siglos de la era. Como resultado de este santo celo, se catalogan hoy más de 4.000 manuscritos de todo, o de una parte, del N.T., los cuales se hallan diseminados por los museos, bibliotecas y centros de investigación de Europa y de América, revistiéndose algunos de gran antigüedad y autoridad. La «crítica textual» bíblica ha llegado a ser una ciencia, a la que dedican sus desvelos centenares de eruditos que pueden discernir el valor de los textos que estudian, y que nos acercan siempre más a la época apostólica. Variantes en detalle existen, pero no es cierto que el texto esté muy corrompido. Al contrario, Sir Frederick Kenyon, director en su tiempo del Museo Británico y autoridad indiscutible en la materia, afirmaba que los textos griegos modernos, que resultan de los afanes de los eruditos, tales como el Nestle revisado, no difieren sino en detalles insignificantes de los autógrafos de los apóstoles y los evangelistas.

De gran valor es el *Códice Sinaíticus,* que fue hallado por el erudito alemán Tischendorf en el monasterio de Sinaí en 1844, y que ahora constituye uno de los mayores tesoros literarios y bíblicos del Museo Británico. Del mismo tipo es el *Códice Vaticanus,* guardado, como señala su nombre, en la Biblioteca Vaticana, pero ahora a la disposición de los escriturarios. Fueron copiados de excelentes manuscritos durante el siglo ɪv.

De los papiros muy antiguos, muchos de los cuales han sido sacados a la luz por los arqueólogos en tiempos recientes, puede servir de ejemplo la *colección «Chester Beatty»,* que contiene los cuatro Evangelios, diez de las epístolas paulinas, la Epístola a los Hebreos y el Apocalipsis. Fueron copiados de buenos textos en el siglo ɪɪɪ.

Se guarda en la *Biblioteca «John Rylands»* de Manchester *un fragmento del capítulo 18 de San Juan,* muy pequeño, pero muy importante, ya que, según el criterio de los paleógrafos, pertenece a la primera mitad del siglo ɪɪ. Uno de ellos, el doctor Guppy, ha dicho que apenas había tenido tiempo de secarse la tinta del autógrafo de S. Juan cuando se sacó la copia a la cual pertenecía este fragmento. Constituye una evidencia incontrastable en favor de la fecha tradicional de la redacción del Evangelio según Juan sobre los años 95 a 100 d.C.

No existen otros documentos antiguos que se apoyen ni con la mínima parte de las pruebas documentales del N.T., y en particular, los cuatro Evangelios.

El testimonio de los escritos cristianos del primer siglo

Los llamados «padres de la Iglesia» eran los líderes de las iglesias que vivieron al fin del siglo I, y a principios del II, y quienes pudieron haber tenido contacto con los apóstoles. De hecho, el valor de sus escritos fluctúa mucho, pero las referencias en ellos a los libros del NT se revisten de gran importancia evidencial, ya que prueban que los Evangelios —amén de otros libros del canon— fueron conocidos y admitidos como inspirados por los cristianos en la época sub-apostólica. Aun cuando no disponemos de los escritos mismos de algunos de ellos, bastantes citas se hallan recogidas en *Eusebio: Historia de la iglesia* (Editorial Portavoz) (siglo IV).

Papías era obispo de Hierápolis, en Frigia, al principio del siglo II. Escribió un extenso libro titulado *Una exposición de los Oráculos del Señor*, que conocemos por los extractos en la obra de Eusebio, y por referencias en el *Prólogo antimarcionita*; el obispo basó su obra precisamente sobre los cuatro Evangelios. Ireneo dice que Papías era discípulo de Juan; por las fechas no hay dificultad en aceptar esta declaración, y por lo demás vivía cerca de Éfeso, la última base del apóstol Juan. Hay evidencia, pues, que se enlaza con la época apostólica.

Ignacio era obispo de Antioquía en Siria, y, en camino a Roma para sufrir el mártirio en el circo (115 d.C.), escribió varias cartas a algunas iglesias en Asia, llenas de citas o de alusiones a los cuatro Evangelios.

Policarpo era obispo de Smirna, donde murió por la fe, ya muy anciano, en el año 156. De él tenemos una hermosa epístola dirigida a la iglesia de Filipos. Por numerosas referencias a Policarpo en los escritos de Ireneo y Eusebio, sabemos que citaba muchos textos de los Evangelios, llamándolos «Las Santas Escrituras» o «Los oráculos del Señor». También en su juventud había conocido a S. Juan.

Justino Mártir, filósofo y apologista cristiano, murió mártir en el año 150; hizo frecuentes referencias a los Evangelios en sus libros apologéticos y su «Diálogo con Trifón el Judío».

Desde los años 150 a 170 aparecen listas de libros del NT ya considerados como canónicos, tanto en el *Prólogo antimarcionita*, como en el *Fragmento muratoriano*. Estimulados por la controversia con el hereje Marción, quien rechazaba el AT y publicaba una lista muy restringida de los libros del NT que estaba dispuesto a admitir, los cristianos ortodoxos volvieron a examinar los escritos evangélicos y apostólicos, rechazando algunos otros que se consideraban equivocadamente como inspirados y quedando aproximadamente con la lista que compone nuestro NT de hoy.

En Siria, sobre el año 170, *Taciano* produjo su «Diatessaron», ya mencionado, que es una armonía de los cuatro Evangelios.

Ireneo. Sólo resta mencionar el testimonio del líder cristiano Ireneo, obispo de Lyon, en Francia, pero oriundo de Asia, discípulo de Policarpo y voluminoso escritor. De importancia especial es su obra *Contra herejías*, en la que cita constantemente textos sacados de todos los Evangelios.

CONCLUSIÓN

No hay nada pues que apoye la idea muy extendida de que Jesús era un maestro religioso, al cual crucificaron por oponerse a las ideas corrientes en su día, convirtiéndose los escasos datos en cuanto a él en leyendas a través de los siglos por el celo de sus seguidores, quienes llegaron a considerarle como un dios. Las evidencias documentales remontan a una época cuando aún vivían muchos de los testigos de su vida, muerte y resurrección, y que daban sencillo testimonio de su persona divina y humana. Los cuatro Evangelios son escritos históricos que ofrecen toda garantía a quien busca en ellos la suprema revelación de Dios en Cristo.

PREGUNTAS

1. Discurra sobre el origen del Evangelio, su manifestación en el Señor Jesucristo y su proclamación por el Señor.
2. ¿Cómo fueron entrenados los testigos-apóstoles? Señálese la importancia de su obra como tales y cítense palabras del Señor que indican lo que habían de ser y realizar.
3. Con referencia a los primeros capítulos de Los Hechos, describa la manera en que los apóstoles cumplieron su co-

metido como heraldos de Cristo y como enseñadores de la Iglesia.

4. ¿Qué entiende por «tradición oral» en el verdadero sentido de la palabra? ¿Cómo se concretaron las enseñanzas orales en los cuatro Evangelios reconocidos como autoritativos?

5. Si alguien le dijera que los Evangelios son producto de la falsa piedad cristiana de los siglos segundo y tercero, ¿cómo le demostraría lo contrario?

El Evangelio según Mateo

Según hemos notado en la sección introductoria, los tres primeros Evangelios, en el orden en que se hallan en el NT, se llaman «sinópticos» porque enfocan la vida y el ministerio de Cristo de una forma análoga, en marcado contraste con el punto de vista del cuarto Evangelio. Los evangelistas sinópticos se distinguen los unos de los otros por sus finalidades y planes, que se determinan mayormente por la clase de lector a la cual se dirigen, pero todos aprovechan el fondo común de la «temprana tradición» en su verdadero sentido; o sea, el tesoro de los recuerdos de muchos testigos oculares conservados en relaciones orales, o en forma escrita. Detrás de todos ellos se discierne el elemento indispensable de la autoridad apostólica.

Las notas siguientes son necesariamente breves, ya que el propósito nuestro es el de ver a los sinópticos en su perspectiva general, y no escribir un comentario sobre cada uno, pero abrigamos la esperanza de que orienten al estudioso lector, llevándole de nuevo, con mayor interés y discernimiento, a los mismos Evangelios, que constituyen la fuente más antigua de toda información sobre Emanuel, Dios con nosotros.

EL AUTOR

Los textos más antiguos de este Evangelio son anónimos, y el autor no hace referencia a sí mismo en parte alguna. Con todo nunca fue disputado en la antigüedad que Mateo, apóstol del Señor, fuese el autor de este relato de la vida de Cristo.

Evidencia externa

Esta evidencia remonta a Papías (c. 100 d. C.), según una cita en la *Historia de la Iglesia* de Eusebio (III. 39): «Mateo compuso las "logia" ("dichos") en lengua hebrea, y cada uno las interpretó como pudo». Hacia el final del primer siglo Ireneo (*Contra herejías*, III. 1) declaró: «Mateo también redactó un Evangelio entre los hebreos, en su propia lengua, por la época en que Pedro y Pablo estaban echando el fundamento de la iglesia en Roma».

Existe, pues, una tradición antigua y constante acerca de un Evangelio redactado por Mateo para el uso de hebreos, y en arameo, que es lo que quería decir Papías por «hebreo». Pero las copias más antiguas que se conservan están redactadas en griego helenístico, como los demás Evangelios, y los especialistas en la materia no disciernen señales de que se trate de una traducción. Faltando más información acerca de la relación entre el escrito en arameo, y el que tenemos en griego, podemos pensar que el autor, quien sería bilingüe, como todos los judíos de entonces que trataban mucho con gentiles, volvería a escribir él mismo las «logia» en griego al uso de los judíos de la Dispersión, después de circular su primer escrito en arameo entre los judíos de Palestina. El término que emplea Papias —«Logia» o «Dichos»— es interesante, ya que, como veremos, este Evangelio se caracteriza por amplias referencias al ministerio hablado del Señor.

Evidencia interna

Sabemos tan poco de Mateo que no podemos esperar hallar muchos indicios de la paternidad literaria dentro de su propio libro, pero se puede decir que la poca evidencia que existe concuerda bien con la evidencia externa que ya hemos notado.

1. *Características del autor.* Mateo, o Leví, había sido recaudador de tributos en Capernaum, y como tal habría tenido que llevar cuentas y redactar informes como parte de su trabajo. Es probable que debemos a sus propios apuntes mucho de la detallada enseñanza del Maestro. En el relato de su conversión no nos dice que fue él quien generosamente costeó el banquete, por

el cual quiso poner a sus antiguos colegas en contacto con el Señor (comp. Mt. 9:9, 10 con Lc. 5:27–32), que es rasgo concordante con la modestia del autor, quien se esconde a sí mismo detrás del Señor.

2. *El vocabulario del Evangelio.* Mateo emplea 115 vocablos que no se hallan en otros escritos del NT, y varios de éstos tienen que ver con dinero, oro, plata, deudas, cuentas, cambios de dinero, etcétera, que estarían «a la punta de la pluma» de un ex publicano.

3. *Su gran interés por el pueblo de Israel,* conjuntamente con su celo en recopilar los «discursos de condenación» que Cristo dirigió contra la hipocresía de los fariseos y escribas (por ejemplo, el cap. 23) son compatibles con la actitud de un judío celoso que habría tenido que sufrir mucho de manos de los guías a causa de su profesión.

LA FECHA Y LUGAR DE REDACCIÓN

Por lo que queda dicho sobre la oscuridad que rodea el origen literario de este Evangelio, el lector no esperará que podamos adelantar fechas exactas, o dar a conocer con precisión el lugar donde se redactó. Si fue originalmente escrito en beneficio de círculos de cristianos y amigos en Palestina, hemos de suponer una fecha posterior a la dispersión de la Iglesia en Jerusalén (Hch. 8: 1-4), y, al mismo tiempo, la manera de redactarse el sermón profético parece indicar que no había tenido lugar aún la destrucción de Jerusalén (70 d. C.). Ireneo señala una fecha coincidente con la estancia de los apóstoles Pedro y Pablo en Roma, que se ha de situar «a grosso modo» entre los años 60 y 65. Hemos considerado la probabilidad de que el núcleo del escrito corresponda a las notas tomadas por Mateo durante el mismo ministerio del Señor, y la tradición sobre las «Logia» en arameo señala un proceso que quizá llegó a su fin en un manuscrito griego que empezara a circular entre las iglesias de habla griega de Palestina y de Siria por los años 55 a 65. Mateo habrá escrito su libro, o en la misma Palestina, o en uno de los grandes centros de actividad de judíos de habla griega de Siria, como Cesarea o Antioquía.

CARACTERÍSTICAS DEL EVANGELIO

Como todos los Evangelios, este escrito nos ofrece una selección de las obras y de las enseñanzas del Maestro (Jn. 20:30, 31; 21:25), pero, bajo la guía del Espíritu Santo, la selección obedece a un plan específico que, a su vez, depende de la finalidad del autor.

La presentación del material en secciones

Parece ser que Mateo no se interesa tanto en seguir un orden cronológico rígido, sino en agrupar su material en secciones con el fin de hacer resaltar ciertos grandes rasgos de la obra y del ministerio del Señor en la época de que se trata. Así hallamos los principios del Reino de Dios en la larga sección comúnmente llamada el «Sermón del Monte» (caps. 5 a 7); en la sección siguiente presenta una serie de las obras de poder del Señor, que ilustran la operación de los principios del Reino. Los capítulos 10 y 11 se ocupan de la extensión de la proclamación del Reino y de las variadas reacciones de los hombres a ella; muchas «parábolas del reino» se agrupan en el capítulo 13, etcétera. De este modo distintos aspectos de la persona, la obra y las enseñanzas del Mesías Rey se presentan en series bien ordenadas hasta llegar a la crisis de la Confesión en Cesarea de Filipo (16:16). Después las secciones señalan, o la preparación de los discípulos en vista del misterio de la Cruz, o la creciente oposición de los jefes de Israel al Mesias así revelado. La consumación, desde luego, es la obra de la cruz y el triunfo de la resurrección, que hace posible las bendiciones universales que se entrañan en la Gran Comisión (28:18–20).

El espacio que dedica el autor a las enseñanzas del Señor

En este sentido es fácil y aleccionador entablar una comparación entre Mateo y Marcos, pues éste «se especializa» en las obras del Señor, como corresponde a quien presenta a Cristo como «el Siervo de Jehová». Mateo, en cambio, abrevia algunos milagros, pero se extiende en las enseñanzas, que se hallan muy resumidas en Marcos. El ministerio oral que aquí hallamos incluye muchas parábolas y gira, directa o indirectamente, alrededor del tema del Reino de Dios. Véanse los siguientes grandes discursos: «los principios y normas del Reino» (caps. 5–7); instrucciones a los Doce en relación con su misión (cap. 12); las parábolas del Reino (cap. 13); enseñanza sobre la humildad y el perdón (cap. 18); la denuncia de la hipocresía de los fariseos (cap. 23); y el discurso profético (caps. 24 y 25).

Abundantes citas del Antiguo Testamento

Además de 40 textos citados para probar que Jesús de Nazaret es el Mesías profetizado, Mateo hace muchas referencias y alusiones al AT, sacadas de veinticinco de los treinta y nueve libros del canon antiguo, y llegando al total de ciento treinta. Cita indiferentemente de la «Biblia hebrea», que se utilizaba en las sinagogas, pero que no se entendía por los judíos en general, o de la versión griega, llamada la Alejandrina, que era leída por los judíos que hablaban griego. Se respira el ambiente del AT en este Evangelio, sin que por eso dejemos de ver clarísimamente que hemos llegado a un tiempo de cumplimiento en la persona y obra del Mesías. Muy a menudo Mateo introduce sus citas por medio de fórmulas como la de 1:22: «Todo eso aconteció para que se cumpliese lo que fue dicho por el Señor, por el profeta...» El propósito de Dios, la revelación profética y el cumplimiento, se relacionan tan estrechamente en el pensamiento de Mateo que la profecía se presenta como la causa que produce el acontecimiento. Esta característica se relaciona estrechamente con las finalidades del Evangelio que consideramos a continuación, y podemos ver un ejemplo de ella en 1:22, 23: «Todo esto aconteció para que se cumpliese lo que fue dicho por el Señor, por el profeta que dijo: He aquí la virgen concebirá y dará a luz un hijo.»

LAS FINALIDADES DEL EVANGELIO
La presentación de Jesús a los judíos como su Mesías y Rey

Evidentemente el propósito de Mateo era el de convencer a sus compatriotas de que el Mesías había venido, y que había establecido su Reino «en misterio», con la promesa de volver para hacerlo visible en la consumación del siglo. Esta finalidad determina la seleccion del material y la forma de su presentación, y da singular valor a este retrato de Cristo, ya que define los rasgos proféticos y típicos vislumbrados en el AT. Se halla, pues, en su debido lugar a la cabeza de los libros del NT, puesto que echa un puente entre ambos Testamentos.

1. *La introducción.* Las primeras palabras son evidencia de lo que hemos expuesto: «Libro de la generación de Jesucristo, hijo de David, hijo de Abraham.» Sigue una genealogía que enfatiza la relación de Jesús tanto con Abraham, el «padre» de la raza, de quien es la Simiente prometida, como con David, a quien fue concedido el «pacto del Reino», de quien es el Hijo real, consumación del ideal del Rey que funda un reino eterno.

2. *La búsqueda de los magos* (2:1–12). La historia típica del Nacimiento aquí es la de los sabios del oriente que vienen preguntando: «¿Dónde está el rey de los judíos que ha nacido?» Compárese con la historia típica de Lucas, que gira alrededor de la visión de unos humildes pastores, y véase el mismo énfasis en el escrito que Pilato hizo colocar encima de su cabeza : «Éste es Jesús el Rey de los judíos» (Mt. 27:37).

3. *Las citas del AT.* Tantas citas y alusiones al AT no habrían servido para nada en el caso de lectores gentiles. Antes bien, les habría sido obstáculo a la comprensión del Evangelio. Pero el método era ideal para los judios, que amaban toda referencia a su Libro sagrado, y quienes esperaban el cumplimiento de las profecías.

4. *Las relaciones entre las enseñanzas del Señor y la Ley de Moisés* se analizan en 5:17–48, presentándose aquellas como la consumación espiritual de ésta, y, por lo mismo, como la condenación de la pobre justicia externa de los fariseos y escribas. He aquí un tema de importancia fundamental para quienes se habían criado bajo las enseñanzas de la Ley.

5. *El rechazo del Mesías por los guías ciegos no frustró la promesa ni el propósito de Dios,* sino que proveyó el medio para realizarlos (comp. Hch. 13:26–33).

Las otras finalidades que notamos se hallan en relación estrecha con la precedente.

La manifestación del cumplimiento de la revelación anterior en Cristo

La relación entre Mateo y los escritos del AT no es de mera continuidad, ni mucho menos de brusca negación, sino de cumplimiento vital. Todo lo anterior había de cumplirse, pues era Palabra de Dios hablada por los profetas; y Mateo tiene el gozo de hacer ver a los judíos que la sombra antigua se ha hecho hermosa realidad en la persona de Jesús de Nazaret. Volvemos en espíritu a Génesis 12:1–3, y vemos la raza de Abraham bendecida por el cumplimiento de las promesas acerca de la Simiente, y hecha bendición a «todas las familias de la tierra». Israel se halla en primer plano como instrumento de Dios, pero la bendición se hace universal en el Mesías.

La declaración de las características del Reino hecha realidad en Cristo

Los judíos en general esperaban la manifestación de un Reino glorioso en la tierra al venir el Mesías, según las múltiples profecías que conocían tan bien. Si el Evangelio llega a centrarse, no en un trono visible, sino en una cruz, es preciso explicar cómo el Crucificado puede ser el Rey esperado. Al ser quitado el obstáculo del pecado por la obra de la cruz el Reino podrá manifestarse bajo cuatro aspectos principales :

1. *El Reino depende en todo del Rey.* Si el «Reino de Dios se ha acercado» (4:17) es porque el Rey ha venido. Las características del Reino se presentan como si fueran un reflejo del carácter del Rey en las vidas de los súbditos (caps. 5 a 7).

2. *El Reino se forma con súbditos que se hacen «niños» para entrar en él,* desechando toda pretensión propia para depender en todo de Dios. Es una bendita inversión del proceso de la Caída (18:1–4). He aquí el reino espiritual del cual es súbdito todo verdadero creyente.

3. *Hay un «Reino en misterio»* que se expone muy claramente en las parábolas del capítulo 13. No sólo lucha contra los enemigos declarados de afuera, sino que ha de resistir tendencias insidiosas que se producen dentro de la esfera de profesión que dice ser sujeta al Rey. Por ende, dentro del «campo del Reino»

se hallan no sólo «hijos del reino», sino también «hijos del malo», del modo en que peces «buenos y malos» se sacan de la «red» del Reino (13:36–43; 47–50). Es el Reino de los *verdaderos hijos de Dios* dentro de la llamada «cristiandad», quienes no sólo luchan contra las fuerzas del mundo, sino que se hallan afligidos, estorbados y hasta combatidos por llamados «cristianos» que no se someten a la Palabra.

4. *Habrá un Reino en manifestación en la tierra* en cumplimiento de las profecías antiguas (8:11; 13:40–43; 25:31–34).

Expresiones que subrayan el tema del Reino

Es peculiar a Mateo la frase «el Reino de los Cielos», que aparece 32 veces, mientras que la equivalente «Reino de Dios» está tan sólo 5 veces. Desde luego, para los judíos, «el Reino de los Cielos» era una forma velada de mencionar el «Reino de Dios», pero al mismo tiempo el uso insistente de Mateo de esta forma tiene que tener un significado especial, y puede referirse a la etapa del Reino cuando el Rey se haya alejado de los suyos en presencia física.

El título mesiánico, «Hijo de David», se halla nueve veces, que es otro rasgo típico del tema del Reino, y del carácter judaico de este Evangelio.

Otra frase de gran importancia es «la consumación del siglo», tan mal traducida en la Versión R.V. por «el fin del mundo». Ocurre cinco veces en Mateo, y señala la crisis que marcará la consumación de los propósitos de Dios en esta dispensación, y la introducción de la sucesiva del «Reino en manifestación» (13:39-49; 24:3; 28:20).

MATERIAL PECULIAR A MATEO

Es provechoso considerar el material peculiar a cada Evangelio, ya que ilustra el principio de selección que guía al autor. Hemos notado que casi todo el material del Evangelio «básico» de Marcos se reproduce de alguna forma u otra en Mateo y Lucas. Las enseñanzas de Mateo se nos presentan, como hemos visto, en forma extensa, con énfasis especial sobre el tema del Reino, pero aparte de algunas parábolas, y el juicio del capítulo 25, se hallan en germen o en resumen en los otros dos sinópticos. No-taremos, pues, las narraciones, las parábolas y los milagros que sólo nos relata Mateo.

Narraciones peculiares a Mateo

La visión de José (1:20–24). La visita de los magos (2:1–12). La huída a Egipto (2:13–15). La matanza de los inocentes (2:16). El sueño de la mujer de Pilato (27:19). La muerte de Judas (27:3–10). La resurrección de los santos (27:52–53). El soborno de la guardia de la tumba (28:12–15).

Parábolas peculiares a Mateo

La cizaña (13:24–30, 36-43). El tesoro escondido (13:44). La perla de gran precio (13:45–46). La red (13:47–50). Los dos deudores (18:23–35). Los obreros de la viña (20:1–16). Los dos hijos (21:28–32). Las bodas del hijo del rey (22:1–14). Las diez vírgenes (25:1–13). Los talentos (25:14–30).

Milagros peculiares a Mateo

Los dos ciegos (9:27–31). El endemoniado mudo (9:32–33). La moneda en la boca del pez (17:24–27).

Fórmula bautismal peculiar a Mateo

Esta fórmula se halla en 28:19, 20. Es de interés notar también que sólo en Mateo se anticipa la palabra «iglesia» (16:18; 18:17).

EL PLAN DE MATEO

Dos grandes movimientos

El material de Mateo es tan rico y abundante, que se presta a diferentes análisis. Dos grandes «movimientos» se señalan por la frase «*desde aquel tiempo*» en 4:17 y 16:21. La primera inicia el ministerio público de predicación y de la realización de poderosas obras en Galilea, por las que la persona y la misión del Salvador fueron ampliamente presentadas al pueblo. Llega a su consumación cuando el Señor pregunta: «¿Quién dicen *los hombres* que es el Hijo del Hombre?» y luego, volviéndose a los discípulos: «¿Quién decís *vosotros* que yo soy?» En general los hombres no habían discernido más que «un profeta», pero los apóstoles, por boca de Pedro, confiesan: «Tú eres el Cristo [Mesías] el Hijo del Dios viviente» (16:16). Sobre la base de esta confesión, y en vista de la actitud negativa de la mayoría, Cristo pudo iniciar la preparación de los suyos para recibir el gran misterio: un Reino basado sobre la obra de la cruz: «Desde aquel tiempo comenzó Jesús a declarar a sus discípulos que le convenía ir a Jerusalén, y padecer mucho de los ancianos ... y ser muerto y resucitar al tercer día.» El movimiento así iniciado le llevó a la Cruz y a la Resurrección, iluminándose por fin la mente de los apóstoles durante el ministerio del Resucitado en los «cuarenta días»; de este modo los testigos se hallaron preparados para el cumplimiento de su comisión universal (28:18–20).

Grandes secciones señaladas por Mateo

Después de una introducción que abarca el nacimiento y la infancia de Jesús, el ministerio del Bautista, el bautismo y la tentación del Señor, y antes de llegar a la consumación de la pasión, muerte y resurrección, hallamos *seis secciones* compuestas de narraciones seguidas por un discurso, terminándose todas con la frase: «Y aconteció, cuando Jesús acabó estas palabras...» Corresponden, sin duda, a las notas originales de Mateo, y son las siguientes:

I. Caps. 3 a 7 (fin en 7:28).
II. Caps. 8 a 10 (fin en 11:1).
III. Caps. 11:2 a 13 (fin en 13:53).
IV. Caps. 14 a 18 (fin en 19:1).
V. Caps. 19:2 a 23 (fin en 23:39).
VI. Caps. 24 a 25 (fin en 26:1).

UN ANÁLISIS DEL EVANGELIO

Para que el lector pueda ver el contenido y el plan del libro a vista de pájaro, adelantamos el análisis siguiente.

I
EL ADVENIMIENTO DEL REY MESÍAS, Y SU PREPARACIÓN PARA SU MISIÓN
1:1—4:22

II
EL MINISTERIO DEL REY MESÍAS POR ENSEÑANZAS Y OBRAS DE PODER (UNA PLENA PRESENTACIÓN DE SU PERSONA Y MISIÓN)
4:23—16:12

III
LA CRISIS DE COMPRENSIÓN Y OBEDIENCIA EN CUANTO AL REINO (CESAREA DE FILIPO)
16:13—17:9

IV
EL REY MESÍAS INSTRUYE A LOS SUYOS
EN VISTA DE LA CRUZ
17:10—20:34

1. Importantes aspectos del servicio y de la vida de los súbditos del Reino, al seguir a quien «no vino para ser servido, sino para servir». Cristo emprende el camino hacia Jerusalén   17:10—20:34

V
LA GRAN CONSUMACIÓN DE LA MISIÓN
DEL REY SALVADOR EN LA TIERRA
21:1–28:20

1. El Rey se presenta y es rechazado por la parte oficial del pueblo   21 : 1–27
2. El rechazo del Rey y el juicio de los rebeldes ilustrados por parábolas   21:8—22:15
3. El Rey deshace las intrigas verbales de sus enemigos y mantiene su plena autoridad   22:16–46
4. El Rey denuncia las pretensiones hipócritas del judaísmo, y lamenta sobre la ciudad rebelde   23: 1–39
5. El Rey predice la consumación futura y manifiesta de su Reino   24:1—25:46
6. Se sella el nuevo pacto de perdón por la sangre del Mesías. El rechazo del Rey se controla por las providencias de Dios   26:1—27:66
7. La tumba vacía proclama la victoria del Rey sobre la muerte   28:1–15
8. El Resucitado, a quien es dada toda autoridad en el cielo y en la tierra, envía sus embajadores para que proclamen el Evangelio del Reino por todo el mundo   28:16–20

PREGUNTAS

1. ¿Qué razones hay para creer que Mateo es el autor del primer Evangelio? ¿Se hallan indicios en el libro mismo que revelen algo acerca del autor?
2. Discurra sobre las características peculiares de este Evangelio. ¿Cuál es su finalidad principal?
3. Demuestre que a Mateo le interesa de manera especial el tema del «Reino de Dios», o sea, del «Reino de los Cielos». Señale por lo menos *tres* aspectos del Reino según él lo presenta.
4. Señálense las grandes secciones de este Evangelio. (El estudiante puede tener delante el Evangelio, y se supone que habrá estudiado bien el análisis de la lección, pero no debe mirarlo en el curso de sus trabajos escritos).

Los tres Evangelios sinópticos (continuación)

El Evangelio según Marcos

EL AUTOR

Las más antiguas copias de este Evangelio son anónimas, y no hay mención del autor dentro del mismo. Con todo, hay evidencia externa suficiente para justificar la antiquísima tradición de que su autor era Juan Marcos, primo de Bernabé, compañero de apóstoles, y conocido por varias referencias directas a su persona en Los Hechos y en las Epístolas. Como veremos, la evidencia interna concuerda con el testimonio externo.

Notas biográficas

Por el relato de la persecución herodiana en Hechos, capítulo 12, sabemos que la iglesia solía reunirse en casa de María, madre de Juan Marcos. Es razonable deducir que la casa era grande, y es cierto que María empleaba por lo menos una criada, Rode (Hch. 12:11–17). Su pariente, Bernabé, oriundo de Chipre, también poseía propiedades que vendió para el bien de la Iglesia (Hch. 4:36, 37), de modo que no es atrevido pensar en una familia israelita (de la tribu de Leví) que, habiéndose enriquecido en la isla de Chipre, había vuelto, según la costumbre de muchos judíos de la Dispersión, para establecerse en Jerusalén.

Alguien ha querido ver la causa del fallo de Juan Marcos que se nota en Hechos 13:13 en el hecho de que fuese «el hijo mimado de una viuda acomodada». Sea ello como fuese, lo cierto es que María ponía su amplia casa a la disposición del Señor y de los suyos.

Existe la posibilidad de que la Iglesia en Jerusalén no se hubiese mudado de casa, en cuyo caso el «aposento alto» se hallaba también en la casa de María, que habría sido el escenario de la institución de la Santa Cena y el lugar del nacimiento de la Iglesia. Si fuese ello cierto, Juan Marcos tendría un conocimiento especial de los últimos acontecimientos del ministerio del Señor en la tierra, y, por sus contactos con los apóstoles, aprendería mucho de los incidentes anteriores.

Hay un dato curioso que presta algún apoyo a la hipótesis, ya que sólo Marcos relata el incidente del mancebo que estuvo presente durante el prendimiento en el Huerto, y quien, cuando le quisieron prender, huyó desnudo, dejando la sábana en que estaba envuelto en las manos del esbirro (Mr. 14:51, 52). No parece que el incidente añada nada esencial a la narración general, y dado el carácter escueto del Evangelio, no podemos imaginar por qué Marcos lo relatara si no le interesara personalmente. De ser él el mancebo de referencia, se confirmaria la impresión de que el autor del Evangelio se hallaba muy cerca de los magnos acontecimientos que narra.

Es evidente que el joven había hecho buena impresión en los líderes de la Iglesia en Jerusalén, ya que, cuando Bernabé y Saulo volvieron de dicha ciudad a Antioquía, en las circunstancias que se narran en Hechos 11:27–30 y 12:25, llevaron a Juan Marcos consigo como ayudante en su obra. Hemos de pensar, sin embargo, que se había convertido por el testimonio del apóstol Pedro, puesto que éste le llama «mi hijo» (1 P. 5:13). Estando él en Antioquía, Pablo y Bernabé fueron separados por el Espíritu Santo para una labor intensiva entre los gentiles, y, despedidos por la iglesia, fueron primeramente a Chipre, llevando consigo a Juan Marcos.

Al pasar el grupo apostólico de Chipre a Panfilia, llevando Pablo la intención de adentrarse en las provincias interiores, Juan Marcos, por razones que ignoramos, decidió volverse a Jerusalem (Hch. 13:13). Pablo consideraba muy reprensible esta deserción, y no pudo creer que el joven estuviese en condiciones para el servicio especial de ayudarle a él y a Bernabé cuando el segundo viaje fue propuesto. Insistiendo Bernabé, los dos grandes siervos de Dios y compañeros hermanables en la labor del Evangelio, se separaron, llevando Bernabé a Juan Marcos consigo a Chipre, y escogiendo Pablo a Silas para compañero de trabajos (Hch. 15:36–41).

Pasan diez años antes de que vuelva a aparecer el nombre de Juan Marcos en las páginas sagradas, pero la referencia, hecha por Pablo mismo, nos hace ver que había logrado rehabilitarse. Se hallaba con Pablo en Roma, durante el período del primer encarcelamiento del apóstol; envía sus saludos a los colosenses, juntamente con otros obreros, y Pablo nota que ha de ser recibido al ir a ellos en el servicio del Señor (Col. 4:10). Por la misma fecha Pablo le incluye entre «mis colaboradores» (Flm. 24).

Pasan más años, y el apóstol Pablo se halla en Roma por segunda vez, esperando la sentencia de muerte. Aparte del fiel Lucas, sus compañeros íntimos se hallan dispersos, y se acuerda no sólo de Timoteo, sino también de Juan Marcos, escribiendo al primero: «Recoge de paso a Marcos y tráele contigo, porque me es útil para el ministerio» (2 Ti. 4:11, Vers. H.A.). La confianza es ya completa, y es muy evidente que el que «desertó» se ha vuelto a establecer como fiel soldado de Jesucristo, y ministro valioso en el Evangelio.

Durante los «diez años de silencio» es probable que Marcos hubiese ayudado no sólo a su primo Bernabé, sino también al apóstol Pedro, toda vez que se une con éste al enviar saludos a los cristianos de varias provincias en Asia Menor desde «Babilonia» (1 P. 1:1 con 5:13). Babilonia podría ser nombre «camuflado», significando Roma, pero lo que hacemos notar aquí es que compartía el servicio de Pedro, y conocía las iglesias donde el apóstol había laborado (véase «Evidencia externa» más abajo).

Como veremos a continuación, hay buenas razones para creer que el Evangelio según Marcos recoge mayormente los recuerdos personales del apóstol Pedro, pero comprendemos también que Juan Marcos mismo estaba muy bien situado para redactar los hechos del gran acontecimiento, muchos de los cuales habrían quedado grabados en su memoria con la profundidad y nitidez propias de los recuerdos de los años jóvenes.

Evidencia externa

Papías (c. 100–115 d.C.), según una célebre cita hecha por Eusebio (*Historia de la Iglesia*, III. 39), hace una referencia al testimonio de «Juan el anciano (presbítero)», al efecto de que: «Marcos, siendo el intérprete de Pedro, escribió toda su narración con mucha exactitud, pero no siguiendo el orden de lo que nuestro Señor hablaba o hacía, porque él mismo no había oído ni seguido al Señor; pero, según lo hemos hecho constar antes, acompañaba a Pedro, quien le dio las instrucciones necesarias, pero no hasta el punto de narrar los discursos de nuestro Señor. Por lo tanto Marcos no se ha equivocado en nada, al redactar algunas cosas como él lo ha hecho, porque ponía mucha atención en esta misma cosa: de no omitir cosa alguna que había oído, y no dejar pasar ningún dato falso en sus relatos.»

El lector atento comprenderá que en tales citas no hemos de creer que los antiguos autores, que recogían lo que podían, sin ser versados en los rígidos métodos históricos modernos, acertaran en todos los detalles, pero basta el énfasis sobre Marcos como amanuense de Pedro, que concuerda con otros testimonios.

Ireneo (180 d.C.) escribe en *Contra erejías* (III. 1): «Después de la partida de éstos (Pedro y Pablo), Marcos, el discípulo e intérprete de Pedro, también nos entregó por escrito lo que Pedro había predicado.

Clemente de Alejandría (190 d.C.), según una cita de Eusebio, declaró también que Marcos escribió su Evangelio sobre la base de las predicaciones de Pedro.

Por estos testimonios comprendemos que la tradición de que Marcos escribiera como portavoz de Pedro es antigua y constante, con la sola variante de que algunos declaran que la obra se realizó durante la vida de Pedro y con su autorización, mientras que otros hablan de una redacción pesterior a la muerte del apóstol. De hecho el asunto se reviste de poca importancia, pues lo probable es que el material se preparase en vida de Pedro, y que el Evangelio llegase a circular ampliamente después de su muerte.

Volvemos aquí al concepto de Marcos como «Evangelio básico», por conservar los recuerdos del apóstol Pedro, tan íntimamente relacionado con el Maestro, y portavoz de los Doce.

Evidencia interna

La constante voz de la tradición se confirma por varios rasgos del Evangelio mismo, puesto que éste se redacta gráficamente desde el punto de vista de un testigo ocular, aun tratándose de detalles que solamente podrían ser conocidos por el círculo íntimo de los discípulos. Si las descripciones de Pedro llegan a nosotros por la pluma de Marcos, todo se explica.

1. *Detalles gráficos*. Sólo Marcos nota que Jesús dormía con la cabeza sobre el almohadón del timonel en la popa del barco cuando se levantó la tempestad (4:38): detalle insignificante si no se recordara por un testigo ocular. De igual forma recuerda que la hierba era verde cuando Cristo multiplicó el pan y los peces, señal de la breve primavera en Palestina (6: 39). Hay varias referencias a las *miradas* del Señor: detalle poco probable en una mera historia hecha sobre unos datos recopilados (3:5, 34; 5:32; 10:23; 11:11). Se describen varias pequeñas acciones en detalle, como en el caso de la curación del sordomudo (7:33, 34).

2. *Detalles íntimos.* Notemos 8:33: «Mas Jesús, volviéndose y viendo a sus discípulos, reprendió a Pedro . . .» que es una ocasión cuando el dolor de la reprensión, motivada por su atrevido consejo carnal al Señor, habría impreso todo detalle de los movimientos del Maestro sobre la memoria del fiel, aunque imprudente discípulo.

Hay referencias a los propios pensamientos de Pedro en 9:6 y 11:21, y el punto de vista en 9:10 es el de los «tres», de los cuales Pedro era uno. Mateo y Lucas hacen las descripciones desde el punto de vista de los «Doce».

3. *El estilo gráfico* consiste en los detalles ya mencionados, y en el frecuente empleo del «presente histórico», que es propio de uno que describe sus propias impresiones, según las experimenta en el curso de los acontecimientos. Por ejemplo, «Y *vienen* a él, trayendo un paralítico ...» (2:3). Marcos hace eco de estas expresiones del testigo ocular.

Evidencia por analogía

Se ha hecho ver muchas veces que el discurso de Pedro en la casa de Cornelio (Hch. 10:34–43) presenta analogías con el Evangelio de Marcos. El estilo es rápido y directo, y centra la atención en «Jesús de Nazaret, cómo fue ungido por Dios con el Espíritu Santo y con poder; y anduvo por todas partes haciendo bienes y sanando a todos los oprimidos del diablo, porque Dios estaba con él...». Tanto en el discurso como en el Evangelio se destaca el Siervo ungido, quien lleva a cabo una misión de poderosas obras que manifestaban la presencia y el poder de Dios.

FECHA DEL EVANGELIO

Hemos notado arriba que Ireneo pensó, al parecer, que el Evangelio fue posterior a la muerte de Pedro, mientras que Clemente de Alejandría y otros «padres» lo fecharon durante el ministerio del apóstol. Repetimos que la diferencia consiste probablemente en una «redacción» (temprana y durante la vida de Pedro) y una amplia publicación posterior. Si se destinó al uso de cristianos y amigos romanos, tuvo que redactarse después de la comprensión por los apóstoles en general de la necesidad de evangelizar extensivamente a los gentiles, o sea, después del Consejo de Jerusalén (49 d.C.). Si Pedro murió mártir c. 65 d.C., se nos señalan los límites de las fechas posibles. Si fue aprovechado por Lucas, que escribió desde 57 a 62, tiene que ser anterior a dichas fechas, y podemos pensar en el periodo 50 a 60. La mención por nombre de Alejandro y Rufo (15:21) significa que estos hombres, hijos de Simón el Cireneo, eran conocidos en los círculos de la actividad de Marcos cuando escribió, que es otro dato que sitúa la redacción dentro de la generación que sucedió a la crucifixión, aunque, desde luego, nada sabemos de la edad de estos hermanos cuando su padre llevó el madero en pos de Jesús.

Lo más importante en cuanto a lo que se ha adelantado es la garantía, por el cúmulo de evidencia, de la autenticidad y de la historicidad del documento. No se trata de una historia fantástica, fruto de la multiplicación de leyendas, sino de un escrito que roza con la misma vida de Jesucristo, que no lleva señal alguna del torcido ingenio, o de la ingenua credulidad que habían de producir los «evangelios apócrifos» más tarde.

RASGOS DESTACADOS DEL EVANGELIO
La sencillez del plan

Marcos presenta a Cristo como el Siervo de Dios (véase abajo), de modo que no le interesa ordenar su material según un plan complicado. Basta describir de una forma animada y gráfica las poderosas obras tal como las había oído explicar por Pedro. Una acción se enlaza con otra, sirviendo de eslabón la palabra *euthus* (inmediatamente), hasta que se llega a la culminación de todo el servicio del Siervo, la obra de redención. Del tema dominante diremos más en otro apartado. Véase también el bosquejo del contenido al final de la sección.

La rapidez de la narración

A pesar de ser hebreo, de una tribu apartada para Dios, Juan Marcos llegó a comprender bien la mentalidad de los romanos a quienes se dirigía. Eran amantes de la brevedad y de la expresión concisa. Lo que interesa es que se destaque delante de sus ojos la figura de aquel que no vino para ser servido, sino para servir, haciendo resaltar también la eficacia de su obra y la grandeza de su poder, a pesar de desechar todo medio humano de diplomacia o de fuerza carnal.

La brevedad de las enseñanzas

Después de haber estudiado Mateo, y de haber notado las riquezas didácticas de aquel Evangelio, podemos apreciar mejor el carácter complementario de Marcos, quien da detalles de ciertos milagros que no se hallan ni en Mateo, ni en Lucas, pero, por otra parte, abrevia mucho, u omite los discursos. El único largo es el Sermón profético (cap. 13), que se parece mucho al capítulo 24 de Mateo. Desde luego muchísimas enseñanzas se relacionan con las obras, pues es imposible separar la «palabra hablada» y la «palabra manifestada». Hallamos también asuntos doctrinales ampliamente presentados en 7:1–23 (contra la tradición de los ancianos) y en 10:2–12 (sobre el matrimonio). Correspondiendo a las muchas denuncias del Señor contra la hipocresía de los fariseos en Mateo 23, hallamos sólo una breve advertencia contra los escribas en Marcos 12:38–40.

La limitación de las citas del Antiguo Testamento

Contra 130 citas y referencias al AT en Mateo, se hallan 63 en Marcos, y casi todas corresponden a pasajes análogos o de Mateo o de Lucas. No es que no cita del AT, porque la manifestación del Mesías tiene que relacionarse con la revelación anterior, sino que no da tanta importancia a la «prueba profética» como Mateo, puesto que escribe para gentiles, y no para judíos.

La traducción de frases arameas

El estilo gráfico, que reproduce la impresión del testigo ocular, a veces lleva a Marcos a emplear las mismas palabras del Señor en la lengua de Palestina, el arameo; pero en atención a sus lectores gentiles, siempre traduce las frases inmediatamente. Recordemos el mandato que dirigió Jesús a la hija de Jairo: «Talita cumi», «Niña, ¡levántate!» (5:41). Véase también «Efata» (7:34); «Boanerges» (3:17); «Eloi, Eloi, ¿lama sabactani?» (15:34).

Las reacciones personales frente a Jesús

Marcos no presenta a Cristo sólo por el interés histórico que rodea una gran figura, sino con el fin de que hombres y mujeres lleguen a una decisión en cuanto a su persona. No deja de hacernos ver las reacciones de quienes estuvieron en contacto con él desde el principio de su ministerio, notando, por ejemplo, que la congregación de la sinagoga «se asombró» ante las tempranas palabras y obras de Cristo (1:27); que los escribas criticaron su declaración al paralítico: «Tus pecados te son perdonados» (2:7); que los mismos discípulos, frente a la tranquila autoridad que calmó la tempestad, «fueron sobrecogidos de gran temor, diciendo: ¿Quién es éste...?» (4:41); que las gentes estaban «maravilladas» después de la curación del sordomudo (7:37), etc. En común con los demás Evangelios, Marcos sigue lanzándonos la pregunta: «¿Quién decís vosotros que yo soy?»

La falta de una introducción biográfica

Bajo el epígrafe siguiente trataremos de la razón de omitir toda referencia al nacimiento y la infancia de Jesús, y toda genealogía. Para su propósito basta notar la proclamación del heraldo y pasar en seguida a la unción del Siervo para su obra.

LA FINALIDAD DEL EVANGELIO

A riesgo de repetir algo de lo que ya consta, subrayamos los puntos siguientes:

Marcos escribió con el fin de proveer a los creyentes gentiles de los datos más imprescindibles sobre la persona y la obra del Salvador

Por la sabiduría y las providencias de Dios fue llevado a redactar un escrito breve, lleno de datos esenciales, en el que la persona del Mesias Siervo se destaca con absoluta nitidez a través de la gráfica descripción de sus obras, que dan pie a breves enseñanzas. Provee una hermosa base para la «fe que viene por el oír».

Marcos presenta a Cristo como el Siervo de Dios

Esta presentación viene a suplementar la que nos dio Mateo de Cristo como Rey, y la presentación de su persona por Lucas como el Hombre perfecto, y por Juan como el Verbo eterno encarnado. Quizá inconscientemente, en cuanto a su intención, pero dentro del plan del Autor divino de las Escrituras, redacta desde el punto de vista histórico lo que Isaías había presentado proféticamente en sus capítulos 42 a 53. Los judíos discutían sobre si el Siervo de Jehová, quien reemplaza al siervo-pueblo, Israel, en las porciones señaladas, sería o no el Mesías; pero los apóstoles, aleccionados por el Señor, dirigieron las miradas de todos precisamente a aquellas profecías, probando que el Mesías había de laborar, sufrir y morir vicariamente por el pueblo, antes de reinar. Las profecías empiezan en Isaías 42:1: «He aquí mi siervo... mi Escogido, en quien se complace mi alma, he puesto sobre él mi Espíritu...», palabras que hallan eco en Marcos 1:10: «Subiendo Jesús del agua vio abrirse los cielos, y al Espíritu como paloma que descendía sobre él. Y hubo una voz de los cielos que decía: Tú eres mi Hijo amado; en ti tomo contentamiento.» Profética e históricamente se trata de la unción del Siervo, quien es el objeto de la complacencia del Padre, y quien puede llevar a su consumación la obra de gracia y de juicio determinada desde antes de la fundación del mundo. De acuerdo con el tema de servicio, de una obra urgente que realizar, Marcos no presenta ni la genealogía del Señor, ni el nacimiento ni la infancia. Basta que le anuncie el precursor, y que entre en seguida en escena según los términos de las profecías del Siervo de Jehová ya mencionadas.

De la manera en que Isaías 42:1 halla su cumplimiento en el bautismo del Señor, así también los capítulos 15 y 16 detallan la consumación señalada en Isaías 52:13–53:12. «Cuando hubiere puesto su vida en expiación por el pecado, verá linaje, vivirá por largos días, y la voluntad de Jehová será en su mano prosperada.» La expiación echó el fundamento para una obra más extensa, de modo que el Evangelio termina con la «gran comisión», y por notar que el Siervo glorificado sigue obrando con los suyos desde la diestra (16:19, 20). El Evangelio se extiende por todo el mundo, ya que la voluntad de Jehová prospera en las manos del «Varón de su Diestra».

El *texto clave*, que abre los tesoros de todo el Evangelio y que se relaciona hermosamente con la sección de Isaías que hemos señalado, se halla en 10:45: «Porque el Hijo del Hombre no vino para ser servido, mas para servir, y para dar su vida en rescate por muchos.» Los capítulos 1 a 13 están llenos de actos ejemplares de servicio de amor y de poder a favor de los hombres, dentro de la voluntad del Padre. Los capítulos 14 a 16 corresponden al último movimiento del texto: el Siervo da su vida para redimir a los «muchos» de la nueva familia espiritual.

MATERIAL PECULIAR A MARCOS

En la introducción se hizo constar que casi todo el material de Marcos se halla o en Mateo o en Lucas, o en ambos a la vez. Con todo hay dos breves narraciones de milagros y una corta parábola que debemos sólo a este Evangelio.

Milagros

El sordo y tartamudo (7:31–37). El ciego de Betsaida (8: 22–26).

Parábolas

La simiente que crece en secreto (4:26–29).

EL CONTENIDO DEL EVANGELIO

En vista del carácter y del significado de este Evangelio, damos a continuación un resumen de su contenido que subraya los movimientos y las crisis más significativos, abreviándose mucho los incidentes del ministerio de las obras de poder en Galilea, que son muy conocidos.

Introducción (1:1–13)

Después de la proclamación del Mesías por el Bautista, Jesús es bautizado y ungido por el Espíritu Santo. Marcos hace breve referencia a la tentación (la prueba del Siervo), y en seguida empieza a referir el ministerio en Galilea. No dice nada del ministerio anterior en Judea.

Primer movimiento (1:14–3:12)

Obras de gracia y de poder antes de elegir a los apóstoles.

Segundo movimiento (3:13–8:26)

El nombramiento de los apóstoles, creciente oposición en Galilea, enseñanza directa y por parábolas, grandes obras de misericordia y de poder.

La gran crisis de la comprensión (8:27–9:29)

En todos los sinópticos las preguntas del Señor sobre la comprensión de su persona, con la confesión de Pedro, señalan una clara vertiente en la obra de Cristo. La oposición oficial a su persona por una parte, y las limitaciones de la comprensión aun de los «favorables» por otra, se contrastan con el pleno reconocimiento de Jesús como Mesías por los Doce y lo ponen de relieve. Desde aquel momento el énfasis recae en la instrucción de los apóstoles, como testigos que habían de proclamar universalmente el Evangelio fundado sobre la cruz y la resurrección. El Siervo no dejará de realizar obras de gracia y de poder, pero desde la crisis señalada Marcos le ve «en el camino hacia Jerusalén», apresurándose para la consumación de la obra de expiación y de redención por medio de su muerte y de su resurrección, que reiteradamente predice a los apóstoles. La *transfiguración* es el complemento de los anuncios de la pasión, ya que revela a los tres privilegiados la realidad y la gloria del Reino a pesar del misterio del sufrimiento y la muerte del Mesías. *La curación del muchacho endemoniado* (9:14–29) ha de considerarse como el epílogo de los anuncios de la pasión y de la transfiguración, puesto que da a los apóstoles una lección necesaria sobre las condiciones en que pueden disponer de potencia para derrotar a Satanás en la ausencia de su Señor.

En el camino a Jerusalén (ministerio en Perea) (9:30—10:52)

El período se caracteriza por las enseñanzas privadas a sus discípulos en Galilea (9:30–50), por la salida para Judea a través de Perea («el otro lado del Jordán», 10:1), por incidentes que subrayan las condiciones del servicio del Cristo que se apresura a la cruz, y por la curación del ciego Bartimeo. El anuncio de la Pasión en 10:32–34 es de inusitada solemnidad.

La presentación del Mesías al pueblo en Jerusalén (11:1—12:44)

Las reacciones de los jefes son adversas, y motivan anuncios de juicio (12:9). Las reacciones del pueblo común son aún favorables (12:37). Cristo mantiene su autoridad frente a la autoridad espúrea de los guías ciegos del pueblo.

El Mesías echa luz sobre el testimonio futuro de sus siervos (13:1–37)

El discurso profético marca un paréntesis entre el rechazo del Rey por los guías de Jerusalén y la consumación de la cruz. Contesta las preguntas: ¿Qué pasará con el sistema judaico que rechaza al Enviado? ¿Cuáles serán las condiciones de testimonio de los siervos de Cristo en un mundo que rechazó a su Señor? ¿Qué ha de suceder al fin? La consumación del período será la manifestación en gloria del Mesías rechazado. Mientras tanto los siervos testifican en medio de grandes pruebas, pero eficazmente. El mundo segará en catástrofes lo que siembra por su desprecio del Ungido. Israel pasará por una gran tribulación antes de ser salvo.

La víspera y la consumación de la pasión (14:1–15:47)

En vivo contraste con las intrigas de Judas y los sacerdotes, Cristo prepara a los suyos por medio de la institución de la Cena, símbolo de la consumación del Nuevo Pacto. Pasa por la agonía de la última decisión en Getsemaní. Se deja en las manos de los hombres. Los jefes de los judíos efectúan su crimen por su presión sobre el gobernador romano. El período desde «la hora de sexta hasta la hora de nona» señala la consumación de la obra del Siervo «hecho pecado delante del Trono de justicia, para expiar el pecado». Jesús entrega su espíritu. El velo del Templo se rasga. Jesús es sepultado.

La victoria sobre la muerte (16:1–8)

La tumba vacía es evidencia concreta de que la muerte no pudo retener al Señor de la vida. La obra puede proseguirse en condiciones de poder espiritual.

El epílogo: resumen de la evidencia, la comisión, la obra desde la diestra (16:9–20)

El Mesías resucitado envía a sus mensajeros a «todo el mundo», dirigiendo sus trabajos desde la diestra.

EL ESCENARIO DEL MINISTERIO

Geográficamente el ministerio, según lo presenta Marcos, se desarrolla en *Galilea* (1:14–10:1), la provincia norteña gobernada a la sazón por Herodes Antipas; en *Perea,* la región «al otro lado del Jordán», por donde pasaban los judíos desde Galilea a Jerusalén para evitar el paso por Samaria (10:1–45) (se incluía también en los dominios de Herodes Antipas); en *Jericó y Jerusalén (Judea),* bajo el control directo de Roma, y gobernado por Poncio Pilato (10:46–16:14). No hay notas sobre el lugar de la «gran comisión» de 16:15–18, pero podemos suponer que coincide con el de Mateo, desarrollándose la escena en Galilea.

NOTAS SOBRE EL EPÍLOGO (16:9–20)

Varios manuscritos de gran antigüedad y valor omiten el final del capítulo 16, desde el versículo 8. Otros dejan un hueco en blanco antes de empezar Lucas. Además, aparece el epílogo en diferentes formas. Podría tratarse de un fin muy abrupto de la narración en el versículo 8, o que el original se perdiera. El resumen que tenemos (vv. 9–20) concuerda bien con el carácter e intento del Evangelio, y podría haber sido añadido por Marcos mismo, o por otro colaborador de los apóstoles, mencionándose especialmente Aristión. Es antiguo y salió del círculo apostólico, de modo que puede recibirse como autoritativo.

PREGUNTAS

1. Resúmase la evidencia externa e interna que demuestra que Juan Marcos es el autor del segundo Evangelio, y que utilizó material provisto por Pedro.
2. Utilizando los datos bíblicos que conoce, escriba unas notas biográficas sobre Juan Marcos.
3. Discurra sobre la finalidad y las características del Evangelio según Marcos.
4. ¿Bajo qué aspecto mayormente presenta Marcos la persona del Salvador?

Los tres Evangelios sinópticos (continuación)

El Evangelio según Lucas

EL AUTOR

Hay abundante evidencia externa que señala a Lucas como el autor del tercer Evangelio, bien que, al igual que los demás, es anónimo en cuanto a las primeras copias conocidas. Reseñaremos a continuación la evidencia externa más importante, y veremos también, por una consideración de los rasgos del escrito, y por notar las referencias bíblicas a Lucas, que la evidencia interna viene a apoyar de una forma muy satisfactoria la externa, que es el punto de partida de la prueba. Téngase en cuenta que Lucas planeó un doble escrito que presentará ordenadamente a Teófilo, y por medio de él a los creyentes y amigos gentiles, «los principios» del cristianismo, asociados con el advenimiento del Hijo de Dios en primer término, y con el descenso del Espíritu Santo como obligado complemento de la obra de Cristo. La primera parte es el Evangelio, y la segunda, «Los Hechos de los apóstoles».

Evidencia externa

Los prólogos antimarcionitas. A mediados del siglo segundo, y como reacción contra las herejías de Marción, quien compiló su propio canon del NT, se escribieron unos prólogos que quisieron afirmar la posición de 105 fieles en cuanto a los escritos novotestamentarios admitidos como autoritativos. En estos prólogos leemos: «Lucas era sirio, oriundo de Antioquia, médico de profesión y discípulo de los apóstoles... Así que, después de la redacción de dos Evangelios —el de Mateo en Judea, y el de Marcos en Italia—, Lucas escribió este Evangelio en Acaya por inspiración del Espíritu Santo.» El autor anónimo de los prólogos añade más información muy interesante sobre los propósitos de Lucas al redactar el tercer Evangelio, basado en Lucas 1:14, y señalando su intento de contrarrestar «fábulas judías» por una parte, y «las imaginaciones heréticas y vanas» por otra. Ya hemos notado que el detalle de estos testimonios del siglo segundo no ha de tomarse por necesidad como rigurosamente histórico, pero las líneas generales son de confianza, y manifiestan que no había duda sobre la paternidad literaria del tercer Evangelio a mediados del siglo segundo, y sin duda los testimonios escritos reflejan el sentir común de la Iglesia desde el principio.

El fragmento muratoriano. Esta lista mutilada de los libros aceptados como canónicos empieza con el tercer Evangelio, nombrando a Lucas como su autor. Redactado en Roma, el fragmento representa la opinión oficial de las iglesias durante la última mitad del siglo segundo.

Ireneo. Como en el caso de los otros Evangelios, el testimonio de Ireneo, destacada figura de la Iglesia hacia el final del siglo segundo, discípulo de Policarpo como éste lo había sido de San Juan, es de gran importancia, tanto por la solvencia moral y espiritual de Ireneo, como por su enlace indirecto con la edad apostólica. En su libro *Contra herejías* hace referencia frecuente al tercer Evangelio, y a Lucas como su autor.

Se ha calculado que existen dieciséis diferentes testimonios al Evangelio y a Lucas como su autor, antes de finalizarse el siglo segundo. Después las referencias menudean en los escritos de Tertuliano, Clemente, Orígenes, etc.

Evidencia Interna

Bajo los epígrafes de «Rasgos destacados del Evangelio», «Notas biográficas sobre Lucas» y «El valor histórico de los escritos de Lucas», veremos que tanto el contenido como el estilo del conjunto «Lucas-Hechos» concuerdan con los testimonios sobre la paternidad literaria del libro que abundan en el siglo segundo.

LA FECHA DEL EVANGELIO

La cuestión de la fecha del Evangelio se enlaza con la redacción de Los Hechos también, puesto que Lucas, al iniciar la segunda etapa de su obra, hace mención de la primera: «En mi primer tratado, oh Teófilo, hablé de todas las cosas que Jesús empezó a hacer y a enseñar...» (Hch. 1:1). El Evangelio, pues, se había redactado y se había enviado a Teófilo antes de redactarse Los Hechos. Ahora bien, la fecha de la segunda parte se determina bastante bien por consideraciones que surgen del fin abrupto de la misma (Hch. 28:30, 31), ya que Lucas termina su relato estando Pablo en Roma durante su primer cautiverio, sin señalar claramente el fin del proceso en que tanto se había interesado. Desde luego, el propósito espiritual de su obra se había cumplido, pero es inconcebible que no hubiese hecho mención del resultado de la apelación al César si lo hubiese sabido al soltar la pluma y enviar el escrito a Teófilo. Lucas terminó de escribir Los Hechos, por lo tanto, en el año 62, bien que es probable que el libro tardara unos años antes de circular ampliamente entre las iglesias. Por lo tanto la fecha del Evangelio es anterior al año 62, y si pensamos que Lucas acompañaba a Pablo más o menos durante su azarosa estancia en Palestina (Hch. caps. 21 a 27), pero con libertad para viajar por el pequeño país, llegamos a una suposición, tan probable y razonable que raya con la certeza absoluta, de que Lucas se ocupaba durante los años 58 a 60, mientras que Pablo estaba preso en Cesarea, de recoger los testimonios a los cuales hace referencia en su prólogo (Lc. 1:14). Bien pudo haber enviado el escrito ya redactado a Teófilo antes de partir de Cesarea con Pablo en el año 59–60, que damos como fecha con bastante confianza.

Algunos eruditos, particularmente aquellos de tendencias modernistas, han querido fechar «Lucas-Hechos» después del año 70, alegando que el autor utilizó los escritos de Marcos y otros del historiador judío Flavio Josefo. Hemos visto que Marcos redactó el testimonio de Pedro, que de alguna forma u otra estaba a la disposición de los colaboradores de los apóstoles muy tempranamente, como la «tradición» más antigua de la vida del Señor, de modo que Lucas podía haberlo utilizado antes del año 59. Con respecto a Josefo, las supuestas «deudas» de Lucas (sobre todo en cuanto al fin de la vida de Herodes Agripa I) solamente indican que los dos historiadores recogieron datos sobre el mismo hecho histórico, bien conocido en Palestina. La coincidencia en lo esencial es otra prueba de la fidelidad histórica de Lucas, y no señala una fecha tardía.

EL VALOR HISTÓRICO DE LOS ESCRITOS DE LUCAS
El plan de Lucas

Lucas habla de su método de investigar los hechos y de redactar su historia en el prólogo del Evangelio (Lc. 1:14). La fuente de su información se nombra: «los hechos... tal como nos los transmitieron los que desde el principio fueron testigos oculares de ellos y ministros de la Palabra». La garantía última de la veracidad de lo ocurrido depende, pues, de las declaraciones de los apóstoles-testigos, autorizados por el Señor para transmitir la verdad en cuanto a su persona y obra. Lucas llegó a tener oportunidad de «investigarlo todo con exactitud desde el principio», y como resultado de su labor de interrogar a los testigos oculares (sin despreciar las narraciones ya escritas), escribió «una narración ordenada» que dirigió a Teófilo, un hermano nuevo, quizá, que, según el tratamiento de «excelentísimo», ocupaba algún puesto oficial destacado. Tal vez éste se encargaría de extender el documento entre sus amigos como el primer paso de su publicación y circulación.

La prueba de la historicidad en Los Hechos

Lucas pudo haber tenido buenas intenciones sin llegar a realizarlas, pero de hecho existe *la prueba arqueológica* que demuestra el éxito que coronó sus esfuerzos. Es difícil que surjan comprobaciones del material del Evangelio, aparte de la luz que nuevos descubrimientos echen sobre las condiciones generales de Palestina durante el ministerio del Señor; pero en Los Hechos la historia roza con muchos detalles de la administración de las provincias de Roma a mediados del siglo primero, y éstos si se prestan a la comprobación histórica y arqueológica. Antiguamente los eruditos solían poner en tela de juicio muchas de las referencias incidentales de Lucas relativas a los títulos de las distintas autoridades romanas y nacionales que se mencionan sobre todo en Hechos, capítulos 13 a 28, con las fechas de su administración, pero al final del siglo XIX el célebre polígrafo y arqueólogo Sir William Mitchell Ramsay se dedicó durante muchos años a unas investigaciones rigurosamente científicas sobre temas relacionados con los viajes del apóstol Pablo, recopilando los resultados en tomos como *Pablo, viajero y ciudadano romano, La Iglesia en el Imperio romano,* etcétera, que marcaron época, y establecieron más allá de toda duda razonable que Lucas era el historiador más exacto y concienzudo de la antigüedad.

Si Lucas da prueba de sí como historiador exacto en Los Hechos, declarando que su método al redactar el Evangelio era igual, es muy legítimo formular el corolario de que también el primer escrito es rigurosamente auténtico, afanándose Lucas por no admitir nada que no pudiera establecerse por el testimonio fehaciente de los testigos oculares.

Este tema de la historicidad de los Evangelios se reviste de gran importancia, según hicimos ver en la introducción de este libro, puesto que las altas categorías espirituales —y aun divinas— de la intervención de Dios en el mundo en la persona de su Hijo, no se mantienen por misticismos subjetivos, sino que se arraigan firmemente en la historia de hombres reales aquí en la tierra. «Aconteció por aquellos días que se promulgó decreto de César Augusto que todo el mundo fuese empadronado; este fue el primer empadronamiento hecho durante el gobierno de Quirinio en Siria... y José subió de Galilea... a la ciudad de David... con María, desposada con él, la cual estaba encinta» (Lc. 2:1–5). Estas palabras enlazan el mayor misterio de todos los tiempos, la Encarnación del Hijo de Dios, con la historia contemporánea, tanto imperial como provincial (comp. también la nota histórica muy completa que señala el principio del ministerio de Juan el Bautista en Lc. 3:1–6).

NOTAS BIOGRÁFICAS SOBRE LUCAS

La evidencia externa nos ayuda a identificar a Lucas, el «médico amado», compañero y colaborador de Pablo, con el autor de «Lucas-Hechos».

Lucas, el gentil culto, médico de profesión

Recordemos la evidencia de los *Prólogos antimarcionitas*, de que Lucas era sirio, oriundo de Antioquía, y médico, además de ser discípulo de los apóstoles. Lo más probable es que se contara entre los primeros convertidos de la hermosa obra entre los gentiles en Antioquía, llevada a cabo por los «varones ciprios y cirenenses» (Hch. 11:20–24), y que pronto llegara a conocer a Bernabé y a Pablo en la misma ciudad. La calidad de sus escritos garantiza la cultura de un hombre que, además de ser médico, era un gran escritor, artista en palabras.

Las referencias a Lucas en las Epístolas

Lucas era mucho más que un mero historiador de las actividades apostólicas, siendo él mismo colaborador íntimo de Pablo, y figura destacadísima entre las iglesias de la época. Al escribir Pablo a los colosenses, Lucas estaba a su lado, y, entre los saludos de varios colegas, se halla el suyo: «Os saluda Lucas, el médico amado» (Col. 4:14). Por la misma época Pablo le incluye entre sus «colaboradores» al escribir a Filemón (Flm. 24). Al redactar su última carta conocida a Timoteo, el apóstol, después de notar los movimientos (buenos y malos) de muchos siervos de Dios, añade la patética nota: «Sólo Lucas está conmigo» (2 Ti. 4:11). Aun estas breves referencias bastan para destacar el valor de la obra de Lucas, con su categoría profesional, y la simpatía que merecía el epíteto espontáneo de «el amado», con la fidelidad del compañero que quedó al lado de Pablo hasta el fin.

Se ha conjeturado que Lucas era «el hermano cuya alabanza en el Evangelio se oye por todas las iglesias» (2 Co. 8:18), y que era hermano de Tito, también griego, porque se puede leer 2 Corintios 12:18 de esta forma: «Rogué a Tito, y con él envié a *su* hermano.» Son ideas posibles, pero no se prestan a pruebas firmes.

La presencia de Lucas en Los Hechos

Es evidente que Lucas tenía que recoger sus datos para la primera parte de Los Hechos, en la que se destaca preeminentemente la figura de Pedro, de igual forma que aquellos que forman la base del Evangelio, pues él no pudo ser testigo ocular de los acontecimientos de Hechos, capítulos 1 a 10, con el capítulo 12. Ahora bien, era testigo inmediato de mucho de la obra de Pablo, y lo que no vio y oyó personalmente, pudo recogerlo de labios del apóstol a lo largo de los años de íntima amistad y de colaboración en el Evangelio.

Su modestia le impide hacer mención de sí mismo por nombre, pero sí, de una forma muy natural y casi inconsciente, deja vislumbrar su presencia con el apóstol en ciertas épocas por sustituir los pronombres en tercera persona (él y ellos) por el de la primera persona plural, «nosotros». El primer lugar seguro de este uso, indicando la presencia de Lucas, se halla en Hechos 16:10, cuando Pablo había visto la visión del hombre macedonio, y Lucas añade: «En cuanto tuvo esta visión, *procuramos (nosotros)* partir para Macedonia, infiriendo que Dios nos había llamado para predicarles el Evangelio.» La deducción lógica es que Lucas se unió con la compañía apostólica en Troas, y no como un nuevo convertido, sino como uno que podía compartir las experiencias y las decisiones de los siervos de Dios. Lucas continúa empleando la forma «nosotros» hasta la salida de Pablo y Silas de Filipos (Hch. 16:16–40), y es de suponer que quedará para ayudar a cuidar de la iglesia naciente allí. Lo restante del segundo viaje, y el tercero hasta la llegada de Pablo a Macedonia de nuevo, se narra en tercera persona. Pablo ha emprendido ya el camino hacia Jerusalén, y después de mencionar numerosos colaboradores del apóstol, Lucas añade: «Éstos, habiéndose adelantado, *nos* esperaban en Troas» (20:5), lo que indica que Lucas acompañó a Pablo de Macedonia a Troas, y desde aquella época no se alejó mucho del apóstol hasta el fin. Es probable que la ciencia médica de Lucas fuese de ayuda en vista de la salud quebrantada de Pablo, pero siempre hemos de considerarle como obrero destacado, tomando su distinguida parte en la labor de la compañía apostólica.

Lucas reflejado en sus escritos

Lucas era un historiador que trabajaba sobre datos precisos; pero la selección de los datos era suya bajo la guía del Espíritu Santo, quien siempre obra por medio del temperamento y la preparación de los autores humanos, aprovechando los dones peculiares de cada uno. Por eso las obras literarias de Lucas delatan al hombre, y los rasgos que se notan en el apartado siguiente llegan a ser pinceladas que retratan al evangelista, el encargado de presentar las perfecciones de Cristo. Huelga decir que todo esto es inconsciente con respecto a Lucas, quien se ocupa únicamente en su cometido de delinear las facciones morales y espirituales de su Señor, a través de sus hechos y palabras. Tomando en cuenta esta autorrevelación inconsciente, se ha escrito de Lucas: «Tenía la mentalidad más comprensiva de todos los evangelistas, y era, a la vez, gentil, cristiano, médico y viajero, capacitado para enfocar las cuestiones de su día dentro de una amplia perspectiva. En todo se le ve comprensivo, culto, poético, espiritual, artístico y de miras elevadas. Se halla el mejor griego clásico de todo el NT en su prólogo, pero lo restante de los capítulos uno a tres refleja tan fielmente el ambiente hebreo dentro del cual recogió su material, que llega a ser la porción más semita del NT, lo que demuestra la amplitud y perfección de su preparación literaria.»

RASGOS NOTABLES DEL EVANGELIO

El orden

Lucas se propuso redactar una «narración ordenada» de cuanto había recogido de sus fuentes (1:3), pero no hemos de entender necesariamente un «orden cronológico»; de hecho, por la comparación de los Evangelios entre sí, no parece ser que Lucas se hubiese sujetado a un concepto meramente geográfico y temporal. Hay enseñanzas que Lucas narra en relación con la última etapa de la obra del Señor en Perea (véase «Contenido») que Mateo sitúa dentro del ministerio anterior en Galilea. Puede tratarse de repeticiones o de coincidencias, pero lo más probable es que le preocupaba más presentar distintos aspectos de la persona y la obra del Maestro, que no de establecer un rígido orden cronológico.

El estilo

Ya hemos notado que Lucas redacta su prólogo en los elegantes períodos del griego clásico, lo que demuestra su dominio de la lengua literaria. Lo demás de su doble obra se escribe en griego helenístico, que era la lengua común de toda persona instruida en el mundo grecorromano de la época. Lo maneja con gran soltura, y sabe combinar una elegante economía de palabras con gráficas pinceladas que animan la acción e imparten vivacidad a las narraciones. De ello se nos ofrecen hermosos ejemplares en las parábolas del «Hijo pródigo», y del «Buen Samaritano», peculiares a Lucas.

La ternura y la fuerza dramática de los relatos

Lucas se deleita en situaciones que ponen al Salvador amante en contacto con hombres y mujeres necesitados de su ayuda, sea en la esfera física o moral. El levantamiento del hijo de la viuda de Naín (7:11–17) es un ejemplo sin par de la ternura y del poder del Señor que obran para el consuelo del corazón quebrantado de una mujer, por medio de la derrota del enemigo invencible de los hombres, la muerte. Pero Lucas saca todos los valores humanos y divinos del incidente, haciéndonos sentir la honda emoción del momento, por medio de frases sencillas y veraces, sin deslizarse en lo más mínimo hacia un patetismo falso, evitando un fácil tratamiento efectista. Iguales cualidades de viveza y de sobriedad se echan de ver en la historia de la mujer pecadora de Lucas 7:36–50, en la de Zaqueo (19:1–10), en la del ladrón arrepentido (23:39–43), etc. La enumeración del material propio de Lucas más abajo proveerá muchos ejemplos para la consideración del lector.

Las referencias frecuentes a las mujeres, a los niños y a los oprimidos

He aquí un rasgo que ilustra las amplias simpatías de Lucas, juntamente con su comprensión del carácter universal de la obra del Salvador. Sólo Lucas relata extensamente tanto el nacimiento de Juan como el de Jesús, viéndose éste desde el punto de vista de la madre, María. Elisabet se destaca mucho en el primer capítulo, además de María. Las dos hablan por el Espíritu Santo, y ocupan lugar prominente entre aquellos que esperaban al Mesías. Pensamos también en Ana, quien fue conservada hasta una edad muy avanzada para poder dar la bienvenida al Mesías.

Sólo en este Evangelio vislumbramos al «niño Jesús» en el conocido incidente de 2:41–52, y más tarde Lucas enfoca la luz de la revelación en el grupo de mujeres fieles que acompañaban al Señor y le servían de sus bienes (8:2, 3). No sabríamos nada de las mujeres que lamentaron sobre Jesús en el camino a la cruz, aparte de Lucas (23:27, 28), y es el que se fija en las mujeres galileas que recibieron tan hermoso testimonio de la realidad de la resurrección (23:55—24:11).

Lucas adelanta muchos de los casos en que el Señor se preocupaba especialmente por los pobres y los oprimidos, fuese por su pobreza material, fuese por la opresión del medio ambiente religioso y social. Muestra poca simpatía por los ricos, o por quienes se entregaban a sus intereses materiales. Véanse la «mujer pecadora» (7:37–50), con la parábola de los «dos deudores»; la parábola del buen samaritano (10:25–37); la parábola del rico insensato (12:13–21); los «pobres, mancos, ciegos y cojos» de la parábola de la gran cena (14:15–24); los «publicanos y los pecadores», cuya recepción motiva las tres parábolas del capítulo 15; la parábola del rico y Lázaro (16:19–31); la viuda oprimida (18:1–8); la bendición de Zaqueo (19:1–10), etc. En relación con la salvación de Zaqueo hallamos el «texto clave» del Evangelio: *«El Hijo del hombre vino para buscar y salvar lo que se había perdido»* (19:10).

La nota de universalidad en el Evangelio

Tanto como los otros Evangelistas, Lucas relaciona el magno acontecimiento del advenimiento del Señor con las promesas y esperanzas de Israel (véanse los cánticos de María, de Zacarías, y de Simeón, 1:46–55, 67–80; 2:29–32), y no deja tampoco de mencionar el Reino, tanto en su aspecto espiritual y presente, como en el de su manifestación futura; pero el énfasis no recae sobre el Reino, como en el Evangelio de Mateo, ni se acerca a la persona del Salvador desde el punto de vista de los judíos. Cristo extiende su mano de amor, de perdón y de servicio hacia todos los individuos que acuden a él con deseo, sumisión y fe, sin mirar su condición social, moral, religiosa o racial. Del hombre y de la mujer, vistos como tales, se pasa no ya a la nación escogida (bien que su existencia queda apuntada), sino a la humanidad en su totalidad, a toda la angustiada simiente de Adán. Hemos visto que no falta el énfasis sobre la universalidad de la predicación del Evangelio en Mateo, pero en Lucas se halla algo diferente, ya que el sentido de la humanidad, a través del individuo, está entretejido en la misma sustancia del relato, como elemento principalísimo y constante de la presentación del Dios-Hombre por el evangelista.

La prominencia del tema de la humanidad y de la universalidad se echa de ver en seguida si se compara el material peculiar a Mateo con el que es propio de Lucas. Todas las parábolas de Mateo son «parábolas del Reino» en un sentido u otro, mientras que las más caracterizadas de Lucas (caps. 10, 12, 15, 16) tratan de Dios y del individuo, con las relaciones de los hombres entre sí.

La presentación de Jesús como el Hijo del Hombre

La deidad de Cristo se echa de ver siempre, pero la luz de la narración se enfoca en el Hombre perfecto, quien manifiesta la naturaleza de Dios por medio de una vida humana, íntimamente relacionada con la raza y sus profundas necesidades. El Santo que había de nacer por la potencia del Espíritu Santo en María sería llamado Hijo de Dios (1:35), pero el relato nos hace ver a la madre y subrayar sus actitudes de sumisión y de triunfo en el curso del sublime trance del Nacimiento; por fin «dio a luz a su hijo primogénito, y le envolvió en pañales y acostóle en un pesebre» (2:6,7). Lucas nos habla de la circuncisión, de la ansiedad del niño de estar en el Templo, escuchando a los doctores y haciéndoles preguntas (2:46), pero dispuesto al mismo tiempo a volver a Nazaret con María y José, estándoles sujeto hasta la iniciación de su ministerio público.

La genealogía (que se detalla en el momento de su bautismo y su unción) remonta hasta «Adán, hijo de Dios», detalle que se ha de comparar con el énfasis sobre David y sobre Abraham en la genealogía de Mateo.

Los rasgos señalados en los dos apartados anteriores abundan más en este sentido, ya que es el Hombre quien se pone en contacto con los hombres, y cuya vista penetra hasta las fibras más escondidas de sus pobres almas, con la honda simpatía de quien es él mismo Hombre; a la vez su mirada distingue perfectamente bien entre las tragedias del pecado que pueden traer como consecuencia el arrepentimiento y el orgullo hipócrita de la mera religión que procura esconder los males bajo la fachada de la suficiencia propia. El título del «Hijo del Hombre» se tratará con más detalle en la Sección VI, LA PERSONA DE CRISTO.

Se destacan los temas del perdón y de la salvación

La importancia de estos temas se echa de ver por las consideraciones de los párrafos anteriores, ya que el Hombre que se acerca a los necesitados y a los desvalidos, es el «Salvador, quien es Cristo el Señor», según la declaración de los ángeles a los pastores (2:11). La base del perdón y de la salvación no se percibe claramente aún, pues espera la consumación de la obra de la cruz, pero se ilustran una y otra vez la gracia y la misericordia de Dios en Cristo, que pueden fluir libremente donde la sumisión, el hambre espiritual y la fe en los desvalidos y perdidos abren el cauce. A la mujer, antes pecadora en la ciudad, el Señor dijo: «Perdonados son tus pecados ... tu fe te ha salvado, ve en paz» (7:47–50); el retorno de Zaqueo a la obediencia da lugar a la gran declaración tan característica de este Evangelio: «El Hijo del Hombre vino para buscar y salvar lo que se había perdido.» El abrazo de amor que el Padre amante da al hijo pródigo que regresa, antes muerto y después revivido, antes perdido y después hallado, sintetiza estos hermosos aspectos del Evangelio.

El énfasis sobre la oración

Lucas señala diez ocasiones distintas en que el Señor se dio a la oración, antes o después de momentos críticos en su ministerio: rasgo que viene a subrayar la presentación de Jesús como el

Hombre perfecto, quien llevaba a cabo su obra en comunión ininterrumpida con el Padre, sumiso a su voluntad en relación con el plan de la redención, que era el del Trino Dios. Ejemplos: Cristo oró al ser bautizado (3:21); después de un día de grandes obras sanadoras (5:15, 16); antes de elegir a los apóstoles (6:12); antes de la primera predicción de su muerte (9:18); en la ocasión de su transfiguración (9:29); cuando los Setenta volvieron con gozo de su misión (10:21,22); antes de enseñar a sus discípulos a orar (11:1); durante la angustiosa decisión del huerto de Getsemaní (22:39–46); al interceder por sus enemigos en la cruz (23:34); y al encomendar su espíritu al Padre (23:46).

El Hijo-Siervo, que ora en la tierra, enseña también a los suyos a orar, y a perseverar en la oración (6:28; 10:2; 11:1–13; 18:1–14, etc.), adelantando las preciosas ilustraciones del amigo que persistió en pedir pan a pesar de la hora intempestiva (11:5–8); de la viuda importuna (18:1–8) y de la oración falsa del fariseo en el Templo comparada con la verdadera del publicano (18:9–14).

Las frecuentes referencias al Espíritu Santo

Hay más referencias al Espíritu Santo en este Evangelio que en los dos anteriores juntos, que es lo que esperaríamos en un escrito cuya continuación (Los Hechos) se ha llamado a menudo «Los Hechos del Espíritu Santo». Se dice de Zacarías, María, Elisabet y Simeón que hablaron «llenos del Espíritu Santo». El Señor fue concebido por el Espíritu y ungido por el Espíritu, y aun probado por el impulso del Espíritu (4:1). Todo su ministerio se relaciona con la potencia del Espíritu (4:14, 18), y como culminación de su obra ha de bautizar a los suyos en Espíritu Santo (3:16). En el curso de sus últimas instrucciones a los apóstoles, el Señor les asegura que enviará sobre ellos «la promesa de su Padre» (24:49), detalle que enlaza directamente con las enseñanzas y mandatos del prólogo de Los Hechos (Hch. 1:4–8).

LA FINALIDAD DEL EVANGELIO
La finalidad del Evangelio se relaciona tan estrechamente con los rasgos característicos que hemos venido considerando, que

sólo nos resta concretar los dos propósitos principales en los enunciados siguientes:

Lucas redactó su Evangelio (juntamente con Los Hechos) con el fin de proveer a lectores gentiles de una historia continua y suficiente de los comienzos del cristianismo. Dirigiéndose en primer término a Teófilo, oficial romano, o aristócrata de nacimiento, pensaba especialmente en los lectores cultos del mundo grecorromano, bien que su redacción es tan clara que los sencillos han podido gozarse desde siempre en su presentación del Dios-Hombre Salvador, igual que los instruidos.

Lucas presenta a Cristo como el Hombre perfecto, quien trae el perdón y la salvación a todos los necesitados que quieren recibirlos. Por ende, el escrito se caracteriza por su humanidad y su universalidad. Dentro del plan divino del Evangelio cuádruple, Lucas subraya la humanidad del Cristo de modo que su obra sirve de complemento al cuadro del Rey-Mesías de Mateo, a la presentación del Siervo de Jehová en Marcos, y al énfasis sobre la deidad del Verbo encarnado en Juan. Con todo ello la doctrina de la plena deidad de Cristo se desprende con igual claridad en S. Lucas como en los demás Evangelios.

MATERIAL QUE ES PECULIAR A LUCAS

Por la comparación y contraste de los Evangelios entre sí, el lector habrá aprendido la importancia de fijarse en el material que es peculiar a cada uno de los evangelistas, ya que lo que selecciona, en adición a lo que traen los demás, pone de relieve su interés especial, y por ende su propósito al redactar su Evangelio. Puede haber matices que indican lo mismo en la narración y presentación de incidentes y parábolas que se hallan en otros escritos, pero a los efectos del «signo» que los distingue interesa sobre todo lo que se debe únicamente a cada autor. Un estudio atento de los pasajes que señalamos a continuación revelará una y otra vez los rasgos propios de Lucas que hemos notado en su debido lugar.

Milagros

La pesca milagrosa (5:1–11); el levantamiento del hijo de la viuda de Naín (7:11–17); la curación de la mujer encorvada

(13:10–17); la curación del hombre hidrópico (l4:1–6); la curación de los diez leprosos (17:11–19); y la curación de la oreja de Malco (22:49–51).

Parábolas

(Por parábolas entendemos narraciones, con su acción propia, distinguiéndolas de otras clases de ilustraciones; véase la Sección «LAS PARÁBOLAS DEL SEÑOR».)

Los deudores (7:41–43); el buen samaritano (10:25–37); las súplicas del amigo del viajero (11:5–8); el rico insensato (12:16–21); la higuera estéril (13:6–9); la gran cena (14:16–24); la dracma perdida (15:8–10); el hijo pródigo (15:11–32); el mayordomo infiel (16:1–13); el rico y Lázaro (16:19–31); el siervo inútil (17:7–10); la viuda importuna (18:1–8); el fariseo y el publicano (18:9–14); y las diez minas (19:11–27).

Otro material propio de Lucas

El relato del nacimiento de Juan el Bautista (1:5–25, 57–80); el nacimiento de Cristo desde el punto de vista de María (1:26-56 con 2:1–20); la infancia y niñez de Jesús (2:21–52); la genealogía que asciende a Adán (3:23–38); el discurso sobre Isaías 61:1 en la sinagoga de Nazaret (4:16–30); el llamamiento especial de Pedro (5:8–10); la conversión de la mujer pecadora en casa de Simón (7:36–50); su rechazo por los samaritanos (9:51–56); el envío de los Setenta (en Perea) (10:1–20); los afanes de Marta (10:38-42); el ejemplo de los galileos asesinados por Pilato, etc. (13:1–5); las enseñanzas sobre el discipulado (14:25–35); la bendición de Zaqueo (19:1–10); la disputa de los discípulos en el cenáculo (22:24–30); el sudor de sangre en el Huerto (22:44); la vista de la causa de Jesús delante de Herodes (23:5–12); las mujeres que lamentaban en el camino al calvario (23:27–31); la intercesión: «Padre, perdónalos» (23:34); la conversión del ladrón arrepentido (23:39-43); la conversación en el camino a Emaús (24:13–35); detalles de la presentación del Resucitado a los apóstoles, y las enseñanzas sobre la palabra profética (24:36–49); y la ascensión (24:50–53).

Hay muchas más ilustraciones y enseñanzas que sólo Lucas refiere, pero lo que antecede demuestra ampliamente la enorme deuda del lector de la Biblia para con este evangelista, formado para su tarea por las providencias de Dios, e inspirado divinamente para el cumplimiento de ella.

EL CONTENIDO DEL EVANGELIO

I
PRÓLOGO DEL AUTOR
1:14

II
LA PRESENTACIÓN DEL HIJO DEL HOMBRE EN GALILEA, CON SU SERVICIO ANTERIOR A CESAREA DE FILIPO
4:14–9:17

III
LOS DOCE CONFIESAN A JESÚS COMO EL MESÍAS; CONSECUENCIAS DE LA CONFESIÓN
9:18–62

IV
EL HIJO DEL HOMBRE EN EL CAMINO A JERUSALÉN
10:1—19:27

Enseñanzas sobre el servicio y el Reino de Dios;
los diez leprosos sanados   17:1–37
Parábolas que ilustran la oración; los niños que
acuden y el joven principal que se aleja   18:1–30
Dolor y bendición en el camino a Jerusalén   18:31–43
La bendición de Zaqueo, y la parábola de las minas 19:1–27

V
LA PRESENTACIÓN DEL MESÍAS A SU CIUDAD; LA AUTORIDAD VERDADERA Y LA FALSA
19:28—21:4

Alabanzas al Rey, y los reproches de los
endurecidos. Cristo llora sobre Jerusalén   19:28–44
Frente a la oposición de los príncipes, el Hijo
del Hombre mantiene su autoridad, y pronuncia
juicios   19:45—21:4
El Rey predice los juicios sobre Jerusalén, y
habla de los juicios y las bendiciones que se
asociarán con su venida en gloria   21:5–38

VI
EL GRAN CONFLICTO DEL HIJO DEL HOMBRE
22:1—23:56

El Señor con los suyos en la víspera de la Pasión;
la institución de la Santa Cena   22:1–38
La agonía en el Huerto   22:39–46
El Mesías en manos de los hombres; el prendi-
miento y el juicio ante el sanedrín   22:47–71
El Mesías entregado a los gentiles; la sentencia
inicua   23:1–25
El conflicto en el Gólgota; el misterio de la
expiación se realiza en las tinieblas   23:26–49
La sepultura honrosa   23:50–56

VII
LA PRESENTACIÓN DEL HIJO DEL HOMBRE A LOS SUYOS, VICTORIOSO SOBRE LA MUERTE
24:1–53

PREGUNTAS

1. Cítense referencias al Evangelio según Lucas que corresponden al siglo segundo. Muestre cómo el carácter del Evangelio apoya la evidencia externa que señala a Lucas como el autor.
2. Escríbanse amplias notas biográficas sobre Lucas.
3. Presente claramente *cuatro* de las características señaladas de este Evangelio que le parecen más significativas.
4. Discurra sobre la finalidad de Lucas al redactar este Evangelio.
5. Haga referencia a *tres milagros* y a *tres parábolas* que son peculiares a este libro, y demuestre cómo ilustran los rasgos especiales que hemos venido notando.

El Evangelio según Juan

El Evangelio cuádruple

Al llegar al estudio del último de los Evangelios podemos recordar la superioridad del método de la presentación cuádruple de la persona del Señor sobre el de una biografía única, que algunos han querido conseguir por armonizar el material de los cuatro escritos en un solo Evangelio, a la manera del *Diatessaron* de Taciano, compilado a mediados del siglo segundo. En el Castillo de Windsor, Inglaterra, existen tres retratos del rey Carlos I, pintados cada uno desde un punto de vista distinto, y se dice que habían de servir como base para el trabajo de un escultor que quería plasmar todas las facciones en un busto que tuviera solidez y relieve. De igual forma el aspecto de Cristo que ahora hemos de considerar, combinado con los perfiles anteriores, da peculiar relieve a la persona, de una forma imposible de lograr por medio de un sencillo relato uniforme.

Las diferencias en la presentación de la persona del Dios-Hombre en este Evangelio se destacan tanto que, desde siempre, los sinópticos se han agrupado juntos por la analogía de sus métodos —con la salvedad de los matices muy importantes que hemos venido estudiando— mientras que Juan ocupa un lugar aparte, como «el Evangelio espiritual», según se ha llamado desde los tiempos de Clemente de Alejandría. Los rasgos que justifican esta distinción entre Juan y los demás constituirán una parte importante de este estudio introductorio al Evangelio, pero hacemos constar que pasamos aquí de la consideración de los sinópticos, fruto del testimonio conjunto de muchos testigos oculares de los primeros años, a la visión especial que tuvo del Hijo de Dios encarnado un testigo especialmente privilegiado; visión que concretó en el Evangelio que conocemos después de sesenta años de profundas meditaciones, vivificadas por el proceso de la inspiración del Espíritu. El Evangelio según S. Juan es un escrito único en sustancia, en estilo y en presentación, sin parangón en toda la vasta extensión de la literatura mundial.

EL AUTOR
Evidencia externa

Nadie duda de la estrecha relación que existe entre el Evangelio y la primera Epístola de Juan, de modo que citas de esta última vienen a confirmar también la existencia del Evangelio durante el siglo ii. Hemos de distinguir entre la evidencia que da fe de que el Evangelio circulaba tempranamente, y aquella que señala al apóstol Juan como su autor. Estas pruebas se revisten de importancia especial en el caso del cuarto Evangelio por el hecho de que varias escuelas de eruditos modernistas, basándose en las diferencias entre éste y los sinópticos, han querido relegarlo a fechas tardías, en su afán por «explicar» el desarrollo doctrinal que creen percibir. Rechazan la antiquísima tradición de que el autor fuese el apóstol Juan en aras de unas consideraciones puramente subjetivas.

1. La circulación del Evangelio en el siglo segundo

El fragmento «John Rylands». Recordamos al lector que existe un fragmento de una copia de este Evangelio (algunos versículos del cap. 18) que se conserva en la biblioteca «John Rylands» de Manchester, fechado por los paleógrafos en los primeros años del siglo segundo. En la sección introductoria subrayamos la inmensa importancia de esta prueba material e irrefutable de la existencia y de la amplia circulación del Evangelio no muchos años después de la fecha tradicional de su redacción por Juan en Éfeso.

El testimonio de Papías (Hierápolis, 100–140 d. C.). Según Eusebio, Papías citaba la primera Epístola de Juan, cuya redacción y circulación se enlaza estrechamente con la del Evangelio.

Ignacio escribió epístolas que datan de los años 114–116 d.c. y que demuestran claramente su íntimo conocimiento del Evangelio de Juan, ya que emplea frases como «el pan de Dios», «el agua viva», y hace referencias a Cristo como «Verbo» y «Puerta»; también menciona el «mundo» y el «príncipe de este mundo» en sentido puramente juanino.

Policarpo, contemporáneo y discípulo en su juventud del apóstol Juan (murió mártir a una edad avanzada en 155 d.c.), cita textualmente de 1 Juan 3:8 y 4:3, y ya hemos visto que la evidencia para la Epístola sirve también para el Evangelio. *Taciano el sirio* (activo entre 160 y 170 d.c.) empieza su armonía de los Evangelios, el *Diatessaron*, con los primeros versículos del Evangelio. *Justino Mártir* (murió mártir en 165 d.c.) cita textualmente Juan 1:23, 27 con 3:3–5.

2. El Evangelio atribuido a Juan el apóstol

Papías, citado por los *Prólogos antimarcionitas*, por Ireneo y por Eusebio, afirma que el Evangelio fue escrito mientras Juan el apóstol estaba aún en el cuerpo. En la cita por Eusebio algunos han querido ver a dos personajes, Juan el apóstol y Juan el Anciano (comp. 2 Jn. 1; 3 Jn. 1), pero el profesor F.F. Bruce llega a la conclusión de que es una manera algo confusa de hacer referencia a la misma persona.

La lista del fragmento muratoriano (mediados del siglo segundo) afirma que «el cuarto Evangelio es obra de Juan, uno de los discípulos», y relata cómo fue comunicado a Andrés que Juan había de poner su historia de la vida de Jesús por escrito.

Ireneo (fin del siglo segundo) no dudó ni por un momento de que el Evangelio fuese obra de Juan el apóstol, y abundan referencias tanto al Evangelio como a su autor en sus libros. Con anterioridad hemos señalado el valor del testimonio de Ireneo en tales asuntos, ya que había recibido su información de Policarpo, discípulo de Juan el apóstol; existe una carta que Ireneo dirigió a un condiscípulo suyo, Florino, en que describe en términos clarísimos sus recuerdos de la persona y del ministerio de Policarpo.

Al apologista *Teófilo* (170 d. C.) se debe una referencia a Juan como autor del Evangelio, y a *Polícrates,* obispo de Éfeso, datos sobre el ministerio de Juan en la misma ciudad al final de su larga carrera.

Aparte de una secta oscura, llamada los «alogoi», porque rechazaban la doctrina del «Logos», nadie dudaba en los primeros siglos del cristianismo de que el cuarto Evangelio era autoritativo, apostólico, y obra de Juan el apóstol.

Evidencia interna

Nos toca ahora examinar el contenido del Evangelio para sacar las conclusiones posibles sobre el autor, y pensar si los datos concuerdan con la constante tradición de las iglesias y de los escritores del siglo segundo.

Las referencias al discípulo a quien amaba Jesús. Como los sinópticos, este Evangelio es anónimo, pero hay referencias a cierto discípulo, en la intimidad del Señor, que sólo se señala por medio de circunlocuciones. No hay razones muy evidentes para tales rodeos, ya que los otros protagonistas de la historia se mencionan por su nombre, pero si se trata del mismo autor, podemos pensar que quería por alguna razón conservar su anonimidad; al mismo tiempo sus intervenciones eran tan importantes al relato que tuvo que hacer mención indirecta de ellas. Este «velo transparente» se nota desde el principio del Evangelio, pues con referencia a los dos discípulos del Bautista que hicieron temprano contacto con Jesús, el autor observa: «Uno de los que... siguieron a Jesús era Andrés, hermano de Simón Pedro» (1:40). El otro sería conocidísimo también, y si no se nombra es por aquel afán de anonimidad que acabamos de notar. El discípulo amado, pero anónimo, pertenecía al círculo íntimo de los discípulos como es evidente por la conversación a la mesa en el cenáculo (13:23), y bajo la denominación del «otro discípulo» se le señala como testigo del proceso del Señor (18:15, 16), y, con inusitada solemnidad, como testigo ocular y cercano de la crucifixión (19:26, 27 con 34, 35). Se le ve en íntima relación con Pedro en la escena final del Evangelio, y los presbíteros de Éfeso afirman: «Éste es el discípulo que da testimonio de estas cosas, y que las escribió; y sabemos que su testimonio es verdadero» (21:20–23 con 24). *El autor pretende ser testigo de los acontecimientos que relata.* Veremos más tarde que el gran texto 1:14 es la clave para la comprensión del Evangelio, y precisamente aquí el autor afirma sin ambages: «El Verbo llegó a ser carne, y vimos (nosotros) su gloria». En la Epístola (por la misma mano) amplía el concepto diciendo: «lo que hemos oído, lo que hemos visto con nuestros ojos, lo que contemplamos y nuestras manos palparon... os anunciamos» (1 Jn. 1:1–4). Recuérdese también el solemne testimonio de 19:34, 35. El testimonio alcanza la vida más íntima del Señor y de sus discípulos, como vimos al comentar la escena en el cenáculo (13:23).

Se encuentran detalles gráficos que delatan al testigo ocular. Si hallamos datos que no interesarían al mero historiador, y que salen con espontaneidad, y casi inconscientemente, de la pluma del autor, hemos de suponer que él mismo es testigo ocular de lo que relata, o que escribe al dictado de tal testigo, como en el caso de Juan Marcos. Hallamos tales detalles en la narración de las bodas en Caná, pues se nota que había allí seis tinajuelas de agua; al llegar al pozo de Jacob, «Jesús, cansado, se sentó así junto al pozo; era como la hora sexta» (4:6, 7). En 8:2 se nota que el Señor se *sentó* en el Templo al rayar el alba para enseñar al pueblo, mientras que en 10:23 *andaba (se paseaba)* en el Pórtico de Salomón. El que así escribe vuelve por la magia de la memoria a vivir en los tiempos pasados, conocidos como recuerdo personal.

El autor es un hebreo de Palestina. Escribe ciertamente después de la destrucción de Jerusalén por Tito en el año 70, catástrofe que cambió radicalmente la fisonomía de la ciudad, pero recuerda perfectamente la disposición de los atrios del Templo, el estanque de Siloé, el lugar de la crucifixión, el huerto que se hallaba cerca, la sepultura, etc.

Está igualmente familiarizado con la geografía en general de Palestina, y menciona por sus nombres lugares insignificantes en sí, cuyos nombres serían desconocidos por un extraño, como son Betábara más allá del Jordán (1:28); Caná de Galilea (2:1); Enón junto a Salim (3:23) y Efraim cerca del desierto (11:54).

Las costumbres de los judíos cambiaron radicalmente después de la destrucción del Templo, pero este escritor está perfectamente familiarizado con las fiestas y prácticas de la época que describe, bien que ha de añadir alguna explicación por amor a sus lectores para quienes serían desconocidas (7:1, 37; 10:22, 23; 13:23–36, etc.).

Este judío de Palestina, conocedor exacto de la vida del país en el período del ministerio de Cristo, que pretende ser testigo ocular tanto de los acontecimientos públicos como de los privados, que se esconde bajo el velo de una semi-anonimidad, que es amigo de Pedro, y tan íntimamente relacionado con el Señor que éste encomienda su madre a su cuidado, no puede ser otro que el apóstol Juan. Pedro no era, desde luego, ni Jacobo, que murió bajo la espada de Herodes, y la intimidad no corresponde a discípulo alguno fuera del núcleo de «los tres». El testimonio unánime de las iglesias del siglo segundo concuerda con todo cuanto hallamos dentro del libro mismo. No se puede imaginar ni siquiera la presencia de algún intermediario como Juan Marcos, ya que un amanuense no se atrevévía a arrogarse la autoridad apostólica. que es tan natural al autor de este libro, quien se identifica con los apóstoles-testigos al decir: «Y nosotros vimos su gloria, gloria como del Unigénito del Padre…», «lo que hemos visto y oído, eso os anunciamos» (Jn. 1:14; 1 Jn. 1:1–4).

La inmensa literatura que combate la paternidad literaria de Juan el apóstol se debe a argumentos «a priori» por quienes se obstinan en creer que los conceptos del prólogo del Evangelio no pueden corresponder a la época apostólica. El sentido común del caso es que Juan el apóstol quiso valerse de términos propios de la filosofía de su día para presentar al Hijo encarnado, sin que por ello se apartara un ápice de la doctrina de los sinópticos, de Los Hechos o de las Epístolas de Pablo. Ciertamente el Evangelio delata una madurez del pensamiento cristiano que lo distingue de los sinópticos, y el título de «Logos» no se habría empleado tal vez por los años 50–70 d. C., pero cae perfectamente bien en los años 90–100 del primer siglo. De todas formas, los datos concretos han de prevalecer siempre por encima de consideraciones personales y subjetivas.

Notas biográficas sobre el apóstol Juan

Como en el caso de todos los evangelistas, hemos de recopilar datos fragmentarios esparcidos por sus escritos y por el NT en general, si hemos de formarnos una idea de su personalidad y del transcurso de su vida. Todos los biógrafos se esconden detrás de la persona que retratan, y todos dirían como el Bautista: «A él le conviene crecer, y a mí menguar.»

Su juventud. Por Juan 1:44 y Lucas 5:10 sabemos que era oriundo de Betsaida, al norte del Mar de Galilea, siendo su padre Zebedeo, su madre Salomé y su hermano Jacobo (Mr. 1:19, 20; 15:40; Mt. 27:56). La familia se dedicaba a la pesca en el Mar de Galilea, y prosperaha bastante para poder tener ayudantes. El hecho de que Juan era conocido en el palacio del sumo sacerdote indica o importantes relaciones comerciales, o un lejano parentesco (Mr. 1:20; Mt. 27:56; Lc. 8:3; Jn. 18:15, 16). Por Juan 19:27 es evidente que Juan tenía el uso de una casa en Jerusalén.

Discípulo del Bautista. Damos por cierto que Juan era uno de los dos que siguieron a Jesús después de la proclamación del Bautista (1:35–40), lo que nos hace ver que había aceptado el bautismo del arrepentimiento, estando dispuesto a recibir al Mesías por el testimonio del precursor (Lc. 1:16).

Discípulo-amigo de Jesús. La sección 1:35 a 4:54 parece representar un período cuando Juan, Jacobo, Pedro y Andrés pasaban algún tiempo con el Maestro sin dejar su negocio de la pesca.

Discípulo y compañero de Jesús. Mateo 4:21, 22 (y porciones paralelas) señala el momento cuando Juan y sus compañeros dejaron sus redes para seguir siempre al Maestro.

Discípulo-apóstol. Marcos 3:13–19 (y porciones paralelas) describe el nombramiento de los Doce como apóstoles, que no sólo habían de seguir a Jesús y aprender de él, sino también salir para el cumplimiento de diversas misiones a las órdenes de su Maestro.

Uno del círculo íntimo de «los tres». En tres ocasiones Pedro, Juan y Jacobo fueron admitidos a revelaciones del Señor que no recibieron los demás apóstoles (Mr. 5:37; Mt. 17:1; 26:37). El sermón profético se dio a los mismos, juntamente con Andrés (Mr. 13:3). Sólo Pedro y Juan fueron enviados a preparar el cenáculo para la celebración de la Pascua (Lc. 22:8). *El discípulo amado.* Juan ocupaba el diván a la derecha del Señor en la celebración de la Pascua, y así podía «reclinarse sobre su pecho» para el intercambio en cuanto al traidor (Jn. 13:23–26). La escena ha de considerarse como una manifestación de una comunión estrecha y especial entre el Maestro y el discípulo. *Heraldo del Evangelio en Jerusalén.* Como compañero de Pedro en la primera etapa de la historia de la Iglesia, Juan se menciona tres veces, notándose que Pedro es el portavoz de los dos (Hch. 3:1; 4:13; 8:14). *Su encuentro con Pablo.* En las conversaciones asociadas con el llamado Consejo de Jerusalén, juntamente con Pedro y Santiago, dio las diestras de compañía a Pablo (Gá. 2:9; comp. con Hch. 15:2, 22, 23). *Su estancia en Patmos.* Desterrado a Patmos por Domiciano (81–96 d. C.), recibió las visiones del Apocalipsis (Ap. 1:1, 4, 9). *Autor del Evangelio y de las Epístolas que llevan su nombre.* Ya hemos visto que remata su testimonio singular en la ciudad de Éfeso, en la provincia de Asia, por los años 95–100. Según S. Jerónimo murió en el año 98 d.C.

El carácter de Juan

Juan y Jacobo, hijos de Zebedeo, son apellidados «Boanerges», «hijos del trueno» o «del tumulto» (Mr. 3:17). Es de suponer, pues, que por naturaleza tenía un temperamento fuerte, dado a explosiones de ira frente a los males que presenciara, y este aspecto de su carácter se ilustra por los incidentes de Lucas 9:49, 50; 54–56.

Él y su hermano se dejaron llevar por los ambiciosos propósitos de su madre Salomé, al pedir ésta que se les concediera los puestos de honor y de poder en el Reino (Mr. 10:35–40 y porciones paralelas), pero estaban dispuestos también a compartir «la copa» y «el bautismo» del Señor.

Disciplinado en la escuela de su amado Maestro, Juan está dispuesto a tomar el segundo lugar con referencia a Pedro, y sus escritos le revelan como el discípulo de las profundas meditaciones, poseído del amor de su Señor. Con todo, las Epístolas evidencian que no ha perdido la fuerza y el fuego de «Boanerges», bajo el control del Espíritu Santo, ya que el apóstol del amor es también el que fustiga la mentira y el error (1 Jn. 2:22; 3:8; 4:20, etc.).

Hubo algo en Juan que captó las especiales simpatías del Maestro, sin que por ello hayamos de pensar en favoritismos. Era más «hermano» para Jesús que los hermanos según la carne, ya que pone a su madre bajo su cuidado. Su hermoso «monumento» es su Evangelio, juntamente con las epístolas complementarias, y las glorias del Apocalipsis.

LA OCASIÓN Y LA FECHA

Circunstancias inmediatas

Como hemos visto, no hay razones para dudar de que Juan redactara su Evangelio, siendo ya viejo, en la ciudad de Éfeso, sobre la fecha de 95–100 d.C. Sin duda el Evangelio concreta enseñanzas que había pasado oralmente a las iglesias durante muchos años, y podemos aceptar como exacta en su esencia la información de Clemente de Alejandría: «El último de todos (los evangelistas) Juan, tomando nota de que en los otros Evangelios había sido narrado aquello que concernía al cuerpo (lo externo del ministerio de Cristo), y siendo persuadido por sus amigos, y movido también por el Espíritu de Dios, redactó Evangelio espiritual.»

Reiteramos que el versículo 21:24 puede ser la garantía de los ancianos de Éfeso, ya que Juan (quizá por los efectos de persecución) no quería presentarse bajo su propio nombre.

Circunstancias generales

Al final de la vida de Juan no había necesidad de escribir más evangelios dirigidos especialmente a judíos o a gentiles, pues la Iglesia se había extendido mucho y la destrucción de Jerusalén había anulado prácticamente la influencia de la iglesia judaica o judaizante, de modo que la vida de Cristo pudo escribirse con miras a la Iglesia como tal, sin perder de vista las necesidades de las muchas personas cultas, conocedoras de los postulados generales de la filosofía griega, que querían ser informadas sobre el sentido íntimo de la doctrina cristiana. Es evidente que aquí la historia pasa a segundo término, sirviendo los incidentes para formular una cristología profunda, y para subrayar las relaciones de los individuos con Cristo, ya presentado como el Verbo eterno encarnado (véase más abajo).

JUAN Y LOS SINÓPTICOS

Evidentemente el Evangelio según Juan es el complemento de los sinópticos y es de suponer que evitó deliberadamente la repetición de lo que ya era sabido por todos, a no ser que los incidentes le sirvieran de base para su doctrina y para su presentación del Verbo encarnado.

Es complementario en cuanto a las esferas del ministerio

Los sinópticos subrayan la manifestación y el ministerio del Señor en Galilea, describiendo Lucas también la época final en Perea (véase Sección IV, último apartado, «Contenido del Evangelio»). Desde luego, todos los evangelistas detallan los acontecimientos del preludio y de la consumación de la pasión en Jerusalén, pero es sólo Juan quien nos hace ver que Jesús había llevado a cabo una gran obra en Judea entre la tentación y el principio de la proclamación del Evangelio del Reino en la provincia norteña, y quien detalla el ministerio de Cristo en los atrios del Templo durante sus frecuentes visitas a la capital. Juan también narra la bendición espiritual que resultó de la visita del Señor a Sicar, preparación tal vez para la futura campaña de Felipe y la amplia extensión del Evangelio en la provincia cismática (Hch. 8:5–25).

Es complementario en cuanto al material

El Dr. Westcott calculó que sólo el ocho por ciento del Evangelio halla coincidencias en los sinópticos, siendo el noventa y dos por ciento peculiar a Juan. Las coincidencias son mayormente los milagros de la multiplicación de los panes y peces (6:1–15), el milagro de andar Jesús sobre las aguas con el fin de socorrer a sus discípulos (6:16–21), la fiesta en honor del Señor en la casa de Simón en Betania (12:2–8), y varios incidentes de la Pasión. Aun este material coincidente se presenta según el plan y el propósito del apóstol, quien sigue sus propios recuerdos más bien que las tempranas tradiciones que son la fuente de los sinópticos.

Es complementario en cuanto a la enseñanza

Hemos visto que tanto Mateo como Lucas transcriben muchos discursos y parábolas de Cristo, pero en Juan hallamos una serie de conversaciones, con discursos públicos y privados, que llevan un sello especial. Del estilo de estos discursos tendremos más que decir en su lugar, pero aquí nos conviene comprender que no se trata de enseñanzas incompatibles con las de sus colegas, pues hay coincidencia de doctrina siempre, y el Señor, el gran Enseñador, es igual en todos sus mensajes; se trata más bien de un «fondo de reserva» de la enorme riqueza de la sabiduría del Verbo encarnado, que Él presentó a sus discípulos, y a distintos auditorios en su día, pero que no pudo ser asimilada y comprendida hasta más tarde, hasta que muchos asuntos se hubiesen aclarado en el curso del proceso histórico de la Iglesia, y hasta que el apóstol Pablo hubiese dado a conocer por las congregaciones de los santos las grandes doctrinas que había recibido por revelación divina. Dios en su providencia preparó a su instrumento, Juan, y le retuvo la mano hasta que él mismo hubiese logrado la madurez suficiente para declarar tales misterios en palabras maravillosamente aptas, y hasta que la extensión del Evangelio hubiese preparado un auditorio capaz de apreciarlos y asimilarlos.

Es complementario en su cristología

A la necesaria presentación de Jesús como el Rey-Mesías por Mateo, como el Siervo de Jehová por Marcos, y como el Hombre perfecto por Lucas, corresponde el profundo concepto del Verbo eterno que revela tanto el pensamiento como el corazón de Dios por medio de una vida humana. Este tema se desarrolla más en su debido lugar.

RASGOS CARACTERÍSTICOS DEL EVANGELIO

Algunos de estos rasgos se han notado al ver cómo el Evangelio se halla en marcado contraste con los sinópticos, y los complementa de varias formas. Otros rasgos se asocian con los grandes temas del Evangelio según el plan del autor (que se tratarán aparte). Aquí notamos ciertos aspectos del cuarto Evangelio que no hallan cabida en los apartados de referencia.

El estilo y dicción del Evangelio

1. *La sencillez*. La primera impresión que se recibe al leer algún pasaje de Juan es la de la sencillez del vocabulario y del estilo. Ni el lector más sencillo se asusta, ya que halla delante de sí vocablos muy conocidos, a menudo cortos, como lo son luz, vida, palabra (o verbo), pecado, mundo, amor, saber, conocer, ver, testificar, creer, etc. Además de eso las oraciones gramaticales son casi siempre breves, enlazándose las cláusulas con «y» o «mas» (pero), sin las complicaciones de intrincadas cláusulas subordinadas.

2. *La profundidad de los conceptos*. Volveremos otra vez a considerar los profundos temas de Juan, pero notamos aquí lo que es obvio a todo lector atento: que la aparente sencillez del vocabulario y del estilo de Juan le lleva inmediatamente a profundos conceptos relacionados con la vida y la condición del hombre, con las manifestaciones que Dios da de sí mismo, con el desarrollo de las edades, y con el gran conflicto entre la luz y las tinieblas. No es que Juan nos engañe por una apariencia espúrea de sencillez, sino que sus profundas meditaciones e intuiciones, basadas siempre en la persona y las enseñanzas del Verbo, le llevan muy directa y limpiamente a la verdad, siéndole natural —en ello se revela el genio y el temperamento del escritor— expresarla en voces y figuras de gran fuerza vital, comunes a la vida humana, sin necesidad de envolverla en ropaje teológico o filosófico. El concepto del «Logos» es filosófico en otros escritos, pero aquí Juan lo convierte en un título que expresa al Hijo encarnado como revelación del Padre, y su sentido esencial está al alcance de todo niño en Cristo.

3. *La influencia del arameo*. El griego de la última etapa de la

obra literaria de Juan es bueno, dentro de su estilo peculiar, pero las frases cortas, colocadas en series paralelas o antitéticas, nos recuerdan la literatura hebrea. Tenemos un ejemplo de «frases acumuladas» en los primeros versículos del Evangelio: «En el principio era el Verbo, y el Verbo era con Dios, y el Verbo era Dios.» La repetición enfática del sustantivo principal (aquí «el Verbo») es otro conocido rasgo de su estilo. Pero, a la manera de la poesía hebrea, las cláusulas pareadas o asociadas pueden ser de contraste, o expresiones positivas seguidas por negativas que dan el mismo sentido: «Porque no envió Dios a su Hijo al mundo para juzgar al mundo, sino para que el mundo sea salvo por medio de él» (3:17); «vosotros sois de abajo, yo soy de arriba; vosotros sois de este mundo, yo no soy de este mundo» (8:23); «él confesó, y no negó» (1:20); «en la casa de mi Padre muchas moradas hay; si no fuera así, os lo hubiera dicho» (14:2).

A veces las cláusulas acumuladas llegan a formar una estrofa de sublime poesía:

> La paz os dejo,
> Mi paz os doy.
> No como el mundo os la doy.
> No se turbe vuestro corazón
> Ni tengáis miedo (14:27).

4. *El lenguaje del Señor y el de Juan.* Generalmente Juan está citando las palabras del Maestro, que recuerda, ayudado por el Espíritu, o que apuntó por escrito desde el priricipio. Otras veces el Evangelista hace sus comentarios, y a veces otros personajes toman la palabra, como Juan el Bautista en 3:27–30. En todos los casos el estilo se reviste de las mismas características, y en el capítulo tres, ya citado, es imposible saber con certeza dónde terminan las palabras de Cristo a Nicodemo y dónde empiezan los comentarios inspirados de Juan el apóstol. De igual manera suponemos que Juan el Bautista cesa de hablar en 3:30 y que lo demás del capítulo es del apóstol, pero no hay nada en el estilo que lo indique. Se piensa generalmente que Juan, a través de las meditaciones de sesenta años, había asimilado el esti-

lo del Señor y el de otros al suyo propio; pero en tal caso cabe preguntar cómo podemos saber si reproduce o no los verdaderos pensamientos de Cristo. Además, los conceptos son tan profundos que no pueden ser de Juan, sino que han de ser del Verbo encarnado. Quizá haríamos mejor en pensar que Cristo se expresaba de distintos modos según el propósito y el auditorio, y que Juan, tan íntimamente asociado con Él, con su oído de discípulo joven tan atento a sus palabras, adoptara como suyo este estilo especial del Maestro, formando su pensamiento y su expresión en molde tan maravilloso. Las formas arameas de expresión abundan en este estilo, y se disciernen claramente a pesar de que el apóstol había perfeccionado su manejo del griego a través de su larga vida.

5. *El lenguaje del Señor en Juan y en los sinópticos*. Cualquier lector podría notar la diferencia entre el estilo de los discursos pronunciados en Jerusalén (caps. 5, 7, 8, 10 de este Evangelio) y aquellos que pertenecen al ministerio en Galilea, según las narraciones de los sinópticos, como el Sermón del Monte por ejemplo. La diferencia principal se debe a la manera en que Jesús se amolda a la forma «dialéctica» de las discusiones de los rabinos en los atrios del Templo; es decir, las ideas se lanzaban por el Maestro, se recogían por distintas personas en el auditorio, para recalcarse, modificarse o ampliarse luego por el Maestro mismo. El método se prestaba a la enunciación de verdades abstractas, y a matices que frecuentemente degeneraban en sutilezas y argucias. Los judíos se asombraban al ver que el Señor dominaba también esta forma de comunicar sus mensajes, ya que era peculiar a los rabinos de las escuelas de Jerusalén y preguntaron: «¿Cómo sabe éste de letras, sin haber estudiado?» (Jn. 7:15). Desde luego, la «doctrina» que Jesús había recibido de su Padre nunca degeneraba en argucias, pero a la mayoría de los lectores les cuesta más seguir el pensamiento, frecuentemente interrumpido, de los discursos en los atrios del Templo, que no el de las enseñanzas en Galilea.

Pero se han exagerado las diferencias entre el estilo de San Juan y el de los sinópticos, ya que hay expresiones en éstos redactadas en forma típicamente juanina, como por ejemplo Mateo

11:27: «Todas las cosas me fueron entregadas por mi Padre; y nadie conoce al Hijo sino el Padre; ni conoce alguno al Padre, sino el Hijo, y aquel a quien el Hijo lo quisiera revelar.» Véanse también Mateo 10:40; Lucas 9:48. La poesía aramea (hebrea) que trasluce por el envoltorio del griego, es tan evidente en los discursos sinópticos como en los de Juan. Con el ejemplo que sacamos de Juan 14:27 compárese Lucas 12:22, 23:

> No os afanéis por vuestra vida,
> qué habéis de comer;
> ni por vuestro cuerpo,
> qué habéis de vestir;
> porque la vida es más que el alimento,
> y el cuerpo más que el vestido.

6. *La ausencia de parábolas y la riqueza del lenguaje figurado.* No se halla ninguna parábola en este Evangelio si nos atenemos a la definición que generalmente se acepta: que una parábola es la narración real, o verosímil, con su acción propia, que ilustra una verdad espiritual.

En cambio el Evangelio abunda en metáforas, símiles y símbolos, escogidos y empleados tan acertadamente que constituyen uno de los medios más importantes para la revelación de las múltiples facetas de la verdad. Algunas veces la metáfora es implícita en la palabra y no necesita más desarrollo, como por ejemplo: «luz», «tinieblas», «tropezar»; pero en otros casos figuras como la del «Templo» (2:19), del «nuevo renacimiento» (3:3–8), del «pan de vida» (6:1–35 y 41–58), del «buen pastor», de la «puerta» (10:1–29), de la «vid verdadera» (15:1–16), se desarrollan ampliamente, resaltando muchas facetas de la alegoría.

Las «señales» de Juan

En las Escrituras se emplean tres palabras para milagros: «potencias», «prodigios» y «señales». Juan se limita al último término, ya que los sinópticos habían aducido abundante testimonio en cuanto al ministerio de las poderosas obras del Mesías, de modo que él, en su selección tan económica de incidentes y enseñanzas, sólo se interesa en siete «señales» realizadas antes de la cruz, con otra después. Lo importante no es la obra en sí, sino lo que «señala» o «revela». De estos milagros, seis son peculiares a Juan.

El agua convertida en vino (2:1–11)	Señal de la gloria creadora del Verbo, y de su «plenitud» como fuente de gozo y de satisfacción.
La curación del hijo del noble (4:46–54)	Señal del poder sanador del Verbo, ejercido a distancia. Se ilustra la eficacia de la fe.
La curación del paralítico (5:1–18)	Señal de la presencia del gran Restaurador, quien llevaba a cabo las obras de Dios.
La multitud alimentada (6:1–14)	Señal de la abundancia creadora de Cristo, e ilustración de su persona y obra como «pan de vida».
Cristo anda sobre el mar (6:16–21)	Señal de su control de todo elemento natural en beneficio de los suyos.
El ciego de nacimiento recibe la vista (9:1–38)	Señal de la Luz que vino al mundo para la guía de los sumisos.
La resurrección de Lázaro (11:1–46)	Señal de la conquista de la muerte por medio de Cristo, Resurrección y Vida.
La pesca milagrosa (21:1–14)	Señal del poder del Resucitado para guiar y bendecir el servicio de sus obreros en este mundo.

El cuadro anterior complementa lo que hemos de decir sobre los temas del Evangelio y el plan de Juan e ilustra bien la manera en que Juan selecciona sus incidentes, cuidando de que cada uno emita un rayo peculiar de la gloria del Verbo encarnado. Grandes revelaciones doctrinales se asocian con las señales que se presentan en los capítulos 5, 6, 9, 10 y 11.

LA REVELACIÓN QUE CRISTO NOS DA DE SÍ MISMO EN ESTE EVANGELIO

Su deidad y plenitud

En la Sección VI (LA PERSONA DE CRISTO) tendremos ocasión de citar muchas declaraciones del Señor sobre su propia persona que se hallan en este Evangelio. Los primeros discípulos le reconocieron en seguida como el Mesías, y Él mismo se presenta como tal (1:41–51; 4:26), pero su autorrevelación no se limita a su obra mesiánica, sino que descubre los más hondos estratos de su persona y obra, subrayándose especialmente sus relaciones con el Padre. Muy conocida es la declaración «Yo y el Padre una cosa (esencia) somos» (10:30), y el tremendo aserto: «Antes que Abraham fuese, YO SOY» (8:58), comprendiendo bien los judíos que Jesús pretendía plena deidad. Llenando el sentido de su «plenitud» divina (1:16) frente a los hombres de fe, hallamos las siete declaraciones: «YO SOY»... el pan de vida... la luz del mundo... la puerta... el buen Pastor... la resurrección y la vida... el camino, la verdad y la vida... la vid verdadera (6:38; 8:12 con 9:5; 10:7; 10:11, 14; 11:25; 14:6; 15:1). La deidad del Hijo no se declara con el fin de deslumbrar a la pobre humanidad, sino para manifestar su gracia salvadora y aquella plenitud que se pone a la disposición de los hombres. Si la «plenitud» se aprovecha por la fe, satisface todas las necesidades del hombre: de vida, de sostén, de luz, de redención, de guía y de comunión con Dios, que viene a resumir el sentido de las declaraciones que acabamos de citar.

La subordinación del Hijo al Padre

Con frecuencia hallamos frases como éstas: «No puede el Hijo hacer nada de por sí, sino lo que ve hacer al Padre» (5:19)... «No puedo hacer nada de por mí; según oigo, así juzgo; y mi juicio es justo, porque no busco mi propia voluntad, sino la voluntad del que me envió» (5:30). Al mismo tiempo el Hijo declara: «El Padre ama al Hijo, y le muestra todas las cosas que él mismo hace» (5:20)... «El Padre ama al Hijo, y todas las cosas dio en su mano» (3:35)... «Todas mis cosas son tus cosas y todas tus cosas (del Padre) son mis cosas» (17:10). Lo que el Hijo quería demostrar, al reiterar que nada hacía sin el Padre, es que Él se distinguía de todos los impostores anteriores que pretendían ser el Mesías, ya que su obra se identificaba perfectamente con la voluntad del Padre.

Se hallaba subordinado al Padre en la ejecución de su misión, lo que no mengua en manera alguna su igualdad de esencia, de voluntad y de honra con el Padre, ya que éste se presenta como cabeza jerárquica del Trino Dios, por lo cual la mención de la voluntad del Padre equivale a la de la Deidad.

LA FINALIDAD DEL EVANGELIO
La finalidad general (20:30, 31)

Juan había hecho una cuidadosa selección entre tantas «señales» y añade ahora: «Éstas empero se han escrito para que creáis que Jesús es el Cristo, el Hijo de Dios; y para que creyendo, tengáis vida en su nombre.» Esta finalidad se expresa según la terminología de este Evangelio, pero se aplica igualmente a los sinópticos, pues todos los Evangelistas seleccionaron incidentes de entre los unumerables de la vida de Cristo, con el fin de demostrar que Jesús era el Mesías, el Hijo de Dios, fuente de toda bendición y salvación.

La finalidad específica

Al propósito indicado en 20:31, hemos de añadir el del «texto clave» del Evangelio que se halla en 1:14: «Y el Verbo llegó a ser carne, y habitó entre nosotros, lleno de gracia y de verdad; y vimos su gloria, gloria como del Unigénito del Padre». Juan habla como uno de los testigos-apóstoles, y sus palabras en 1 Juan 1:14 nos hacen saber que él y sus compañeros no sólo contemplaron la gloria del Verbo encarnado, sino que también recibieron la comisión de declararla, con el fin de que otros entrasen en plena comunión con el Padre y el Hijo. El Evangelio se escribió, pues, para complementar la labor de los Evangelistas anteriores por presentar a Cristo como el Verbo eterno, Creador y Fuente de vida, quien se dignó hacerse «carne», o sea, asumir una perfecta naturaleza humana, a través de la cual, como Dios-Hombre en la tierra, había de dar a conocer el Ser y la obra de Dios hasta donde los hombres pudiesen recibir estos raudales de luz celestial. Tan perfectamente llevó a cabo su cometido que en la víspera de la Pasión dijo a Felipe: «El que me ha visto ha visto al Padre» (14:9).

La finalidad apologética

En la época de la redacción del Evangelio el gran peligro interno que amenazaba a la Iglesia era el error del docetismo, relacionado con los principios del gnosticismo. Falsos enseñadores como Cerinto declaraban que el Cristo no era hombre real, sino que sólo aparecía como tal a los ojos de sus contemporáneos. Cerinto enseñaba que el «Cristo» descendió sobre el hombre Jesús en su bautismo, para abandonarle en la Cruz. Los gnósticos, mezclando algunos elementos cristianos con lo que pasaba por ser «ciencia» en aquella época (y era una especie de teosofía), postulaban muchos intermediarios entre el Dios que era espíritu puro, y la creación material. El mal residía, según ellos, en la materia. Pretendían una «gnosis» (ciencia) mística, al margen de las Escrituras. Es evidente que este Evangelio con su énfasis tanto sobre la humanidad de Cristo como sobre su Deidad, y que señalaba al Verbo creador encarnado como único Mediador, constituía el mejor antídoto posible al veneno de los errores gnósticos.

La finalidad doctrinal

Las revelaciones que el Cristo resucitado concedió al apóstol Pablo habían preparado el terreno para una presentación más doctrinal de la persona, y la obra de Cristo. No hablamos de una revaloración, pues los «valores» son únicos y constantes en este caso, presentes y visibles desde el principio, pero sí de una nueva visión del significado del Advenimiento. La armonía entre todos los Evangelios es perfecta, y la nueva presentación, por reconocer la anterior, prescinde de muchos detalles históricos con el fin de ampliar la cristología, y sacar a luz consecuencias doctrinales más cumplidas de la vida y la obra de Cristo.

LOS GRANDES TEMAS DEL EVANGELIO EN EL PRÓLOGO

Muchos de los grandes temas doctrinales y prácticos se adelantan en el prólogo (1:1–34), para desarrollarse e ilustrarse en lo restante del libro. He aquí el plan fundamental del autor: adelanta los grandes conceptos relacionados con el Verbo, y luego los saca a la luz, los desarrolla y los ilustra, hasta llegar a la consumación de la muerte y la resurrección. El prólogo es el vivero, y lo restante del libro es el florido vergel.

El Verbo

Para los griegos, el «logos» era el principio vital, la «razón divina», que informaba el universo, imponiendo el debido orden en un «cosmos» que de otra forma sería un mero «caos». Literalmente su traducción es «palabra», y es de notar que los hebreos habían llegado casi a personificar «la palabra de Dios» como si fuese el agente de Dios en creación y juicio (Sal. 33:6; Os. 6:5, etc.). Juan tuvo que presentar la persona y la obra del gran Mediador a personas que sabían poco o nada del concepto hebreo del Mesías, sin dejar de señalar el eslabón con el AT y su aprecio de la misión especial de Israel; escogió pues este término, que ya era un lugar común de la filosofía, para designar al Mediador, echando así un puente entre el modo de pensar de los griegos y la verdad que brotó, en su parte histórica, del suelo de Palestina. El Verbo del prólogo de Juan no es una vaga abstracción, sino Dios en manifestación y en acción en Cristo. Desde el principio (la eternidad) era con Dios (en relación especial con Dios) y era Dios. Como tal era la Fuente y Origen de todas las cosas creadas, de la vida, y de la luz. El gran tema del libro es que el Verbo «se hizo carne» (perfecta humanidad) para exhibir la gloria de Dios por medio de una vida humana (1:14); Dios en su esencia no podía ser «visto» o comprendido de los hombres, pero el Hijo-Verbo le dio a conocer en los térrninos de una vida humana (1:18).

Algunos escriturarios hallan extraño que la designación del «Verbo» desaparezca después del prólogo. De hecho cumplió su propósito al indicar al lector griego que el protagonista del relato de Juan trascendía infinitamente el marco de unas ideas judaicas sobre un Mesías nacional, siendo nada menos que el Mediador eterno entre Dios y los hombres, el que dio realidad histórica a las aspiraciones del pensamiento filosófico griego, al par que cumplió el sentido de la «palabra operante» del AT. En el prólogo se echa el puente, y en todo lo demás del Evangelio vemos al Verbo humanado obrando, realizando el doble propósito de dar a conocer a Dios y abrir una amplia vía redentora para los hombres. Cada señal, cada incidente, cada enseñanza refleja un rayo de gloria de las unumerables facetas de la gracia de Dios revelada en Cristo.

La plenitud

«Porque de su plenitud hemos recibido todos, y gracia sobre gracia» (1:16). *«Pleroma»* era un término empleado a menudo por los gnósticos contemporáneos. Para Juan, como para Pablo, llega a ser toda la abundancia del Ser de Dios en cuanto puede ponerse a la disposición de los hombres. «Porque en él [Cristo] habita toda la plenitud de la deidad corporalmente, y en él estáis completos» («plenos», Col. 2:9, 10), que es la expresión de Pablo que corresponde al texto de Juan que hemos citado. Las «señales» de volver el agua en vino, de dar de comer a los cinco mil, con las enseñanzas sobre el «agua viva» (4:14; 7:37–39); el «pan de vida» (6:35 y contexto), ilustran y desarrollan el concepto de una plenitud de Dios que se recibe por la fe.

El Verbo Creador

«Sin él nada de lo que es hecho, fue hecho» (1:3, 10). El plan es del Padre, pero la ejecución pertenece al Verbo Creador. Las dos señales de convertir el agua en vino, y de dar de comer a la multitud, son *milagros de creación,* y el concepto se relaciona estrechamente con el de la «plenitud» que se recibe por medio del Verbo encarnado.

La Vida

«En él estaba la vida...» (1:4). He aquí la necesidad fundamental del hombre. El levantamiento de Lázaro (cap. 11) ilustra dramáticamente la muerte del hombre, tanto por la flaqueza de su cuerpo como por el defecto inherente de su ser como pecador. Cristo se presentó a Marta como «Vida», y lo que es más apropiado a nuestro caso, como «Resurrección y Vida», ya que necesitamos vida después de la muerte (comp. las altas prerrogativas del Hijo como aquel que levanta a los muertos en 5:21–29). La consumación de la vida se halla en el Resucitado (cap. 20).

La luz

«La vida era la luz de los hombres... la luz verdadera era la que, entrando en el mundo, alumbra a todo hombre» (1:4, 9). La luz es una necesidad para la vida y, figurativamente, para toda orientación moral e intelectual del hombre. Su uso metafórico, en contraste con las tinieblas del mal, es tan patente que no necesita recalcarse. En los capítulos 8 y 9 Cristo se presenta como «luz del mundo», no sólo frente al hombre fiel que le sigue, y que no andará en tinieblas, sino frente a los fariseos hipócritas cuyos pecados secretos se revelaban por la luz que todo lo descubre (8:1–12 y el pasaje siguiente). Después de la «noche» de la pasión los discípulos pasan al nuevo «día» de la Resurrección, y la luz se enfoca en el rostro de Cristo, reconocido por Tomás como «¡Señor mío y Dios mío!»

La gloria

«Vimos su gloria» (1:14). He aquí otro concepto clave del Evangelio. La «gloria» viene a ser la exteriorización de los atributos de Dios, que se hacen visibles a los hombres (comp. He. 1:3), y la metáfora es análoga a la de la «expresión» del corazón y del pensamiento de Dios por medio del «Verbo». El sustantivo «gloria» se halla 19 veces en este Evangelio, y el verbo correspondiente «glorificar» 23 veces. Juan describe la obra final de la cruz y de la resurrección, en su conjunto, como la glorificación del Hijo del Hombre, ya que en ella brillan los atributos de Dios (su misericordia, su amor, su justicia y potencia) de forma preeminente (12:23–25, 31, 32; 17:2).

Los hijos de Dios

Los versículos 12 y 13 del prólogo describen una nueva familia de «hijos de Dios», engendrados de la sustancia de Dios (su vida) por el principio de la fe, y que se contrastan con aquellos que debieron haber recibido al Creador cuando visitó «lo suyo», pero «no le recibieron». Es decir, los judíos rebeldes, a pesar de su continuidad racial con Abraham, perdieron sus privilegios por no reconocer al «Hijo», al Heredero; pero el plan de Dios no podía quedar frustrado, y en lugar de la nación (en esta dispensación) forma una «familia» de los «nacidos de arriba». El tema se desarrolla en la conversación con Nicodemo (3:1–11); la nueva familia crece y se ve en contraste con los falsos hijos de Abraham (8:31–59; 10:23–29).

El Cordero de Dios

El Prólogo hace mención del ministerio del Bautista en dos etapas, subrayando su testimonio a la preeminencia de Cristo, y, como rasgo muy especial, su declaración de que era «el Cordero de Dios que quita el pecado del mundo» (1:29). No bastaba que el Cristo fuese el Verbo revelador y mediador; ni siquiera que fuese la «Plenitud», pues la vida de Dios no podía comunicarse al hombre sin la obra de expiación del pecado. A algunos les ha extrañado esta temprana referencia a la obra de expiación, pero Juan era profeta, y si había comprendido tan claramente la naturaleza de su propia misión por meditar en Isaías 40, ¿por qué no podía serle revelado también que el Mesías era el Siervo de Jehová que había de padecer por el pueblo según Isaías 53?

Así se inician los anuncios de la pasión que, de una forma muy peculiar en este Evangelio, anticipan la hora de dolor y de triunfo. El lenguaje de 19:33–36 se basa también en el simbolismo del Cordero pascual, y todo el capítulo 19 lleva el concepto a su culminación. Juan subraya el triunfo de la cruz: «Consumado es» (19:30, comp. 12:31–32).

El Espíritu Santo

Juan había de ver al Espíritu Santo descender y *permanecer* sobre el Hijo de Dios (1:32–34), sabiendo al mismo tiempo que éste bautizaría en Espíritu Santo, que es la consumación de su obra redentora desde la diestra. Así se abre paso a la rica doctrina sobre el Espíritu Santo que caracteriza a este Evangelio, siendo tema predominante del discurso en el cenáculo. Al final un acto simbólico representa la manera en que el Cristo exaltado había de dar el Espíritu Santo a los suyos (20:22, comp. 7:37–39 y Hch. 2:1–4, 33).

El testimonio

El Bautista se presenta en el prólogo como el que desvía las miradas de los hombres de su persona, para que se fijen en Aquel que venía. Era el testigo fiel por excelencia (1:6–8, 19–36). Así se inicia el tema del «testimonio» que ocupa lugar prominente en el Evangelio. Sólo el Hijo pudo ser testigo de las cosas de arriba (3:11–13, 31–33), y, al acabar su testimonio en la tierra, nombró a los testigos-apóstoles, cuyo mensaje había de ser vivificado por el testimonio celestial del Espíritu Santo en ellos (15:26, 27; 16:7–15, comp. también 5:31–47).

Creer

La fe se presenta en su forma verbal y activa de «creer» en este evangelio, y hallamos la primera mención en 1:12 donde los «engendrados de Dios» son los que creen en su nombre. Es el movimiento del corazón del hombre sumiso hacia el Salvador, para descansar en su persona y confiar en la eficacia de su obra. Sólo este gran principio, posible a todos, puede anular la tragedia de la Caída y poner al hombre en contacto con el Salvador para vida eterna. Desde el punto de vista de las reacciones humanas es el tema más importante del Evangelio, y al presentarse Cristo dice en efecto a todos: «¿Crees tú en el Hijo del Hombre?» (9:35; comp. 3:14–18, 36; 6:29, 35–58, 69).

La lucha entre la luz y las tinieblas

«La luz brilla en las tinieblas, y las tinieblas no prevalecieron contra ella» (mejor traducción que «no la comprendieron»; 1:5). Al umbral del Evangelio se nos presenta la lucha entre la luz de la presencia del Verbo en el mundo, y la oposición a ella de todas las fuerzas del mal, los poderes «anti-Dios» de las tinieblas. A través de todo el libro la *presentación* del Dios-Hombre provoca distintas reacciones entre los observadores, lo que ilustra esta lucha fundamental. Desde el principio algunos responden con humildad y fe, reconociendo al Mesías-Salvador (1:37–51), pero pronto reaccionan en contra de la luz las clases privilegiadas que preferían sus intereses creados de religión, de dinero y de prestigio humano, a los rayos de la revelación de la «gloria de Dios en la faz de Jesucristo» (2:13–25). La tensión producida por esta lucha va en aumento a través del Evangelio hasta que el creciente odio de los príncipes logra, en lo humano, que un débil gobernador gentil sentencie al Cristo de Dios a la cruz. Pero las tinieblas no prevalecieron contra la luz, que brotó con renovada fuerza en el día de la resurrección, iluminando los corazones de los fieles con diáfana luz que nunca había de apagarse. Aun las tinieblas del calvario se convirtieron en «gloria» por medio de la revelación del corazón y del propósito de gracia de Dios.

El amor

El amor (en su forma verbal) no se halla hasta que llegamos a 3:16, pero desde entonces llega a ser tema fundamental del libro, asociado muchas veces con la obediencia (15:9,10). Si la fe es la antítesis y la anulación de la soberbia del hombre que se cree suficiente por sí, el amor, definido a la luz de 3:16, es la antítesis y la anulación del egoísmo que busca lo suyo. Dios es amor, y busca el bien de su criatura al coste del don de su Hijo. Todo verdadero amor («ágape») ha de reflejar el amor de Dios, y supone la cuidadosa consideración del bien del semejante sin considerar el precio personal del servicio que se requiere.

TIPOS DE ANÁLISIS

El contenido por capítulos

Es más fácil recordar el contenido general de Juan que el de los demás Evangelios, ya que muchos capítulos presentan un tema destacado y conocido. ¿Quién no se acuerda de que el tema del nuevo nacimiento se desarrolla en el capítulo 3, el de la mujer samaritana en el 4, el del paralítico del estanque de Betesda en el 5, el del «pan de vida» en el 6, etc.? El estudiante diligente, pues, no tendrá dificultad alguna en repasar mentalmente el contenido del Evangelio «a grosso modo». Cuando se trata de un análisis por temas y secciones, nos hallamos ante una verdadera dificultad, puesto que los mismos hilos de conceptos y de pensamientos aparecen y desaparecen y vuelven a aparecer en las distintas secciones.

Análisis según los temas del prólogo

En la sección anterior «El Prólogo y los grandes temas», hemos notado el plan básico de Juan, que es el de adelantar los principales temas en el expresivo y profundo Prólogo, y luego desarrollarlos por medio de «señales», incidentes y enseñanzas, hasta que llegue a la culminación de todo el conjunto de conceptos en la cruz y la resurrección de Cristo. Es un plan admirable, perfectamente realizado, y es una de las glorias del Evangelio como mensaje y como literatura. Pero repetimos que los grandes conceptos del prólogo (a los que hay que añadir el del *amor*) se hallan entreverados en el tejido mismo del escrito, lo que dificulta el análisis por secciones, tan amado por nuestra mentalidad occidental.

Un aspecto del plan del apóstol se deriva del tema fundamental —la revelación de Dios y de su obra por medio del Verbo encarnado— que provoca reacciones favorables o antagónicas, notándose las oscilaciones de la lucha entre la luz y las tinieblas a través del Evangelio. Juan lanza el tema en el mismo prólogo, y describe la manera en que algunos acuden con fe en 1:38–51, y cómo se inicia el movimiento del rechazo en 2:13–25. Desde el principio, pues, el apóstol presenta estas alternativas de luz y de sombra, de sumisión y de rebelión, especialmente en Jerusalén, pero también en Galilea. Momentos de crisis frente a la revelación del Verbo se hallan en 6:59–71; éstos no son idénticos a la confesión de Pedro en Cesarea de Filipo, pero son muy análogos a ella en espíritu y en su sentido íntimo. Pocos comprenden el significado de la persona, pero Pedro, portavoz de los Doce, lo proclama en claras y hermosas palabras. Al final del capítulo 11, los príncipes, cegándose deliberadamente a la luz resplandeciente del levantamiento de Lázaro,determinan la muerte del Mesías, e inician la última etapa del rechazo que llega a su culminación en 19:15: «¡Quita, quita, crucifícale... no tenemos más rey que César!» En cambio el movimiento de sumisión y de recepción llega a su culminación en la confesión de Tomás Dídimo: «¡Señor mío, y Dios mío!» Toda duda ha desaparecido con la manifestación del Verbo encarnado, crucificado y resucitado de entre los muertos.

A continuación intentamos un análisis por secciones, con alguna indicación de temas, para la orientación general del lector, pero la riqueza del material es tal, y los temas se entrelazan en dibujos de hermosura tan sorprendente, que existe el peligro de oscurecer el plan vital de Juan por nuestro afán de colocarlo todo en casillas.

EL CONTENIDO DEL LIBRO

I
PRÓLOGO: LA REVELACIÓN DE DIOS
POR MEDIO DEL VERBO
1:1–37

II
LA REVELACIÓN DEL VERBO EN SU PLENITUD;
RECONOCIMIENTO, Y ANTAGONISMO
1:38—5:54

V
CONFLICTOS EN JERUSALÉN EN TORNO AL VERBO ENCARNADO. ÉL ES QUIEN SATISFACE LA SED, QUIEN HABLA CUAL NINGÚN OTRO, LA LUZ DEL MUNDO, EL DADOR DE LIBERTAD, Y EL ANTECEDENTE A ABRAHAM
7:1—8:59

VI
EL VERBO ENCARNADO ALUMBRA A LOS SUMISOS Y SACA UN NUEVO REBAÑO COMO BUEN PASTOR QUE ENTREGA SU VIDA POR SUS OVEJAS
9:1—10:42

El lavatorio de los pies: ilustración de la obra de amor que no

X
EL CORDERO DE DIOS SE ENTREGA
PARA SU OBRA DE EXPIACIÓN Y DE PODER
18:1—19:16

(Como en Ap. cap. 5, Juan contempla a Cristo como el Cordero
inmolado, y como el León de la tribu de Judá.)

XI
LA CONSUMACIÓN DE LA OBRA Y LA HORA DE LA GLORIA Y DEL TRIUNFO
19:16–42

«Jesús, llevando su cruz, salió al lugar que se llama de la calavera.» Juan recalca el aspecto de triunfo, y de la consumación de la obra predeterminada por Dios desde la Eternidad. Hecha la obra, Jesús entrega su espíritu — 19:16–30
Fluyen sangre y agua del cuerpo. El Cordero pascual se conserva intacto. Juan es testigo íntimo del hecho. Una sepultura honrosa — 19:38–42

XII
LA MANIFESTACIÓN DEL VERBO ENCARNADO COMO RESUCITADO DE ENTRE LOS MUERTOS
20:1–31

La evidencia de la tumba y del ropaje; la revelación del Resucitado a María Magdalena — 20:1–18
El Resucitado da el Espíritu a los suyos por un acto simbólico — 20:19–23
La plena confesión de Tomás Dídimo de Jesús como Señor y Dios que constituye la culminación de la revelación del Verbo — 20:24–29
El propósito del Evangelio — 20:30–31

XIII
EL EPÍLOGO DEL SERVICIO DIRIGIDO POR EL SEÑOR RESUCITADO
21:1–25

La octava señal: La pesca milagrosa después de los esfuerzos inútiles de los discípulos sin Cristo. El Señor dirige las operaciones desde la orilla, y provee el sostén necesario — 21:1–14
Las tres preguntas a Pedro. El amor a Cristo es el móvil del servicio. Sólo el Señor ordena las condiciones y el fin del servicio — 21:14–23

Palabras finales, que garantizan el escrito que
constituye solamente una pequeña selección de
las grandes obras de Jesús   21:24, 25

Testimonio posterior de Juan. «Lo que era desde el principio,
lo que hemos oído, lo que hemos visto con nuestros ojos, lo que
contemplamos y nuestras manos palparon tocante al Verbo de la
vida —pues esta vida fue manifestada, y hemos visto y testificamos, y os anunciamos la vida eterna, la cual era con el Padre y
nos fue manifestada—, lo que hemos visto y oído, eso os anunciamos también a vosotros, para que vosotros tengáis asimismo
comunión con nosotros. Y nuestra comunión es con el Padre y
con su Hijo Jesucristo» (1 Jn. 1:1–3).

PREGUNTAS

1. Adúzcanse razones que prueben que, a pesar de la
   anonimidad del Evangelio, el autor es Juan el apóstol.
2. ¿De qué manera complementa el cuarto Evangelio los tres
   primeros? ¿Cuáles fueron las finalidades de Juan al redac-
   tarlo?
3. Entre otros grandes temas que se adelantan en el Prólogo
   se hallan éstos: el Logos (Verbo), la plenitud, los hijos de
   Dios, la lucha entre la luz y las tinieblas. Demuestre cómo
   se desarrollan y se ilustran estos temas a través del Evangelio.

La persona de Cristo

LA IMPORTANCIA DEL TEMA

Doctrinas equivocadas en cuanto a la persona de Cristo ponen en peligro todo el mensaje cristiano, ya que «el cristianismo es Cristo». A través de las narraciones de los Evangelios se nos presenta una persona que, por una parte, parece ser uno de nosotros como hombre en la tierra, mientras que, por otra, se sitúa en un plano inmensamente más elevado que el nuestro. Un misterio tal invita a nuestra reverente investigación, y, lo que es más, el mismo Señor coloca a los hombres en la disyuntiva de declarar claramente lo que piensan de su persona. Como hemos tenido ocasión de ver al estudiar los Evangelios sinópticos, la gran vertiente del ministerio del Señor se señala por su doble pregunta a sus discípulos: «¿Quién dicen los hombres que es el Hijo del Hombre?», y luego, «¿Quién decís vosotros que yo soy?» (Mt. 16:13–16). La contestación de Pedro: «Tú eres el Cristo, el Hijo del Dios viviente», señala el fin de la primera etapa del entrenamiento de los apóstoles-testigos que más tarde habían de proclamar las maravillas de su persona y obra; el rendido homenaje de Tomás Dídimo a los pies del Resucitado: «¡Señor mío, y Dios mío!» es evidencia de la plena comprensión de los Doce.

Las naturalezas y la persona

Algunas personas creen que la doctrina ortodoxa sobre la persona de Cristo se determinó por los Concilios de la Iglesia, con referencia especial al de Nicea (325) y al de Calcedonia (451), no siendo, por lo tanto, «artículo de fe» para quien acude directamente a las Escrituras. Esta actitud es errónea y peligrosa, ya que las definiciones de estos Concilios se basan en las Escrituras, que se examinaron con buen criterio en esta parte por los teólogos griegos, con el fin de contrarrestar las apreciaciones heréticas, lanzadas contra la plena deidad de Cristo o contra su perfecta humanidad.

En los tiempos novotestamentarios los creyentes aceptaban la evidencia, tanto de la humanidad como de la divinidad de Cristo, sin preocuparse por llegar a definiciones doctrinales, pero los continuos ataques del error forzaron a los enseñadores a precisar el significado de los numerosos textos bíblicos pertinentes al tema. El proceso tuvo su principio en los tiempos apostólicos y se discierne en la primera epístola de Juan, frente a los errores de los gnósticos.

La definición de Calcedonia sigue siendo una buena norma por atenerse a la totalidad de las Escrituras, sin procurar ir más allá de lo que está escrito: 1) mantiene la verdadera encarnación del Verbo Eterno (Jn. 1:14); 2) hace la debida distinción entre las naturalezas divina y humana; 3) hay en Cristo una perfecta naturaleza divina que corresponde a su Ser eterno (Flp. 2:6), pero al «hacerse carne», naciendo de madre humana, se hizo verdadero hombre, de modo que llegó a haber una perfecta naturaleza humana; 4) no hay dos personas, una divina y otra humana, sino una sola persona, Dios-Hombre, el Señor Jesucristo, que no puede conocer ni cambio ni división; y 5) la obra redentora y mediadora de Cristo depende de esta verdad en cuanto a su persona, ya que un Cristo parcialmente hombre o «casi» Dios no habría podido representar al hombre ante el Tribunal de Dios ni se hallaría en su sacrificio el valor infinito que pudo expiar el pecado.

La evidencia fuera de los Evangelios

Nosotros hemos de examinar la evidencia que se contiene en los cuatro Evangelios que estamos estudiando, pero, desde luego, las expresiones cristológicas de las Epístolas, de Los Hechos y del Apocalipsis son también de importancia capital en la formulación de la doctrina. Las verdades indicadas en el párrafo precedente no suelen presentarse como declaraciones dogmáticas —es decir, ordenadas y clasificadas—, sino que se suponen siempre como la base misma de la fe, y las referencias a ellas surgen incidentalmente de la presentación de los temas que ocupan la atención de los apóstoles. Las clarísimas declaraciones sobre la deidad esencial y la misión del Cristo como Hombre en la tierra de *Filipenses 2:5–9* surgen de una exhortación a la unidad y a la humildad. Las descripciones de la gloria y de la naturaleza del Hijo en *Hebreos 1:1–3, y Colosenses 1:15–19; 2:3, 9,* constituyen el fundamento de los mensajes peculiares de las dos epístolas de referencia. Pero dejando aparte tales pasajes cristológicos, reconocemos como exactas las observaciones de B.B. Warfield: «En todas partes se habla del Señor como Aquel que llevó una vida verdaderamente humana aquí; pero en todas partes también se le nombra con la suma reverencia que se debe sólo a Dios, aplicándosele títulos y dignidades divinos. La presuposición de cuanto refieren los escritores inspirados del NT en cuanto a Cristo es el misterio de una sola persona en quien se hallan presentes tanto la naturaleza divina como la humana. La expresión en palabras humanas de un misterio único y especial, que jamás fue antes de Cristo ni puede repetirse, pone a prueba inevitablemente los recursos lingüísticos de cualquier idioma, pero nos hundimos en la más desastrosa confusión si no intentamos enunciar la doctrina primordial de la fe cristiana en términos claros y precisos, comprendiendo siempre que su validez depende de su fidelidad al conjunto de las declaraciones bíblicas.»

LO QUE EL SEÑOR DICE DE SÍ MISMO EN EL EVANGELIO SEGÚN JUAN

El Maestro no solía hablar de su persona en términos dogmáticos, sino que las referencias a sí mismo surgen de sus discusiones con los judíos y de sus conversaciones con los discípulos. Las citas que adelantamos a continuación, aunque distan mucho de ser exhaustivas, demuestran claramente que:

Jesús reclamaba para sí una naturaleza más que humana

Juan 1:51. Natanael acaba de confesar: «Tú eres el Hijo de Dios, tú eres el Rey de Israel.» Jesús acepta y amplía la confesión diciendo: «De cierto, de cierto os digo, que veréis el cielo abierto, y a los ángeles de Dios que suben y descienden sobre el Hijo del Hombre.» Es decir, él había de ser medio único para toda comunión entre el cielo y la tierra.

Juan 3:13. «Nadie ha subido al cielo, sino el que descendió del cielo, es a saber, el Hijo del Hombre.» Compárese con 3:11: «De cierto, de cierto te digo, que lo que sabemos hablamos, y lo que hemos visto testificamos.» Sobre el título «Hijo del Hombre» tendremos más que decir en otro apartado, pero es evidente que el Señor se lo aplica a sí mismo, y declara su procedencia celestial.

Juan 4:25, 26. «Yo sé —dice la samaritana— que el Mesías ha de venir.» «Yo soy —contesta Jesús— que hablo contigo.» Notemos la clara declaración de su categoría mesiánica.

Juan 5:21–29. He aquí unas declaraciones muy importantes en que el Hijo establece su identidad con el Padre, hace las obras del Padre, «da vida a los que quiere» (v. 21), «ejerce todo juicio entre los hombres», *para que todos honren al Hijo como (de la misma forma en que) honran al Padre* (v. 23). De las expresiones que indican «subordinación» al Padre trataremos más tarde.

Juan 6:33. «Porque el Pan de Dios es el que desciende del cielo y da vida al mundo»... «¿No es éste Jesús...? ¿Cómo es que ahora dice: Del cielo he descendido?» (v. 42).

Juan 6:61, 62. «¿Esto os escandaliza? ¿Pues qué, si viereis al Hijo del hombre *subir adonde estaba antes?*»

Juan 17:5. «Ahora, pues, Padre, glorifícame tú acerca de ti mismo, *con aquella gloria que tuve cerca de ti antes que el mundo fuese.*»

Jesús declara su identidad de esencia con Dios; es el Eterno Dios

Juan 10:30. «Yo y el Padre una cosa [esencia] somos.» Los judíos entendieron bien que «se hacía Dios» y, no aceptando la evidencia de su persona y obras, tomaron piedras para apedrearle.

Juan 8:56–58. «Abraham vuestro padre se regocijó por ver mi día, y lo vio y se gozó... De cierto, de cierto os digo: *Antes que Abraham fuese, yo soy.*» De nuevo los judíos enemigos entendieron perfectamente el alcance de sus declaraciones, que han de ser veraces, o resultarían ser horribles blasfemias.

Jesús se declara como la perfecta revelación del Padre, y como el único Mediador

Juan 14:9. «El que me ha visto a mí, ha visto al Padre.» Se trata de la revelación de Dios por medio del Verbo, pero Cristo no podía revelar la deidad sino por ser Dios encarnado.

Juan 14:6. «Yo soy el camino, y la verdad y la vida. Nadie viene al Padre sino por mí.» No sólo señala el camino y enseña la verdad, sino que es Camino, Verdad y Vida en su persona, único medio para llegar al Padre.

Jesús hace declaraciones y ofrecimientos que son propios sólo de Dios

Juan 8:51. «Si alguno guardare mi palabra, jamás gustará la muerte.» Con esta declaración podemos comparar aquella que asegura la vida eterna a quien le «come» por ser Pan de Vida, etc. (Jn. 6:35, 37, 40, 47, 50, 51, 54, 58).

Huelga multiplicar ejemplos, pues los textos citados son típicos de cuanto manifiesta el Señor sobre su persona. Son tanto más convincentes por cuanto surgen con naturalidad de las enseñanzas suyas. Quien dice tales cosas, y admite la adoración de los hombres, ha de ser lo que él mismo reclama so pena de que sea: 1) el mayor impostor de los siglos y, por lo tanto, un hombre rematadamente malo; o 2) un ilusionado fantástico que creía lo que decía, por ser loco. Pero el hecho es que quienes niegan la divinidad del Señor casi siempre quieren representarle como «un hombre bueno», como el mayor enseñador religioso y moral de los siglos, etc. Tal posición carece de toda lógica, pues o hay que aceptarle tal como él mismo se presenta, y tal como aparece en el testimonio apostólico, o hay que rechazarle por malo o loco.

LO QUE EL SEÑOR DICE DE
SÍ MISMO EN LOS SINÓPTICOS

Se ha alegado que la doctrina de la deidad de Jesucristo se desarrolló tardíamente, y que, si bien se subraya en el cuerpo juanino, no se declara en los sinópticos, que encierran la temprana tradición de la Iglesia. Las citas que siguen bastarán como evidencia de lo contrario, y no se trata solamente de determinadas citas, sino del ambiente total de los Evangelios que corresponde a la declaración de Pedro en la casa de Cornelio: «Éste es el Señor de todos» (Hch. 10:36).

Jesús como Mesías

Mateo 16:16–19. Es Pedro quien da expresión a la categoría mesiánica de Jesús —«Tú eres el Mesías, el Hijo del Dios viviente»—, pero el mismo Señor la acepta, y llama «bienaventurado» a Pedro porque había recibido la verdad como una revelación de parte de «mi Padre que está en los cielos».

Mateo 26:63–65. Conjurado Jesús por el sumo sacerdote a decir si era «el Mesías, el Hijo de Dios», Jesús responde con una fuerte afirmación: «Tú lo has dicho», y añade una profecía, basada en Daniel 7:13, 14, sobre su gloria futura como el Hijo del Hombre que se sentará a la diestra del poder de Dios, y que vendrá en las nubes del cielo. Nadie dudaba del carácter mesiánico de la profecía de Daniel.

Mateo 24:30, 31. ¿Quién sino el Mesías, Rey y Dios, vendría «con grande poder y gloria», enviando a *sus* ángeles a recoger a los escogidos?

Marcos 12:1–12. La parábola de los labradores ilustra el rechazo del Hijo-heredero —quien se distingue netamente de los «siervos» anteriores— por los encargados de la «viña» de Israel, quienes no pudieron por menos que darse por aludidos (v. 12). Si ellos eran los «labradores malvados», Jesús era el «Hijo-heredero».

Lucas 7:17–28. Jesús no solía proclamarse públicamente como Mesías delante de las multitudes, quizá para evitar reacciones carnales y políticas, y quizá porque buscaba en los hombres el discernimiento espiritual de la verdad revelada por la presentación de su persona y por lo que significaban sus obras y palabras. La pregunta del Bautista: «¿Eres tú aquel que había de venir, o esperaremos a otro?» no recibe la contestación afirmativa de «sí», pero la recapitulación de las grandes obras mesiánicas del versículo 22 constituía una declaración mucho más contundente, ya que las obras del Señor (hasta menciona el levantamiento de los muertos) correspondían a la misión del Mesías-Salvador que había de venir, siendo el cumplimiento de profecías como Isaías 29:18–19; 35:5, 6; 61:1.

Jesús habla de su reino, siendo Señor de los ángeles

Lucas 22:29, 30. «Yo, pues, os ordeno un reino, como mi Padre me lo ordenó a mí; para que comáis y bebáis en mi mesa en mi reino, y os sentéis sobre tronos juzgando a las doce tribus de Israel.» No sólo recibirá un reino de su Padre, sino que ordena uno para los suyos, como Señor de todo y de todos. Hay muchas referencias al «Reino», que es igualmente del Padre y del Hijo.

Mateo 13:41. «Enviará el Hijo del Hombre a sus ángeles, y cogerán de *su reino* todos los escándalos, y los que hacen iniquidad» (comp. Mt. 24:30, 31 ya citado). ¿Quién puede ordenar los movimientos de los seres celestiales aparte de uno que es Dios mismo? En este mismo texto, e igual que en Juan, el Señor se presenta como quien juzga a los hombres y quien controla sus destinos (comp. Mt. 25: 31–46, el juicio de las naciones).

Jesús habla de la compenetración entre el Padre y el Hijo

Mateo 11:27. «Todas las cosas me fueron entregadas por mi Padre; y nadie conoce al Hijo sino el Padre; ni al Padre conoce alguno sino el Hijo, y aquel a quien el Hijo lo quiera revelar.»

No sólo se halla encargado el Hijo de todos los destinos de los hombres y del universo, sino que existe entre Él y el Padre un conocimiento perfecto y único, que sólo se explica por la comunidad entre ambos de la naturaleza divina. No se halla ni en Juan una declaración más contundente de la plena deidad del Hijo.

Jesús manifiesta que posee los atributos divinos de la omnipotencia, omnisciencia y omnipresencia

Omnipotencia

Mateo 28:18. «*Toda potestad* me ha sido dada en el cielo y sobre la tierra.» He aquí su omnipotencia, dentro de la voluntad y la naturaleza del Trino Dios y para el desarrollo del plan de Dios.

Omnisciencia

Cristo profetiza los detalles de su propia Pasión (Mt. 16:21 y muchos otros lugares), además de los acontecimientos futuros (Mt. 24 y 25); conoce los pensamientos de los hombres (Mr. 2:8, etc.); y sabe lo que pasa a distancia (Lc. 19:30). Se halla una aparente excepción con respecto a su omnisciencia en Marcos 13:32: «Mas en cuanto al día aquel, o de la hora, nadie lo sabe, ni los ángeles que están en el cielo, ni el Hijo, sino el Padre.» Hemos de entender una voluntaria limitación del uso de un atributo que le es propio, en relación con la divina «economía de funciones» en la Trinidad. El Padre gobierna los «tiempos y sazones» (Hch. 1:7), de la forma que al Hijo le corresponde todo juicio. En Juan 5:22 leemos: «Pues el Padre ni aun juzga a nadie, sino que todo juicio lo ha dado al Hijo», lo que no mengua las prerrogativas del Padre, sino que señala las funciones determinadas por el sublime consejo del Trino Dios. De igual forma el Hijo remite la cuestión de la hora de la venida al Padre.

Omnipresencia

Mateo 18:20. «Porque donde están dos o tres congregados en mi nombre, allí estoy en medio de ellos.»

Jesús ordena el bautismo en el nombre del Padre, del Hijo y del Espíritu Santo

Mateo 28:19. «Por tanto, id, y haced discípulos de todas las naciones, bautizándoles en el nombre del Padre, del Hijo y del Espíritu Santo.» El discípulo había de sacudir las cadenas de Satanás para ingresar en una nueva esfera de vida, bajo un nuevo nombre, que era el del Trino Dios, siendo por igual el del Padre, del Hijo y del Espíritu Santo. Esta llamada «fórmula bautismal», recogida de la boca de Cristo por los primeros testigos, es una de las demostraciones más contundentes de la naturaleza divina, y de la autoridad común e indivisible, del Padre, del Hijo y del Espíritu Santo.

Jesús se declara ser fuente y origen de la Ley divina

Mateo 5:17–48. La voz de Dios que se hizo oír desde lo alto del Sinaí representa la máxima autoridad del AT, y Moisés, como legislador de parte de Dios, era la figura más eminente de la historia de Israel a los ojos de los judíos. Al establecer la constitución de su Reino, Cristo no pudo menos que hacer mención de la Ley, y según una buena exégesis del pasaje señalado, no la abroga para hacerla ineficaz, sino que la lleva a su consumación como ley espiritual que juzga hasta los intentos del corazón (vv. 22, 28, 34, 44). En la presencia de quien era la fuente de la justicia divina, la ley escrita anteriormente llega a ser algo «que fue dicho a los antiguos», y el Legislador supremo puede decir reiteradamente: «Mas yo os digo...», al reemplazar el antiguo concepto externo de la Ley por uno que corresponde al nuevo siglo de manifestación y de vida.

De igual modo el Señor se coloca por encima de las más sagradas ordenanzas del AT, diciendo: «Porque Señor es del sábado el Hijo del Hombre» (Mt. 12:6). ¿Quién podría ser Aquel que era superior a lo más sagrado del AT, y Suprema Autoridad por encima aun del Decálogo? Sólo Dios encarnado pudo expresarse así.

Jesús declara su autoridad de perdonar pecados

Marcos 2:1–12. Al paralítico Jesús dijo en primer término: «Hijo, tus pecados te son perdonados», y los escribas tenían toda la razón al comentar: «¿Quien puede perdonar pecados, sino sólo Dios? (v. 7). No se equivocaron en su doctrina, pero sí se condenaron por su ceguera al no querer comprender el claro «lenguaje» de las obras de poder de Jesucristo, que declararon no sólo su poder, sino también su divina autoridad.

Lucas 7:36–50. Las mismas lecciones se destacan del incidente de la mujer, antes pecadora en la ciudad, a quien Jesús dijo: «Tus pecados te son perdonados» (v. 48). La crítica de los comensales (v. 49) se estrella contra la manifiesta categoría divina de quien dispensaba el perdón a los arrepentidos.

Jesús manifiesta que sus palabras son medio único de bendición y salvación

Mateo 7:24–27. La casa sobre la roca, es la vida de quien oye las palabras de Cristo y las hace. La casa en ruinas es la vida de quien rechaza el mensaje divino en sus labios. La verdad es igual a la de Juan 8:51. Parecidamente, el desechar sus palabras era desechar las palabras de quien le envió (Lc. 10:16).

Jesús invita a los pecadores a hallar en Él su descanso y su paz

Mateo 11:28, 29. «Venid a mí... yo os haré descansar...» Igual que en S. Juan 7:37, etcétera, el Señor indica que en su persona se halla agua para el sediento, pan para el hambriento, luz para el ciego y descanso para el trabajado. No enseña *métodos* para conseguir estas bendiciones, sino que se presenta a sí mismo, prometiéndolo todo a quien acuda a Él con fe. Naturalmente tales invitaciones tendrían carácter marcadamente blasfemo en cualquier criatura, por encumbrada que fuera. Sólo en Dios se halla plena satisfacción para el alma humana.

No hay ninguna diferencia, pues, entre la cristología de los sinópticos y la de Juan, pues por mucho que nos remontemos a la fuente de la primitiva tradición cristiana, siempre nos hallamos ante el Dios-Hombre. Quienes hablan de un Cristo meramente humano han de buscarle en otra parte, ya que no se le encuentra en los Evangelios.

LAS DECLARACIONES DE LOS EVANGELISTAS (JUAN)

Hemos considerado razones válidas para creer que detrás de las narraciones de los cuatro Evangelios se hallan los apóstoles, los testigos inmediatos y autorizados para comunicar su experiencia de Cristo a otros. Habían acompañado a Jesús desde el bautismo de Juan hasta la ascensión (Hch. 1:22) y su experiencia del Cristo había sido prolongada e íntima (1 Jn. 1:1–3). Su testimonio en cuanto a la persona de Cristo se reviste, pues, de gran valor testifical. Si tales testigos fallan, nada sabemos con seguridad acerca de Jesucristo.

El prólogo de Juan

Ya hemos tenido ocasión de considerar la riqueza doctrinal del prólogo del cuarto Evangelio. Aquí sólo llamamos la atención del lector a la rica cristología de los primeros versículos del prólogo:

El Verbo se identifica con Dios: «El Verbo *era* Dios.» 1:1
El Verbo es eterno como Dios es eterno: «*En el principio* era el Verbo.» 1:1
El Verbo se halla en íntima relación con Dios: «El Verbo era *con* Dios.» (*ho Logos en pros ton Theon*) 1:1
El Verbo se hallaba desde la eternidad en aquella relación especial con Dios: «*Él era en el principio con (pros) Dios.*» 1:1
El Verbo es *Creador* de todas las cosas: «Todas las cosas por él fueron hechas.» 1:3
El Verbo es *fuente de toda vida:* «En él estaba la vida.» 1:4
El Verbo es *fuente de todo verdadero conocimiento:* «Era la luz de los hombres... la luz que, entrando en el mundo, alumbra a todo hombre.» 1:4, 9

Tal era el Verbo que «se hizo carne», manifestando la plena gloria del Padre mientras habitaba entre los suyos (1:14, 18). Juan y sus compañeros de apostolado declaran que todo cuanto vieron en Jesucristo correspondía a esta revelación única de la gloria de Dios en los términos de una vida humana.

Las señales en Juan

Véase el apartado «Las señales de Juan», Sección V, página 97, en el que Juan testifica de la verdad de los maravillosos hechos que dieron a conocer distintos aspectos de la plenitud divina del Verbo encarnado. Se ha dicho, con criterio muy superficial, que también Moisés, Elías, Eliseo, y los mismos apóstoles hacían milagros, de modo que las obras del Señor no pueden aducirse como prueba de su deidad. Tal razonamiento deja fuera de cuenta la naturaleza especial de las obras de Cristo, ya que éste obró con autoridad propia, manifestándose la potencia sanadora *siempre que se hallara ante necesidades humanas,* y que no encontrara la barrera de la incredulidad humana. Muy diferente es la manera en que obraban los siervos, quienes en ciertas ocasiones muy especiales (véase Sección X, «Milagros») llegaron a saber que era la voluntad de Dios que ciertas personas fuesen sanadas, y aun, en contadísimos casos, levantándolas de la muerte. Actuaron como siervos, pidiendo la ayuda de Dios, y, en el NT, valiéndose del nombre de Cristo. Cuando Dios no indicaba la conveniencia del milagro, padecían ellos y cuantos les rodeaban las enfermedades propias del hombre, y utilizaban los remedios de la medicina si los había. En cambio el Señor manifestaba a los judíos rebeldes que sus obras justificaban el título divino que usaba de «Hijo» o «Hijo de Dios»: «Si no hago las obras de mi Padre, no me creáis; mas si las hago, aunque a mi no me creáis, *creed a las obras,* para que sepáis y entendáis que el Padre está en mí y yo en el Padre» (Jn. 10:36–38). El Maestro puso de relieve el valor probatorio de sus milagros en el cenáculo al lamentar la incredulidad de los judíos: «Si no hubiese hecho entre ellos *las obras que ningún otro hizo,* no tendrían pecado; mas ahora no sólo han visto, sino que me han aborrecido tanto a mí como a mi Padre» (Jn. 15:24).

La «señal» culminante es la misma resurreción del Señor, y Juan, como testigo ocular del fenómeno, nos hace ver cómo el complicado envoltorio de vendas y especias con el que José de Arimatea y Nicodemo habían rodeado el cuerpo del Señor, quedó en su sitio sin ser llevado ni deshecho: prueba de que el cuerpo del Resucitado no estaba ya sujeto a lo material, sino que fue levantado con plena manifestación de potencia divina (Jn. 20:1–10). Las manifestaciones posteriores sacan de los labios y del corazón de Tomás, aquel que antes dudaba, la exclamación de adoración: «¡Señor mío, y Dios mío!» (Jn. 20:28). No quedaba la menor duda ya en la mente de los testigos-apóstoles sobre la plena deidad de su Maestro. La frase «mas algunos dudaban» de Mateo 28:17 no se refiere a los once, sino a otros de la compañía en Galilea.

LAS DECLARACIONES DE LOS EVANGELISTAS (LOS SINÓPTICOS)
El nacimiento virginal de Jesucristo (Mateo 1:18–25; Lucas 1:26–56; 2:1–20)

Eruditos modernistas han hallado «sospechoso» el hecho de que ni Marcos ni Juan refieren el nacimiento virginal de Cristo, alegando que los relatos de Mateo y de Lucas constituyen una tradición tardía. Ya hemos visto que cada evangelista redactó su escrito según el propósito especial que había recibido del Señor, y que Juan, por lo menos, pudo dar por conocidos los hechos que tenían constancia en los sinópticos. El argumento negativo que se saca del silencio no tiene valor alguno, ya que hemos visto que Marcos subraya la divinidad de Cristo igual que los otros, y Juan toma por «texto» de su gran libro la declaración: «El Verbo llegó a ser carne.»

Para quien escribe es inconcebible que haya teólogos que crean que pueden sostener una verdadera doctrina de la encarnación y, a la vez, poner en tela de duda el hecho primordial del nacimiento del Señor de una virgen, pues si fue engendrado por José sería pecador como todos los demás hombres; únicamente una intervención divina de carácter enteramente especial pudo utilizar el enlace humano de una madre virgen y a la vez romper la continuidad del pecado.

Los relatos de Mateo y de Lucas se complementan perfectamente, ya que el ángel anuncia al angustiado José: «Lo que en ella es engendrado, del Espíritu Santo es» (l:20), mientras que Lucas recoge de los labios de la madre la hermosa historia de la anunciación: «El Espíritu Santo vendrá sobre ti, y el poder del Altísimo te cubrirá con su sombra; por lo cual también lo santo que ha de nacer será llamado Hijo de Dios» (Lc. 1:35).

Las objeciones surgen del deseo de eliminar de las Escrituras todo lo milagroso, todo lo que el hombre natural no entiende.

Desde luego, si se dijera de un hombre cualquiera que había nacido de una virgen, y que había resucitado de los muertos, tendríamos razón en pedir muchas pruebas irrefutables del hecho.

Tales pruebas se nos presentan en este caso, tanto por la gran autoridad testifical de los Evangelios como por la calidad de Aquel que nació, quien, como hemos visto, manifestó por medio de una verdadera humanidad la esencia de la deidad. *Es de este Señor Jesucristo de quien se declara que nació de una virgen madre, y no de otro alguno.* Es este Señor Jesucristo quien fue declarado ser Hijo de Dios con potencia por ser resucitado de entre los muertos (Ro. 1:4). Los dos milagros cumbres de la encarnación y de la resurrección concuerdan perfectamente con todo cuanto sabemos de su vida y de su ministerio.

No intentamos negar el misterio de tan sublime acontecimiento, pero sí recordamos que hay muchos misterios que nadie entiende aún en la concepción y gestación de toda criatura; se llama el proceso «natural» porque no se conoce otro, no porque se entiende. En el nacimiento del Señor se hace constar que, como principio de la gestación, hubo una obra divina de carácter único, y el creyente acepta el hecho, ya que lo sobrenatural, aquello que está fuera de nuestra experiencia normal, llega a ser «normal» como obra del Dios omnipotente, y como medio obligado para efectuar la verdadera y única Encarnación.

Testimonios celestiales

La voz que se oyó en el bautismo del Señor (Lc. 3:21, 22 y paralelos). El bautismo del Señor es su consagración oficial a su ministerio público como Mesías, y todos los evangelistas hacen constar que, al subir del agua, los cielos se abrieron sobre la persona del Señor, oyéndose una voz que decía: «Tú eres mi Hijo, el Amado, en ti tengo contentamiento.» Ya hemos tenido ocasión de ver que la declaración se hace eco de la profecía que señala la unción del Siervo de Jehová para el cumplimiento de su misión (Is. 42:1; Sección III, pág. 59).

Lo voz que se oyó en el monte de la Transfiguración (Lc. 9:35 y paralelos). Fue permitido a «los tres» ver la gloria del Dios-Hombre sin el velo que normalmente la cubría, cuando estaban con Él en el santo monte (2 P. 1:16–18). La manifestación de Moisés y Elías con Jesús afectó profundamente a Pedro, pero tenía que aprender el valor único y especial de su Maestro por encima aun de las figuras señeras del AT. La voz de la nube resplandeciente señaló a Jesús solo: «Éste es mi Hijo, el Escogido (o el Amado); a él oíd.» La honda impresión que la escena produjo en Pedro queda reflejada en la cita de su segunda epístola, ya mencionada.

Las obras de poder

Cuanto se ha dicho de las «señales» de Juan se aplica igualmente a las obras de poder que se narran en los sinópticos. Únicamente notamos aquí la manifestación del poder del Señor frente a los demonios, o a los espíritus inmundos. El primer ejemplo de una obra de poder en Marcos (1:21–28) es precisamente la liberación del endemoniado en la sinagoga de Capernaum, y se da el rasgo típico en tales casos de la confesión de parte del demonio, que el Señor no quiere recibir: «¿Qué tienes con nosotros, Jesús Nazareno? ¿Has venido a destruirnos? Sé quién eres, el Santo de Dios»... Jesús le increpó diciendo: «Calla, y sal de él.» Más tarde los fariseos querían explicar el dominio del Señor sobre estos seres diciendo que el poder venía de Beelzebub, príncipe de los demonios. Jesús rechazó la especie indicando la imposibilidad de que Satanás echara fuera a Satanás, y añade: «Y si por el Espíritu de Dios yo echo fuera los demonios, ciertamente ha llegado a vosotros el Reino de Dios» (Mt. 12:22–28). La manifestación de su poder sobre el reino satánico era evidencia clara del triunfo del Reino de Dios en su persona.

La obra cumbre de la muerte y la resurrección de Cristo

Cada evangelista sinóptico presenta la culminación de la obra según su modalidad especial, pero el hecho es el mismo en todos, como también el ambiente de gozo y de triunfo después de comprobarse que la tumba estaba vacía, y al manifestarse Jesús a uno y a otro de los suyos. En Mateo 28:1–7 se narra la intervención del ángel «cuyo aspecto era como el relámpago», no para dejar salir al Resucitado, que nada de eso necesitaba, sino para remover la piedra, sentándose en ella, como demostración dramática del triunfo del Crucificado, y de la locura de los hombres que habían luchado contra Dios, creyendo que su poder humano podía estorbar sus altos designios.

Lucas 24:13–53. Lucas, por medio de la conversación del Resucitado con los dos que caminaban hacia Emaús y a través de las instrucciones del Señor a los Once, recalca el cumplimiento de las profecías mesiánicas en la obra de Jesucristo, presentando a éste como el centro y tema principal de la revelación anterior. Cuando había terminado de enseñar a los suyos, volvió al Cielo, de forma visible, para dar fin oficial a su ministerio en la tierra.

Mateo 28:16–20. Mateo, en su escena final, subraya la divina autoridad del Maestro resucitado, quien envía a los suyos a hacer discípulos de todas las naciones. «Toda potestad (autoridad) me es dada en el Cielo y en la tierra... por tanto, id...» Ya hemos notado el claro significado de la «fórmula bautismal», que el Señor dejó con los suyos, y que une al Padre, al Hijo y al Espíritu Santo en un solo nombre.

Todos los evangelistas, pues, terminan su narración con escenas que carecen de todo sentido aparte del reconocimiento de la plena deidad del Hijo. La promesa implícita en su maravilloso nacimiento se cumple en la consumación de la obra, y en el ejercicio de todo poder, tanto en el Cielo como en la tierra, como base para la extensión del «Evangelio de Jesucristo, Hijo de Dios» (Mr. 1:1).

EL TÍTULO «EL HIJO DE DIOS» Y «EL HIJO»

No hemos de repetir aquí las pruebas de la deidad del Señor Jesucristo que se han aducido arriba, sino solamente añadir algunas notas sobre los títulos de «Hijo» o «Hijo de Dios» que han dado lugar a mucha controversia.

El uso de «hijo» en el AT y NT

A más de su uso literal, indicando el vástago directo de padre o de madre, los hebreos empleaban el término «hijo» para designar a miembros de una estrecha comunidad, llamando por ejemplo a los discípulos de los profetas los «hijos de los profetas» (2 R. 2:3, 7, 15, etc., comp. Lc. 11:19 para el mismo uso en el NT). Otro uso hebreo es muy importante, ya que indicaba una participación en las calidades que se mencionan, o de personas, o de algo abstracto. «Malos hombres» en 2 Samuel 3:34 traduce la frase hebrea «hijos de maldad», y es corriente la frase «hijos de Belial» con el mismo sentido. En el NT Juan y Jacobo se llaman «Boanerges» o «hijos de trueno» por su temperamento natural explosivo (Mr. 3:17) y Pablo usa con frecuencia frases como «hijos de desobediencia» o «hijos de luz» (Ef. 2:2; 5:8, etc.) en el sentido de «participantes en la desobediencia», «en la luz espiritual», etc. Este uso es importante al considerar el significado del título «Hijo de Dios».

El uso de «hijo de Dios» en el Antiguo Testamento

Los ángeles se llaman «hijos de Dios» en Job 2:1, y en Génesis 6:2 se aplica el término, al parecer, a los hijos piadosos de Set, quienes, hasta entonces, habían mantenido su separación de la línea de Caín. En Éxodo 4:22 Jehová dice a Faraón: «Israel es mi hijo, mi primogénito», con referencia al pueblo escogido. En todos estos casos se señala una relación especial con Dios, o por la naturaleza espiritual de los ángeles, o por la piedad de los hijos de Set, o por el llamamiento especial de Israel.

Hay una importante declaración profética en Salmo 2:7: «Yo publicaré el decreto; Jehová me ha dicho: Mi Hijo eres tú; yo te he engendrado hoy», que señala el nombramiento del Mesías-Rey por encima de todas las potencias de la tierra. En sentido análogo Dios promete a David con respecto a Salomón en primer término, y en cuanto al Mesías en último lugar: «Yo le seré a él Padre, y él me será a mí hijo.» Deducimos, pues, que «Hijo» o «hijo de Dios» puede ser un título mesiánico, pero no por eso hemos de creer que puede corresponder a un mero «mesías» humano, puesto que el uso en el NT manifiesta que sólo al Hijo eterno le corresponde ser «el Mesías, el Hijo del Dios viviente».

El uso de los términos en los Evangelios

Por las expresiones del ángel que anunció el misterio de la

encarnación a María —«por lo tanto lo Santo que ha de nacer será llamado Hijo de Dios— sería fácil pensar que el título de «Hijo de Dios» se deriva únicamente del hecho de la Encarnación, desconociéndose en la preexistencia, pero es preciso examinar su uso en otros lugares.

El título mesiánico

No está claro si los escribas de los judíos habían entendido o no que el Mesías había de ser divino. El argumento del Señor frente a los fariseos en Mateo 22:41-45 parece indicar que no, o por lo menos, que su comprensión del concepto fluctuaba, ya que el Maestro tenía que hacerles ver, por citar el Salmo 110:1, que el Cristo no era sólo «Hijo de David», sino también «Señor de David». Por eso es tan significativa la confesión de Pedro en Mateo 16:16: «Tú eres el Mesías, *el Hijo del Dios viviente*», añadiendo a la segunda frase algo que no se entendía necesariamente para la primera. Tal fue la verdad que aprendió por revelación divina.

Jesús se llama «el Hijo»

El Señor solía hacer referencia a sí mismo por el título «el Hijo del Hombre», o «el Hijo», sencillamente, sin añadir «de Dios». Las muchas citas anteriores aclaran el pleno significado divino del título «el Hijo», o el «unigénito Hijo», con su referencia primordial a la preexistencia de quien se dignó venir a este mundo. Recordemos las dos referencias en Mateo que elevan el título muy por encima de un concepto mesiánico limitado: «Nadie conoce al Hijo sino el Padre; ni al Padre conoce alguno sino el Hijo...» Este conocimiento hondo y único pertenece a la eternidad, y es análogo a las declaraciones de Juan 1:1, 2. Los títulos que corresponden a Cristo en su preexistencia son «el Verbo» y «el Hijo», y un creyente instruido en la Palabra procurará no aplicar el nombre de Jesús, que es la designación humana, a lo que precedió a la encarnación. La otra referencia especial es la ya comentada de Mateo 28:19, en que el nombre de toda autoridad es «del Padre, del Hijo y del Espíritu Santo», que eleva el título a las sublimes esferas de la Trinidad.

Uso del título en Juan

En el Evangelio según Juan el título de «el Hijo» corresponde siempre al otro complementario de «el Padre», y bien que los discípulos podían dirigirse a Dios como su Padre, Cristo siempre distingue las relaciones de ellos con el Padre (subordinadas, y derivadas de su relación con el Hijo divino) de las suyas, que eran directas, originales, sin derivarse de nada más que del hecho del Trino Dios. Esta distinción persiste después de la resurrección puesto que el Señor dijo a María: «Subo a mi Padre y a vuestro Padre; a mi Dios y a vuestro Dios» (Jn. 20:17). Pensemos en versículos conocidos como los siguientes: «Porque de tal manera amó Dios al mundo que *envió a su Hijo*...» (3:16)... «Porque no *envió Dios a su Hijo* al mundo para juzgar al mundo sino para que el mundo sea salvo por él...» (3:17)... «Porque lo que el Padre hace, lo hace también el Hijo de la misma manera... el Padre levanta a los muertos... el Hijo da vida a los que quiere... para que todos honren al Hijo como honran al Padre...» (5:18–30).

Las relaciones eternas del Padre y del Hijo, con referencia al cumplimiento de la misión de éste sobre la tierra, se mencionan una y otra vez en la oración del Hijo al Padre que hallamos en Juan, capítulo 17, cuya meditación debe servir para quitar toda duda en cuanto a la eternidad de las relaciones que se señalan por los títulos «Padre» e «Hijo», tal como Cristo los empleaba. Es significativo que los judíos entendían estos títulos como una declaración de igualdad con Dios (Jn. 5:18; 10:33–36).

El título «Unigénito»

En toda nuestra meditación sobre los nombres y títulos de Dios, y al considerar lo que pueden revelar de su naturaleza, hemos de tener en cuenta que la mente finita humana no puede abarcar la esencia y el Ser del Infinito. Al mismo tiempo, Dios, en gracia, quiere revelarse o darse a conocer a los hombres hasta el grado posible de su comprensión, ayudada por el Espíritu, y especialmente en lo que se relaciona con el plan de la redención. En tal revelación tiene que entrar, a la fuerza, algo de lo que se llama «antropomorfismo» o expresiones que se aplican a Dios, bien que, en todo rigor, solamente son apropiadas a los hombres. Pero tenemos que recordar que son figuras o términos que expresan lo que Dios quiere dar a conocer, sin que por eso hayan de tomarse como punto de partida para sacar consecuencias que salen de los límites de su intención. Entre los hombres el hijo participa de la naturaleza del padre, y al mismo tiempo es distinto de Él y puede tener comunión con su progenitor. Hasta este punto nos ayuda la figura al pensar en el Padre e Hijo unidos en el misterio de la Trinidad, pues participan de una esencia, y al mismo tiempo existe la distinción que permite el amor mutuo y la comunión. Pero si forzamos la figura más allá de la intención, y añadimos el corolario: «Por cuanto el padre humano es anterior al hijo, tiene que haber habido un momento en que el Hijo fue engendrado por el Padre, lo que señala la anterioridad del Padre con respecto al Hijo», hemos incurrido en falsas consecuencias que nos llevan directamente a una herejía. Ni hace falta siquiera el término inventado por Orígenes de la «generación eterna», sino sólo recordar que no tenemos derecho alguno a sacar consecuencias adicionales de los términos humanos que en su gracia Dios se digna utilizar para darse a conocer. Las relaciones del Padre y del Hijo-Verbo se señalan, hasta donde nos es permitido entenderlas, en Juan 1:1–2, y los demás términos han de considerarse a la luz de estas declaraciones.

Según estas normas, el término «Unigénito» no ha de analizarse etimológicamente, como «el Único engendrado». Igual que «Primogénito», que se halla en las Epístolas, ha de entenderse como término de singularidad, de preeminencia y de intimidad con el Padre. Esto se hace muy claro cuando vemos que los mejores textos griegos de Juan 1:18 han de traducirse: «A Dios nadie le ha visto jamás; *el unigénito Dios,* el que existe en el seno del Padre, es quien lo ha dado a conocer.» Por la naturaleza del caso, faltan palabras humanas adecuadas, y las que el Espíritu escoge se han de interpretar a la luz de todas las Escrituras. *El Hijo* señala la igualdad de esencia, el amor mutuo, y la comunión en la gran obra de gracia. *El Verbo* es el Hijo en el proceso de revelar al Padre y ordenar todas sus obras.

La subordinación del Hijo

El hecho de que el Hijo expresa una y otra vez su subordinación al Padre en el cumplimiento de su misión, no anula su igualdad de esencia y de honor con el Padre. Frases típicas son las siguientes: «No puede el Hijo hacer nada de por sí, sino lo que ve hacer al Padre»... «porque yo no he hablado de por mí, mas el Padre que me envió, él me ha ordenado lo que debo decir y cómo debo hablar» (Jn. 5:19; 12:49). Al mismo tiempo las obras suyas que detalla en 5:19–30 son obras divinas que se llevan a cabo por el Hijo con plena autoridad y una y otra vez insiste en que el Padre le ha entregado todas las cosas en su mano, y que le fue dada potestad sobre toda carne (Mt. 11:27; Jn. 17:2, etc.). ¿Cómo resolver la aparente paradoja? Tengamos en cuenta las consideraciones siguientes: 1) el Hijo-Obrero insistía en su procedencia divina y en el hecho de haber recibido la totalidad de su misión del Padre para distinguirse de aquellos falsos cristos que venían en su propio nombre; 2) en el misterio de la Trinidad, la igualdad de las personas no impide que el Padre sea la cabeza jerárquica de la sagrada «comunión»; por lo tanto, «Padre» puede usarse como equivalente de «Dios» y a la inversa. Así dice Pablo: «Para nosotros... hay un solo Dios, el Padre, de quien proceden todas las cosas, y nosotros para él; y un solo Señor Jesucristo, por quien son todas las cosas, y nosotros por él»... «Mas quiero que sepáis que Cristo es la cabeza de todo varón, y el varón cabeza de la mujer, y Dios cabeza de Cristo» (1 Co. 8:6; 11:3). Cristo ha de reinar hasta que todas las cosas sean puestas debajo de su pies, pero del final de su gran misión, al inaugurarse la Nueva Creación en plena manifestación, se dice: «Luego, el fin, cuando [Cristo] entregue el reino al Dios y Padre, cuando haya destruido todo principado, y toda potestad y poder» (1 Co. 15:24). El Hijo sabía que «había venido de Dios y que a Dios iba» (Jn. 13:3) al terminar la primera gran etapa de su obra. En consejo eterno el Hijo había sido designado para llevar a cabo la misión redentora y sacar a luz la honra y gloria de Dios frente a toda fuerza del mal. Aceptó la comisión, diciendo: «Heme aquí para que haga, oh Dios, tu voluntad» (He. 10:7–10) y es natural que anuncie que toda la obra procede en todas sus partes de su

Padre, quien representa la totalidad de la voluntad del Trino Dios. En algún momento los términos pueden invertirse, ya que Pablo escribe: «Dios estaba en Cristo reconciliando el mundo a sí» (2 Co. 5:19), donde se presenta la obra como del Padre, bien que el instrumento es siempre el Hijo. La subordinación del Hijo es a la voluntad del Trino Dios, que es la suya propia, expresada por el Padre (comp. Ef. 1:3–10; 1 P. 1:18–21; Col. 1:13–20).

LA VERDADERA HUMANIDAD DEL SEÑOR EN LOS CUATRO EVANGELIOS

El material que hemos aducido hasta ahora, tanto por referir las mismas palabras del Señor según se hallan en Juan y en los sinópticos, como por notar el testimonio de los evangelistas como testigos, o portavoces de los testigos, ha tenido por objeto el probar que Jesús el carpintero de Nazaret, el profeta de Galilea, era realmente Dios. La humanidad era visible y patente a los ojos de los coetáneos del Señor, y normalmente no presenta ninguna dificultad. Lo que necesita una demostración muy especial es el hecho insólito de la deidad manifestada por medio de una vida humana. Con todo, es necesario notar la evidencia que comprueba la *verdadera* humanidad del Señor, ya que algunos han enseñado que el cuerpo, y el medio ambiente humano, era algo ilusorio, por creer que sería impropio del Cristo, el Hijo de Dios, identificarse con la humanidad como tal. Herejías aparte, hay algunos fieles creyentes que caen inconscientemente en el error por enfatizar tanto la divinidad del Señor —con el deseo de honrarle— que menguan la realidad de su humanidad.

Jesús mismo afirma su condición de Hombre

Al contestar la primera tentación del diablo, el Señor se identificó con los hombres diciendo: «No con sólo pan vivirá el hombre» (Mt. 4:4), y procedió a rechazar todas las tentaciones por el medio que está a la disposición de todo hombre fiel: el uso de la Palabra escrita, que había meditado, y que era su alimento espiritual. La forma tan natural en que se asociaba con los hombres de todas las clases sociales le hacía blanco de las calumnias de sus enemigos hipócritas, pero al rechazar las calumnias volvió a subrayar su humanidad: «Vino el Hijo del Hombre que come y bebe, y dicen: He aquí un hombre comilón y bebedor de vino» (Mt. 11:19). Al reprochar a los judíos su odio homicida les dice: «Empero ahora procuráis matarme a mí, hombre que os he hablado la verdad» (Jn. 8:40), y notamos que una referencia tan natural a su humanidad se halla en S. Juan, Evangelio de la divinidad, ya que todos los evangelistas nos presentan la misma persona divina y humana, a pesar de sus diferentes énfasis.

Dejaremos el estudio del título *el Hijo del Hombre,* que el Señor aplicó tantas veces a sí mismo, para un párrafo posterior, pasando a notar aquí los hechos y las expresiones que revelan las verdaderas experiencias humanas de Jesucristo.

El desarrollo humano normal

Hemos meditado ya en la concepción de Jesús en cuerpo de madre virgen y por una intervención especialísima de parte de Dios. Todo indica que, después, el proceso de gestación y alumbramiento fue normal, y a Lucas, en su segundo capítulo, debemos lo poco que podemos saber de la infancia y la niñez de Jesús. El desarrollo se indica en dos frases: «El niño crecía y se fortalecía, llenándose de sabiduría; y la gracia de Dios era sobre él» (Lc. 2:40), que señala el desarrollo desde la infancia hasta los doce años. Después de su presentación en el Templo leemos: «Y Jesús crecía en sabiduría, en edad, y en gracia para con Dios y los hombres» (Lc. 2:52), lo que describe su desarrollo desde los doce años hasta los treinta años, cuando se manifestó al pueblo según Lucas 3:21–23. Durante aquel período estuvo sujeto, como buen joven judío, a su madre y al guardián que era su padre en ley (Lc. 2:51).

Al mismo tiempo la narración de la visita de Jesús a Jerusalén con sus padres a la edad de doce años revela que ya tenía plena conciencia de su relación con el Padre y de su misión en la tierra: «¿No sabíais que en los asuntos de mi Padre tenía que estar?» (Lc. 2:49).

Es importante que no procuremos entender más de lo que la Palabra revela, y en cuanto a la niñez y crecimiento de Cristo conviene recordar más que en otro asunto alguno el gran dicho de Moisés: «Las cosas secretas pertenecen a Jehová nuestro Dios; mas las reveladas a nosotros y nuestros hijos para siempre» (Dt. 29:29). Podemos pensar que todas las infinitas potencialidades del Verbo Eterno estaban siempre «en reserva», pero sin manifestaciones que impidieran el desarrollo normal de un niño que se hacía hombre, utilizando sus sentidos humanos, y efectuándose el despertar de la inteligencia y de las emociones. Pero el incidente notado deja traslucir la iluminación que brotaba tempranamente y de lo profundo de la naturaleza divina de Jesús.

Experiencias humanas en cuerpo, alma y espíritu

Los evangelistas notan con toda naturalidad que Jesús padecía hambre si no comía (Lc. 5:2) y sed si no bebía (Jn. 4:7). Se nos dice además que: «Jesús, cansado del camino, sentóse así junto al pozo» (Jn. 4:6), lo que nos enseña que su cuerpo se cansaba por el ejercicio prolongado, igual que el nuestro. De manera semejante quedó dormido en la barca, con su cabeza sobre el cojín del timonel, después de un día de duro trabajo (Mr. 4: 35*a*). Jesús andaba, se sentaba y se echaba a dormir, y no hay nada que indique los movimientos ficticios de un «hombre-fantasma». Su cuerpo era real, derivado de madre humana, y el Señor tuvo especial empeño en demostrar a los discípulos la realidad aun de su cuerpo de resurrección, que, a pesar de los cambios que se derivaban del hecho mismo de la resurrección, *era cuerpo humano,* y no un espíritu que había tomado la forma de un cuerpo (Lc. 24:36–43).

Se señalan con igual claridad las emociones de su alma, ya que se gozaba en la amistad de sus amigos (Jn. 11:1–5; 13:23) buscando su comunión en su hora de dolor (Mt. 26:38). Se gozaba también en la obediencia de los «niños» (Mt. 11:25, 26) y en la revelación que iban recibiendo de Dios, y miró con ternura al joven rico que le volvía las espaldas (Mr. 10:21). A menudo le oímos gemir (Mr. 7:34; 8:12) y le vemos llorar, no sólo por las aflicciones de la familia de Betania (Jn. 11:35) sino también por la suerte reservada para la ciudad rebelde, Jerusalén (Lc. 19:41). En el huerto de Getsemaní, confrontado por la necesidad de tomar la amarga copa de dolor, de aquel dolor de dimensiones infinitas, hasta la consumación de la muerte, Jesús «comenzó a llenarse de asombro y a angustiarse mucho; y les dijo a sus discípulos: Muy triste está mi alma hasta la muerte» (Mr. 14:33–35). Su alma humana fue terriblemente angustiada al adentrarse en la sombra de la cruz, con el pleno conocimiento de cuánto había de significar el dolor agobiante de «ser hecho pecado» en su sacrificio expiatorio a favor de los hombres. Sin las descripciones de su agonía en Getsemaní nos sería difícil vislumbrar siquiera un poco de lo que suponía aquella crisis al Hombre-Dios (comp. Jn. 12:27).

Suponemos que todo Él, cuerpo, alma y espíritu, fue entregado en sacrificio en la cruz, y de lo más profundo de su ser desolado exclamó: «Dios mío, Dios mío, ¿por qué me has desamparado?» Referencias explícitas a su espíritu se hallan en Juan 11:33; 13:21; Lucas 10:21.

La tentación del Señor (Mt. 4:1–11 y paralelos, con Heb. 2:18; 4:14–16)

Las experiencias humanas de Jesús no incluían el pecado, que es propio del hombre caído, y no del hombre creado por Dios. Fue tentado y probado en todo como nosotros, pero hay que distinguir entre la tentación y el pecado. La tentación es la sugerencia satánica (directamente o por medio de la carne o del mundo) que indica un curso de acción contrario a la voluntad de Dios. La tentación rechazada no es pecado, y aun puede fortalerer el espíritu del hombre, pues el mal empieza sólo cuando la voluntad se inclina hacia la sugerencia satánica. Así Cristo, siendo realmente hombre, pudo ser tentado y conocer la fuerza de la tentación, pero como Siervo de Dios en la tierra rechazaba todo aquello que no estaba conforme con la voluntad de su Padre, utilizando las Escrituras como arma contra el maligno.

EL SIGNIFICADO DEL TÍTULO «EL HIJO DEL HOMBRE»

Es evidente que para el Señor el título «el Hijo del Hombre», encerraba un significado profundo, puesto que lo empleaba con mucha frecuencia al hablar de sí mismo: en Mateo como 30 ve-

ces, en Marcos 14 veces, en Lucas 25 veces y en Juan 12 veces.
Ya hemos visto que «hijo» señala una participación física, moral, social o espiritual con otros, de modo que, sin duda, el título en sí pone de relieve la realidad de su humanidad y de su asociación con la raza. Pero hay referencias en el AT y enseñanzas en las Epístolas que nos ayudan a profundizar más en el significado de este título predilecto del Señor.

El Hijo del Hombre en el Salmo 8

El autor inspirado alaba a Dios al considerar las grandezas y glorias de la creación, pero mirando al hombre en su aparente insignificancia pregunta: «¿Qué es el hombre para que tengas de él memoria, o el *hijo del hombre* que lo visites [o cuides]?» A continuación subraya el alto destino del hombre como señor de todo lo creado en el escenario de esta tierra, haciendo eco a las declaraciones divinas: «Hagamos al hombre a nuestra imagen... y tenga dominio sobre peces... aves... bestias» (Gn. 1:26). Cuando el autor de Hebreos cita este salmo ha de reconocer la pérdida del dominio en su sentido pleno, y se entiende que es a causa del pecado (He. 2:6–8). Pero los planes de Dios en cuanto al hombre no han de fracasar, puesto que el autor inspirado señala a Jesús que remedia el mal, a quien vemos «coronado de gloria y de honra a causa del padecimiento de la muerte» y llevando luego a muchos hijos a la gloria (He. 2:8–10). Los propósitos de Dios en orden al hombre, pues, se han de cumplir sobre un plano mucho más elevado por medio de Jesús, el Hijo del Hombre.

El Hijo del Hombre es equivalente al Postrer Adán

Aleccionados por la «clave» del Salmo 8 y Hebreos 2, pensamos que el título «el Hijo del Hombre» tendrá estrecha relación con las verdades cristológicas que Pablo expresa por las designaciones de «el Postrer Adán» y «el segundo hombre del cielo» (1 Co. 15:45-47). Dios es ajeno a todo lo pecaminoso de la raza, pero no a la humanidad que Él mismo ideó y creó por medio del Verbo. Cuando éste se encarnó, pues, tomó de lo suyo, de lo que Él mismo creó, y pudo recoger en su persona toda la verdadera humanidad, llegando a ser el «Postrer Adán» que había de remediar el mal causado por la desobediencia del primero. En su humanidad representativa no hubo pecado, lo que hizo posible que fuese «hecho sacrificio por el pecado», y, habiendo zanjado la triste secuela del mal, llegó a ser «espíritu vivificante» para la nueva raza redimida, en la que los hombres llevarán la imagen de Cristo, que es la imagen de Dios (comp. con Ro. 5:12–21; 8:29).

El Hijo del Hombre y los sufrimientos de la cruz

El párrafo precedente nos ayuda a comprender por qué Cristo, al predecir sus sufrimientos de la cruz, empleaba casi siempre el título de «el Hijo del Hombre» (Mt. 17:9, 22; 26:2; Jn. 12:31–34). La cruz había de ser la consumación de su obra como el «Postrer Adán», y el obligado trance por el cual había de pasar Aquel que se ofreció a remediar los males de la raza que había hecho suya por el misterio de la Encarnación.

El Hijo del Hombre es el Mesías triunfante que reinará y juzgará

Hemos tenido ocasión de notar la importancia de la profecía mesiánica de Daniel 7:13, que después de predecir el curso de la destrucción de los imperios del mundo describe a «uno como Hijo de Hombre» que se adelanta para recibir el poder de quien está sentado sobre el Trono, para establecer un reino eterno. Haciéndose eco de esta profecía, el Señor, delante del sanedrín, predijo su futura venida en gloria (Mt. 26:63–65), así que, tanto por el sentido de la profecía misma como por su interpretación por el Señor, «el Hijo del Hombre» llega a ser la designación del «Mesías triunfante», aquel que aparecerá en público delante de los hombres para juzgar, salvar y reinar, manifestando gloriosamente la extensión de la victoria oculta que sacó de la aparente derrota de la cruz (véanse Mt. 16:27, 28; 13:41–43; 24:27–30; 24:37–44; 25:31; Jn. 1:51).

El Señor recalca la gloria del Hijo del Hombre en su reinado sobre los hombres, y también el hecho de juzgarles, siendo notable la expresión de Juan 5:27: «El Padre... le dio también autoridad para juzgar, *por cuanto es Hijo del Hombre.*» Como

Hombre conoce al hombre, y como Hombre representativo murió por los hombres. Es propio, pues, que les juzgue como Hijo del Hombre glorificado, sintiendo como sentencia condenatoria su propia palabra rechazada (Jn. 12:48). Pero también es el Hijo del Hombre quien conducirá a los benditos al reino de su Padre (Mt. 25:31, 34).

EL MISTERIO DEL DIOS-HOMBRE

Es cierto que «misterio» en el NT significa algún arcano antes escondido y ahora revelado en la nueva dispensación de luz, pero aquí empleamos el término con ánimo de insistir en la necesidad de acercarnos a la persona de Jesucristo, al Verbo encarnado, con la debida reverencia, con los «pies descalzos» espiritualmente hablando. Si muy sagrado fue el recinto del tabernáculo en el desierto y el del Templo material de Jerusalén, ¡cuánto más aquel que es mayor que el Templo, siendo el resplandor de la gloria de Dios y la exacta representación de su sustancia! Sobre todo hemos de abstenernos de aplicar técnicas psicológicas modernas al misterio del desarrollo de Jesús, ya que el proceso es completamente especial. No sabemos, ni podemos saber en esta vida, cómo se entrelazan las dos naturalezas en la persona única de Cristo y, so pena de incurrir en atrevimientos bordeando la blasfemia, no podemos hacer más que proceder en el sentido de este estudio, notando toda la evidencia bíblica posible, y subordinando lo que no es tan claro a las declaraciones fundamentales sobre las cuales no caben equívocos en la mente de un creyente sincero y humilde, ansioso de vislumbrar rayos de gloria celestial para poder mejor adorar a Dios, por medio de Cristo, en espíritu y en verdad.

PREGUNTAS

1. Escríbanse cuatro citas del Evangelio según Juan en las que el mismo Señor Jesucristo afirma su deidad. Haga breves comentarios sobre cada cita destacando los diferentes aspectos de la persona del Señor que se presentan.

2. Demuestre que los sinópticos afirman claramente la deidad de Jesucristo (cinco puntos o más).

3. Discurra sobre las obras de poder de Jesucristo como prueba de su deidad.

4. Discurra sobre la realidad de la humanidad del Señor.

5. Discurra sobre el significado de:

a)   El título «el Hijo de Dios» y «el Hijo».

b)   El título «el Hijo del Hombre».

El ministerio del Señor
(primera parte)

El escenario y la cronología del ministerio

PALESTINA

Palestina es un país pequeño, teniendo por límite occidental el Mar Mediterráneo (el Mar Grande) y por límite oriental el río Jordán, bien que, desde los tiempos de Moisés durante la vida terrestre del Señor, regiones de fronteras fluctuantes al Este del Jordán se incluían en lo que se puede denoninar la «Palestina mayor». Al Norte se hallaban los países (o provincias, según la época histórica) de Fenicia, en el litoral inmediato, y Siria que abarcaba la región del Antilíbano y las altas aguas del río Éufrates, con salidas al mar por la parte de Antioquía. Los accidentes geográficos del Norte eran la sierra del Líbano, paralela a la costa de Fenicia, y el Antilíbano que se extendía desde el célebre Monte Hermón hacia el Norte. Al Sur, además del Mar Muerto, se hallaban extensos terrenos desiertos o semidesiertos, pasando a la Península del Sinaí.

Dimensiones. Para formarnos una idea de lo reducido del país, basta recordar que la distancia extrema de Norte a Sur, desde el Líbano hasta la punta sur del Mar Muerto es de 280 km aproximadamente; que de la costa mediterránea hasta el Mar de Galilea no hay más que 47 km, y de la costa hasta el Mar Muerto, 87 km (véase página 335). Podemos recordar que de Madrid a Barcelona en línea recta hay como 480 km, y de Buenos Aires a Córdoba

(Argentina) alrededor de 800 km. Casi igual distancia hay de Irún a Gibraltar, la extensión máxima de España de Norte a Sur.

Rasgos geográficos. El Jordán nace en las estribaciones del Monte Hermón, para fluir en dirección sur, pasando primeramente por un pequeño lago llamado «las Aguas de Merón» (o Huley), y luego por el Mar de Galilea, o de Tiberíades, que no es un «mar» sino un lago de 21 por 11 km en sus dimensiones extremas, y de la forma aproximada de una pera. El Jordán sigue su curso por un valle hondo, una sección de una enorme falla geológica que se extiende desde el Antilíbano, por el Mar Muerto, por la hondura del Akaba y debajo del mar hasta la costa oriental de África. Este hecho explica por qué el valle se halla debajo del nivel del Mar Mediterráneo, llegando este desnivel a 430 m en el Mar Muerto, de donde las aguas no tienen salida aparte de la evaporación del lago-caldera, cuyas aguas son de una elevada salinidad por tal causa. El valle del Jordán tiene una anchura media de 8 km, bordeado por montañas escarpadas que son las «paredes» de tan notable falla geológica. El río serpentea en su hondo lecho, que es caluroso y fértil. En ciertos lugares hay vados que permiten el tránsito desde Palestina a Transjordania, hallándose uno cerca de Jericó, y otro cerca de Pella, donde se juntaban las regiones de Galilea, Samaria, Perea y Decápolis.

En general, Palestina es un país montañoso, hallándose la elevación mayor en una meseta que abarca la parte central de Judea y llega hasta el norte del Monte Gerizim en Samaria. Al norte de la meseta se halla una llanura irregular (la parte norte de Samaria y la del sur de Galilea) que da lugar a altas montañas según se procede al Norte para acercarse a las sierras del Líbano y del Antilíbano. Del Jordán, hacia el occidente, se halla primeramente una subida rápida desde el hondo valle hasta las alturas máximas que hemos mencionado, pasadas las cuales hay un descenso a estribaciones con valles fértiles (la Sepela) que pierden altitud hasta reducirse a la llanura del litoral «de Sarón» y «de Filistía», según se halla más al norte o al sur. Una estribación importante pasa de la meseta central (Samaria) hacia el mar en sentido noroeste, formando el promontorio del Carmelo al final. Entre esta estribación y el Mar de Galilea la llanura irregular facilitaba el tránsito desde Damasco al litoral, a través de un bajo puerto en el Carmelo cerca de Megido. Esta llanura se llama «de Jezreel» o de «Esdraelón», famosa en la historia y en la profecía por su importancia estratégica, ya que se convirtió en «el Camino de las Gentes». En los cerros que dominan la llanura de Jezreel se halla Nazaret, donde se crió el Señor.

En el centro del país (Samaria) se hallan los montes Gerizim y Ebal, considerados por los samaritanos como sagrados. Cerca de ellos conversó Jesús con la mujer samaritana.

Condiciones agrícolas y de ganadería. Es evidente que el largo y estrecho valle del Jordán, donde es fácil el riego, se presta al cultivo intensivo, en condiciones subtropicales. El litoral mediterráneo también es fértil, y produce todas las cosechas normales del área mediterránea, tales como cereales, olivos, la vid y árboles frutales, de los que ocupan el lugar principal en tiempos modernos los cítricos. En los valles de la Sepela el cultivo intensivo depende de la posibilidad del riego, mientras que los cerros ofrecen pastos para ovejas y ganados en general. En la quebrantada meseta, los calles pueden aprovecharse para el cultivo a la manera de las serranías en el sudeste de España, pero por lo demás los habitantes viven de la ganadería, y el pastor se mueve (o se movía) constantemente en busca de pastos. Las llanuras y los cerros de Galilea son parecidos a la Sepela y el litoral del Oeste. Desde el antiguo Hebrón, en dirección al Sur, los semidesiertos (a menudo llamados «desiertos» en la Biblia) pasan a ser regiones estériles, donde había poca vida en los días del ministerio del Señor. De todos es sabido que en nuestros días los dos millones de judíos que han vuelto a su país han aplicado técnicas modernas al cultivo de la parte de Palestina que han podido ocupar, haciendo que mucho que era desértico bajo los turcos y los árabes floreciera como un vergel.

Hasta hace pocos años la vida de Palestina había cambiado poco desde el primer siglo, pero hoy en día todo se transforma. El valle abrasador del Mar Muerto ofrece ahora amplio campo para explotaciones minerales y químicas, y el Neguev en el Sur (la región de Hebrón) adquiere gran importancia. Pero en cuanto al fondo del ministerio del Señor, las ilustraciones de la vida árabe de hace cincuenta años sirven muy bien para ayudar a formarnos una idea de las condiciones que cambiaron poco a través de casi dos milenios. En vista de que las rutas de mayor importancia dependían en parte de las condiciones políticas, religiosas y sociales, éstas se describirán más abajo.

CONDICIONES POLITICORRELIGIOSAS
DEL MINISTERIO DEL SEÑOR
El imperio de Roma

El imperio de Roma constituía el factor político que determinaba todos los demás durante el primer siglo. La gran república había extendido el poderío y la influencia de Roma desde Galia hasta Mesopotamia durante los siglos anteriores a nuestra era, recogiendo Augusto, hijo adoptivo de Julio César, la herencia de conceptos y de poder del prócer que transformó la República en Imperio. El periodo del imperio, por lo tanto, puede datarse del año 27 a. C., y el Senado había conferido tales poderes a Augusto que todo gobierno, en todas las provincias, le correspondía; no siempre nombraba a procónsules o a procuradores, sin embargo, pues a veces confirmaba sobre el trono a reyes nacionales que regían sus respectivos países por gracia del Emperador. En Siria, provincia de gran importancia, se hallaba un procónsul (Quirinio cuando Cristo nació), quien ejercía cierta supervisión sobre Palestina. En el momento del nacimiento (fecha única en la historia espiritual de la raza, pero ignorada por la política contemporánea) Herodes «el Grande», por haberse congraciado con el Emperador, gobernaba todo el país, con la excepción de Decápolis, una confederación de ciudades de límites fluctuantes al sudeste del Mar de Galilea, pero que incluía otros centros importantes, hasta Damasco mismo, dependiendo todo ello del procónsul de Siria. Hubo un área también alrededor de Gaza, en la antigua Filistía, que se excluía de los dominios de Herodes y dependía del procónsul de Siria.

Hemos de recordar que Herodes no era judío de nacimiento, pero sí de religión. Procedía de Idumea (Edom) al Sur y Sudeste de Judea. Por una mezcla de astucia, de diplomacia y de fuerza, había logrado la soberanía, pero los judíos estrictos nunca se olvidaron de que la familia herodiana tuvo sus raíces en Edom, la tierra de los descendientes de Esaú, enemigos durante siglos de la monarquía davídica. Se casó con una princesa de la línea sacerdotal-real de los asmoneos con el fin de establecerse más firmemente en Palestina, y, sobre todo, quiso ganar el favor de los judíos por la magna tarea de reedificar el Templo de Jerusalén en vasta escala de inusitada magnificencia.

Por testamento suyo (sujeto a la aprobación de Roma) Herodes dejó las regiones de Judea, Samaria y el norte de Idumea a su hijo Arquelao, pero éste no pudo mantenerse en el poder, y en el año 6 las mismas regiones pasaron al poder de un procurador romano, bajo la supervisión general del procónsul de Siria.

Según los términos del mismo testamento, Galilea y Perea (véase página 335) fueron regidas por el tetrarca Herodes Antipas, y una amplia región al nordeste del Mar de Galilea (Gaulianitis, Iturea, Traconitis, etc.) constituía la tetrarquía de Felipe, otro hijo de Herodes «el Grande». La égida de Roma y la supervisión del procónsul de Siria daban una unidad efectiva a esta diversidad de regiones y de gobiernos. Es de suponer que Herodes Antipas tendría un medio eficaz para pasar tropas, etc., desde Galilea a Perea, a pesar de estar separadas por un rincón de Decápolis.

Desde el punto de vista de los romanos, Palestina era una provincia fronteriza que servía de baluarte contra las incursiones de los árabes nabateos y los partos, que se hallaban en un estado de perpetua y peligrosa agitación al Este.

El judaísmo y la civilización helenística

Es evidente que el Señor limitaba su ministerio en todo lo posible a ciudades y áreas donde dominaba la influencia judaica, pero los escritos de Flavio Josefo, juntamente con los descubrimientos arqueológicos, demuestran que mucho del país estaba helenizado; es decir, que los habitantes vivían al estilo de los romanos y los griegos. Esto se ve por los restos de amplios foros en el centro de las muchas ciudades, con los establecimientos de baños públicos, los circos, los teatros, los templos, etc. Como centros helenizantes se destacaban Cesarea, Samaria (Sebasté), Tiberias, Cesarea de Filipo, con todas las de Decápolis (diez ciudades); éstas y otras muchas eran ciudades griegas más bien que judías. Aun Capernaum y Betsaida tendrían su sector helenizado, pero en ambos casos quedaría la ciudad antigua y pesquera donde Jesús podía ejercer su ministerio entre los galileos. Los *herodianos* aceptaban las influencias helenísticas juntamente con la dinastía herodiana, considerando que era mejor disfrutar de la protección de Roma por tales medios, que no exponerse a ser extirpados como nación. Los *saduceos* compartían este punto de vista como medida práctica. En cambio la presencia inmediata de las manifestaciones del dominio militar de Roma y del boato de la civilización griega, exacerbaba el patriotismo y el fanatismo de los *fariseos*, levantándose violentas ráfagas de oposición entre los *celotes*. Todos estos factores prestaban una fuerza explosiva a toda pretensión mesiánica, y explican muchas de las reacciones del pueblo, de las sectas y de los príncipes, frente a Cristo. No sólo eso, sino que vemos cómo se va acumulando fatalmente la pólvora que por fin explotó en la insurrección del año 66, y que tuvo por resultado la destrucción de Jerusalén y la extinción aun de la nacionalidad subordinada y sujeta de los judíos. Desde entonces ha sido una raza sin hogar hasta la fecha del Estado de Israel de nuestros tiempos.

El gobierno interno de los judíos. El imperio de Roma no solía destruir todo vestigio de las instituciones nacionales de los países subordinados, sabiendo que muchas cuestiones podían resolverse mejor mediante autoridades indígenas. En sus primeros contactos con los judíos habían tratado con los príncipes de la dinastía asmonea (descendientes de los patrióticos macabeos), pero hemos visto que Herodes supo desplazar a los sacerdotes-reyes, agarrando él mismo las riendas del poder. Con todo, *el sanedrín,* el consejo nacional de los judíos, todavía funcionaba bajo la presidencia del sumo sacerdote del día. Se componía de setenta miembros, la mayoría de los cuales procedían de la casta sacerdotal (saduceos en cuanto a su secta), siendo los restantes ancianos del pueblo y escribas (doctores de la ley) escogidos mayormente de la secta de los fariseos. Constituía el sanedrín una especie de senado del pueblo judío y, a la vez, su «tribunal supremo» en toda cuestión religiosa o interna. Los ancianos de las distintas sinagogas podían entender en las causas de menor importancia, pero los asuntos graves pasaban al sanedrín. Por los Evangelios es evidente que no podía ejecutar una sentencia de muerte sin la concurrencia del procurador romano, bien que, en momentos de confusión administrativa, a veces se arrogaba para sí este derecho como en el caso del apedreamiento de Esteban. Los procuradores romanos solían residir en la torre Antonia, que dominaba el área del Templo en épocas festivas cuando había peligro de motines, mayormente por la llegada de grupos de celotes desde Galilea. A los rabinos les gustaba hallar el origen del sanedrín en el nombramiento de los setenta ancianos que habían de ayudar a Moisés en el gobierno del pueblo según Números, capítulo 11, pero no hay evidencia histórica de su funcionamiento antes de la época del dominio griego, del siglo iv a.C. en adelante. Después de la destrucción de Jerusalén fue resucitado por los fariseos con fines puramente religiosos.

Las sinagogas. Quedaríamos sin luz sobre muchos incidentes en los Evangelios si ignorásemos el significado de las sinagogas, o «lugares de reunión», que se hallaban en todos los pueblos de Palestina y en toda ciudad extranjera donde hubiera una colonia judía; hasta había numerosas sinagogas en Jerusalén, a la misma sombra del Templo. La sinagoga tuvo su origen durante el cautiverio babilónico, cuando los judíos transportados sentían la necesidad de reunirse para escuchar la lectura del Pentateuco y otros escritos sagrados. La sencilla organización interna se basaba sobre el respeto hebreo por la ancianidad, siendo reconocidos como «ancianos» los hombres de madurez moral y espiritual. Había también presidentes que organizaban el culto de los sábados y un servidor que cuidaba del edificio y enseñaba entre semana a los niños de la comunidad. Es necesario estimar bien la importancia de este centro local de la vida religiosa, social y cultural de la raza judaica, y su relación con los principios del cristianismo es evidente por la lectura de Los Hechos.

El Templo. El Templo era el centro visible de la religión hebrea. Dios había instruído a Moisés en cuanto al Tabernáculo en el desierto (Éx. 25–31) y a David sobre el edificio permanente que lo había de sustituir al establecerse la monarquía davídica

(1 Cr. 28:11–19). La ruina del testimonio de la dinastía trajo como consecuencia obligada la destrucción de la Casa de Jehová, pero el primer pensamiento del resto que volvió a Judea, según los términos del edicto del emperador persa, Ciro, era el de volver a levantar el sagrado edificio que simbolizaba la presencia de Dios con su pueblo (Esd. 3 y 55, con las profecías de Hageo y de Zacarías). Aparentemente el Arca del Pacto se había perdido en la destrucción de Jerusalén y del Templo por las fuerzas de Nabucodonosor, de modo que el simbolismo del nuevo Templo no podía completarse. Sin embargo, los sacerdotes, según sus órdenes, ofrecían los sacrificios matutinos y de la tarde, además del incienso sobre el altar de oro (Lc. 1:8–11, 23). Los varones israelitas procuraban subir a Jerusalén para las grandes fiestas, con referencia especial a la de la Pascua, cuando centenares de miles de corderos se inmolaban en el Templo. El Señor reconocía al Templo como la «Casa de su Padre», «casa de oración para todas las naciones» (Jn. 2:16; Mr. 11:17), y por eso mismo fue constreñido a «limpiarla» de las manchas del comercialismo que enriquecía la casta sacerdotal. Por fin, siendo él rechazado como verdadero Señor del Templo, profetizó su completa destrucción (Mr. 13:2).

El llamado Templo de Herodes ocupaba una explanada mucho mayor que la de los anteriores, lo que permitía la construcción de los amplios patios con sus magníficos pórticos (constituyendo todo ello el atrio de los gentiles) que rodeaban el verdadero santuario. El atrio y los pórticos figuran muchas veccs en la historia del ministerio del Señor y de los apóstoles, por ser el punto de reunión de los judíos de Jerusalén como también de los visitantes de la Dispersión.

Las sectas y los partidos de los judíos

Las sectas que se nombran en los Evangelios son: los fariseos, los saduceos, y los herodianos. Por Flavio Josefo sabemos de los esenios, que llevaban una vida ascética y, si se nos permite un término que corresponde a otra época, monástica. El descubrimiento de los rollos de las comunidades esenias que vivían alrededor del Mar Muerto ha avivado mucho el interés en esta secta, pero como no figuran en las narraciones evangélicas nos basta esta mención de paso aquí.

Los fariseos. El Maestro chocaba frecuentemente con los fariseos y sus escribas, pero tenemos que recordar que había fariseos «buenos» y «malos», y que entre todas las tendencias religiosas de Israel, ésta era la más sana. El partido se originó en los tiempos de la dominación griega, y aunque apoyaron a los macabeos en su lucha contra el tirano Antíoco Epífanes, que quería destruir la religión judaica, protestaron después contra la política ambiciosa y mundana de la dinastía asmonea, derivada de los macabeos. Pasaban su tiempo estudiando la ley, y su nombre significa «los separados». Su celo minucioso se convertía fácilmente en aquella hipocresía que tantas veces merecía el reproche del Maestro. Admitían todo el canon del AT, reconocían la parte espiritual del hombre, con la resurrección de los muertos, comprendiendo por las Escrituras la existencia de seres angelicales. Su firme creencia en la resurrección menguó en algo su oposición a los apóstoles durante los primeros años de la Iglesia naciente. Los fariseos que figurativamente hacían «sonar una trompeta» ante sí para llamar la atención a sus buenas obras eran seres despreciables, pero hemos de tener en cuenta que todos los piadosos que esperaban la consolación de Israel formaban en las filas de los fariseos; pensemos por ejemplo en Nicodemo, en José de Arimatea, en la declaración de Marta en Juan 11:24, etcétera.

Los fariseos no disfrutaban ni del dinero ni de las elevadas posiciones sociales y jerárquicas de los saduceos, pero su doctrina y su firme actitud frente al Imperio romano, agradaba mucho más al pueblo, y por ende sus ancianos y rabinos tenían que ser respetados en el sanedrín.

Los celotes eran fariseos militantes, dispuestos a tomar armas en contra del poder pagano que sujetaba al pueblo de Dios.

Los saduceos. Según su propia tradición, su nombre se derivaba de Sadoc, sumo sacerdote en los tiempos de David y Salomón. Se formó el partido alrededor de la casta sacerdotal, y puesto que los romanos trataban con el sumo sacerdote y el sanedrín del día, eran el partido del gobierno. La familia sumo sacerdotal y sus asociados controlaban el área del Templo, y así pudieron enriquecerse comerciando con las ofrendas del pueblo, que el Señor denunció por dos veces. La fuente de autoridad para ellos era el Pentateuco, y aunque admitían el valor de los demás escritos del AT, no querían reconocer la doctrina de la resurrección, ni la supervivencia del alma, ni la existencia de ángeles. Extraían del Pentateuco un frío código moral (que no guardaban) y por lo demás se interesaban en los ambiciosos propósitos de su partido. Desaparecieron juntamente con el Templo que era su centro, y el judaísmo posterior se deriva de los fariseos.

Los herodianos. Éstos se mencionan dos veces en los Evangelios (Mr. 3:6; Mt. 22:16; Mr. 12:13), y parece ser que se trata de un partido político que apoyaba la dinastía herodiana por razones prácticas, más bien que de una secta con sus creencias distintivas. Les vemos aliarse con sus enemigos políticos, los fariseos, por comprender quizá que el Reino espiritual que proclamaba Cristo era incompatible con sus ambiciones mundanas.

Los escribas. Se llaman también «doctores de la ley», y no constituían una secta, sino una profesión. Habían estudiado la interpretación de la ley en las escuelas de Jerusalén según la tradición de los ancianos, y explicaban los puntos que surgían, no por el libre examen del texto, ni por su criterio propio, sino por los pronunciamientos de rabinos anteriores. La mayoría pertenecía a la secta de los fariseos.

La tradición de los ancianos

Desde los tiempos de Esdras se había formulado una «tradición oral» de interpretaciones del texto sagrado y, con el decaimiento de una verdadera espiritualidad, esta tradición se endureció para formar un sistema legalista que, lejos de aclarar el texto, lo contradecía. El Señor denunció un terrible caso típico: la costumbre del «Corbán», que anulaba el espíritu de la ley: «Honrarás a tu padre y a tu madre...» (Mr. 7:1–23).

Las fiestas de los judíos

El capítulo 23 de Levítico determina el año religioso de Israel. La fiesta básica es *la Pascua,* que celebra la redención de Israel del poder de Egipto. Se mencionan tres Pascuas claramente en el curso del ministerio del Señor, y hemos de suponer otra (véase Cronología). La última coincidió con la ofrenda hecha una vez para siempre del Cordero de Dios. Nuestra «Semana Santa» coincide con la celebración (según el mes lunar) de la Pascua de los judíos. Los «ázimos» se relacionan con la Pascua, siendo el período en que los judíos comían pan sin levadura. De entre varias importantes fechas del calendario religioso entresacamos las siguientes por su importancia y por rozar el relato bíblico: la fiesta de Pentecostés y la fiesta de los Tabernáculos.

La fiesta de Pentecostés, o de los cincuenta días, señala el ofrecimiento de los primeros panes hechos después de la nueva cosecha, y se celebraba al cumplirse siete semanas después de la Pascua. En la nueva era de Cristo adquiere gran importancia por ser el día del descenso del Espíritu Santo.

La fiesta de los Tabernáculos es la de Juan, capítulo 7, y en su último día Jesús hizo su gran declaración: «Si alguno tiene sed, que venga a mí y beba» (v. 37), quizás en el momento de verterse agua de los vasos de oro según el ritual. Los judíos vivían bajo enramadas durante los días de esta fiesta, que, en su sentido original, celebraba a la par la peregrinación en el desierto, y la esperanz:a del reino glorioso en el futuro.

A estas fiestas bíblicas los judíos habían añadido la de la «*Dedicación*», que conmemoraba la inauguración de los cultos en el Templo de Zorobabel, y la de «*Purim*», que celebraba la liberación de los judíos de una matanza general según se narra en el libro de Ester. La de la «Dedicación», diciembre 25, se menciona en Juan 10:22; de la de «Purim» no hay mención en los Evangelios, a no ser que fuese la que no se determina en Juan 5:1 (fecha 14 de marzo).

Además de los judíos palestinianos, muchos otros de la Dispersión subían a Jerusalén en peregrinación en las fechas de las grandes fiestas, que ayudaban mucho a mantener la cohesión racial y religiosa del pueblo.

Los judíos, los gentiles y los samaritanos

Para el judío, el gentil era un «incircunciso», completamente ajeno al pacto y a las promesas de Israel, a no ser que se hiciera prosélito por medio de la circuncisión y los demás ritos prescritos. El centurión de Lucas 7:2–10, recomendado al Señor por los ancianos de la sinagoga, era probablemente un «temeroso de Dios» que aceptaba la doctrina del AT y asistía a los cultos de la sinagoga, sin llegar a circuncidarse.

Pero los judíos, aun despreciando a los gentiles, trataban con ellos en los negocios corrientes de la vida. No así con los samaritanos, por considerarles cismáticos y enemigos del verdadero culto de Dios. El tema ocurre varias veces en los Evangelios (Jn. 4; la parábola del buen samaritano, etc.). ¿Por qué este odio y separación total? Samaria llegó a ser el nombre del reino norteño, separado de la monarquía davídica por los siglos VIII y VII a.c., y la ciudad capital fue capturada y destruida por el emperador asirio Sargón II en el año 722 a.c. Muchos de los israelitas fueron transportados, siendo reemplazados por gente de Mesopotamia. Con todo, es probable que la sangre de Abraham predominaba en aquella región qe entonces incluía Galilea. Adoptaron todos el culto de Jehová, y hubiesen querido tomar su parte en la reconstrucción del Templo por Zorobabel, pero, al ser rechazada su oferta por razones de pureza racial y religiosa (Esd. 4:1–6), se convirtieron en enemigos acérrimos de los judíos que habían vuelto, obstaculizando su obra hasta donde podían. Más tarde ellos mismos levantaron su propio templo en el monte Gerizim, pretendiendo seguir una tradición antigua, anterior a la de David y del Templo de Sion (véase Jos. 8:30–35). Tenían su Pentateuco, una copia antiquísima del cual se guarda aún, y que constituye un gran tesoro bíblico. Los judíos los tenían por cismáticos e impuros, pero los samaritanos de aquella generación creían de buena fe que Dios había de ser adorado en el monte de Gerizim (Jn. 4:20). El Maestro no admitía sus pretensiones (Jn. 4:22), ni había llegado el momento para evangelizar a los samaritanos en general, pero se hallaba muy distanciado de los prejuicios de sus compatriotas, señalando a la mujer samaritana la fuente de agua viva, y escogiendo precisamente a un samaritano como ejemplo del amor al prójimo.

Galilea y los galileos

El hecho de que los galileos del tiempo de Cristo eran judíos leales, subiendo a las fiestas en el Templo de Jerusalén, mientras que los samaritanos, que habitaban una región más próxima a la capital, habían desarrollado una religión cismática, es debido a la acción enérgica de Juan Hircano, uno de los príncipes de la dinastía de los asmoneos, quien invadió la región galilea hacia el fin del siglo II a.c., forzando a los habitantes a recibir la fe de los judíos. Aparte de los muchos elementos gentiles en la región, llegaron a ser más fieles y celosos que los mismos judíos del Sur, a pesar de ser despreciados por éstos como provincianos de dudosa pureza racial (Jn. 1:46; 7:52, etc.). Era gente fuerte y decidida, y entre ellos el Maestro escogió a sus apóstoles.

LAS RUTAS DEL MINISTERIO

Se ve al Señor en constante movimiento al cumplir la tarea correpondiente a su persona como Mesías-Salvador, de realizar las obras de poder que manifestaban tanto la gracia como el poder de su Reino, y de llegar por fin a la consumación del Sacrificio de sí mismo. Podemos discernir dos focos principales: el de Jerusalén en el Sur, y el de Capernaum en Galilea.

Las rutas en Judea

Poco sabemos de los movimientos de Jesús en Judea, en la primera etapa de su ministerio. Suponemos que habrá subido de Galilea a Jerusalén (Jn. 2:13) por la acostumbrada ruta que evitaba el contacto con el suelo inmundo de Samaria, cruzando el Jordán desde Galilea a la altura de Pella, bajando por la orilla izquierda, hasta llegar a los vados cerca de Jericó. De allí no hay más que un camino para «subir a Jerusalén» desde las profundidades del valle del Jordán. Una gran parte de la ruta total pasaba pues por Perea, la provincia transjordana bajo la autoridad de Herodes Antipas.

Relacionados con la estancia de Jesús en Judea (véase Cronología) hallamos la primera limpieza del Templo, la conversación con Nicodemo, y el resumen de 3:22: «Después de esto, fue Jesús con sus discípulos *a la tierra de Judea,* donde pasó algún tiempo con ellos y bautizaba...» ¿Visitó acaso Belén, el lugar de su nacimiento, durante este ministerio? ¿O las ciudades de la costa? Nada sabemos, pero hemos de suponer que «Judea» aquí significa la provincia en contraste con la capital de Jerusalén.

La ruta a través de Samaria

Lo seguro es que, al dar por terminada su estancia en Judea, decidió volver a Galilea por el camino más corto, poco usado por los judíos, a través de la provincia cismática de Samaria, impulsado por la «necesidad» de proveer a la samaritana del «agua de vida». La ruta se señala en el mapa, y puede determinarse con exactitud hasta Sicar, pues aún existe y mana agua del «pozo de Jacob». De allí la ruta más probable es la que pasa por Ginea, casi en el linde de Samaria-Galilea; el Señor habrá continuado su viaje por Nazaret a Caná, donde pronunció la poderosa palabra que sanó al hijo del noble en Capernaum (Jn. 4:4, 5, 43, 46, 51).

Las rutas en Galilea

Mateo recoge (anticipadamente) la narración de Juan, y dice en 4:12: «Habiendo oído Jesús que Juan había sido encarcelado, *se retiró a Galilea* [comp. párrafo anterior]; y dejando Nazaret, fue a Capernaum... y habitó en ella.» Si José había muerto, Jesús obró como jefe de la familia y determinó fijar su residencia en un lugar que le facilitara sus muchas idas y venidas por Galilea, que incluían travesías por el mar de Galilea a la ciudad cercana de Betsaida Julia (capital de Herodes Felipe), a Gergesa, lugar probable de haber sanado a «Legión» y a «lugares desiertos», como aquel en que el pan y los peces fueron multiplicados. Es imposible e unecesario el detalle. El estudiante ha de fijarse bien en la posición geográfica de Capernaum, juntamente con la de las ciudades de Galilea que se mencionan expresamente en los relatos (Corazim, Naín, Nazaret), y además en la de las ciudades que notamos arriba que se hallaban al otro lado del lago; luego ha de pensar en un gran número de poblaciones y aldeas visitadas durante las varias misiones del Señor mismo y de los apóstoles. Los caminos radiarían desde Capernaum en el sentido de todos los puntos cardinales si se incluyen las travesías del lago. Ya hemos notado que el Señor escogía los centros de vida judía, evitando las ciudades muy helenizadas.

Las rutas fuera de Palestina

Exceptuando la huida a Egipto cuando era infante, el Señor no salió de los límites de «Palestina mayor» aparte de la visita a Fenicia que se narra en Marcos 7:24–31, y hemos de notar que el propósito no fue el de evangelizar las famosas ciudades de Tiro y de Sidón (entonces muy decaídas de su importancia anterior), sino buscar un retiro en la región de dichas ciudades, quizá en los tranquilos valles del Líbano, pues «no quería qu nadie lo supiese». La curación de la hija de la sirofenisa en territorio extranjero es algo muy excepcional y, según el símil de aquella mujer de fe, se puede considerar como una «miga» que anticipaba «la plenitud de los gentiles». El estudiante puede ver por el mapa que el Señor habrá seguido la costa mediterránea hacia el Norte y, tomando en cuenta Marcos 7:31, es probable que, después de llegar a Sidón, cruzara la sierra del Líbano en dirección a Cesarea de Filipo, bajando luego el valle del Jordán por la orilla izquierda hasta «atravesar la región de Decápolis» (véase mapa).

Incluimos en este apartado el viaje a «la región (a las aldeas) de Cesarea de Filipo», bien que dicha ciudad (moderna y muy helenizada) se hallaba al sur del monte de Hermón, en Iturelpanias, región bajo el control de Felipe Herodes, y, por lo tanto, en la «Palestina mayor». Pocos judíos palestinianos se hallaban por la región, sin embargo, y de nuevo se trata de un retiro a lugares tranquilos, con el objeto principal de confrontar a los discípulos con la necesidad de una decisión oficial sobre su persona, e iniciar después la enseñanza privada sobre la crisis de la cruz (Mt. 16:13, 14; Mr. 8:27). La ruta pasaría por el valle del Jordán, y la región pantanosa de las Aguas de Merón.

La ruta de Galilea a Jerusalén

Después del período de la instrucción privada de los apóstoles en el Norte, «sucedió que como se cumplía el tiempo en que él había de ser recibido arriba, afirmó su rostro para ir a Jerusalén» (Lc. 9:51). Según Mateo 19:1 y Marcos 10:1 pensaríamos en un movimiento bastante rápido y seguido hacia Jerusalén para la consumación final, pero por Lucas sabemos que el Maestro ejerció un extenso ministerio en Perea al Este del Jordán, al par que se acercaba poco a poco a Jerusalén, y aun cabe, según la información de Juan, una visita a Jerusalén para la fiesta de la Dedicación (Jn. 10:22, 23) y otra retirada a Perea para continuar el ministerio (Jn. 10:40). La última ruta sería la normal de Galilea a Judea, vadeando el Jordán dos veces para evitar Samaria, pero con probables variaciones extensas con el fin de visitar las ciudades y aldeas en Perea, y para efectuar las breves visitas a Jerusalén (véase apartado siguiente).

Las rutas señaladas en Juan después del capítulo 4. Tengamos en cuenta que los judíos de Galilea subían a Jerusalén para las fiestas con bastante frecuencia. No es de extrañar, pues, que los sinópticos callen tales visitas normales de parte de Jesús, y que luego Juan recogiera el ministerio asociado con ellas. Se ha de pensar en la ruta al este del Jordán como norma, ya que el paso por Samaria indicado en el capítulo 4 fue excepcional.

Viaje a Jerusalén para la fiesta anónima (Jn. 5:1). La vuelta rápida se supone para dar lugar al extenso ministerio del Señor en Galilea señalado en los sinópticos.

La subida a Jerusalén para la fiesta de los Tabernáculos (Jn. 7:1–3, 10–14). Como Jesús subió «como en secreto», nada sabemos de la ruta. No es necesario suponer que todas las enseñanzas, etc., de 7:14–10:21 se dieran durante aquella sola visita, pues vemos por los sinópticos que proseguía con su mision en Galilea.

La subida a Jerusalén desde Perea para la fiesta de la Dedicación (Jn. 10:22, 23; 40–42). Ya hemos indicado que esta visita ha de considerarse como un paréntesis en su ministerio en Perea.

La visita a Betania para levantar a Lázaro y la retirada a un lugar llamado Efraim en Perea (Jn. 11:7–13:54). El punto de origen de este viaje (aparte de ser un lugar en Perea) es desconocido, como también dónde se hallaba Efraim, pero sin duda habrá cruzado cada vez los vados del Jordán cerca de Jericó, subiendo y bajando por el único camino que enlazaba esta ciudad con Jerusalén.

Todos los evangelistas señalan la última etapa del viaje final que tuvo por consumación la entrada triunfal en Jerusalén (Mt. 20:17, 30; 21:1; Mr. 10:32, 46; 11:1; Lc. 18:35; 19:1–11, 28–30; Juan 12:1).

Los movimientos del Señor después de su resurrección no entran en estas consideraciones, porque no estaban sujetos ya a «rutas» en la tierra, bien que se dignó manifestarse varias veces tanto en Jerusalén como en Galilea. Como excepción recordamos *el camino a Emaús* (Lc. 24:13–31), puesto que el Resucitado tuvo a bien andar el camino como si se tratara de uno de los viajes anteriores a su consumación. La posición probable de Emaús se señala en el mapa.

El estado de los caminos. Los romanos eran notables por la construcción de vías bien trazadas y con un firme de piedras que soportaba sin deterioro el tránsito de sus legiones y el movimiento comercial, pero la mayoría de las rutas que hemos señalado no serían tales carreteras romanas, sino los pobres caminos de tierra llenos de baches, de obstáculos, de polvo o de barro, formados por el paso de generaciones de caminantes, aptos sólo para los pies del hombre (¡y no muy aptos!) y el paso de caballerías. Los romanos tenían sus buenas rutas desde Cesarea a Jerusalén, y si tenían ocasión de pasar de Jerusalén al Norte, naturalmente irían por Sebaste (Samaria).

LA CRONOLOGÍA DEL MINISTERIO

Es de alguna importancia para la debida comprensión del mensaje de los Evangelios que tengamos una idea, por lo menos aproximada, de la duración del ministerio del Señor, como también de las esferas en donde se desarrolló. Algo de ello hemos visto ya en nuestros estudios de cada Evangelio, y aquí no intentamos más que situar lo más destacado en una perspectiva general.

La cronología en Mateo y Marcos

Apenas hallamos un dato en Mateo y Marcos que nos ayude

162 / Introducción a los cuatro Evangelios

en nuestro propósito, pues, a juzgar por sus escritos, creeríamos que el ministerio público del Señor se llevó a cabo en su casi totalidad dentro de los términos de la provincia norteña de Galilea, iniciándose inmediatamente después de la tentación, y clausurándose un poco antes de la semana de la pasión. Un sólo versículo indica que el Señor hubiese realizado obras anteriores a su primera misión en Galilea: «Habiendo oído Jesús que Juan había sido encarcelado, *se retiró* a Galilea...» (Mt. 4:12), palabras que indican el paso del tiempo necesario para el encarcelamiento de Juan, y que Jesús había estado en otra parte (en Judea, en efecto) antes de «retirarse» a Galilea. Tenemos aquí una concordancia con Juan 4:1–2.

La cronología en Lucas

Era de esperar que un historiador tan exacto como Lucas, no dejara de situar la vida y el ministerio del Señor en el marco de los acontecimientos contemporáneos. El nacimiento había tenido lugar en la época de César Augusto, en la fecha del decreto imperial que ordenó el empadronamiento de los súbditos de sus dilatados dominios (Lc. 2:1, 2). El principio del ministerio de Juan el Bautista se fija con más precisión aún, siendo ya emperador Tiberio, rigiendo Poncio Pilato la provincia de Judea, mientras que los dos hijos de Herodes eran tetrarcas de las provincias al oeste y al nordeste del Mar de Galilea. Lucas lo relaciona también con el panorama religioso, notando que Caifás era sumo sacerdote, con su suegro Anás en el fondo (Lc. 3:1–2), ya que los romanos habían depuesto a este, pero retenía su categoría a los ojos de los judíos. No podemos saber la duración del ministerio de Juan el Bautista antes del bautismo de Jesús, pero, ayudados por otras consideraciones, llegamos a la fecha del año 27 como principio de la otra pública de Cristo.

Por Lucas también aprendemos algo de una obra extensa que se desarrolló en Perea, al este del Jordán, antes de la consumación en Jerusalén, pero nos sorprende comprobar que este evangelista no nos proporciona datos para poder apreciar la duración de las distintas etapas del ministerio, ni la del período total entre el bautismo y la pasión.

La cronología en Juan

Tenemos que acudir donde menos esperaríamos para completar los datos: al cuarto Evangelio que hemos estimado como la biografía interior y espiritual por excelencia. Es Juan quien nos informa sobre el importante período del ministerio en Judea, que mediaba entre el milagro de Caná de Galilea y la primera proclamación del Reino en Galilea. No sólo eso, sino que va notando el paso de las fiestas religiosas de los judíos, que nos sirven de preciosos hitos para marcar el transcurso de los años y estaciones. De importancia especial son las referencias a las fiestas de la Pascua.

La primera Pascua. Después de algunos movimientos de carácter privado, Jesús subió a Jerusalén para la Pascua que se nota en Juan 2:13–25, lo que nos da la fecha de abril del año 27. Sigue el ministerio en Judea, que sólo Juan refiere, la importancia y la extensión del cual pueden estimarse por las referencias a los bautizados en Juan 3:22 con 4:1, 2, pues sabemos que Juan bautizaba a muchos arrepentidos, y se dice que era notorio en Judea que Jesús bautizaba más que él. Bien quisiéramos tener más detalles de tan hermosa obra, que empezó donde tenía que empezar: en el distrito metropolitano. La breve referencia nos ayuda a comprender que el Señor, al ministrar la Palabra en los atrios del Templo durante las visitas posteriores a la capital que refiere Juan, era ya conocidísimo por su persona y sus obras, y que los judíos de Jerusalén no tenían que depender de rumores sobre él que llegasen de tarde en tarde de la provincia norteña. Pedro también nos dice que la Palabra de Jesús fue divulgada por toda Judea (Hch. 10:36, 37).

La fecha del fin del ministerio en Judea se determina por las palabras del Maestro a sus discípulos en Juan 4:35, que seguramente se basaban en una observación directa del campo: «¿No decís vosotros que faltan todavía cuatro meses para la siega?», pues si faltaban cuatro meses para la cosecha de la cebada en mayo podemos situar la conversación con la mujer samaritana en enero del año 28 aproximadamente.

La fiesta de Juan 5:1. Después de algún tiempo en Galilea, el Señor subió de nuevo a Jerusalén en la ocasión de otra fiesta que no se determina (Juan 5:1), y que algunos manuscritos llaman «*la* fiesta», que podría indicar la Pascua por su gran importancia. En cambio, toda la frase: «una fiesta de los judíos» podría significar la de «Purim» (véase pág. 155) que tenía lugar a mediados de marzo. De todas formas, nos hallamos en la primavera del año 28, y si la «fiesta» anónima no es la Pascua, hemos de entender que Juan omite la mención de ella en el año 28, ya que es inconcebible que la parte de la gran misión en Galilea, tan llena de viajes, enseñanzas y obras, que antecede a la próxima Pascua nombrada (Juan 6:4), se desarrollara en unos meses al principio del año 28.

La Pascua de Juan 6:4. El milagro de la multiplicación de los panes y peces precedió a la Pascua del año de referencia, según indica Juan, y aquí tenemos un importante punto de enlace con las narraciones de todos los evangelistas, ya que todos refieren este milagro, que tuvo que realizarse *en abril del año* 29. Marca el auge de la popularidad del Señor en Galilea, después del cual crece la incomprensión de los galileos, y aumenta la instrucción que Jesús da a los Doce con referencia a la cruz.

La Pascua de la pasión. Como se verá abajo, el final del año 29 y el principio del año 30 se ocupan primeramente por las instrucciones particulares a los Doce, y por la misión a los habitantes de Perea después de la partida de Galilea. Todos los evangelistas dedican mucho espacio a los acontecimientos de la Semana de la pasión y de la resurrección, y todos hacen constar que la pasión coincide con la época de la Pascua. El sentido claro de los relatos de los sinópticos es que el Señor comió la Pascua normal con los discípulos en la noche acostumbrada, que era la víspera de la crucifixión. Juan, sin embargo, parece indicar que la Pascua cayó en el mismo día de la crucifixión: «No entraron [los príncipes] en el Pretorio, por no contaminarse, y así poder comer la Pascua»... «Era la preparación de la Pascua y como la hora sexta» (Jn. 18:28; 19:14). Es casi inconcebible que los príncipes hubiesen llevado a cabo el proceso de Jesús en la noche de la Pascua, e insistido en la ejecución de la sentencia el día siguiente, fuese que la celebración correspondiera a la víspera de la crucifixión, o al día cuando se efectuó, pero ello sólo subraya la falta de todo escrúpulo cuando los hombres llegan a odiar la luz. Para quien escribe es mejor aceptar el hecho histórico de la celebración de la Pascua tanto por el Señor y los suyos como por los judíos en general según la refieren los Sinópticos, y tener en cuenta que todo el período de los ázimos fue señalado por importantes actos que ocupaban el período general de «la Pascua», y que los jefes religiosos querían estar «limpios» para tales actos, y no precisamente para el rito de comer el cordero pascual.

No hay duda razonable de que Cristo fue crucificado en abril del año 30, y que, después de los cuarenta días de manifestación, subió visiblemente al cielo en mayo del mismo año, dando fin oficial a su ministerio en la tierra.

El esquema siguiente servirá para situar en su perspectiva cronológica los datos anteriores (véase «Contenido del Evangelio» en las Secciones II, III, IV, V).

LAS GRANDES ETAPAS DEL MINISTERIO

Período inicial (mayormente en Judea)

Año 27

Enero-febrero	El bautismo y la tentación.	Mt. 3:13—4:11 Jn. 1:19–28, etc.
Marzo	Primeros movimientos de carácter privado; llamamiento particular de algunos discípulos-amigos. La señal en Caná.	Jn. 1:28—2:12
Abril	*La primera Pascua.* Limpieza del Templo.	Jn. 2:13–25
Abril a diciembre	La conversación con Nicodemo. Una extensa obra en Judea.	Jn. 3:1–4:3

Año 28

Enero	El paso por Samaria y el retorno a Galilea.	Jn. 4:4–45

Período principal (mayormente en Galilea)

Enero	Principio de su ministerio en Galilea. Proclamación del Reino, rechazo en Nazaret. Obras en Capernaum. Llamamiento oficial de los primeros discípulos.	Jn. 4:6–54 Mt. 4:18–25 Lc. 4:16–44 Mr. 1:14–45
Marzo o abril	La fiesta en Jerusalén (Pascua o Purim). Ministerio en Jerusalén.	Jn. 5:1–47
Abril a diciembre	Continuación del ministerio en Galilea hasta la misión de los Doce. Grandes obras y enseñanzas.	Mt. 5:1–11:1 Mr. 2:1—5:43 Lc. 5:1—8:56
Año 29		
Enero a abril	Continuación del ministerio hasta el milagro de alimentar a los cinco mil.	Mt. 11:1—14:12 Mr. 6:1—6:29 Lc. 9:1–9
Abril a...	*La tercera Pascua.* Multiplicación de los panes (en todos los Evangelios). Varias obras y enseñanzas.	Mt. 14:13—16:12 y paralelos
...Septiembre	La confesión de Pedro en Cesarea de Filipo; la Transfiguración. (Crisis del ministerio.)	Mt. 16:13—17:13 y paralelos
Septiembre a noviembre	Última fase del ministerio en Galilea, mayormente enseñanzas privadas para los Doce. *Partida de Galilea.*	Mt. 17:14–19:1 y paralelos Mt. 19:1 Mr. 10:1 Lc. 9:51

Período final del ministerio (mayormente en Perea)

Noviembre a	Ministerio en Perea, con	Lc. 10:17—19:28
diciembre	movimiento hacia Jerusa-	Jn. 10:22–39
(año 29)	lén, interrumpida por la	
Enero a marzo	visita para la fiesta de la	
(año 30)	Dedicación.	
Año 30		
Abril	La Semana de la Pasión.	Mt. 21:1—26:16
		y paralelos
	La cuarta Pascua.	Mt. 26:17–35
		y paralelos
	La pasión, muerte y resu-	Mt. 26:35—28:15
	rrección de Cristo.	y paralelos
Abril a mayo	Los cuarenta días.	Lc. 24:13–49, etc.
		Jn. cap. 21
		Mt. 28:16–20
	La Ascensión.	Lc. 24:50–53
		Mr. 16:19
		Comp. Hch. 1:1–11

Las etapas cronológicas del ministerio corresponden al plan eterno, y es evidente que el Hijo-Verbo nada hacía que no se ajustara exactamente a la «hora» del programa de su misión: «Salí del Padre y he venido al mundo; otra vez dejo el mundo y voy al Padre» (Jn. 16:28).

PREGUNTAS

1. Trácese la costa de Palestina, y luego, *de memoria,* indíquese el curso del río Jordán, con el Mar de Galilea y el Mar Muerto. Indíquense las fronteras aproximadas de las regiones de Judea, Samaria y de Galilea. Insértense las ciudades y poblaciones siguientes: Jerusalén, Jericó, Bethlehem, Sicar, Caná de Galilea, Nazaret, Capernaum, Betsaida Julia, Cesarea de Filipo. Indíquese por medio de rayitas el camino que solían seguir los judíos de Galilea al subir a las fiestas de Jerusalén.

2. Explique claramente quiénes eran los siguientes: *a)* los fariseos; *b)* los saduceos; *c)* los herodianos; *d)* los escribas (doctores de la Ley).

3. Descríbanse las relaciones de *los judíos de Jerusalén* con: *a)* los romanos; *b)* con los samaritanos; *c)* con los galileos.

4. Se dice normalmente que el ministerio del Señor duró casi tres años y medio. Adúzcanse los datos que justifican la duración de este periodo.

El ministerio del Señor
(segunda parte)

Los métodos de la enseñanza y algunos de los temas

LAS ENSEÑANZAS DEL SEÑOR

Para sus compatriotas, Jesús era preeminentemente el «Maestro», cuyas enseñanzas se revestían de una autoridad y de una profundidad desconocidas hasta entonces. Este rasgo del ministerio salta a la vista en todos los Evangelios, aunque en menor grado en Marcos, Evangelio de acción y de servicio. Los otros tres dedican mucho espacio a las palabras del Señor, según el principio de selección que convenía al propósito de cada uno. Al resumir las características de cada Evangelio hemos tenido ocasión de considerar bastantes facetas de las enseñanzas de Cristo, viendo que su tema en Mateo es el del Reino, en Lucas la manifestación de la gracia de Dios en Cristo frente al hombre como tal, y en S. Juan el resplandor de la gloria de Dios a través del cumplimiento de las obras del Padre por medio del Verbo encarnado. Por llevar Marcos poca enseñanza que no se halla repetida en los otros tres es más difícil percibir un principio de selección, pero las enseñanzas corresponden a las obras del Siervo de Jehová.

En este lugar hemos de considerar los métodos de la enseñanza del Maestro, además de entresacar algunos de los temas que más se destacan dentro de una amplia perspectiva, advirtiendo que necesitaríamos un libro muy extenso para un tratamiento adecuado de un tema tan sublime. Pero el propósito es el de animar al lector a seguir atesorando las joyas del ministerio verbal del Dios-Hombre, único e inigualado, que mantiene una gran sencillez de forma y de expresión al par que lleva el sello inequívoco de la divinidad.

Hemos de advertir que hay perfecta consonancia entre las enseñanzas que el Señor nos dio personalmente y las que llegan a nosotros por medio de los apóstoles, ayudados por el Espíritu de Cristo (Jn. 15:26, 27; 16:12–15); al mismo tiempo los Evangelios necesitan el complemento de las Epístolas, ya que éstas se redactaron *después* de la consumación de la obra de la cruz y de la resurrección, que es la clave para la comprensión de todas las obras de Dios. *En germen* todo está en las palabras del Maestro, y la divina profundidad de éstas corresponde a la perfección del Verbo encarnado, quien las pronunció. Con todo, nosotros, como los apóstoles, necesitamos que se enfoque sobre ellas la luz de la obra consumada para su debida comprensión (Jn. 14:26; Lc. 24:45, 46).

Dos aspectos de las enseñanzas del Maestro son tan importantes que se han de considerar en secciones futuras: 1) el ministerio parabólico; 2) las referencias anticipadas al tema de la muerte y la resurrección del Señor.

LA AUTORIDAD DE LAS ENSEÑANZAS

Los judíos de Galilea eran sencillos en su modo de vivir, pero no ignorantes. La lectura de la Ley y de los Profetas en la sinagoga todos los sábados les proporcionaba una buena base de verdadera cultura, y ya hemos visto que, entre semana, la sinagoga también servía de escuela. Los judíos de Jerusalén podían asistir también a las discusiones de los célebres rabinos que enseñaban a sus discípulos en ciertos lugares reservadosde los atrios del Templo. Por desgracia (véase apartado sobre «La tradición de los ancianos», pág. 154) se habían acostumbrado a procedimientos dialécticos que degeneraban fácilmente en sofismas verbales que, lejos de iluminar los grandes textos del AT, los oscurecían. Los escribas (intérpretes de la Ley) se preciaban de conocer las antiguas sentencias de los célebres rabinos, y no querían ni sabían dar el sentido directo de la Palabra.

Cristo conocía la Palabra del AT como autor de ella, y desentrañaba siempre el sentido íntimo y permanente, subrayándolo con una autoridad personal que hemos tenido ocasión de notar al considerar las pruebas de su deidad. La «autoridad» de su palabra iba acompañada del «poder» de sus obras, de modo que los oyentes quedaban asombrados ante algo nuevo e inaudito: «¿Qué es esto? ¡Nueva enseñanza, y con autoridad «aun a los espíritus inmundos manda, y le obedecen!» (Mr. 1:27). La reacción después de las asombrosas enseñanzas del llamado Sermón del Monte es parecida: «Y como Jesús hubo acabado estas palabras, las multitudes estaban atónitas de su doctrina (enseñanza); porque les enseñaba como quien tiene autoridad, *y no como los escribas*» (Mt. 7:28, 29).

Y no eran sólo los provincianos quienes se asombraban, pues también los judíos de Jerusalén, sabiendo que Jesús no había pasado por las escuelas rabínicas, y maravillados ante la maestría con que llevaba las discusiones en los patios del Templo, preguntaron. «¿Cómo sabe éste letras, no habiendo estudiado?» Por «letras» hemos de entender «teología» según se enseñaba en las escuelas de Jerusalén. La contestación del Señor pone de manifiesto los principios fundamentales tanto de su enseñanza como de la manera en que se había de recibir: «Mi doctrina (enseñanza) no es mía, sino de aquel que me envió. El que quisiere hacer su voluntad (la de Dios) sabrá de la doctrina, si viene de Dios, o si yo hablo de mí mismo» (Jn. 7:15–17).

LOS MÉTODOS DE LA ENSEÑANZA

El Señor, como Maestro perfecto, variaba sus métodos según el tema, la ocasión, y la capacidad y preparación de sus oyentes, pasando por toda la gama de posibilidades de expresión verbal, desde la máxima sencillez de las ilustraciones caseras, hasta la sutileza dialéctica de las discusiones en el Templo, o las majestuosas resonancias del estilo apocalíptico.

El lenguaje figurativo

Este método es tan importante, especialmente en lo que se

refiere al maravilloso ministerio parabólico de Cristo, que tendrá que tratarse extensamente en la Sección IX. Se menciona aquí para ayudar al lector a ver el tema en su debida perspectiva.

La repetición de las enseñanzas

Todo buen maestro sabe que las lecciones que quiere pasar a sus discípulos no pueden grabarse en la memoria de éstos aparte de sabias repeticiones y repasos, dentro de una oportuna variedad de expresión. Hoy en día, en el Occidente, el libro de texto facilita el repaso, pero el maestro oriental de siglos pasados no disponía de tal ayuda, e insistía en que sus alumnos aprendiesen sus lecciones de memoria. En la Sección V, al tratar del lenguaje de Juan y de los evangelistas sinópticos, notamos que los eruditos en la materia disciernen formas poéticas, que habrán correspondido a las enseñanzas en arameo antes de ser traducidas al griego, y todos comprenderán que la reiteración simétrica de los conceptos por medio del paralelismo de la poesía hebrea habrá sido un poderoso auxilio para retenerlos en la memoria.

Naturalmente los sustanciosos aforismos que plasmaban conceptos de valor eterno no habían de utilizarse una sola vez, frente a un solo auditorio, para no repetirse jamás. La repetición era necesaria, y explica el hecho de encontrarse dichos muy parecidos en contextos muy diferentes. Tratándose de un largo discurso, como el llamado Sermón del Monte, que Lucas coloca en forma abreviada en el contexto de su capítulo 6:17–49, hemos de pensar quizá en una labor de redacción de parte del Evangelista más bien que en una repetición, pero muchos de los aforismos del Sermón se hallan diseminados por los Evangelios, y en este caso sí se trata de repeticiones.

En algunas ocasiones el Señor esbozaba sus enseñanzas en líneas generales ante las multitudes, volviendo a detallarlas luego en privado, con las oportunas interpretaciones, para la instrucción más profunda de los discípulos, los encargados de proclamar el Evangelio y edificar la Iglesia después de su partida (Mt. 13:10, 36, etc.).

La sencillez de las enseñanzas

«Dad, y se os dará; medida buena, apretada, remecida y rebosante darán en vuestro seno; porque con la medida con que medís, os volverán a medir» (Lc. 6:38). Nuestra vista se fija en este dicho del Señor, como habría podido fijarse en centenares más, como ejemplo maravilloso de la sencillez de expresión que se emplea como vehículo para las enseñanzas más profundas. Cuando hablamos de la «sencillez» no queremos decir en manera alguna «lo elemental», pues no hay máxima alguna en las enseñanzas del Maestro que no sea un pozo profundo de donde podemos sacar agua espiritual de inigualable pureza. Si nos fijamos en el texto, veremos que su fuerza se deriva de la metáfora sencilla y comprensible que es la que da base al concepto. Un alma generosa *da,* vertiendo una medida llena de generosa ayuda en el «seno» de su vecino (los pliegues de la ropa servían de bolsillos). No piensa más en el asunto, pero al paso del tiempo nota que la «bendición» vuelve en abundancia a su «seno», por las buenas providencias de Dios. El mismo concepto habría podido expresarse por los términos abstractos de la teología o de la filosofía, pero el Maestro «concreta» sus enseñanzas en formas que casi podemos llamar «palpables».

Preguntas y respuestas

El Maestro no necesitaba la ayuda de la moderna pedagogía sicológica para saber que las verdades no se asimilan sin la participación activa de quien aprende, y que es necesario, no sólo *instruir,* sino *hacer pensar* al discípulo. Se podría escribir un libro profundo y edificante sobre las *preguntas* que el Maestro dirigía a otros, con las respuestas de los tales, juntamente con sus *respuestas* a las preguntas que le dirigían a Él. Un ejemplo de una pregunta que *hacía pensar* es la que Cristo dirigió a Pedro sobre el asunto de la recolección de las dos dracmas para el Templo: «¿Qué te parece, Simón? Los reyes de la tierra, ¿de quiénes cobran los impuestos o el censo? ¿De sus hijos o de los extraños?» (Mt. 17:24–27). Otra, dirigida a los «guías ciegos», se halla en Mateo 22:41-45: «¿Qué os parece del Mesías? ¿de quién es hijo?...», que puso al descubierto la pobreza de los conceptos de los príncipes sobre el Mesías que decían esperar. Otras preguntas subrayan la necesidad de llegar a decisiones: «¿Queréis vosotros iros también?... ¿Quién decís vosotros que soy yo?» (Jn. 6:67; Mt. 16:15).

Lecciones gráficas

En las condiciones de su día el Señor no disponía de encerado y de tiza, ni de otras ayudas visuales que se han popularizado modernamente, pero hacía servir las personas, los objetos y los sucesos del día para los mismos efectos. Así puso a un niño en medio de los discípulos para subrayar lecciones de humildad y de fe (Mt. 18:1–6); maldijo una higuera estéril para enfocar su atención en unas grandes verdades sobre la fe, la oración, y la necesidad de llevar fruto (Mr. 11:12–14; 20–25); y aprovechó dos trágicos sucesos del día para anunciar a todos: «Si no os arrepintiereis, todos pereceréis igualmente» (Lc. 13:1–5). El lector podrá acumular muchos ejemplos más.

EL MAESTRO, Y EL FONDO ESPIRITUAL Y RELIGIOSO DE SU DÍA

La gran originalidad de las enseñanzas del Maestro no debe hacernos olvidar los enlaces que existían entre Él y el pensamiento religioso pasado y contemporáneo. Hemos visto que hablaba ante un pueblo que gozaba de una formación espiritual y religiosa, aunque mucha de la ventaja se perdía ya a causa de los sofismas de los escribas. Algunas observaciones son necesarias para precisar sus relaciones con los profetas del AT, con Juan el Bautista y con los rabinos de su día.

El Maestro y los profetas del Antiguo Testamento

Como «profeta» Jesús se halla en la línea de sucesión de los siervos de Dios de la dispensación anterior, pues continúa y completa sus enseñanzas, según la declaración magistral de Hebreos 1:1–2: «Dios, habiendo hablado a los padres en diferentes ocasiones y de diversas maneras, por los profetas, al final de aquellos días nos ha hablado por su Hijo.» El mismo Dios que habló por sus siervos en la antigüedad habla por su Hijo en la nueva era de gracia, de modo que es inconcebible una falta de continuidad. De hecho el Maestro siempre tomaba las declaraciones del AT como punto de partida, y acudía constantemente a ellas, tanto para sus argumentos como para sus ilustraciones. Esta relación se expresa con notable énfasis por el Señor al decir a los judíos de Jerusalén: «Si vosotros creyeseis a Moisés, creeríais en mí, porque de mí escribió él. Y si a sus escritos no creéis, ¿cómo creeréis a mis palabras?» (Juan 5:46, 47).

El tema es muy amplio, pues una consideración adecuada exigiría el estudio de todas las citas que saca el Maestro del AT, con una consideración de los grandes temas proféticos que se recogen en las enseñanzas de Cristo, juntamente con la apreciación del elemento de «cumplimiento» y de «consumación» que lleva los conceptos del AT a un plano mucho más elevado al tratarse de la revelación personal hecha por el Verbo encarnado. Hemos meditado ya en un caso sublime de este principio al ver cómo el Señor lleva la Ley de Moisés a su consumación espiritual e interna (Mt. 5:17–48). En este lugar no podemos más que hacer constar la continuidad y la consumación de las enseñanzas del AT en la doctrina de Jesucristo.

El Maestro y Juan el Bautista

Juan como precursor. La importancia del ministerio de Juan se pone de relieve en los cuatro Evangelios, y de él declaró Gabriel. «Hará que muchos de los hijos de Israel se vuelvan al Señor su Dios, e irá delante de él [el Mesías] con el espíritu y el poder de Elías... a fin de prepararle al Señor un pueblo apercibido.» Cumpliendo las profecías de Isaías 40:3 y Malaquías 4:5, 6, el Bautista era el último y el mayor de los profetas de la antigua dispensación, al par que anunciaba la llegada del nuevo día en la persona del Mesías.

Juan como predicador. Hay una extraordinaria riqueza de doctrina en los resúmenes del ministerio de Juan que hallamos en Mateo 3, Lucas 3 y Juan 1, destacándose no sólo el tema del arrepentimiento, simbolizado por el bautismo, sino también: 1) el de la vanidad ponzoñosa de la religión de los fariseos y de los saduceos (Mt. 3:7), que continúa parecidos temas proféticos, y sirve de introducción a las denuncias del Señor (Mt. 23); 2) la posibilidad de una nueva raza espiritual derivada de Abraham (Mt. 3:9); 3) la necesidad de frutos dignos del arrepentimiento, que señalan la calidad del árbol (Mt. 3:10, comp. 7:16–20); 4) el juicio que caerá sobre quienes no se arrepienten y se disponen a recibir al Mesías (Mt. 3:12, etc.); tema que halla repetido eco en las enseñanzas del Maestro; 5) varias importantes enseñanzas sobre la preeminencia del Mesías que había de manifestarse, con su obra de salvar, juzgar y bautizar con el Espíritu Santo. En Juan hallamos también la gran declaración sobre el Cordero de Dios (Mt. 3:11, 12; Lc. 3:16–17; Jn. 1:26, 27, 29); 6) el tema «Arrepentíos, porque el reino de los cielos se ha acercado» (Mt. 3:2) se recoge por el mismo Señor como proclama ya conocida al iniciar su misión en Galilea (Mt. 4:17), y las indicaciones que hemos adelantado muestran que el germen de las enseñanzas de Cristo se halla en las predicaciones de Juan el Bautista. Su labor de preparación y de enlace fue admirablemente realizada por el hombre fiel, dispuesto a menguar con tal que el Cristo creciera.

El Maestro y los doctores de la Ley

Un punto de contacto. Por ocupar ellos «la cátedra de Moisés» era necesario escuchar a los escribas, pues, a pesar de los envoltorios de sus tradiciones, leían la Palabra de Dios (Mt. 23:2, 3). He aquí un punto de enlace entre el Maestro y los doctores: la presencia física de la letra del AT que copiaban y transmitían con cuidado minucioso. Al hablar de los fariseos hicimos notar que toda la secta no había de ser juzgada por las extravagancias de los peores, puesto que entre ellos se hallaban hombres y mujeres de comprensión y de fe. De igual forma sin duda había doctores de la Ley cuya vista traspasaba la costra de la tradición para recrearse en las verdades de la revelación del AT. Uno de los escribas expresó su plena aprobación del resumen de la Ley en términos de un amor total a Dios y al prójimo, y a él pudo decir Jesús: «No estás lejos del Reino de Dios» (Mr. 12:28–34).

La divergencia por la hipocresía. Las graves denuncias que el Señor dirigió contra los fariseos y escribas, y que Mateo recoge en el capítulo 23 de su Evangelio, se basan sobre todo en el divorcio entre las enseñanzas y la conducta moral de los enseñadores, «porque dicen y no hacen» (Mt. 23:3). Querían puestos elevados y buscaban las ceremoniosas salutaciones en las plazas, mientras que, al abrigo de su pretendida piedad, devoraban las casas de las viudas. Por su oposición a la luz divina se constituían en los sucesores de los judíos rebeldes que habían matado a los profetas del AT que denunciaban los pecados de su día. Ha de leerse todo el capítulo 23 de Mateo para comprender el grado de divergencia que existía entre el Maestro y aquellos guías ciegos.

La divergencia a causa de la tradición. Cuando se permite que una barrera de tradición oral se levante alrededor de la Palabra de Dios, siempre surgen interpretaciones casuísticas que favorecen el bolsillo o la posición de los poderosos, y obran en contra de quienes buscan la sencillez. El Maestro se oponía con severísima rectitud a tergiversaciones del sentido real del sábado (Lc. 14:1–6, etc.), y a «tradiciones» que invalidaban los principios fundamentales de la Ley (Mr. 7:1–13). Sus ataques contra los intereses creados de la religión le granjearon el odio creciente de los fariseos, escribas y sacerdotes, quienes, aun en el principio del ministerio en Galilea, procuraron matarle (Mr. 3:6). Pero el Maestro tenía que enarbolar el principio fundamental de la justicia, y el odio de los hipócritas había de ser el medio humano para llevarle a la cruz donde, a través de la obra de expiación, había de proveer una justicia imputable a todos los fieles. Pero la misma obra también echó el fundamento de todo juicio futuro, que se ha encomendado en las manos del Hijo del Hombre, quien discierne los pensamientos e intentos de todos los corazones y pagará a cada uno conforme a sus obras (Mt. 10:26; He. 4:12; Ro. 2:6, 16).

LOS TEMAS DE LAS ENSEÑANZAS

Los discursos y las enseñanzas del Señor se revestían de tanta importancia que quien las recibía para ponerlas por obra fundaba la casa de su vida aquí abajo y en la eternidad sobre una peña inconmovible, y quien las desoía no podía hallar fundamento seguro para ningún proyecto suyo (Mt. 7:24–27). Tanto es así que sus palabras encierran la semilla de la inmortalidad, pues declaró: «De cierto, de cierto os digo que si alguno guardare mi palabra jamás verá la muerte» (Jn. 8:51). Los evangelistas distinguen claramente entre los discursos públicos y los privados, pero no es posible hacer una división entre «predicaciones» y «enseñanzas», ya que el Maestro derramaba las divinas riquezas de sus enseñanzas en todos sus discursos, y nada sabía de un «Evangelio sencillo» sin sustancia doctrinal. Ejemplo de ello es que reservó para los oídos de la samaritana las enseñanzas más profundas sobre la adoración (Jn. 4:21–24). Los temas que trataba, por ser tan profundos y tan numerosos, estando diseminados además por todas partes de los Evangelios, requerirían un libro para su debido estudio y análisis, de modo que no podemos hacer más que mencionar algunos que descuellan por su importancia, y que han de servir como muestras de tantos otros que podrá trazar el estudiante diligente. Dejamos la enseñanza parabólica para la próxima Sección.

De hecho es imposible separar las enseñanzas de la persona del Señor de sus obras de poder, puesto que no se pronunciaban en un vacío, sino que surgían del hecho del Verbo encarnado que cumplía su ministerio en la tierra, y, además, se asociaban con los milagros, y a menudo se motivaban por éstos. Si intentamos un análisis de algunas de las enseñanzas (en forma muy abreviada) es únicamente en los intereses de una mayor claridad, y después todo ha de sintetizarse de nuevo en torno al Enseñador.

Las enseñanzas acerca de Dios

Cristo no expone una teología ordenada, a la manera de los tomos modernos de dogmática, sino que las referencias a Dios se motivan por los incidentes de su ministerio y surgen del abismo luminoso de su conocimiento total y esencial del Padre (Mt. 11:27). La gloria de Dios, es decir la trascendencia en forma visible de los atributos de Dios, resplandecía en su mismo rostro, de modo que cuanto hacía y decía revelaba a Dios. Verle era ver al Padre, y conocerle era conocer al Padre (Jn. 14:9; 1:14, 18; 2 Co. 4:4–6).

La esencia de la Deidad

La única enseñanza acerca del ser de Dios (en sentido metafísico) se dio a la samaritana: «Dios es Espíritu», y aun así el propósito práctico y devocional es muy claro, pues: «los que le adoran, en espíritu y en verdad es necesario que le adoren» (Jn. 4:24).

El Padre en relación con el Hijo

Normalmente las referencias al Padre se unen a la mención del Hijo y se relacionan con la misión que éste cumplía sobre la tierra (véase Sección VI, págs. 120, 133–136). Las relaciones eternas se destacan de un modo sublime en Juan 17.

La Santa Trinidad

La profunda verdad de la Deidad, que es una y a la vez admite la diversidad de lo que llamamos «personas» (por falta de un término que refleje un concepto más allá de los recursos lingüísticos de los hombres), se echa de ver claramente en las enseñanzas de Jesús. No vamos a repetir la evidencia aducida en la Sección VI sobre la plena deidad del Hijo, pero hacemos constar que, en el discurso en el cenáculo, especialmente, el Maestro anuncia la próxima llegada del Paracleto, el Espíritu Santo, quien le ha de sustituir en la tierra, y en sus palabras discernimos la «diversidad en la unidad» que es tan característica también de las relaciones del Padre y del Hijo (Jn. 14:16–19, 26; 16:7–16). El hecho de que el Hijo encarnado hable en tercera persona del Padre y del Espíritu muestra la diversidad, pero al manifestar su perfecta unión con ellos, y la identidad de esencia y de pensamiento, al llevarse a cabo los diversos aspectos de la misión de la redención, manifiesta también la unión del Padre, del Hijo y del Espíritu Santo en el misterio de la Deidad. La verdad que se deduce de las conversaciones del cenáculo se expresa claramente en la fórmula bautismal de Mateo 28:19.

Dios como Padre

Es un craso error procurar hacer ver que Cristo presenta a Dios como Padre amante y perdonador en los Evangelios, en contraste con el Dios-Jehová, vengativo y cruel, del AT. Los santos sumisos y fieles del AT llegaron a experimentar muy íntimamente las misericordias y el amor de Jehová, mientras que Jesús enseña que la «ira de Dios» se cierne sobre todo hombre incrédulo (Jn. 3:36) y echa solemnísima luz sobre los temas de la rebelión del hombre y sobre el juicio que le espera (Jn. 5:28–29; Lc. 13:1–9; Mt. 23:33–36, etc.). Con todo, el tema de Dios como Padre es típico de la enseñanza del Maestro, y en él la revelación de Dios al hombre llega a nuevas alturas de gracia y de bendición. El Padre, por ser Padre, ama y cuida de los suyos, pero su amor no deja de ser «amor santo», que no admite la tergiversación de las normas esenciales de su justicia.

1) *El Maestro habla de una actitud «paterna» de parte de Dios en sus providencias frente al hombre como tal,* ya que «hace salir su sol sobre malos y buenos, y hace llover sobre justos e injustos» (Mt. 5:45); como «hijos de su Padre celestial» los discípulos tenían que manifestar amor aun para con sus enemigos. Esta actitud paterna y universal de Dios para con la raza descansa sobre el doble hecho de su obra creadora y de su providencia, o sea, el orden que mantiene dentro de su creación, y Pablo también enseñó que el hombre es «del linaje» de Dios, quien, por lo tanto, determina el orden de los tiempos y de las habitaciones de su criatura. Pero no ha de confundirse esta enseñanza bíblica con la idea muy generalizada de que Cristo enseñó que Dios es el Padre de todos los hombres, siendo éstos hermanos, y que por fin recogerá a todos en su casa paterna. Al contrario, el Maestro subraya el abismo que el pecado ha labrado entre el hombre pecador y rebelde y el Dios que es en todo justicia y santidad. Se ha perdido toda semejanza moral entre el Creador y la criatura, y los judíos —ciertamente no los peores hombres de su tiempo— eran «hijos de su padre el diablo», por manifestar en su conducta las obras e inclinaciones de Satanás (Jn. 8:44).

2) *El Maestro reitera constantemente la relación peculiar e intransferible que existe entre el Padre y el Hijo.* Hemos dado ya muchas citas sobre la mística unión entre el Padre y el Hijo, que no hemos de repetir aquí (véase Sección VI, págs. 122, 131–

135). En manera alguna puede la criatura participar en esta relación que es totalmente divina, y ha de rechazarse toda idea de que el hombre puede «divinizarse» por refinarse y llegar a una unión mística con Dios. Hemos notado anteriormente que el Señor nunca habla de «nuestro Padre», incluyendo a los discípulos consigo mismo en una nueva relación de «hijos», sobre el mismo plano, sino que hace la distinción de «mi Padre y vuestro Padre». Con todo, la relación de los creyentes con el Hijo es la base de su nueva relación con el Padre sobre el plano que les corresponde.

3) *El Maestro enseñaba a los discípulos a llamar a Dios su «Padre celestial»* y que los fieles formaban una nueva familia espiritual a la que entraban por el nuevo nacimiento. El hombre que ama las tinieblas más que la luz no tiene parte en esta familia, sino el que recibe al Enviado con fe, y en cuyo ser opera el Espíritu Santo: «A todos los que le recibieron dioles la potestad de ser hechos hijos de Dios; es decir, a los que creen en su nombre; los cuales no fueron engendrados de sangre, ni de voluntad de carne, ni de voluntad de varón, sino de Dios [*ek tou Theou* de la sustancia de Dios]» (Jn. 1:12, 13). Aun el sabio Nicodemo, dechado de moralidad probablemente, tenía que «nacer de arriba» por la operación del Espíritu Santo para poder entrar en el Reino de Dios (Jn. 3:3–8). Las enseñanzas de Mateo 18:1–4 nos hacen saber que no hay entrada en el Reino de los Cielos sin la humildad, la «pequeñez» y la fe de un niño (comp. Mt. 19:14). Son estos hijos espirituales los que aprenden a orar a su Padre celestial que está en los Cielos, y cuya conducta ha de reflejar en la tierra la naturaleza de su Padre (Mt. 6:9–15; 5:43–48).

Existe una maravillosa unidad entre los hijos, el Hijo y el Padre, pero la gloria que reciben los hijos no es la que tuvo el Hijo antes de que el mundo fuese, sino la que el Padre le ha dado como triunfante Hijo del Hombre. En esta gloria los hijos participan; en aquélla, no (Jn. 17:5, 22, 23).

Desde luego la doctrina del nuevo nacimiento y de la familia espiritual ha de entenderse a la luz de la obra de la cruz que hizo posible que se abriera por medio de la resurrección una gloriosa fuente de vida, pues sólo en vista del hecho de la expiación y de la redención pudo Dios darnos «vida juntamente con Cristo» (Ef. 2:5; comp. 1 P. 1:3).

Los hombres ante Dios

Job y los salmistas habían declarado que «el temor de Jehová es el principio de la sabiduría», y el Maestro recalcó la misma verdad. Dios es todo, y los hombres no son nada. Aun en su odio homicida contra el Cristo y quienes le siguen, no pueden hacer más que matar el cuerpo antes del tiempo de su disolución normal (si tal fin está dentro de la voluntad permisiva de Dios), y por eso el Maestro exhortó a los suyos: «No temáis a los que matan el cuerpo, y después de eso ya no pueden hacer más; empero yo os indicaré a quién debéis temer: temed a aquel que, después de haber matado, tiene potestad de echar en el gehena; sí os digo, a éste temed» (Lc. 12:4, 5; comp. Jn. 19:11). El «temor de Dios» que aquí se enseña no es el temblar de un ser atemorizado ante un tirano poderoso, sino sencillamente el tomar en cuenta el hecho primordial de que Dios es el Creador, el Sustentador, el Redentor (por gracia suya) y el Juez de todos. «Temer» las cosas, las circunstancias y a los hombres, pues, es una locura que descentra la verdadera vida de la criatura. En el mismo pasaje, y a continuación de las palabras citadas, el Maestro insiste en la cordura de una vida de fe, de una actitud que depende en todo de Dios (Lc. 12:6, 7, 22–34). Del santo temor y de la confianza de la fe nace el precepto: «Buscad primeramente el Reino de Dios y todas estas cosas os serán añadidas.»

Las enseñanzas del Maestro sobre su propia persona

Las abundantes citas de la Sección VI nos ahorran la necesidad de escribir extensamente sobre este tema aquí. El lector debe recordar que el Maestro atraía deliberadamente las miradas de los hombres sobre su persona, esperando su reacción, no tanto a sus palabras y obras, sino a sí mismo, revelado a través de ellas, siendo él mismo «el Camino, la Verdad y la Vida». Tal énfasis, que sería un loco desvarío en otro alguno —en cualquiera que no fuera Dios por naturaleza— se entiende como la misma razón de ser de los Evangelios, que no son sino el retrato del Dios-

Hombre, el único Revelador y el único Mediador entre Dios y los hombres, según su declaración: «Ésta, empero, es la vida eterna: que te conozcan a ti, único Dios verdadero, y a Jesucristo, a quien tú enviaste» (Jn. 17:3).

Las enseñanzas del Maestro sobre el amor

Es evidente la relación entre el tema de Dios como Padre y el del amor, puesto que el uso de tal título nos hace pensar en Dios como fuente de amor: «Padre... me amaste antes de la fundación del mundo... los amaste a ellos como me amaste a mí» (Jn. 17:24 con 23).

El verbo griego «amar», en este elevado sentido, es «agapao», que tiene por sustantivo correspondiente «ágape». Para entender este vocablo no sirve acudir a los modelos clásicos ni al uso cotidiano que se refleja en los papiros contemporáneos, ya que, por la enseñanza de Cristo y de sus apóstoles, ha sido elevado a esferas donde nunca llegó ni pudo llegar en el discurrir de los hombres, siendo reflejo de la misma naturaleza de Dios, pues «Dios es amor». Hemos de considerar el amor de Dios en acción para comprenderlo: *«Porque de tal manera amó Dios al mundo que ha dado a su Hijo unigénito...»* (Jn. 3:16). El mundo de los hombres nada merecía, pero el amor de Dios le impulsó a un acto de pura gracia que entrañó el máximo sacrificio: el dar a su Hijo, no sólo para pisar este pobre suelo, sino a la muerte de expiación (comp. Jn. 3:14, 15).

Se entiende el amor divino mejor si se contrasta con su antítesis: el egoísmo del hombre caído, que todo lo quiere para él mismo, sea como sea, y sufra quien sufra. Dios es necesariamente el centro de todas las cosas, pero, siendo amor, su gracia fluye en superabundancia con el afán de bendecir; el hombre, indebidamente, contra la naturaleza de su ser creado, se ha colocado a sí mismo en el centro de su vida, y el egoísmo quisiera ser un imán que atrajera todo hacia su usurpada autoridad. Pero los otros «egos» quieren operar en el mismo sentido, que es contrario al primero, lo que produce inevitablemente las luchas, las desilusiones, las envidias, los odios y los homicidios.

El misterio de la Trinidad hizo posible un ejercicio perfecto del amor, como esencia del Ser de Dios, aun antes de haber ninguna cosa creada (Jn. 17:24). La creación espiritual y material ha de entenderse como una obra del amor de Dios, quien quisiera derramar su amor sobre sus criaturas, y recibir el amor de ellas, pues, en inocencia, son capacitadas para amar, siendo hechas a imagen y semejanza de Dios (Gn. 1:26).

El Maestro enseña que el pecado rompe la relación de amor, y la convierte en odio entre los hombres rebeldes. «Yo os conozco —dijo a los judíos— que no tenéis amor a Dios en vosotros» (Jn. 5:42). «Los hombres amaron las tinieblas más que la luz porque sus obras son malas» (Jn. 3:19). «El que a mí aborrece, también aborrece a mi Padre. Si no hubiese hecho entre ellos las obras que ningún otro hizo, no tendrían pecado; mas ahora, no sólo han visto, sino que han aborrecido tanto a mí como a mi Padre» (Jn. 15:23, 24; comp. Jn. 8:37–44).

Con todo, enseña que Dios ama al mundo con el deseo de salvar a los hombres. El lugar clásico que describe este «amor salvador» se halla en Juan 3:14–21 ya citado. Halla su perfecta ilustración en la parábola del Hijo prodigo (Lc. 15:11–32) y se encarna en Cristo, quien «vino para buscar y salvar lo que se había perdido». No sólo eso, sino que, siendo Rey y Señor de todos, «no vino para ser servido sino para servir y dar su vida en rescate por muchos» (Lc. 19:10; Mr. 10:45). Pero el amor de Dios provee la salvación sobre la base de la obra de la cruz, que deja sin menoscabo su justicia, y es compatible con la constante «ira de Dios» que irradia de su Trono de justicia contra todo lo que es pecado (Jn. 3:36).

El Maestro enseña que los fieles son objeto de un amor especial, tanto del Padre como del Hijo. He aquí uno de los temas que más se destacan en las conversaciones en el cenáculo: «Que os améis los unos a los otros, como yo os he amado»... «El que me ama será amado por mi Padre, y yo le amaré y me manifestaré a él... Si alguno me ama, guardará mi palabra, y mi Padre le amará, y vendremos a él y haremos con él morada» (Jn. 13:34; 14:21–23, etc.). Estos versículos destacan claramente la base del amor del Padre para con los suyos, que es la relación de éstos con el Hijo por la fe, amor y obediencia.

El Maestro enseña que toda la antigua Ley se resumía en el ejercicio de un amor perfecto para con Dios y el prójimo. Véanse sus conversaciones con el doctor de la Ley en Lucas 10: 25–37 y con otro en Marcos 12:28–34. El amor que diera todo su corazón a Dios no había de ofenderle en nada, y, parecidamente, el amor que considerara tan sólo el bien del prójimo, no necesitaría mandamientos para limitar los efectos del egoísmo, de la avaricia y de la violencia. Naturalmente nadie ha cumplido la Ley en tal sentido, y tan sublime principio condena todos los movimientos de nuestro envilecido corazón. Con todo, el principio es importante, porque nos lleva a la ley fundamental del Reino. *El Maestro enseña que el amor es la ley básica en su Reino.* Esta ley del amor presupone la obra de la cruz, la «muerte al pecado» en Cristo del creyente y el don del Espíritu Santo, cuyo fruto es el amor y las demás virtudes con él asociadas (Gá. 5:22, 23); es del todo imposible que la carne rinda el fruto del amor, que es la negación del egoísmo que informa y gobierna la carne; es algo que pertenece enteramente a la nueva creación en Cristo.

1) *El amor produce la obediencia,* siendo ésta la prueba de que en verdad existe: «Si me amáis, guardaréis mis mandamientos... el que tiene mis mandamientos y los guarda, ése es el que me ama... esto os mando, que os améis los unos a los otros» (Jn. 14:15, 21; 15:12, 17). Desde luego, los mandamientos aquí no son los del Sinaí, sino todo el cuerpo de doctrina que el Señor nos ha dejado personalmente y por sus apóstoles, que rebasan ampliamente el limitado marco del decálogo.

2) *El amor al Señor es la base de todo verdadero servicio.* Pedro había fallado lamentablemente la noche de la traición, pero fue restaurado a la comunión con su Señor por medio de una entrevista privada (Lc. 24:34) y al servicio público mediante la conversación que Juan refiere en 21:15–22: «Simón, hijo de Jonás, ¿me amas?» «—Sí, Señor...» «Apacienta mis corderos... pastorea mis ovejuelas...» No es éste el lugar para notar todos los matices de este intercambio conmovedor entre el Maestro y el discípulo, pero sí recalcamos que Pedro no podría «pescar» ni «pastorear» sino por el impulso de un rendido amor al Señor. El principio es universal, pues la preparación, los dones, y aun lo

que suponemos ser el llamamiento del Señor, no son más que los elementos externos del servicio cuya fuerza motriz ha de ser el amor, que no es sino la débil respuesta de nuestra parte al amor que todo lo dio por nosotros (2 Co. 5:14, 15).

Todo lo antedicho nos hará saber que el «agape» es «amor divino», que sólo puede reflejarse en la criatura por la operación del Espíritu de Cristo, y que ha de distinguirse netamente del «amor amistad», del «amor sexual» y aun del dulce «amor materno». Sólo la meditación en las enseñanzas de Cristo y de los apóstoles, y la contemplación del amor de Dios manifestado en Cristo, podrán elevar este vocablo de su estado humano de postración o de degradación para que sirva como signo que revele el corazón de Dios.

Las enseñanzas del Maestro sobre el significado de su propia muerte

La doctrina de la cruz, tal como se desprende de las mismas palabras del Dios-Hombre, es de una importancia tan trascendental que se tratará ampliamente en la última Sección de este libro.

Las enseñanzas del Maestro sobre el Espíritu Santo

El advenimiento del Mesías introduce el siglo de poder espiritual, y los Evangelios nos preparan para el magno acontecimiento del día de Pentecostés, puesto que el Espíritu no podía ser dado en su plenitud hasta que el Dios-Hombre hubiese consumado su obra en la tierra y fuese glorificado (Jn. 7:39). Hay numerosas referencias al Espíritu Santo en la boca del Maestro, pero las limitaciones de espacio nos impiden hacer más que notar algunos aspectos fundamentales del tema.

El Espíritu Santo y el Mesías. El descenso del Espíritu Santo sobre Jesús señaló el principio de su ministerio público (Mt. 3:16, 17), hecho histórico que confirmó el Maestro por aplicarse a sí mismo la profecía mesiánica de Isaías 61:1, 2: «El Espíritu del Señor es sobre mí porque me ungió. Hoy se ha cumplido esta escritura en vuestros oídos» (Lc. 4:18, 21). En controversia con los fariseos declaró: «Mas si yo por el Espíritu de Dios echo fuera a los demonios, ciertamente ha llegado ya a vosotros el Reino de Dios» (Mt. 12:28). El Hijo-Siervo obraba por el poder del Espíritu de Dios, que era también el Espíritu de Cristo.

El Espíritu Santo y el nuevo nacimiento. Se ha notado ya que los hijos nacen en la nueva familia por la operación del Espíritu de Dios, quien es siempre el Vivificador (Jn. 3:5–8). Por medio del simbolismo del «agua viva» el Maestro enseña que el mismo Espíritu que vivifica, también satisface plenamente a quienes acuden a Dios por medio de Cristo (Jn. 4:13, 14; 7:37–39).

El Espíritu Santo y los siervos de Dios. Los profetas del antiguo régimen hablaron por medio del Espíritu (Mt. 22:43) quien también dará la palabra a los santos perseguidos (Mr. 13:11). En relación con la obra del gran Testigo se dice que «Dios no da su Espíritu por medida» (Jn. 3:34), pero el principio es general para todo aquel que se pone a la disposición de Dios con ánimo de servirle.

El gran acontecimiento futuro. Comentando la profecía del Señor que anunció el advenimiento del Espíritu (Jn. 7:37–39), Juan explica en un importante paréntesis: «Esto dijo del Espíritu que habían de recibir los que creyesen en él; pues aún no había sido dado el Espíritu por cuanto Jesús no había sido todavía glorificado.» Desde luego, el Espíritu había obrado de distintas maneras desde la creación del mundo (Gn. 1:2), pero aquí se señala un advenimiento especial, en plenitud, que había de inaugurar una nueva dispensación del Espíritu. Con esto concuerda la enseñanza del Maestro en el cenáculo, y de todos es sabido que, al explicar a los suyos las condiciones y provisiones para el período de su ausencia personal, el Maestro recalcó especialmente que el Paracleto, el Espíritu de Verdad, le había de reemplazar como ayudador y guiador de los discípulos. Tan importante había de ser la venida del Espíritu en esta nueva modalidad, que Cristo dijo: «Os conviene que yo vaya, porque si no me fuere, el Paracleto no vendrá a vosotros; mas si me fuere, os le enviaré» (Jn. 16:7).

Las enseñanzas en el cenáculo. De hecho las doctrinas básicas sobre el Espíritu Santo se hallan en Juan 14 y 16, Romanos 8 y Gálatas 5. Hay múltiples referencias en otras Escrituras que derraman luz sobre la persona y obra del Espíritu Santo, pero todo lo esencial de la enseñanza se da en los pasajes que hemos mencionado. Los detalles de la doctrina del Espíritu Santo tal como se presentan en las conversaciones del cenáculo constituyen un estudio profundo, y no podemos hacer más que llamar la atención del estudiante a los puntos siguientes:

1) *Toma el lugar de Cristo* en la tierra como «parakleto» («abogado defensor», «uno que es llamado en nuestro auxilio»), de modo que los discípulos no han de quedar huérfanos al marcharse su Maestro (Jn. 14:16–18).

2) *Es el Espíritu de Verdad,* que les había de enseñar todas las cosas y guiarles a toda verdad (Jn. 14:17, 26; 16:13, 14).

3) *Es el Espíritu de testimonio,* que había de obrar conjuntamente con los apóstoles en el gran cometido de dar a conocer la persona y obra de Cristo al mundo (Jn. 15:26, 27; 16:14).

4) *Había de convencer al mundo de pecado,* de justicia y de juicio, pero siempre en relación con la persona de Cristo. Sin los movimientos del Espíritu Santo nadie podría ser despertado a comprender su pecado y su necesidad de un Salvador, bien que el hombre puede acallar la Voz o dejarse llevar por ella (Jn. 16:8–11).

5) La terminación y consumación de la revelación escrita del NT dependía de *la obra del Espíritu Santo en los apóstoles* (Jn. 14:26; 16:12–14).

El Señor Jesucristo es el Dador del Espíritu juntamente con el Padre. Juan el Bautista había profetizado que el Mesías «bautizaría con Espíritu Santo» como rasgo típico de su obra (Mt. 3:11, etc.), afirmación que el Señor confirma en Juan 7:37–39 y en 16:7, etc. Después de su resurrección «sopló» en los discípulos y les dijo: «Recibid el Espíritu Santo» (Jn. 20:21–23), lo que constituyó un acto simbólico *anticipando* el hecho de que habían de ser revestidos de poder para su misión al serles enviado el Espíritu desde la diestra por el Señor glorificado (Hch. 1:5, 8).

Las enseñanzas del Maestro sobre el hombre

El Señor no explicó ninguna ciencia de antropología, sino que hacía observaciones en el curso de su ministerio sobre los hombres y mujeres de carne, alma y espíritu que le rodeaban.

El alma, o vida interior del hombre, vale infinitamente más que su cuerpo. «¿Qué aprovechará al hombre si ganare todo el mundo y perdiere su alma [vida interior, «psyche»]?» (Mr. 8:36). Ya hemos tenido ocasión de notar que el hombre no ha de temer a quienes no pueden hacer más que matar el cuerpo, sino doblegar la rodilla delante de aquel en cuyas manos se halla su destino eterno (Lc. 12:4, 5). Se deduce claramente la doctrina de la inmortalidad del alma de las declaraciones del Maestro, quien recalca además que el hombre es *un ser responsable,* cuyos pensamientos y obras son conocidos de Dios y registrados en el Cielo; de ellos habrá que dar cuenta, y aun de toda palabra ociosa (Mt. 12:36, 37). Percibiendo con absoluta clarividencia tanto el valor de lo espiritual como lo efímero de la vida natural, el Maestro sentía una repulsa ante los afanes egoístas y avariciosos del hombre, que se deja ver en su contestación abrupta al hombre que quería aprovecharse de su prestigio para solucionar un problema de herencia: «Hombre, ¿quién me constituyó sobre vosotros juez o partidor?» A continuación refirió la parábola del «rico insensato» que subraya la necedad de todo esfuerzo por enriquecerse y por buscar la comodidad en esta vida si el hombre «no es rico en Dios» (Lc. 12:13–21).

El valor del alma y la misión del Hijo del Hombre. Si bien el valor del alma echa sobre el hombre una responsabilidad solemne ante su Creador, también es cierto que llega a ser el móvil del plan de salvación. Todo lo que concierne al hombre es de gran importancia delante de Dios como Cristo señala por la hipérbole: «Mas aun los cabellos de vuestra cabeza están todos contados» (Lc. 12:7). Eso se dice de los fieles, pero igualmente se puede aplicar a cualquier hombre como «ser redimible». Este es el tesoro escondido en el campo, por amor al cual el Hombre vendió todo lo que tenía para comprar el campo (Mt. 13:44), que concuerda con la gran declaración tantas veces citada: «El Hijo del Hombre vino para buscar y salvar lo que se había perdido» (Lc. 19:10). Él veía el escondido valor humano dentro de cada publicano y pecador, de cada mujer llamada «perdida», y para poderles recibir y salvar «dio su vida en rescate por muchos» (Mr. 10:45). Su vida de infinito valor había de responder por las vidas perdidas en el pecado, pero que llevaban en sí la posibilidad de la salvación por la gracia de Dios.

La naturaleza pecaminosa del hombre. Algunos han dicho que el Maestro no hace referencia a la Caída y al pecado original, que son doctrinas «inventadas» por Pablo. De hecho el estado pecaminoso del hombre caído se halla implícito en cuanto enseña el Maestro. Versículos como Juan 3:16 presuponen un estado pecaminoso que desemboca a la perdición irremediable aparte de la intervención de Dios que envía a su Hijo con el fin de que el hombre de fe se salve de tal perdición y que reciba la vida eterna. La fuerte condenación de los judíos rebeldes de Jerusalén lleva implícita en sí la doctrina de la caída: «Vosotros sois de abajo, yo soy de arriba... moriréis en vuestros pecados... vosotros sois de vuestro padre el diablo, y los deseos de vuestro padre queréis cumplir» (Jn. 8:23, 24, 44).

Con todo, los hombres «siendo malos» saben «dar buenas dádivas a sus hijos» (Mt. 7:11), que quiere decir que el hombre pecaminoso no es incapaz de realizar obras familiares y sociales que sean estimables en el medio indicado, pero que no sirven para nada cuando se trata de la expiación de los pecados cometidos (véase abajo, «La enseñanza sobre la salvación»).

El Maestro despreciaba las grandezas y glorias de los hombres. Siendo él mismo el Rey de gloria, el Señor sabía justipreciar todas las pretensiones del hombre orgulloso y vanidoso, como también lo pasajero y lo mezquino de todas sus obras. Estando Jesús en Perea, territorio de Herodes Antipas, los fariseos tuvieron el mal acuerdo de querer asustarle con la amenaza de que Herodes quería matarle. La contestación es contundente y revela claramente la actitud del Dios-Hombre frente a quienes ocupaban tronos humanos fundados sobre el crimen y el engaño: «Id y decid a esa zorra: He aquí, echo fuera demonios y efectúo sanidades hoy y mañana, y al tercer día llego a mi consumación» (Lc. 13:31–33). El Siervo-Rey seguía el camino trazado desde la eternidad, y lo que Herodes opinaba o proyectaba carecía de toda importancia.

El principio general consta en Lucas 16:15, que surge de las pretensiones religiosas de los fariseos: «Porque lo que entre los hombres es altamente estimado, abominación es a la vista de Dios.» Según este criterio celestial y divino del Maestro, Él se deleitaba en el valor de muy subidos quilates de la ofrenda, aparentemente insignificante, de la viuda pobre, mientras que los discípulos se extasiaban ante los últimos edificios y adornos del Templo. El Templo de Herodes era una de las maravillas artísticas del mundo, pero de todo aquello profetizó el Señor: «No quedará piedra sobre piedra que no sea derribada» (Mr. 12:41– 13:2).

Las enseñanzas del Maestro sobre la salvación

Incidentalmente hemos hecho muchas referencias al tema de la salvación en el curso de los estudios anteriores. El fondo de la doctrina de Cristo es el reconocimiento del estado perdido del hombre pecador, tal como lo hemos notado en el apartado anterior. Un ser tan caído no podía alzarse para llegar a Dios, y todas las «escaleras» de la religión resultaban cortas.

La misión del Hijo es de salvación. «Yo he venido para que tengan vida, y para que la tengan en abundancia» (Jn. 10:10), declaró el Señor en cuanto a las «ovejas», y tales descripciones de su misión en la tierra abundan por doquiera. *La obra sanadora* de Cristo ilustraba este sentido de su misión, que era la de salvar, restaurar y bendecir al hombre arrepentido que creyera en Él. Cada ciego que luego veía, cada paralítico que andaba, cada leproso que volvía sanado y limpio a su hogar, cada muerto que volvía a la vida, mostraba, en términos de la vida natural, lo que Cristo quería hacer en la región del espíritu. El designio de Dios en cuanto al hombre no había de quedar frustrado, sino llevarse a cabo mediante el Hijo Salvador. Las sanidades de los cuerpos arruinados ilustraban la gran obra de salvación por la que el hombre volvería a ser «hombre» en el verdadero sentido de la palabra, libre de la mancha del pecado, sujeto de nuevo a la voluntad de Dios, poseedor de la vida eterna, y encaminado ya hacia la resurrección del día postrero, por la que entraría plenamente en la Nueva Creación. Tal es el sentido de las grandes obras de poder, y la clara enseñanza de pasajes enteros que se hallan en Juan 3, 4, 5, 6, 9, 10, etc.

La vida eterna y la entrada en el Reino. En Juan la salvación se describe casi siempre en términos de «la vida eterna», que es la vida de Dios transmitida a la nueva criatura por el nacimiento de arriba; en los sinópticos, el Señor habla más de quienes entran en el Reino que proclamaba. La «vida eterna» subraya la realidad interna y eterna que surge del hecho del nuevo nacimiento, mientras que la entrada en el Reino señala el paso del territorio de Satanás al de Dios, mediante el arrepentimiento y la fe. Pero el concepto de recibir la vida eterna no es ajeno a las enseñanzas de los sinópticos (Mt. 19:29, etc.) ni deja Juan de hablar del Reino (3:3, 5). Son dos de los muchos aspectos del gran tema de la salvación, presentado según los distintos énfasis propios de los Evangelistas.

El arrepentimiento y la fe. El Maestro señalaba una y otra vez que la «vida eterna» o el «Reino» había de recibirse por el arrepentimiento y la fe. No son conceptos nuevos, ya que los santos del AT también tenían que salvarse por la gracia de Dios que sólo podía operar en las vidas de los sumisos que le buscaban de corazón, pues jamás fue justificada carne alguna por las obras de la Ley (Ro. 3:20). Lo que es nuevo es la insistencia en estos factores primordiales, y la luz creciente que se echa sobre la obra de salvación y la nulidad de todo lo humano, aun de los esfuerzos religiosos. El capítulo 15 de Lucas no presenta la base del perdón —que se elucida en otras porciones doctrinales—, pero sus parábolas, con referencia especial a la del hijo pródigo, ilustran maravillosamente el concepto del arrepentimiento (*metanoia* = cambio de mente, o de actitud) que abre la puerta a la gracia divina. El gozo estalla en el Cielo al ver a un solo pecador que se arrepiente (Lc. 15:7, 10) y el hijo errante, después de llegar al fin absoluto de todos sus recursos, «vuelve en sí», y, dando las espaldas al país lejano, se encamina, tal cual es, en su andrajosa miseria, hacia la casa del padre. Lo que tan claramente se ilustra en el caso del hijo pródigo se realiza en la conversión de todo pecador. El arrepentimiento es el desprecio de lo que antes apreciábamos, y la «media vuelta» que deja el pecado para buscar la gracia de Dios. En Mateo 18:14 se subraya la sumisión, la pequeñez y la dependencia de un niño como medios para entrar en el Reino.

Implícito en el arrepentimiento se halla el primer paso de la fe, que, en las enseñanzas de Cristo, es mucho más que meramente asentir a la veracidad de un hecho, pues viene a ser el descanso total del alma en la persona de Cristo. La conocida frase «el que cree en él» suele ser *hopisteuón eis auton* o «en auto», que indica el movimiento del ser hacia la persona de Cristo y el descanso en Él. La palabra «fe» (con el verbo «creer» en el sentido que hemos notado) llega a ser la clave de la salvación de parte del hombre, y es el corolario lógico de la gran verdad de que la salvación se halla totalmente en Cristo, siendo provista únicamente por la gracia de Dios. Al pecador, pues, le toca reconocer su necesidad, volver las espaldas al mal, y acudir tal como es a Cristo el Salvador: «Esta es la obra de Dios, que creáis en aquel que él envió»... «al que a mí viene no le echaré fuera»... «Esta es la voluntad del Padre, que todo aquel que ve al Hijo y cree en él, tenga vida eterna, y yo le resucitaré en el día postrero» (Jn. 6:29, 37, 40, etc.).

Arrebatando el Reino. A primera vista parece que el Maestro adelanta un principio contradictorio a lo que antecede en Mateo 11:12: «Desde los días de Juan el Bautista hasta ahora el reino de los cielos es tomado a viva fuerza, y los esforzados lo arrebatan», pero de hecho no hemos de entender que los esforzados ganaban el Reino por su propio ahínco, sino que aquellos que acudían al llamamiento del Señor hallaban muchos obstáculos puestos en su camino por los hombres, fuese en la familia, la sociedad o la sinagoga, lo que daba lugar a la lucha por superar las barreras para llegar al Reino en la persona del Rey.

Las enseñanzas del Maestro sobre el Reino

Remitimos al estudiante a los estudios ya hechos sobre el tema del Reino en S. Mateo. Es verdad que el tema asoma también en otros Evangelios, pero a los efectos de lo propuesto en esta *Introducción a los cuatro evangelios,* basta lo que hemos adelantado sobre el tema en relación con Mateo (véase Sección II, págs. 43-44).

La enseñanza del Maestro sobre la vida de los fieles

La condición de discípulos. Es muy cierto que el Señor enseñaba que todo aquel que se arrepintiera y pusiera su fe en Él, recibiría la vida eterna, pero es igualmente cierto que esperaba que los hijos de su familia llevasen frutos dignos del arrepentimiento, y de acuerdo con la vida que les había sido otorgada. Nada sabía de una «fe» que nos ha de admitir al Cielo sin que aceptemos las sagradas obligaciones del discipulado. El discípulo es el que sigue a su Maestro, para aprender de Él, para participar de su vida, para identificarse con su cruz, y para servirle según su sola voluntad: «Entonces Jesús dijo a sus discípulos: «Si alguno quiere venir en pos de mí, niéguese a sí mismo, y tome su cruz y sígame. Porque cualquiera que quisiere salvar su vida, la perderá; y cualquiera que perdiere su vida por causa de mí, la hallará... porque el Hijo del Hombre ha de venir con sus ángeles, en la gloria de su Padre, y entonces pagará a cada uno conforme a sus obras» (Mt. 16:24–27). La vida del discípulo se subordina totalmente a la de su Maestro, y mira la meta final, cuando tendrá que dar cuenta de sus «obras» ante el Tribunal de Cristo.

Por ser Cristo quien es, su autoridad sobre la vida de los discípulos es absoluta y ha de anteponerse a toda otra obligación menor. Generalmente el Maestro quiere que le sirvamos en el medio ambiente donde nos ha colocado, siendo fieles en todo y frente a todos precisamente porque le somos fieles a Él; pero si surgen circunstancias en que el discípulo ha de escoger entre lo más sagrado de esta vida y su fidelidad a su Señor, el amor natural ha de ser como «aborrecimiento» comparado con el amor hacia él: «Si alguno viene a mí y no aborrece a su padre, madre, mujer, hijos... y aun también su propia vida, no puede ser mi discípulo... Así pues, cualquiera de vosotros que no renuncia a todo lo que posee, no puede ser mi discípulo» (Lc. 14:25–35). El creyente que falsea su lealtad de discípulo es como sal mojada y pasada, que no sirve para nada, sino que se echa al muladar (comp. Jn. 12:25, 26; 15:1–8).

La condición de siervos. Muy relacionado con el discipulado se halla *el servicio,* que el Maestro describe generalmente en términos de *mayordomía,* por la razón de que el siervo ha de administrar con toda fidelidad lo que su Señor le encomendó. El siervo fiel es también «amigo», porque ha sido admitido por la Palabra a los consejos y propósitos de su Dueño. No determina su propio servicio, sino que el Maestro le escoge y le envía para que lleve fruto permanente (Jn. 15:15, 16). Según la parábola de los talentos, el Señor encomienda a los suyos sus tesoros, que ellos han de administrar durante su ausencia, y según la parábola de las minas, son sometidos a prueba mediante «lo poco» de esta vida, para que se vea quién será apto para gobernar «las ciudades» de la Nueva Creación (Mt. 25: 14–30; Lc. 19:11–27). El tema se destaca también en Lucas 12: 35-38; 16:1–13; Marcos 13:33–37. Tanta es la obligación del siervo redimido por el sacrificio infinito de la cruz, que, después de haber hecho todo en su poder, habrá de confesar: «Siervo inútil soy; he hecho lo que debía hacer» (Lc. 17:10).

El principio de la fe. Hemos visto que la salvación se recibe por medio de la sumisión y la fe; no de otra manera, según las enseñanzas del Maestro, ha de mantenerse la vida cristiana, con sus obligaciones de testimonio, de discipulado y de servicio. La gloriosa revelación que el Dios-Hombre ha dado de sí mismo es la base de la confianza total de sus hijos. que han de vivir por encima de la presión de las circunstancias de este mundo y sin amedrentarse frente a la oposición de los hombres.

1) *En cuanto a las provisiones diarias.* Después de señalar la locura de la confianza en las riquezas, o en la duración de esta vida (Lc. 12:13–21), el Maestro enunció un corolario que había de regular la vida de los suyos, pues si Dios es Padre amante, además de ser el Todopoderoso, Él sabe cuáles son las necesidades de sus hijos fieles, y bien puede satisfacerlas. No deben por lo tanto deshonrarle por abrigar ansiedades y afanes propios de quienes carecen de toda visión celestial. Todo el afán no puede prolongar la vida natural, de modo que todo debe dejarse en las manos del Padre: «Vosotros, pues, no os preocupéis por lo que hayáis de comer, y lo que hayáis de beber; ni estéis inquietos. Porque en busca de todas estas cosas van las naciones del mundo; mas vuestro Padre sabe que de estas cosas tenéis necesidad.

Antes bien, buscad su Reino, y estas cosas os serán dadas por añadidura. No temáis, pequeña grey, porque a vuestro Padre ha placido daros el Reino» (Lc. 12:29–32; comp. con Mt. 6:24–34). ¡Cuántas veces incurrimos en el pecado de la ansiedad, que es la falta de fe! El Señor quiere que los suyos se distingan netamente de los hijos de este siglo en todo, de la manera en que Él anduvo por este mundo sin contaminarse en lo más mínimo por el espíritu del mundo.

2) *En cuanto al cometido de los siervos.* Al dejar a sus discípulos (y quienes les habían de seguir) para testificar por Él y servirle en este mundo, les asignó una tarea completamente imposible, ya que las fuerzas naturales de la «manada pequeña» son nulas comparadas con las que acumulan los enemigos del Evangelio, que trabajan en su propia esfera y con los medios que corresponden a esta vida. Sin embargo el Maestro dejó su nombre con los suyos, juntamente con la potencia del Espíritu Santo, y de esta doble provisión, desconocida del mundo, brota el poder para realizar «mayores obras» durante la ausencia física del Maestro (Jn. 14:12–14). El nombre significa la persona y las poderosas operaciones de Cristo, ya sentado a la diestra de Dios, y los discípulos habían de actuar en tal nombre y también presentar sus peticiones en él, revestidos así de la misma autoridad del Señor. Claro está que la promesa del Señor de hacer todo cuanto sus siervos pidieran en su nombre se refiere a la obra que les había encomendado, y no a caprichos humanos (Jn. 14:14; 15:16; 16:23, 24, 26) y las enseñanzas que siguieron a la maldición de la higuera (Mr. 11:20–25) subrayan también la condición de la *fe*. Muchas montañas de dificultades, muchos árboles estériles, profundamente enraizados en el suelo de este mundo, habían de hallar los siervos en el camino de servicio, pero Cristo les dice: «Tened fe en Dios. De cierto os digo, que cualquiera que dijere a este monte: Quítate y échate en el mar, y no dudare en su corazón, mas creyere que lo que dice se hace, le será hecho. Por tanto os digo: Todo cuanto pidiereis en oración, creed que lo habéis recibido, y lo tendréis» (comp. Lc. 17:5, 6). Vemos esta fe en operación durante los primeros años del testimonio de los apóstoles en Jerusalén, pues en el mismo lugar donde

los príncipes de los judíos crucificaron a su Señor, y en los atrios del Templo controlados por la casta sacerdotal, daban testimonio del Mesías resucitado, pudiendo hacer caso omiso de las amenazas del sanedrín hasta que aquella etapa de su ministerio fuese cumplida. La entrada de Pablo en tantas fortalezas del enemigo, aparentemente inexpugnables, con la Palabra de vida, ofrece otro ejemplo de cómo se realizaba lo imposible en el Nombre del Señor y por el principio de la fe. La consigna de los cristianos mientras dure su testimonio en este siglo debe ser la que el Señor dio a los once en el cenáculo: «No se turbe vuestro corazón: *creed en Dios, creed también en mí*» (Jn. 14:1).

Las enseñanzas morales del Maestro

Aun los enemigos acérrimos del Evangelio en su verdadero sentido aclaman las enseñanzas morales de Cristo, considerando en general que la norma ética más elevada de todos los tiempos se halla en el llamado «Sermón del Monte». De hecho tales ideas no son sino un peligroso espejismo, pues los capítulos 5 a 7 de Mateo presentan la constitución y el código del Reino de Dios, al cual el «hijo del Reino» entra por medio del arrepentimiento y la fe. En el fondo se ha de entender la obra de expiación que quita el pecado y da paso a la potente gracia de Dios en la vida de los fieles. A éstos se dirigen los mandatos, y sólo ellos, por ayuda sobrenatural, pueden aceptar las obligaciones del Reino. El esfuerzo carnal por cumplir los preceptos del sermón sería aún más vano que el intento de obedecer los mandamientos del Sinaí, y el efecto de las enseñanzas sería el que hallamos en Romanos 7:21–24: «Cuando quiero hacer lo bueno, lo malo está conmigo; porque según el hombre interior me deleito en la ley de Dios, mas veo en mis miembros diferente ley que combate contra la ley de mi mente... ¡miserable hombre de mí!» Hemos visto que la «ley» del sermón juzga hasta los intentos del corazón y discierne y condena el deseo pervertido; y frente a tal ley, ¿quién puede estar en pie? De hecho no hay un solo principio o declaración en el discurso que no señale algo diametralmente opuesto a la «ley» normal del corazón pervertido del hombre, y el ideal de «vivir según el Sermón del Monte», sin haber sido regenerado por el Espíritu Santo, es un miserable engaño de uno mismo, que desemboca a una hipócrita pretensión de cumplir lo imposible, o en una gran desilusión o pesimismo, que podría ser útil si condujera al alma a Cristo.

Con todo, las normas morales de Cristo han ejercido una influencia saludable en los medios sociales y políticos de las naciones llamadas «cristianas», por crear ciertos estados de conciencia que antes se desconocían. Ejemplos son la abolición de la esclavitud durante la primera mitad del siglo XIX y la multiplicación de hospitales y otras instituciones benéficas. Por buenas que tales cosas sean para el alivio del dolor y de los efectos de la pobreza, carecen de consistencia y permanencia si no se hallan en países donde testifican fuertes núcleos de verdaderos cristianos. En nuestra centuria hemos visto cómo sociedades nominalmente cristianas pueden recaer rápidamente en el barbarismo más salvaje en aras de nuevas teorías raciales, sociales y políticas, que no son sino manifestaciones del antiguo feroz egoísmo del hombre natural bajo el disfraz de fórmulas diferentes.

El matrimonio y el divorcio. De excepcional interés e importancia son las enseñanzas del Maestro sobre el matrimonio y el divorcio. Frente a la inmoralidad y la disolución del paganismo, juntamente con las «concesiones» hechas al endurecido corazón de los judíos, Cristo vuelve «al principio» del designio de Dios, por el que el «hombre» fue creado «varón y hembra», siendo el matrimonio la unión del varón con la mujer que elige para que sean «dos en una carne». Tal enseñanza se opone totalmente a toda poligamia, a toda fornicación y a todo divorcio, e insiste en la monogamia y en la fidelidad de los cónyuges, no sólo a un contrato matrimonial, sino al concepto fundamental y único de su unión (Mt. 5:31–32; 19:3–12; Mr. 10:2–12). De nuevo nos hallamos frente a principios cuya aplicación depende del poder espiritual que está a la disposición de los hijos del Reino. Los mismos discípulos consideraron que: «Si tal es la condición del hombre respecto a la mujer, no conviene casarse» y la respuesta fue: «No todos son capaces de recibir esta palabra, sino aquellos a quienes es dado» (Mt. 19:10, 11). Con todo, como el matrimonio es algo propio de la raza humana como tal, las enseñanzas de Cristo han tenido —y deben tener— una amplia influencia dentro de la «cristiandad», subrayando lo sagrado de la unión matrimonial, y disuadiendo hasta donde sea posible de la práctica del divorcio, que no sólo es un mal moral, sino también social.

El «hijo del Reino» sabe a qué atenerse, y es instruido por el mismo Maestro para saber que la unión matrimonial es indisoluble, «no siendo por causa de fornicación» (Mt. 19:9, comp. 5:32); frase que ha sido muy discutida, especialmente porque habríamos esperado «no siendo por causa del adulterio». Con todo, lo más sencillo es comprender que el acto sexual fuera del matrimonio rompe su misma esencia, y deja en libertad al cónyuge inocente para separarse del culpable, sin que se determine libertad para volverse a casar. Tales casos de excepción no han de afectar la sumisión del verdadero creyente ante una norma que Cristo volvió a erigir con inusitada solemnidad.

Las enseñanzas del Maestro sobre el porvenir

La venida del Señor señalará el principio de una íntima y eterna unión de Cristo con los suyos, en lugares expresamente preparados por Él para su perfecta bendición y felicidad (Jn. 14:1–3).

La venida del Señor en su aspecto público y glorioso supondrá la consumación de este siglo, la bendición de los fieles y el juicio de los rebeldes, con el establecimiento de su Reino en manifestación (Mt. 13:39-43, 49–51; 24:29–31, 37-44; 25:31-46; Lc. 17:22–37).

Habrá resurrección corporal para todos los hombres, siendo de plenitud de vida en el caso de quienes se han unido con Cristo, y de condenación para los infieles (Jn. 5:25–29; 6:39, 44, 54; 11:23–27).

Los juicios y las recompensas serán proporcionados a las oportunidades despreciadas o apropiadas. El rechazo del Rey y el desprecio de sus mandatos determina el juicio de la exclusión de su presencia en «las tinieblas de afuera» (Lc. 12:47, 48; 19:15–27; Mt. 25:19, 30; 25:34–46).

Véanse estudios sobre el Reino en la Sección II, páginas 43, 44.

La enseñanza de Cristo y la de sus apóstoles

Hemos hecho bien en estudiar las enseñanzas del Señor aparte, concediéndoles la primacía que merecen las palabras del Verbo encarnado, único Revelador del Padre; pero incurriríamos en un error si procurásemos mantener una separación entre ellas y las de los apóstoles, como si éstas hubiesen de colocarse en un plano inferior de inspiración y de autoridad. Por las frecuentes referencias a las conversaciones en el cenáculo hemos visto que el Señor tenía mucho que comunicar a los suyos al despedirse de ellos, que no podían llevar hasta que hubiesen visto la realidad de la cruz y de la resurrección, y recibido la plenitud del Espíritu Santo quien había de guiarles a toda verdad y recordarles, con la autoridad de la inspiración, lo que ya habían recibido directamente del Señor. En las Epístolas, no menos que en los Evangelios, hallamos «palabras de Cristo» que expresan la «mente de Cristo», puesto que el Espíritu de Cristo obraba como Revelador y Guiador de los apóstoles. Las comunicaciones del Señor a los suyos en el cenáculo tienden un puente entre las primeras enseñanzas del Señor y las de los apóstoles, pues anticipan en cierto modo la consumación de la obra y preparan el corazón y la mente de los discípulos para las nuevas condiciones que sucederían a la ascensión de Cristo y al descenso del Espíritu Santo.

Escuchando con espíritu sumiso y agradecido las palabras del Maestro, tales como se conservan en los Evangelios, nos sentimos llenos de asombro, como aquellos que, por la impresión recibida, no pudieron prenderle, y volvieron diciendo: «¡Jamás habló hombre alguno como este hombre!» (Jn. 7:45, 46). Y la voz de la nube luminosa nos dice: «Éste es mi Hijo, el Amado, en quien tengo complacencia; *a él oíd.*»

PREGUNTAS

1. ¿Por qué se llama a Jesús «el Maestro por excelencia»? Detállense algunos de los métodos de su enseñanza.
2. ¿Cómo se relacionan las enseñanzas de Cristo con: *a)* las

de los profetas del AT; *b)* las de Juan el Bautista; *c)* las de los escribas de su día?

3. Discurra sobre las enseñanzas de Cristo en relación con *dos* de los temas siguientes: *a)* acerca de Dios; *b)* acerca del hombre; *c)* acerca de la salvación; *d)* acerca de la vida del creyente.

El ministerio del Señor
(Tercera parte)

Las parábolas del Señor

LENGUAJE FIGURADO

En todos los idiomas es evidente el deseo de adornar el lenguaje y hacerlo más expresivo y atrayente por medio de figuras retóricas. El escritor echa mano de los objetos y personas que le rodean, además de toda clase de fenómenos conocidos y acciones familiares, con el deseo de ilustrar e iluminar el pensamiento que, de otra forma, resultaría demasiado abstracto y seco. Hemos de recordar que los Evangelios, bien que redactados en griego helenístico, se produjeron en un ambiente hebreo y arameo, y que las enseñanzas de Cristo, según se hallan en el texto griego, *son traducciones del arameo, que era su medio normal de expresión.* No ha de extrañarnos, por lo tanto, si percibimos la influencia de las modalidades hebreas en el lenguaje de los Evangelios, y mayormente en las enseñanzas del Señor.

El idioma hebreo es notable por su predilección de las expresiones concretas, como es evidente por la lectura del AT. Así una «obra» puede representarse por la «mano» que la efectuó, y Asiria, instrumento de castigo frente a Israel, se llama la «vara de la ira de Dios». Una amplia visión se representa por el «ojo», y los escritores escriben como si refiriesen verbalmente lo que están presenciando. Este lenguaje gráfico, que ayuda al entendimiento a funcionar en términos de los sentidos, de las acciones y de las experiencias, está muy extendido en la enseñanza del

Maestro. Las figuras retóricas que más abundan en las enseñanzas del Maestro son las siguientes:

La metáfora

La metáfora lleva una comparación implícita en sí, pero, por ser tan natural y conocida, no se desarrolla. Ejemplos: «Vosotros sois la sal de la tierra... vosotros sois la luz del mundo» (Mt. 5:13, 14). Si el Señor hubiese completado la figura, a la manera del símil, habría dicho: «Vosotros sois como la sal... etcétera», pero la comparación explícita huelga por ser tan obvia y conocida la figura. El refrán que comentaremos más adelante: «El que tiene oídos para oir, oiga», es equivalente a «aquel que está capacitado para percibir el mensaje de Dios porque desea comprenderlo», pero es más contundente y tangible la frase metafórica del Maestro.

El símil

En el símil la comparación se hace explícita por el uso de conjunciones comparativas (como, de la manera que, etc.): «Entonces los justos resplandecerán *como* el sol en el reino de su Padre» (Mt. 13:43).

Las comparaciones ilustrativas pueden desarrollarse en mayor o menor grado según las intenciones y predilecciones de quien habla. La forma más lograda es la de la *parábola,* pero, por ser este género tan abundante en el ministerio del Señor, y siendo el uso que hace de él tan especial y profundo, se ha de tratar extensamente más abajo. A veces es difícil distinguir una ilustración bastante desarrollada de una parábola, pero a los efectos de nuestros análisis hemos de limitar el término «parábola» a la narración en la que actúan determinados protagonistas.

La alegoría

Como género literario, la alegoría es una narración inventada con el fin de ilustrar verdades morales o espirituales, en las que las personas *representan* cualidades, vicios, tendencias, etcétera. La alegoría mejor lograda de toda la literatura mundial es *El peregrino,* de Juan Bunyan, que tantas preciosas lecciones bíblicas nos enseña.

Con referencia a la Biblia, y a las costumbres judaicas, hemos de entender que una alegoría es el comentario que se hace sobre una narración bíblica, pero, en lugar de darle su sentido normal histórico, el comentarista hace que los protagonistas y las situaciones *representen* algo en el orden moral o espiritual. Pablo lo hace con la historia de Sara y Agar en Gálatas 4:22–27, quizá con el propósito de emplear un arma judaica contra los judaizantes, pero aparte de dicho caso, los escritores novotestamentarios rehuyen los métodos alegorizantes de los rabinos, al par que aprovechan los verdaderos tipos del AT y mucho más de su material en sentido ilustrativo.

Algunos escritores tienden a considerar como «alegórico» toda expresión figurada un poco extensa —la del Buen Pastor en Juan 10, por ejemplo—, pero aquí nos atendremos a las normas ya dadas.

Un tipo

Un tipo sacado del AT es muy diferente de una alegoría, pues consiste *en algo que Dios ordenó expresamente* para prefigurar aspectos de la obra de la redención y la persona del Mesías. La Pascua, por ejemplo, es un tipo válido, como también lo son los sacrificios y el orden general del Tabernáculo.

La hipérbole

La hipérbole es una exageración retórica que tiene por objeto llamar la atención del oyente o del lector a la verdad fundamental que se quiere enseñar. El Maestro no desdeñaba la hipérbole, que era bien entendida en el Oriente, y hallamos un caso de ella —con matices humorísticos por cierto— en Mateo 7:3: «¿Por qué miras la paja que está en el ojo de tu hermano, y no echas de ver la viga que está en tu ojo?» Aquí hallamos una combinación de mucho efecto irónico de dos metáforas, la «paja» y la «viga», indicando la primera la falta del «otro», y la segunda el defecto grave que es evidente en aquel que se preocupa tanto por su vecino, subrayando la lección el elemento híperbólico: ¡una *viga* que atraviesa el ojo del hipócrita! Tales enseñanzas tajantes, irónicas, que ponían al desnudo las locuras del «yo» caído, jamás podían olvidarse por quien las oyera.

Las frases hiperbólicas

Las frases hiperbólicas suelen presentar bastante dificultad a la mente más práctica del occidental, y a veces se han sacado conclusiones de ellas muy alejadas de la intención del Maestro. Como en el caso anterior, tienen por objeto traer luz sobre la lección principal, dramatizándola hasta lo máximo. El caso más destacado de unas frases hiperbólicas en las enseñanzas del Señor se halla en Lucas 14:26. «Si alguno viene a mí, y no aborrece a su padre, y madre, y mujer, e hijos, y hermanos y hermanas, y aun también su vida, no puede ser mi discípulo.» El lector se acordará de otras Escrituras que nos enseñan que es necesario honrar a los padres, amar a la mujer como Cristo amó a la Iglesia, además de cuidar de los hijos y educarlos bien, y quizá se asombre ante la aparente contradicción; ésta desaparece, sin embargo, si tenemos en cuenta que se trata de una figura retórica, la hipérbole, que de una forma dramática señala la necesidad de que el discípulo dé al Maestro el lugar preeminente que le corresponde en su vida. El amor hacia el Dueño de ella ha de ser tan completo y rendido, que, en comparación, aun los sagrados y necesarios afectos naturales parezcan como «aborrecimiento».

La paradoja

Esta figura entraña una contradicción aparente que se resuelve en la esfera moral o espiritual de la vida cristiana, y que surge inevitablemente de la tensión que existe entre la vida celestial del hijo de Dios y la de sus actividades en la esfera de este mundo. Las paradojas del Maestro encierran verdades profundas, que llegan a lo más profundo de la vida y del testimonio del discípulo: «Porque el que quisiere salvar su vida, la perderá; y el que perdiere su vida por causa de mí y del evangelio, la salvará» (Mr. 8:35; comp. Jn. 12:25; Mt. 13:12).

LA RIQUEZA DE LOS ELEMENTOS FIGURATIVOS EN LAS ENSEÑANZAS DEL MAESTRO

El Maestro vivía como Hombre entre los hombres, participando en las actividades normales de ellos —excepto del pecado— y observando con interés, no sólo la gloria de su propia creación, sino también cuanto fuese significativo o atrajera la atención de sus semejantes, en el hogar, en sus trabajos, en sus ocasiones especiales y fiestas y en su vida religiosa. Todo ello le servía de abundante arsenal de donde iba sacando sus ilustraciones, por las que la gloria de la sabiduría divina resplandecía a través de los objetos conocidos y de las circunstancias normales de la vida de sus oyentes. El doctor Graham Scroggie clasifica las ilustraciones de esta forma:

Fenómenos naturales

El sol, la luz, el fuego, las nubes, la lluvia, los ventas, las tormentas, los relámpagos.

Historia natural

Los animales. El cerdo, la oveja, el perrillo, el asno, el buey, el camello, el lobo, la zorra, las aves en general, la gallina, los polluelos, el águila, la serpiente, el escorpión.

Las obras de los animales. El nido del pájaro, la «cueva» de las zorras.

Los insectos. El mosquito.

Plantas. El lirio, las cañas, los espinos, el anís, la menta, el comino, el olivo, la higuera, la vid, los pámpanos de la vid, la mostaza, el sicómoro.

La vida humana

1) *Física*. Carne, sangre, el ojo, el oído, las manos, los pies, el hambre, la sed, el sueño, la risa, el lloro, enfermedades, la cirugía, el médico, la muerte, el cadáver.

2) *Doméstica*. El esposo, la esposa, el padre, la madre, alumbramiento, los hijos, el casamiento. Las casas: la mesa, lámparas, asientos, camas, tinajuelas, el barrer, el cocinar, un huevo, el pan, la masa, la levadura, las comidas, el remendar ropa, el vestido, vestidos de gala, anillo, calzado, las diez dracmas de la dote de la mujer. Los trabajos domésticos: el molinillo para la harina, el odre del vino, el almud.

3) *Comercial*. Pescadores, el sastre, el albañil, el negociante, los negocios, los banqueros, administradores, deudas, varias monedas, obligaciones, recibos, herencias, construcción de casas.

4) *Pastoral y agrícola.* Pastores, rebaños, el redil, el becerro cebado, labradores, terrenos de cultivo, arar, sembrar, segar, crecimiento de plantas, podar, frutos, cosechas, la hoz, trillar, la era, las viñas, vino, árboles frutales, la piedra de molino. los criados, la jornada, las contratos de trabajo, el vallado de una finca, abonar los árboles, la torre de la viña, el lagar, los alfolíes (= graneros), arrendamientos.

5) *Gobierno, administración de justicia, etc.* Reyes, jueces. cárceles, juicios, castigos (azotes, multas), violencias, robos, guerras.

6) *Social.* Bodas, hospitalidad, fiestas, salutaciones, viajes.

7) *Religiosa.* Limosnas, diezmos, ayunos, oraciones públicas, el sábado, el Templo, sacrificios, ofrendas.

8) *Referencias a personajes históricos y contemporáneos.* Habitantes de Sodoma y Gomorra, Abraham, Moisés, Tiro y Sidón, David, Salomón, la reina del Sur, Jonás, Zacarías el mártir, Juan el Bautista, la matanza de los galileos, la caída de la torre de Siloé, Herodes Antipas, el César, habitantes de Capernaum, Corazín y Betsaida, etc.

Hemos añadido algunos elementos a la lista del doctor Scroggie; seguramente no es completa aún. Sería un buen ejercicio si el estudiante procurase identificar el empleo de todas las figuras antecedentes al leer los Evangelios.

ILUSTRACIONES DE CIERTO DESARROLLO QUE NO LLEGAN A SER PARÁBOLAS

La necesidad de la reconciliación con el adversario (Mt. 5:25; Lc. 12:58–59)

El caso es general y no particular, señalando la necesidad de arreglar cuentas con Dios y con el hermano antes de que sea demasiado tarde.

Los dos edificadores (Mt. 7:24–27; Lc. 6:46–49)

Otro caso general, aplicable a todo aquel que busca buen fundamento para su vida, y a aquel que descuida lo más importante: el obrar conforme a la Palabra del Señor.

208 / Introducción a los cuatro Evangelios

El hombre fuerte y el más fuerte
(Mt. 12:29, 30; Mr. 3:27; Lc. 11:17–22)

Un caso que casi llega a personalizarse, pero lo dejamos como una ilustración de que las manifestaciones del poder del Señor frente a los demonios probaba que había venido el Mesías triunfante.

El espíritu inmundo que volvió a su casa
(Mt. 12:43–45; Lc. 11:24–26)

Hay narración personal aquí, pero como se etectda en la región de los espíritus, no se incluye entre las parábolas. Los judíos habían desahuciado el demonio de la idolatría en su manifestación pagana, pero volvió a la casa del judaísmo disfrazado, y acompañado de otros «demonios» como son el formalismo religioso, el racismo, la hipocresía, etc.

Los siervos que esperan a su Señor
(Mt. 24:45–51; Mt. 13:34–37; Lc. 12:35–48)

La ilustración toma formas algo distintas en los tres pasajes de referencia, pero en todos se subraya la necesidad de que los verdaderos siervos administren bien la casa de su Señor en vista de que puede volver en cualquier momento. Se destaca el juicio del siervo infiel, que se prueba ser falso por sus obras.

La torre sin acabar y la guerra que no se libró
(Lc. 14:26–33)

Se destacan con gran fuerza dramática la locura de emprender una construcción sin hacer cuentas antes, y la necesidad de hacer recuento de fuerzas antes de librarse la batalla. Son casos generales: «¿Quién de vosotros...? ¿Qué rey...?» La lección es que el discipulado no puede emprenderse en la energía de la carne, sino sólo por medio del auxilio divino.

El Pastor, la puerta y las ovejas (Jn. 10:1–18; 27–29)

El vocablo griego traducido por «parábola» en la Versión R.V. antigua es *paroimia* «expresión figurada». El Señor no se fija aquí en la actuación de un cierto pastor, sino que, sobre el fondo de la labor de todos los pastores orientales, va bordando preciosas lecciones sobre su persona, su obra, sobre las ovejas y el rebaño que se ha de formar.

La vid y los sarmientos (Jn. 15:1–10)

He aquí una preciosa ilustración de cómo se ha de mantener una comunión fructífera con el Señor, pero carente por entero de toda acción personal, de modo que no ha de considerarse como parábola. Es un ejemplo hermoso de tantas ilustraciones gráficas que emplea el Señor, desarrollándose unas más y otras menos, pero cumpliendo todas la finalidad de manifestar las grandes verdades del nuevo siglo y haciéndolas «tangibles» para quien busca la verdad.

LAS PARÁBOLAS DEL SEÑOR
Definición de la parábola como género literario

La voz griega, de la que se deriva nuestra palabra, significa el acto de «colocar un objeto al lado de otro» con el fin de establecer una comparación entre ambos. En la parábola se expone una historia humana, en la que la acción del protagonista, o de los protagonistas, puede ser muy limitada o bastante complicada, pero «al lado» de la narración se ha de buscar una analogía espiritual que encierra la lección que el enseñador quiere presentar. Repetimos aquí que hemos de considerar como verdaderas parábolas solamente las ilustraciones de forma claramente narrativa, siendo verídica la historia, o, por lo menos, verosímil: es decir, que aconteció realmente o pudo haber acontecido. Los protagonistas son hombres y mujeres que actúan dentro de las circunstancias normales de la vida. La definición popular de una parábola como: «una historia humana que encierra una lección espiritual», es aceptable para todos los efectos normales.

Parábolas del Antiguo Testamento

Se ha dado el nombre de «parábola» a varias historias ilustrativas del AT, pero el examen de ellas, a la luz de nuestra definición, muestra que el elemento verdaderamente parabólico antes de Cristo se reduce a muy poca cosa, bien que figuras retóricas abundan por doquier. La historia profética con la que Jotán reprendió a Abimelec y a los sequemitas y profetizó el castigo de Dios sobre ellos (Jue. 9:8-20) es más bien *una fábula,* ya que las plantas hablan y llegan a sus decisiones, lo que es contrario a la naturaleza. Natán reprendió a David —después de su grave pecado al haber robado a Uría su mujer, y al haber procurado su muerte— en forma claramente parabólica (2 S. 12:1–4), pero la historia humana no sirve tanto para subrayar una verdad espiritual, como para llevar a David a la confesión de su pecado y a la condenación de sí mismo en la persona del rico que robó el corderito del pobre. Joab pone una especie de parábola en la boca de la mujer sabia de Tecoa (2 S. 14:4–8), pero falta la «lección espiritual», ya que sirvió únicamente para disfrazar la insinuación de que Absalom fuese llamado del destierro. En 1 Reyes 20:35–43 se halla una parábola, precedida por acciones simbólicas, que sirvió para hacer comprender a Acab la locura de su culpable indulgencia para con Benadad de Siria. De nuevo notamos la intención de despertar la conciencia, y de anunciar disimuladamente la condenación de Dios. Tales parábolas flanquean la posición del enemigo para lanzar el ataque desde el costado, logrando lo que habría sido imposible por medio de un ataque frontal. Vemos algo parecido en las parábolas de «los dos deudores» (Lc. 7:41–47) y en la de los «labradores malvados» (Mr. 12:1–12), pero lo normal en las parábolas del Maestro es que salga de la historia una lección espiritual de aplicación general, o por lo menos, amplia, no estando circunscrita a las condiciones del momento. A primera vista la «canción de la viña» (Is. 5:1–7) es una verdadera parábola, pero sería mejor llamarla una poesía alegórica, que desarrolla más el pensamiento del Salmo 80, toda vez que se personaliza en seguida: «Mi Amado tenía una viña», y que el resultado es contra naturaleza, puesto que la buena viña, tan primorosamente preparada, no llevó más que uvas silvestres. Es evidente el enlace entre esta triste canción y la parábola de los «labradores malvados».

Parábolas de los rabinos

Los maestros religiosos de los judíos también empleban el vehículo parabólico con el fin de destacar las lecciones de su árida teología, lo que viene a poner de manifiesto que el Maestro no inventaba nuevos métodos de enseñanza, sino que utilizaba aquellos que tenía a mano, y con los cuales sus coetáneos estaban familiarizados. Pero su mano divina transmutó el plomo de las ilustraciones comunes en el oro de una sabiduría celestial jamás igualada.

La base de la enseñanza parabólica

Quizá podemos pensar que la parábola, y el lenguaje figurativo en general, excede en mucho al mero método ilustrativo, a la manera de la moderna «anécdota», y que hemos de considerar la posibilidad de analogías hondas y esenciales entre la vida de «abajo» y la de la esfera espiritual; de este modo las figuras que escogiera el Maestro, conocedor de ambas esferas, señalaban un parecido intrínseco entre la «forma» humana y la sustancia espiritual. Con todo, no sería prudente dejarnos llevar demasiado allá por esta posibilidad alucinante, ya que el Maestro escogía sus ejemplos también de la vida pecaminosa del hombre caído, y tendremos ocasión de ver, como necesidad interpretativa, que no toda la parte narrativa o descriptiva es necesaria a la lección espiritual o moral, sirviendo algo de ella como marco y fondo que ponen de relieve la lección principal.

LA DISTRIBUCIÓN DE LAS PARÁBOLAS EN LOS EVANGELIOS

Aparte de una pequeña parábola propia de San Marcos, este estudio nos lleva a los Evangelios de Mateo y de Lucas, puesto que no se halla ninguna parábola que encaje en nuestra definición en Juan, bien que abundan los elementos ilustrativos y simbólicos. El estudiante verá que el estudio consiste sobre todo —además de la interpretación de todas y de cada una de estas historias divinas— en discernir la diferencia entre el tipo de parábola que recoge Mateo, según las exigencias de su propósito principal, y el que hallamos en el tercer Evangelio, según el designio de su autor. Todo ello se destacará de las listas de las parábolas según sus épocas al final de la sección, y que el lector puede consultar desde ahora. Aquí nos limitamos a la distribución en su sentido un poco externo, pero que tiene su importancia para el estudio total.

Verdaderas parábolas no hallamos más de treinta. Marcos nos da *cuatro:* «el sembrador», «el grano de mostaza», «los labradores malvados» y «el grano que crece en secreto», siendo la última peculiar a su Evangelio. Estas limitaciones en lo parabólico concuerdan con lo que vimos en su lugar: que Marcos sacrifica discursos y enseñanzas en aras del énfasis que coloca sobre las obras de poder. Las otras tres que acabamos de señalar son las únicas que se hallan en todos los Evangelios sinópticos.

Dos parábolas son comunes a Mateo y a Lucas, sin hallar cabida en Marcos: «la levadura en la harina» y «la oveja perdida». Diez más se deben sólo a Mateo y catorce sólo a Lucas. Estos datos pueden presentarse en forma esquemática como sigue:

Parábolas peculiares a Mateo 10
    »   »   » Marcos 1
    »   »   » Lucas 14
    » halladas solamente en
        Mateo y Lucas 2
Parábolas halladas en Mateo, Marcos
    y Lucas 3
                           _____
           Total 30

LA ÉPOCA PARABÓLICA

Desde el principio el Maestro derrocha maravillosos caudales de enseñanzas, enriquecidas por exquisitas figuras y profundos símbolos, pero la época de las parábolas no se inició hasta la segunda fase de su ministerio en Galilea, cuando el temprano entusiasmo provocado por las obras de poder se iba enfriando, y se trataba de saber quiénes de verdad habían comprendido el significado de la persona y de las obras de Jesús de Nazaret. Se puede decir que los comienzos del ministerio parabólico separan las grandes campañas de la proclamación del Reino de los Cielos del período en que el Maestro disponía a los suyos para el reconocimiento oficial de su persona como Mesías e Hijo de Dios (véanse los esquemas del ministerio al final de las secciones II, III y IV). El orden se aclara bien en Mateo, quien detalla el discurso por el cual el Maestro comisionó a los apóstoles que envió para consumar la proclamación del Reino en Galilea (cap. 10). Los capítulos 11 y 12 resumen varias fases de la oposición al Maestro en el Norte, llegando los fariseos a atribuir la liberación de un endemoniado al poder de Beelzebub, pecando así contra el Espíritu Santo (Mt. 12: 22–37). De otra parte, Mateo ve en las maravillosas actividades del Señor el claro cumplimiento de la gran profecía mesiánica de Isaías 42:1–4 (Mt. 12:17–20). La última parte del capítulo 12 recalca la ceguera de los judíos frente a señales más elocuentes y convincentes que las experiencias de Jonás y de la reina del Sur. Aun los familiares reaccionaron en contra del sentido de la obra de Jesús, pero Él anunció la formación de una nueva familia que sabría discernir y hacer la voluntad de su Padre en los Cielos.

Tal es el preludio del ministerio parabólico, cuyos comienzos se señalan en Mateo 13. Por entonces se dice que «sin parábola nada les hablaba» (Mt. 13:34), ¡sin que por ello hayamos de imaginar que el Señor se limitaba exclusivamente a hablar en parábolas desde entonces hasta el fin de su ministerio en la tierra! Cierto es, sin embargo, que desde entonces las parábolas ocupaban lugar destacado en su ministerio hasta la pasión (véanse las épocas señaladas en el esquema al final de la Sección). Se explica el propósito de las parábolas en el apartado siguiente, pero anticipamos aquí que el nuevo método ayudaba a distinguir entre quienes buscaban la verdad, y que habían visto por lo menos algo de la gloria de la persona del Señor, y aquellos otros que no veían más que la parte prodigiosa de las obras de poder, convirtiéndolas más bien en espectáculo; algunos estaban dispuestos a encajar al «obrador de milagros» en sus planes de mesianismo político y carnal, mientras que los jefes en general empezaban a rechazar de plano a aquel que adquiría una autoridad que no comprendían, y que amenazaba sus intereses creados frente al pueblo judío. A la luz de los factores que señalamos abajo, podemos decir que el método de las parábolas servía como bieldo en las manos del Dueño, por el que empezaba a «limpiar su era», separando el buen trigo y la paja (Mt. 3:12).

EL PROPÓSITO DE LA ENSEÑANZA PARABÓLICA

La parábola sirvió para ilustrar la verdad y para que fuese recordada

Más abajo notaremos los propósitos «judiciales» de la parábola, pero nada de lo que hemos de decir afecta el propósito primordial: la ilustración de la verdad. A todo el mundo le agrada una historia bien contada, de modo que la parábola despertaba la atención del oyenle, y, quedando en la memoria precisamente a causa de su forma narrativa, le proveía de material que podía meditar una y otra vez. Éste era un factor especialmente importante cuando se trataba de un auditorio que no tendría la ayuda de los apuntes del discurso.

La parábola podía despertar la conciencia indirectamente

Al notar las parábolas del AT vimos casos en que se retenía la atención del oyente por medio del disfraz narrativo el tiempo suficiente para llegar al momento de lanzar la flecha de la acusación; cuando se trataba de reprender a los poderosos, el ataque directo habría sido imposible, o, por lo menos, peligroso. Las parábolas de los «dos deudores» y de «los labradores malvados» son claros ejemplos de lo mismo en el ministerio del Señor, pero algo del ataque por el flanco se percibe en toda parábola que ilustra el pecado de Israel al rechazar a su Mesías, siendo que los condenados eran los mismos príncipes del pueblo.

La parábola revelaba la verdad a los sumisos y la escondía de los rebeldes

Después de la parábola inicial y típica, la del «Sembrador», los discípulos preguntaron al Señor el porqué de esta nueva forma de enseñanza que, quizá, les parecía poco eficaz. Es muy importante la respuesta del Señor que hallamos en Mateo 13:11–17, 43.

Los discípulos estaban facultados para entender los misterios del Reino; pero no los rebeldes (Mt. 13:11–12)

«Al que tiene le será dado, y tendrá en abundancia; pero al que no tiene, aun lo que tiene le será quitado.» A la mente carnal estos principios parecen muy arbitrarios, pero de hecho no hacen más que señalar una ley espiritual y moral intangible y de aplicación universal. Los discípulos buscaban la verdad con ahínco y con sinceridad, de modo que, a pesar de su aparente torpeza a veces, podían crecer en el conocimiento de los misterios. Tenían ya en su «haber» un verdadero amor al Maestro, y en ellos iba cumpliéndose el gran principio de Juan 7:17: «El que quisiere hacer la voluntad de Dios, *sabrá de la doctrina.*» En ellos se hallaba el verdadero secreto del discipulado, puesto que se habían colocado a los pies del Maestro para aprender de Él, y nada impedía que adelantasen en los conocimientos de Dios y en la sabiduria del cielo. Gracias a lo que tenían, podrían tener más, «en abundancia».

En cambio, los hombres que se cegaban voluntariamente contra la divina luz que brillaba en el rostro del Dios-Hombre, y no habían querido escuchar siquiera el claro lenguaje de sus obras de poder y de gracia, por no deponer sus intereses egoístas y materiales, carecían de aquel mínimo de tesoro espiritual que habría hecho posible un aumento progresivo. Quedaban quizá con sus profesiones religiosas, pero aun aquello les sería quitado. De nuevo subraya el Señor la ley fundamental que para recibir es necesario pedir, y para hallar no se excusa el buscar.

El oído interior apercibido, u obstruido

«Bienaventurados nuestros ojos, porque ven; y vuestros oídos porque oyen», dijo el Maestro a los suyos, y tras la interpretación de la parábola de «la cizaña» enunció el conocido refrán: «El que tiene oídos, oiga.» Las metáforas cambian, pero el principio básico concuerda con lo que acabamos de exponer, pues es *el deseo de buscar a Dios, y una actitud sumisa delante de Él* lo que aclara la vista del alma y da percepción al oído interior. Los discípulos representaban al «resto fiel» de todos los tiempos, puesto que deponían el orgullo del corazón humano, y doblegaban la rodilla delante de Dios, pudiendo así «sintonizar» con las ondas del cielo, si se nos permite modernizar la metáfora. Las parábolas les iban proporcionando precioso material sobre el Reino, y la forma velada no haría sino aumentar su comprensión, gracias a su valor ilustrativo y la manera en que facilitaban el recuerdo. El contraste entre aquellos que tienen oído para oír y los sordos espirituales se recalca por medio de la cita de Isaías 6.

La profecía de Isaías 6:9–10

La forma de la cita en Marcos y Lucas resulta más difícil que la de Mateo, sin duda porque se ha abreviado: «Porque viendo no vean y echen de ver, y oyendo, oigan, y no entiendan...» (Mr. 4:12; Lc. 8:10). Podríamos sacar la conclusión de que Cristo hablaba en parábolas a propósito, para hacer incomprensible su verdad a las gentes en general; pero la cita completa en Mateo 13:14–15 aclara que es el corazón engrosado del pueblo, los oídos pesados y los ojos deliberadamente cerrados, lo que impide la comprensión de las comunicaciones divinas. Con todo, la intención judicial es un hecho, tal como lo era cuando Isaías fue comisionado a ser portavoz de parte de Dios a los habitantes de Jerusalén. Dios buscaba un mensajero, y el joven profeta se había ofrecido (Is. 6:8); en los capítulos siguientes vemos que su ministerio resultó en el fortalecimiento del «resto fiel» de aquellos tiempos. Con todo, tratándose de la gran masa del pueblo carnal y rebelde, sus mensajes habían de ser sombra y no luz, juicio y no salvación. Dios retira judicialmente la luz de aquellos que persisten en rechazarla, y el aumento de sordera espiritual llega a ser el castigo de quienes no quieren oír. Hallamos una analogía en Romanos 1:28: «Y *como a ellos no les pareció bien tener el conocimiento de Dios,* Dios les entregó a una mente depravada...», y la operación de los judíos del tiempo del anticristo se regirá por idéntico principio: «Será descubierto el inicuo, cuya venida es según la operación de Satanás, con toda clase de milagros, y señales, y falsos prodigios, y con todo engaño de injusticia para los que están en vías de perdición, *por cuanto no recibieron el amor de la verdad* para ser salvos» (2 Ts. 2:8–10).

Resumiendo, pues, la parábola aclara la verdad para el hombre de buena voluntad, ilustrándola y ayudándole a retenerla en su memoria; en cambio, la esconde del hombre carnal, que no percibe más que la forma exterior y no tiene interés en escudriñar más. La palabra de Cristo —y la referencia aquí es especialmente a la palabra parabólica— juzga a los hombres, dividiéndolos en dos grandes bandos: aquellos que quieren acudir a Él para recibir la vida, y aquellos que rechazan tanto su revelación como su persona, que es lo mismo que volver las espaldas a Dios.

LA INTERPRETACIÓN DE LAS PARÁBOLAS

La forma parabólica es tan sencilla en su aspecto exterior que es fácil suponer que su interpretación ha de ser igualmente sencilla, lo que dista mucho de ser verdad. Los «niños» en Cristo hallarán pastos en estos verdes y floridos prados, como en todas las Escrituras, pero es igualmente cierto que expositores piadosos y eruditos han sacado lecciones distintas de ciertas parábolas. La envoltura narrativa y figurativa plantea siempre el problema de *interpretación,* y bien que hemos de aplicar las normas generales de la hermenéutica, siempre queda la dificultad adicional: acertar a ver exactamente lo que será la realidad espiritual que corresponde a la forma externa y humana. No podemos ofrecer al lector ninguna contraseña mágica que sirva para todos los casos, y queda la posibilidad de que el Espíritu Santo subraye distintos aspectos al que medita y ora, según sus necesidades espirituales, pero creemos que los principios siguientes han de dar una buena orientación al estudiante diligente que «tiene oído para oír».

Hay que buscar la verdad central que cada parábola ilustra

Una sola parábola podrá encerrar varias lecciones, pero éstas no se apreciarán en su verdadera perspectiva si no hemos entendido la verdad central. Siguiendo una norma exegética bien conocida, hemos de buscar el significado fundamental de cada parábola por *el estudio de su contenido en relación con el con-*

218 / Introducción a los cuatro Evangelios

texto. Por ejemplo, en la primera sección de Lucas 11, el Maestro está enseñando a sus discípulos importantes lecciones sobre *la oración*, de modo que la parábola referida en Lucas 11:5–8 (la del hombre que importuna a su amigo a medianoche para que le dé pan) tiene que ver con el tema general, y subraya la necesidad de la persistencia en la oración, «en sazón y fuera de sazón». Aprendida esta lección podríamos seguir meditando y se nos ocurriría que el hombre importuno no se preocupa por sí mismo, sino por el amigo viajero que había llegado a deshora a su puerta, y así aprenderíamos una importante lección adicional sobre *la oración de intercesión*. Más meditación quizá nos daría luz sobre la frase: «Y no tengo nada que ponerle delante», que nos hace ver que la oración persistente surge del hecho patente de *nuestra falta absoluta de recursos*. Pero el lector notará que los detalles secundarios se relacionan con el tema fundamental, como elementos subordinados al mismo, lo que les presta validez interpretativa. Si empezáramos a alegorizar sobre el hecho de que, al llamar el suplicante a la puerta, los niños del suministrador del pan estaban ya acostados con él, saldríamos de las vías de una verdadera interpretación para pasar al terreno de la fantasía.

La parábola del «fariseo y el publicano» (Lc. 18:9–14) se introduce por la frase: «Dijo Jesús también a unos que confiaban en sí mismos y menospreciaban a otros, esta parábola...», que nos da la clave para la interpretación. Son la justicia propia y el orgullo espiritual que quedan condenados, al par que se señala una puerta abierta para quien se arrepiente y hace sincera confesión de pecado.

La de «las diez vírgenes» lleva su «clave» al final: «Velad, pues, porque no sabéis el día ni la hora [de la venida de Cristo]» (Mt. 25:1–13). Esta parábola exige un cuidadoso análisis que *tome nota de lo que verdaderamente se dice y de lo que no se dice*, pero este examen habrá de llevarse a cabo a la luz de la exhortación de «velar» en vista de que nadie puede predecir el día y la hora de la venida de Cristo.

El precioso grupo de parábolas que se hallan en Lucas, capítulo 15, se motivó por las quejas de los fariseos: «Y se llegaban a Jesús todos los publicanos y pecadores a oírle; y murmuraban los fariseos y escribas, diciendo: «Éste a los pecadores recibe, y con ellos come.» El tema general de las tres, por lo tanto, ha de ser el arrepentimiento, que hace posible que Dios pueda recibir y bendecir a los extraviados. Es muy importante que el intérprete no se deje influir demasiado por algunos detalles y frases de la conversación entre el padre y el hijo mayor hasta olvidar la lección general y el punto de origen de la parábola, pues el espíritu del hijo mayor es el de los fariseos que se ofendieron ante la posibilidad de la bendición de los apartados: un espíritu satánico, en fin, y contrario al corazón de Dios (véase el apartado siguiente).

No todos los detalles de una parábola tienen significado espiritual

En este género la verdad se comunica por medio de una historia compuesta de elementos humanos, circunstanciales y temporales, que se combinan en forma verosímil; es inevitable, pues, que algunos de los detalles no sirvan más que para completar el cuadro, o como vehículo para la lección primordial, y quizás algunos para otras secundarias. Si tenemos en cuenta esta sencilla consideración, propia del método parabólico, nos salvaremos de muchas interpretaciones artificiales y exageradas, en las que todos los objetos y movimientos «han de significar algo». Tales «lecciones» pueden o no ser verdaderas (a la luz de otros pasajes de las Escrituras), pero si no salen de una forma natural de la historia y del contexto bajo consideración, no tenemos derecho de «meterlas» donde no pertenecen. Ya hemos visto que el hecho de estar acostado con sus niños el amigo del hombre importuno no significa nada: es únicamente un elemento de la historia que subraya los obstáculos que han de ser vencidos por los ruegos insistentes del suplicante. En la misma parábola llegaríamos a la blasfemia si procurásemos ir sacando «deducciones lógicas» de la historia, diciendo, por ejemplo, que como el amigo suplicante es el creyente delante de Dios, entonces el «amigo donante» tiene que corresponder a Dios, que llevaría como corolario que hay que importunarle porque no quiere molestarse en dar lo que los suyos necesitan. Parecidas barbaridades (y el efecto sería aún peor si aplicásemos semejante «lógica» a la parábola de «la viuda importuna» de Lucas 18:1–8) ponen de relieve la necesidad de buscar la lección esencial que se destaca de la historia que en sí es humana. Al mismo tiempo, en las dos parábolas de referencia (y especialmente en vista de las palabras del Señor en Lc. 18:7), es permisible sacar conclusiones como ésta: «si por fin el hombre perezoso sacó el pan, y si por fin un juez injusto hizo justicia, movidos por súplicas persistentes, ¡cuánto más no acudirá Dios, el Padre amante de su pueblo, tanto para suplir sus verdaderas necesidades como para obrar con justicia frente a los enemigos de los suyos! Es el argumento del Maestro en Lucas 11:11–13.

Las parábolas han de examinarse a la luz de las grandes doctrinas de la Biblia

Todos los sanos exégetas reconocen que no es lícito *basar* doctrinas sobre las parábolas en vista de la «forma humana» de su envoltorio, pero al mismo tiempo pueden proveernos de preciosas ilustraciones de doctrinas que se afirman didácticamente en otros pasajes. No hay nada que impida, tampoco, que busquemos la guía de las grandes doctrinas bíblicas en la tarea de la interpretación, como la norma de toda buena exégesis. Algunos expositores modernos —sanos en la fe— han reaccionado tan violentamente en contra de las interpretaciones fantásticas y alegóricas de los detalles no esenciales de las parábolas, que han llegado a olvidar el principio básico de la unidad de todas las Escrituras, limitándose a notar la lección más obvia que surja del contexto inmediato, y sin tener en cuenta que, según el poético dicho de Lutero: «En las Sagradas Escrituras cada pequeña margarita encierra las riquezas de todo un prado». Es el Maestro divino quien habla, el Verbo encarnado, y hemos de esperar que una gran plenitud de sentido llene el vaso externo de su método predilecto de enseñanza, aun teniendo en cuenta los peligros que hemos apuntado arriba. Más abajo bosquejaremos la parábola del «buen samaritano» y su sentido, mencionando por una parte interpretaciones que ilustran los extremos fantásticos y alegóricos y por otra los peligros de una sequedad que rehusa aprovechar el meollo del pasaje, convirtiéndola en esqueleto desvitalizado.

Dos interpretaciones modelo

El Maestro quería que sus discípulos entendiesen bien los «misterios del Reino de los Cielos», y por eso, después de referir en público las parábolas «del sembrador» y de «la cizaña entre el trigo», se apartó con ellos a fin de darles la interpretación (Mt. 13:18-23, 36-43). Haremos bien en considerar con mucha atención el método interpretativo del Maestro, pues es de suponer que debemos dejamos guiar por estos modelos al acercarnos a las demás parábolas.

El Sembrador

La sencilla historia hizo ver la suerte de la misma clase de semilla en diferentes tipos de terreno; el endurecido al borde del camino, el que apenas cubre las rocas con una capa de escasa profundidad, el que podría haber sido bueno, pero se ha llenado de espinos, y el bueno que se ha cultivado y preparado bien. La pregunta que sugiere la historia es ésta: «¿Qué pasa cuando buena semilla cae en diferentes clases de tierra?» Esta pregunta esencial señala el tema principal, como se ve en la interpretación. El Señor indica que la «semilla» es la «palabra del Reino», lo que se podría deducir además de otros pasajes bíblicos, y, por legítima deducción, Él es el gran Sembrador, ya que el período anterior es el de su labor de proclamar la «palabra del Reino» por toda Galilea. El hecho de que había enviado a los discípulos con idéntica misión, les incluye a ellos también como sembradores de la Palabra. Los terrenos corresponden a los oyentes, con una primera referencia a los galileos entre los cuales la palabra se había sembrado en abundancia, respondiendo sólo unos cuantos, pero igualmente son aplicables a cuantos escuchan el Evangelio. Lo demás de la interpretación sale naturalmente de los factores ya señalados, pues unos oyentes están tan endurecidos que la Palabra no se adentra en su entendimiento; otros la reciben con fácil entusiasmo, pero sin llegar a unirse con Cristo; otros dejan que los cuidados y placeres del mundo ahoguen la semilla; otros «entienden» la Palabra, porque su corazón se ha sometido a Dios, y ellos llevan buena cosecha.

Vemos la necesidad de buscar el tema principal, pero además, la interpretación depende de un contexto amplio; notemos también que si el Señor no nos hubiese provisto de las claves, habríamos tenido que buscarlas en las lecciones generales de las Escrituras.

La cizaña en medio del trigo

Si la parábola del sembrador ilustra el principio de la extensión del Reino en los corazones de los hombres (quedando fuera una gran mayoría) la de la «cizaña» nos lleva a una etapa posterior: existiendo ya en el campo del mundo muchos «hijos del reino» (el trigo que crece), Satanás intenta viciar la gran obra por introducir «falsos hijos» en el Reino que son, de hecho, «hijos del maligno», igual que los mundanos sin disfraz. La semilla es «buena» (siendo la Palabra como en «el sembrador») y el Sembrador ya se nombra como «el Hijo del Hombre». El tema principal de este «misterio» es que el diablo había de corromper la pureza de la esfera de profesión del Reino (de los sembrados), bien que cada hijo del Reino (como espiga de buen trigo) sería guardado para una cumplida bendición en el Reino del Padre. Mientras tanto, no había manera violenta de arrancar los «falsos» de los «verdaderos» hasta que llegase la «cosecha» que se define como «la consumación del siglo». La separación final se asocia con el juicio de los hijos del maligno, y la plena bendición de los hijos del Reino. En pocas palabras se presenta el desarrollo del «cristianismo mundial» desde el punto de vista de la funesta obra de Satanás, y desembocando a la crisis final. Si no tuviéramos la interpretación autorizada del Señor, acudiríamos a la parábola antecedente y típica del «sembrador», que nos daría la identificación tanto de la semilla como del Sembrador. Además sabríamos que únicamente las «espigas» del «buen terreno» podrían ser «hijos del reino», pues las otras clases de oyentes quedan eliminadas. No sería difícil identificar al «enemigo» que quiere estropear la obra de Dios en el mundo, y el concepto de la «consumación del mundo» como una «cosecha» es conocido por otros pasajes. Es evidente que necesitaríamos la ayuda del contexto, y *también* la luz que precede de otras porciones de las Escrituras.

PARÁBOLAS EJEMPLARES O DE DIFÍCIL INTERPRETACIÓN

El hijo pródigo (Lc. 15:11–32)

Hemos notado ya que esta parábola, conjuntamente con la de la «oveja perdida» y la «moneda perdida y hallada» surge de la bienvenida que Cristo dio a los publicanos y a los pecadores, y de las reacciones contrarias de los fariseos en la misma ocasión. Los rasgos principales se perfilan con gran nitidez: el amor constante y paciente del Padre, con el desvarío, el arrepentimiento y el humilde retorno del hijo menor, que pudo luego ser bendecido. Queda en segundo término la actitud orgullosa e inflexible del hijo mayor, análoga a la de los fariseos en la introducción. Ahora bien, algunos teólogos liberales han querido hacer ver que el problema total del pecador se resuelve exclusivamente por el amor del Padre, ya que no hay aquí referencia alguna a la expiación por el pecado. Se procura deducir que la obra de la cruz no es esencial al plan de la redención. He aquí un peligroso ejemplo de los argumentos basados en «el silencio», o en omisiones que se observan en ciertos pasajes. Claro está que el propósito de la parábola es el de ilustrar el amor de Dios que puede recibir al arrepentido, y no entra en este cuadro la explicación de *la base del perdón,* que es la obra expiatoria de Cristo en la cruz. No se necesita aquí precisamente porque se desarrolla ampliamente en los pasajes pertinentes. Cada parábola ilustra *una faceta* de la obra redentora de Dios, que, unida luego a las múltiples facetas de las demás parábolas y pasajes históricos y doctrinales, forma el conjunto del diamante, que es la totalidad de la verdad que Dios ha revelado.

El buen samaritano (Lc. 10:25–37)

Algunos intérpretes de las escuelas antiguas subrayaban con razón que hallamos aquí una hermosa ilustración de la obra de gracia del divino viajero, quien llegó adonde estaba el pobre desvalido haciéndolo todo por él, a pesar de la frialdad y la inutilidad de los representantes de la religión judaica. Pero, no contentos con eso, se preguntaban: Si el buen samaritano es Cristo, y el herido es el pecador que se salva, ¿qué significa el asno?, ¿el aceite y el vino?, ¿la posada?, ¿los dos denarios que dio al mesonero?, etc. Buscaron maravillosas y piadosas contestaciones a todas estas preguntas, y si mal no me acuerdo, el mesón tenía que ser la Iglesia, las monedas los dos sacramentos, el mesonero el ministro del Evangelio, etc. He aquí un ejemplo de las interpretaciones alegóricas que querían ser fieles, pero que fracasaron por el exceso de fantasía, ya que no se tomaba en cuenta que no todos los detalles de la historia humana han de llevar un significado espiritual.

Ahora bien, hay expositores evangélicos modernos que reducen todo el sentido de la hermosa historia a una mera obra de caridad, que cumple (¿?) el mandato de «amar al prójimo», alegando que la única aplicación se halla en la frase final: «Ve y haz tú lo mismo.» Debemos estar precavidos contra la acción y reacción de métodos interpretativos, y procurar deslizar nuestro barco entre Escila y Caribdis, evitando las exageraciones tanto de una parte como de otra.

El contexto amplio

La historia no surge en primer término de la pregunta del doctor de la Ley: «¿Quién es mi prójimo?», sino de la anterior: «¿Qué debo hacer para heredar la vida eterna?» El Maestro hizo que el escriba diera su propia contestación, que era el gran resumen de la Ley: el amor completo a Dios, y al prójimo. «Bien has respondido —le dijo Jesús— haz esto y vivirás.» El doctor de la Ley quedaba mal ante el auditorio, puesto que todos sabían que ni él ni nadie podía heredar la vida eterna por el amor perfecto a Dios y al prójimo, y *«queriendo justificarse a si mismo»,* salió por la tangente con una argucia legal: «¿Y quién es mi prójimo?» Es evidente que el Maestro no había de basar su hermosa contestación sólo sobre la argucia legalista, sino sobre el problema fundamental antes presentado: cómo un hombre incapaz de cumplir la Ley puede heredar la vida eterna. La cuestión sobre quién sería el prójimo se contesta, sí, pero sale con toda naturalidad de la maravillosa ilustración de cómo la gracia de Dios provee una salvación gratuita y perfecta a quien nada podía hacer por salvarse, ni nada podía dar en recompensa a su bondadoso Ayudador. La riqueza doctrinal que hemos visto en las interpretaciones autorizadas de las parábolas del «sembrador» y de la «cizaña» prohibe la limitación del significado de ésta meramente al deber humano de ver en todo ser humano al «prójimo», acreedor de la ayuda de sus semejantes. Además falsearíamos el contexto amplio que hemos notado, que es nuestra mejor guía al significado de toda parábola.

El rico y Lázaro (Lc. 16:19–31)

Hay diferentes opiniones sobre si esta historia ha de considerarse como «parábola», o como una narración verídica por la que el Maestro nos permite comprender algo de lo que acontece cuando las almas pasan al más allá. No se dice que es una parábola, pero tampoco se dice eso en cuanto al «mayordomo infiel». La dificultad en clasificar la historia como parábola consiste en que la acción se lleva más allá de las circunstancias de los hombres en este mundo, pero, desde luego, en la perspectiva del hombre total, no hay nada en ella que no corresponda al hombre y a su destino.

Si fuera historia verídica, y no parábola, tendríamos que dar fuerza simbólica a frases como «el seno de Abraham» (el paraíso), y bien que nada sabemos de las operaciones y las comunicaciones de la ultratumba, nos extraña que el perdido en el Hades pudiera ver al salvado en el paraíso, y conversar con Abraham con respecto a él. Es mejor pensar que tenemos aquí una variante alegórica de la parábola en la que el Señor subraya de la forma más solemne que el bienestar del rico-egoísta se limita estrictamente a esta vida, mientras que el hombre más infeliz podrá disfrutar de la felicidad del paraíso si las demás condiciones espirituales lo permiten. La clave interpretativa se halla en 16:15: «Lo que entre los hombres es altamente estimado, abominación es a la vista de Dios», quien trastrueca todos los valores humanos, para que no quede en pie más que la verdad suya, la verdad esencial de cada cosa y de cada ser, y la verdad de su Palabra, despreciada por los hombres cuando tienen oportunidad de recibirla (Lc. 16:29–31).

El grano de mostaza. La levadura

Las siete parábolas del capítulo 13 de Mateo forman un grupo importante que ilustra diferentes aspectos del Reino, después de haberse manifestado la oposición de los líderes judíos al Señor y su proclamación. Antes, el Maestro proclamaba públicamente que el Reino estaba cerca, pero aquí vemos la operación del Evangelio en medio de un mundo enemigo. Esto nos sirve de punto de partida para la interpretación de las parábolas, pero, con todo, existen diferencias de opinión en cuanto a ellas, con referencia especial a las de mayor brevedad que se encuentran en medio del capítulo.

Hay una casi unanimidad en comprender que «el sembrador» ilustra y profetiza la siembra de la Palabra en el corazón de los hombres, con las distintas reacciones de éstos. «La cizaña» nos hace ver que el diablo había de sembrar remedos de los «hijos del reino» (cristianos nominales) en la esfera de la profesión de fe, siendo difícil distinguir, por la apariencia exterior, tales pretendidos «hijos del reino» de los verdaderos. Hasta aquí, las interpretaciones del Señor nos guían, y no hay lugar a dudas, estando a la vista, además, el cumplimiento de estas parábolas proféticas.

Al pasar a las pequeñas parábolas: «la mostaza» y «la levadura», debemos notar que se colocan entre «la cizaña» y su interpretación, hecho que nos hace pensar que ellas también tendrán que ver con «el reino en misterio», o sea, la esfera de la profesión cristiana que se llama «la cristiandad».

La interpretación más extendida de ellas es que representan la maravillosa y fenomenal extensión del Evangelio en el mundo, hasta el punto de sentirse su influencia en todas partes. Algunos deducen de ellas que todo el mundo ha de convertirse por compenetrarse siempre más con el espíritu del Evangelio. A primera vista esta interpretación parece establecerse por el parangón directo: «El reino de los cielos es semejante al grano de mostaza... a la levadura...» Otros exégetas perciben grandes dificultades en esta interpretación, aparentemente tan sencilla y natural. Hacen ver que: 1) el contexto se refiere al carácter mezclado de la esfera de la profesión, y no a la pureza de la Iglesia espiritual; 2) el crecimiento de la planta de mostaza es contra la naturaleza (caso único en las parábolas), y llega a cobijar las «aves del cielo» que, en el simbolismo de las Escrituras, equivalen a poderes mundanos o agentes del diablo (Mt. 13:4; Dn. 4:21); 3) asimismo, la levadura representa el «pecado» en la Biblia, y así lo entenderían los judíos que escucharon la parábola; 4) la frase «el Reino de los cielos es semejante a...» es una fórmula general que introduce la ilustración en su totalidad y no precisamente el objeto que se expresa a continuación. De todo ello se deduce que la fantástica planta de mostaza es figura del cristianismo externo y organizado, que, en lugar de guardarse separado del mundo, se convirtió en un poder humano predominante, refugio de toda clase de «ave», o sea, de intereses nacionales, sociales y comerciales. En la historia vemos eso precisamente, y este gran poder llegó a su auge en la Iglesia Romana durante los siglos x a xv. Compárese el tema del Reino en Sección II, págs. 43, 44.

De igual modo, pero bajo el aspecto interno, la «levadura» indica la mala doctrina que cundió lentamente por la pura «masa» de la Iglesia según se formó en el día de Pentecostés, hasta que la energía espiritual y el principio de fe de los primeros días se convirtieron en el formalismo y el sacerdotalismo de la Edad Media. En este caso, el «reino de los cielos» viene a ser la esfera de profesión cristiana, donde a Dios lo nombran todos, pero donde solamente la «manada» pequeña le conoce y le adora en espíritu y en verdad.

El tesoro en el campo. La perla

Para la mayoría de expositores, el hombre que halla el tesoro es el que comprende la verdad del Evangelio, y está dispuesto a renunciar a todo para poseerlo. De semejante forma, el mercader es el que busca verdaderos valores y, hallando a Cristo, lo sacrifica todo para poseerlo. Desde luego, estas parábolas pueden *ilustrar* estas experiencias del creyente, pero hemos de preguntar si ésta es la interpretación primordial. Tengamos en cuenta lo siguiente: l) las parábolas se hallan en medio de un grupo que presenta aspectos generales, y no individuales, del Reino; 2) en las parábolas la figura principal es «el hombre» que busca, halla, sacrifica, compra y posee. ¿Puede esto corresponder al desvalido pecador que halla a Cristo? ¿No será más bien el Hijo del hombre, quien redimió su posesión por el sacrificio de sí mismo, hallando en el mundo el «tesoro» que es su pueblo redimido? ¿No será la «preciosa perla» la Iglesia que ganó, de la cual Pablo dice: «Así como Cristo amó a la iglesia y se entregó a sí mismo por ella... para presentársela gloriosa para sí...?» (Ef. 5:25). Recordemos también la gran declaración de Pablo en 2 Co. 8:9: «Porque ya conocéis la gracia de nuestro Señor Jesucristo, que por amor a vosotros se hizo pobre, siendo rico, para que vosotros, por su pobreza, fueseis enriquecidos.»

El mayordomo infiel (Lc. 16:1–14)

Esta parábola se halla en una categoría completamente distinta, tanto por la época en que se refirió, como por la finalidad del Evangelio de S. Lucas, y además por el tipo de lección que encierra. La analizamos aquí, sin embargo, a causa de las dificultades que muchos sienten al procurar interpretarla, y porque ilustra algunos de los principios generales de interpretación que ya hemos adelantado. ¿Por qué es «alabado» un mayordomo derrochador e infiel, que se aprovecha de los últimos días de su responsabilidad para engañar a su señor, coriiriendo beneficios ilegales a los deudores de la casa? 1) El «señor» que alaba al mayordomo en Lucas 16:8 es el señor de la historia, no Jesús, y, de todas formas, no le alaba por sus engaños ni por su infidelidad, sino por su *previsión,* ya que se aprovechó de sus oportunidades, en el tiempo corto que le quedaba, para asegurar un buen acogimiento de parte de los deudores favorecidos. 2) Ésta es precisamente la lección primordial que hemos de buscar, ayudados por las observaciones del mismo Señor al hacer la aplicación de la parábola. Este «hijo de este siglo» era más sagaz que los hijos de luz, pues éstos, a pesar de profesar que lo espiritual y lo eterno es todo, y que lo material no es nada, son tardos para «invertir» lo material de esta vida para que les granjee tesoro en el Cielo. La clave se halla en el versículo 9 que debe leerse: «Haceos amigos *por medio del* «mamón» de injusticia, para que, cuando faltare (el bien material), os reciban (los amigos que habéis ganado) en las moradas eternas.» Es decir, las riquezas y el bien material de este mundo, que los hijos de este siglo utilizan para fines injustos, deben emplearse por los hijos de luz con miras a ganar almas para el Cielo: amigos que estarán allí para recibirles cuando falte todo lo de aquí. 3) Hay una lección secundaria, y por contraste, que nos enseña que la fidelidad en «lo poco» de este mundo determinará la importancia del «tesoro» que se nos ha de entregar en la esfera eterna y verdadera (Lc. 16:10, 11).

LA CLASIFICACIÓN DE LAS PARÁBOLAS

La lista siguiente ayudará al estudiante a comprender la diferencia que existe entre el tipo general de parábola que hallamos en Mateo, y el que es característico de Lucas. Desde luego, percibimos una rica gama de notas distintas en la selección hecha por cada uno de los evangelistas mencionados, pero, al mismo tiempo, no podemos menos que fijarnos en que todas las parábolas de Mateo se relacionan, directa o indirectamente, con el tema del Reino de los Cielos, mientras que Lucas presenta al hombre fiel o infiel frente a su Dios. Estas diferencias son evidentes en el caso de dos parábolas análogas pero distintas, referidas por Mateo y Lucas: «la gran cena» de Lucas 14:16 se prepara por «un hombre», que se supone rico, pero carece de designaciones. Los efectos se limitan a la pérdida de la cena. «Las bodas del hijo del rey» en Mateo 22:1–14 trata de un tema parecido, pero al nivel del Reino, y los menospreciadores de la invitación del monarca son destruidos. De manera semejante, la parábola de «las diez minas» de Lucas 19:11–27 subraya la prueba individual de los siervos, a quienes se les entregó una pequeña cantidad para ver lo que harían con ello. En cambio, en la parábola análoga (pero diferente) de «los talentos» en Mateo 25:14–30, los cinco talentos entregados al primer siervo representan una gran fortuna, y se nota que las cantidades son diferentes. El dueño entregó su fortuna a los siervos que habían de negociar con ella durante su ausencia. Es verdad que en la parábola de Lucas el dueño es un rey y no en Mateo, pero el punto es que todos los intereses del dueño están en poder de los siervos en Mateo 25, mientras que en Lucas 19 se piensa en un Reino futuro, donde gobernarán los siervos que se someten a prueba individualmente «en lo poco».

I. EL PERÍODO PARABÓLICO INICIAL (GALILEA)

Recordaremos que este período parabólico coincide con la *segunda parte del ministerio en Galilea,* la de la mengua de los primeros entusiasmos.

1. El sembrador

Parábola inicial y típica, que señala, en líneas generales, el efecto de la siembra de la Palabra del Reino en el mundo. El mismo Señor la interpreta.

Mateo 13:3–9, 18–23; Marcos 4:2–9, 14–20; Lucas 8:4–8, 11–15.

2. La cizaña en medio del trigo

Los «sembrados» del Reino florecen ya en el campo del mundo, pero Satanás siembra entre el trigo los «remedos» de los verdaderos «hijos del Reino», causando la confusión que sólo se remediará en la «cosecha» de la consumación del siglo.

Mateo 13:24–30, 36–43.

3. El grano de mostaza que se hace un árbol

Un crecimiento desmedido del «reino en misterio», que produce una planta de mostaza (humilde en sí) excesivamente exuberante, contra la naturaleza. Señala el desarrollo del «cristianismo» como potencia mundial, contra la naturaleza del Reino. Véase arriba, págs. 226-227.

Mateo 13:31–32; Marcos 4:30–32; Lucas 13:18–19.

4. La levadura en la masa de harina

La pureza de la doctrina del Reino se corrompe por un proceso degenerativo interno, según se ha visto históricamente en la esfera del «cristianismo». Véase arriba, págs. 226-227. Mateo 13:33; Lucas 13:20–21.

5. El tesoro en el campo se rescata

El pueblo del Reino escondido en la tierra, pero rescatado por quien compró el campo a gran precio. Véase arriba, págs. 227-228. Mateo 13:44.

6. Se compra la perla de gran precio

Semejante a (5), pero la perla es una unidad, que habla de la totalidad del pueblo de Dios comprado por quien dio todo lo que tenía para adquirirlo. Véase arriba, págs. 227-228. Mateo 13:45–46.

7. La red y los peces

Semejante a (2), ya que se subraya la «mezcla» presente y la separación final en la consumación del Reino. Mateo 13:47–50.

8. El grano que crece en secreto

La única parábola propia de Marcos. Se señalan los misteriosos procesos del crecimiento en el Reino de Dios hasta alcanzar la consumación de «la espiga», tanto en el individuo como en el reino en su totalidad. Aquí todo es natural, y responde a una obra de Dios (en contraste con «el grano de mostaza que se hace un árbol»). Marcos 4:26–29.

9. El siervo implacable

No hay límites al perdón en el Reino, ya que a cada súbdito le ha sido perdonada una deuda infinita, lo que debe reflejarse en un espíritu perdonador frente a quienes hayan podido ofenderle. Mateo 18:23–35.

10. Los dos deudores

Es la única parábola peculiar a Lucas en esta época. Surge del

perdón de la mujer pecadora en casa de Simón y tiene por objeto señalar las actitudes contrastadas de la mujer y de Simón. El que se da cuenta de la remisión de una deuda grande, será aquel que más ama.
Lucas 7:41–43.

II. EL PERÍODO PARABÓLICO INTERMEDIO

(Escenario: Perea, durante la progresión hacia Jerusalén.) Nótese que debemos casi todas estas parábolas a la pluma de Lucas. «La oveja perdida» se halla también en Mateo, y una parábola importante de este periodo, «los labradores en la viña», es de Mateo. Las parábolas características de Lucas han de buscarse aquí.

1. El buen samaritano

Véase bosquejo de interpretación arriba, págs. 223-225.
Lucas 10:30–37.

2. El amigo importuno

Véase bosquejo de interpretación arriba, págs. 217-219.
Lucas 11:5–8.

3. El rico insensato

La locura de querer ser rico en el mundo si uno no es «rico en Dios».
Lucas 12:16–20.

4. La higuera estéril

La esterilidad de Israel frente a las constantes manifestaciones de amor de parte de su Dueño. Lección generalizada: todo árbol cultivado existe para llevar fruto, y si no lo lleva no hay por qué ocupe la tierra. El «árbol» en esta aplicación es toda vida humana.
Lucas 13:5–9.

5. La gran cena

Muchos desprecian el convite de gracia y de amor. Pero la cena

se ha de aprovechar, siendo invitados los mendigos y desvalidos que aceptan la invitación.
Lucas 14:16–24.

6. La oveja perdida

Dios, en su gracia y amor, se interesa en lo que se ha perdido, y se goza cuando es hallado.
Mateo 18:12–14; Lucas 15:3–7.

7. La dracma perdida

Igual que «la oveja perdida», pero se subraya la naturaleza inerte del pecador, en contraste con la tendencia de errar de la parábola pareja y anterior.
Lucas 15:8–10.

8. El hijo pródigo

Completa las otras parábolas de «la oveja perdida» y «la dracma perdida» ya que se trata de *una persona perdida,* dotada de libre albedrío, que primeramente determina salir de la casa del padre, y luego, al «volver en sí», determina retornar, arrepentida y sumisa. Se destaca el amor paciente del Padre y el orgullo y dureza de corazón del hijo mayor (véase arriba, pág. 223).
Lucas 15:11–32.

9. El mayordomo infiel

Véase interpretación arriba, págs. 228-229.
Lucas 16:1–13.

10. El rico y Lázaro

Véanse peculiaridades de esta parábola y su interpretación arriba, págs. 225-226.
Lucas 16:19–31.

11. El siervo inútil

Somos comprados gracias a la inmensa gracia de Dios y por la obra de su Hijo. Por ende, somos esclavos, entregados a su servicio por sagrada obligación, y habiendo hecho todo, somos

siervos inútiles por no haber cumplido más que el deber mínimo. Otras escrituras ilustran «la servidumbre por amor» y la recompensa.
Lucas 17:7–10.

12. La viuda importuna

La necesidad de la oración importuna en relación con la opresión a la que se hallan sujetos los fieles en este mundo (comp. «el amigo importuno» (2), de este apartado).
Lucas 18:1–8.

13. El fariseo y el publicano

Véase reseña de interpretación arriba, pág. 220.
Lucas 18:9–14.

14. Los labradores en la viña

El contexto y el refrán «los primeros serán los últimos, y los últimos los primeros» nos enseñan que quienes hacen tratos legales con Dios (como los legalistas de Judea) serán tratados estrictamente conforme a los términos de su obligación. Quienes se echan sobre la misericordia del Dueño, recibirán los abundantes dones que brotan de su gracia.
Mateo 20:1–16.

15. Las diez minas

Véase reseña de interpretación arriba, pág. 231.
Lucas 19:11–27.

III. EL PERÍODO PARABÓLICO FINAL, DURANTE LA ÚLTIMA SEMANA ANTES DE LA PASIÓN

Estos últimos mensajes del Rey sirven o para señalar el crimen de los príncipes al rechazarle, o para orientar a sus súbditos en cuanto al tiempo de su ausencia.

1. Los dos hijos

Las profesiones de obediencia de Israel para nada servían, pues no se cumplían. En cambio, muchos de los desechados del pueblo, antes rebeldes, se habían sometido al Rey y le servían. Mateo 21:28–32.

2. Los labradores malvados

Compárese la «canción de la viña» en Isaías 5:1–7. La viña es Israel, que debería haber llevado hermoso fruto para Dios. Los arrendatarios son los guías y príncipes del pueblo, que toman la posesión de Dios como algo suyo, no entregando el fruto y maltratando a los siervos del Dueño. Ni los mismos fariseos pudieron dudar sobre quién sería el Hijo, echado fuera y muerto y quiénes los traidores. El Señor predice su rechazo y su muerte, con el juicio de Dios sobre los jefes rebeldes.
Mateo 21:33–42; Marcos 12:1–12; Lucas 20:9–19.

3. Las bodas del Hijo del Rey

Otra parábola que analiza el «gran rechazo» del Mesías por su pueblo, con el desprecio de éste frente a las provisiones de Dios. Se profetiza la inclusión de un nuevo pueblo, y el juicio sobre los rebeldes.
Mateo 22:1–14.

4. Las diez vírgenes

Hay vírgenes prudentes y fatuas, como también hay siervos buenos y malos en las parábolas del capítulo 25 de Mateo. Compárese el buen trigo y la cizaña de I (2). Las fatuas *parecen* iguales que las otras, pero no lo son, puesto que les falta lo principal. No quedan fuera por un simple olvido, sino por un fallo vital, y no son conocidas del Esposo. Ahora es el tiempo de poner a prueba nuestro estado espiritual, pues no sabemos la hora de su llegada.
Mateo 25:1–13.

5. Los talentos entregados a los siervos

Pareja con la anterior, pero aquí no se trata de tener encendida la lámpara del testimonio, sino de administrar fielmente los bienes del Dueño ausente. La capacidad de los dos primeros siervos variaba, pero su fidelidad era igual, y los dos son recompensados. El tercero era mal siervo, quien pretendía servir al señor a quien odiaba. ¿Cómo podía acertar en el servicio? Mateo 25:14–30.

PREGUNTAS

1. Dénse claras definiciones de: *a)* una metáfora; *b)* un símil; *c)* una hipérbole; *d)* una paradoja; *e)* una parábola. Escríbase un ejemplo de cada uno, sacado de las enseñanzas de Cristo.

2. Discurra sobre el propósito del método parabólico en el ministerio del Señor, señalándose claramente el período cuando lo inició.

3. Detállense las normas que nos ayudan a llegar a una recta interpretación de las parábolas.

4. Escriba lo que parece ser la recta interpretación de *dos* de las parábolas siguientes:
   a)   la red y los peces (Mt. 13:47–50);
   b)   la gran cena (Lc. 14:16–24);
   c)   los labradores malvados (Mr. 12:1–12).

Los milagros del Señor

LAS OBJECIONES A LOS MILAGROS

La Edad Media —desde el derrumbamiento del imperio de Roma hasta el Renacimiento de los siglos XV a XVII— se ha llamado con razón la «edad del oscurantismo», ya que declinó la civilización entre las naciones occidentales, y se aumentaron el formalismo y la superstición en el área de la cristiandad. Con todo, en el medioevo nadie dudaba del hecho de Dios, y la teología era la reina de las ciencias que presidía y ordenaba a todas las demás. Cuando el humanismo del Renacimiento produjo su fruto maduro en los siglos XVIII y XIX, los pensadores se habían impresionado tanto por el buen orden de la naturaleza, y se habían alejado tanto de toda sujeción a Dios, no sólo en la esfera de la moral, sino también en la del raciocinio, que dieron en pensar que toda alteración en las leyes de la naturaleza sería inverosímil, por no decir imposible, y por tales motivos, basados en la pretendida «razón» que todo lo comprendía, rechazaron el milagro, considerándolo como un resto de la edad de la superstición. La objeción al milagro se resumió en una proposición del filósofo Hume, que muchas veces se cita: «No puede haber testimonio suficiente para establecer el hecho de un milagro, a no ser que la negación del hecho supusiera condiciones más milagrosas aún que el hecho que se pretende demostrar. En resumen, es contrario a la experiencia que un milagro sea verdadero, pero no es contrario a la experiencia que la evidencia sea falsa.» De

238 / Introducción a los cuatro Evangelios

paso podemos notar que la negación del elemento milagroso en la persona y la obra de Cristo supondría que algunos estupendísimos ingenios hubiesen «inventado» el hecho de aquella vida que tanto descuella por encima de toda experiencia humana, que en sí llegaría a ser un fenómeno más milagroso que el elemento milagroso que se describe en los Evangelios; pero en este lugar nos toca adelantar consideraciones que demuestren que filósofos como Hume se encerraban dentro de unas teorías mecanicistas que les impedían ver factores vitales y espirituales al alcance de todo aquel que busca la verdad sinceramente, y que admite el peso de la buena evidencia que Dios ha provisto. Como veremos más abajo, es cierto que no hemos de ser estúpidaménte crédulos, admitiendo todo pretendido milagro que nos quieren referir, pero la credulidad es algo muy diferente del aprecio del milagro como parte integrante de la obra redentora y restauradora de Dios, consistente en todas sus partes, y que tiene la persona de Cristo por centro.

CONSIDERACIONES PRELIMINARES
Las maravillas de la naturaleza

La ciencia es la «diosa» del siglo XX, y las constantes noticias de nuevos asombrosos descubrimientos, que se aplican luego a la técnica de materias tan distintas como son las de la medicina, la cirugía, toda clase de comunicaciones, las máquinas calculadoras, el automatismo electrónico, la exploración del espacio, ciencia de la guerra, etc., juntamente con la presentación popular de muchas teorías científicas como si fuesen hechos comprobados, llevan a muchas personas a creer que «la ciencia lo explica todo». No hay nada más alejado de la verdad, puesto que los nuevos descubrimientos no hacen sino aumentar los misterios que quedan sin explicación. Los fisiólogos pueden *describir* las diferentes etapas del desarrollo del embrión en el seno materno, pero nadie tiene la más remota idea de lo que constituye la fuerza vital que ordena la multiplicación de las células orgánicas, desde la original fertilizada, hasta formar el complicadísimo organismo del cuerpo humano, que nace con todo lo básico para la vida ya provisto, no sólo en cuanto a lo físico, sino también a lo síquico. El «milagro» de la gestación supera por mucho la organización y puesta en marcha de los complejos industriales modernos, adaptados a la producción de múltiples productos, dotados de sus laboratorios, amén de infinidad de dispositivos eléctricos y electrónicos. Quienes niegan la posibilidad del milagro necesitan recordar que entran en juego fuerzas y operaciones todavía inexplicables cada vez que levantamos un dedo, o que apreciamos el detalle y el significado de cualquier panorama u objeto que tengamos delante, a fin de que se revistan de más humildad al pensar en la posibilidad de existir otras fuerzas, propias de otros estratos de experiencia y de vida. Para el creyente todo se relaciona con la posibilidad y la necesidad de que Dios se manifieste al hombre que Él ha creado, y bien que no hará violencia a la razón que ha recibido de Dios, y esperará ver una obra consecuente, de acuerdo con lo que Dios va revelando, no tendrá la loca pretensión de «saberlo todo», ni rechazará todo lo que no entra inmediatamente en el área de su propia experiencia, pues se dará cuenta de que aun los que más saben de las operaciones de la naturaleza no han hecho más que mojar los pies en el océano de los misterios que se van descubriendo.

Las leyes de la naturaleza

Parece muy razonable, a primera vista, la proposición de que «las leyes de la naturaleza son inviolables». El orden «natural» es evidente en los fenómenos tan conocidos de la alteración del día y de la noche, debido a la rotación del globo terráqueo sobre su eje, como también la sucesión de las estaciones que se deben al largo viaje elíptico de la tierra alrededor del sol como centro. El buen funcionamiento de la sublime máquina cósmica facilita el cálculo de los movimientos de los astros, la predicción de los eclipses de la luna y del sol, y aun el tiempo aproximado de aparecer algún cometa. Se conocen y se pueden anticipar igualmente los fenómenos vitales de la fertilización, del crecimiento de cuerpos orgánicos, y de la madurez y del decaimiento de los mismos, porque se repiten constantemente como parte integrante de la experiencia humana. Todo ello es como el movimiento exacto de las manecillas de un buen reloj, que demuestra que toda la maquinaria está diseñada y construida con el fin de señalar el paso de las horas. Pero eso no obsta para que el relojero pueda cambiar los movimientos, si así lo requiere algún designio especial suyo. Gracias a la regularidad de las operaciones de la naturaleza, se hace posible el desarrollo normal de la vida del hombre sobre la tierra donde Dios le ha colocado; pero la regularidad es obra de Dios, quien no ha de estar limitado a ella en el desenvolvimiento de sus vastos designios.

La palabra «ley» nos puede engañar, haciéndonos pensar en una obligación superior que ha de cumplirse a la fuerza; pero de hecho una «ley de la naturaleza» no pasa de ser la formulación de los resultados de las observaciones de los científicos en la limitada esfera que se presenta a sus experimentos y comprobaciones. Una forma más exacta de expresión sería la siguiente: «Según las observaciones realizadas en esta esfera, y por el tiempo limitado de los experimentos, se ha observado que el ciclo de acontecimientos es invariable en el caso tal o cual, y que parece obedecer a la operación de las fuerzas X o Y.» Este orden permite el avance hacia nuevos descubrimientos, pero no limita a Dios en sus planes y operaciones.

La «ley de Newton» ha sido sustituida por la «ley de Einstein», ya que nuevos descubrimientos y cálculos han señalado un aumento de complejidad antes desconocida en muchos fenómenos. Los movimientos de las partículas asociadas con el átomo en su fisión o fusión no se sujetan a las «leyes» de las masas antes conocidas; en la biología y la sicología entran factores vitales que no admiten una explicación mecanicista, y las decisiones que corresponden a la voluntad de los animales y, sobre todo, de la personalidad humana, no pueden predecirse, escapando las actividades en estas esferas de las casillas de las llamadas «leyes».

No pecamos pues de una ridícula irracionalidad al pensar que, por encima de todas las «leyes» que se conocen aquí, y que se complican cada vez más, funcionarán «leyes espirituales» que son normales en su esfera, y que pueden irrumpir en las esferas más humildes cuando la voluntad de Dios así lo requiera.

El mundo actual ha sufrido una alteración

Si el mundo fuese perfecto, quizá sería más improbable que Dios alterase el orden que Él ha establecido —bien que siempre estaría dentro de las posibilidades divinas—, pero no se trata de un mundo perfecto, sino de uno que sufre los efectos del pecado, que en sí constituyen una alteración fundamental del orden original, por el cual todo había de hallar su centro en Dios. El pecado es la «anomía», la «ausencia de ley», ya que obra en contra de la voluntad de Dios y causa los estragos consiguientes; en primer lugar en la esfera espiritual y moral de la actuación del hombre, y, como consecuencia de ello, hasta en el cuerpo, y aun en el medio ambiente. Los milagros de sanidad de Cristo no alteraban el orden de la naturaleza, sino que restauraban algo que no funcionaba bien en él a causa del pecado. Igualmente sus milagros de provisión (el de convertir el agua en vino, el de multiplicar los panes y peces, etc.) suplían faltas materiales debidas al desarreglo causado por el pecado en la sociedad humana. Hay milagros de juicio, como veremos, pero no entran en operación hasta que un rebelde haya rechazado la operación de la gracia de Dios. «La paga del pecado es muerte», y toda enfermedad o defecto físico señala el fin del organismo corporal, que es su disolución total. Cada milagro de sanidad (veremos luego su valor como «señal») indica la posibilidad de restauración, de resurrección y de una plenitud de vida por la obra del gran Sanador.

Las consideraciones antecedentes manifiestan la pobreza de la proposición de Hume, que se quiere apoyar sobre conceptos materialistas y mecanicistas de la vida, sin base posible aparte de una selección limitadísima y arbitraria de las lecciones de la experiencia, y que no toma en cuenta el hecho de la revelación, ni quiere meditar en el significado especialísimo del hecho de Cristo y de sus obras de poder.

La actitud de los hebreos ante las obras de Dios

Los relatos de milagros se sitúan dentro del marco de la revelación que Dios nos ha dado por medio de los hebreos. En su decadencia los judíos pedían «señales» fuera de sazón, impulsados por un espíritu de incredulidad, pero nunca les causaba la menor perplejidad que Dios se manifestara en la historia según los dictados de sus eternos designios. No cabía en su pensamiento el concepto de una naturaleza autónoma, de leyes invariables, puesto que discernían en todo proceso de vida, y en todo fenómeno de la naturaleza, la intervención directa de Dios, quien mandaba descender las lluvias y hacía audible su voz en los truenos: «quien midió las aguas en el hueco de su mano... y pesó en balanza las montañas y los collados en pesas» (Is. 40:12)... «¡Voz de Jehová sobre las aguas! ¡Truena el Dios de gloria!... La voz de Dios quebranta los cedros y Jehová hace pedazos los cedros del Líbano... la voz de Dios taja con llamas de fuego» (Sal. 29:3–7, con todo el contexto). ¿Qué de especial había, pues, en una intervención divina que rebasara la experiencia normal de sus criaturas? Lo extraño habría sido para los hebreos que el Dios de maravillas no hubiese dado a conocer su presencia, su poder y su obra a través de manifestaciones asombrosas. Los paganos adoraban a sus dioses bajo la similitud de imágenes, presentes y visibles; a los hebreos fieles no les era permitido esculpir representaciones de Jehová, pero sí contaban en sus anales y cantaban en sus salmos las grandes obras de Dios en la historia (véase abajo «Los milagros en el Antiguo Testamento»).

Los milagros surgen del propósito de Dios al revelarse a los hombres, y al llevar a cabo su plan de redención

Los milagros bíblicos no son meros portentos que causan asombro, sino manifestaciones de la constante actividad de Dios al darse a conocer a los hombres, y al adelantar su vasto plan para la bendición y la salvación de sus criaturas. Un hombre llega a ser conocido, no por una descripción dada por una tercera persona de su temperamento, de sus cualidades, etc., sino a través de una prolongada experiencia de la manera en que habla, reacciona y obra. Un Dios pasivo, al modo del «Absoluto» de algunos sistemas filosóficos, nunca sería conocido por sus criaturas; pero el Dios de Israel, el Dios nuestro, se da a conocer por lo que hace, dejándonos además una narración auténtica de sus obras para que la revelación se haga extensiva a todas las generaciones. La obra del Éxodo es típica de tantas otras y se ve la reacción ante ella del pueblo de Israel en Éxodo 14:31: «Israel, pues, vio la obra prodigiosa que hizo Jehová contra los egipcios, y temió el pueblo a Jehová, y creyeron en Jehová y en Moisés su siervo.»

Si ello es verdad en cuanto a las obras de poder del AT, se acentúa la misma verdad en las obras del Siervo de Jehová en la tierra. Hemos de volver al tema de la revelación del Verbo por medio de sus obras, y mucho se ha escrito sobre el mismo en las secciones V y VI, pero se ha de mencionar aquí a fin de que veamos los milagros integrados en el gran designio de la revelación de Dios en la persona de Cristo.

De igual forma cada milagro se lleva a cabo dentro de la órbita del plan de la redención, y lo adelanta en mayor o menor grado. He aquí una diferencia fundamental que distingue el milagro bíblico de los portentos humanos, y que hace que cada obra de poder se produzca dentro del marco de las condiciones morales y espirituales adecuadas a una obra divina (véase abajo «Los milagros engañosos»).

LA DEFINICIÓN DE UN MILAGRO

Un milagro es un acontecimiento en la esfera material y visible que trasciende la experiencia normal del hombre, quien no percibe la causa que surte el efecto producido, bien que éste se aprecia por la evidencia de sus sentidos.

A nuestra definición hemos de añadir estos corolarios:

1) Una experiencia subjetiva y espiritual puede ser sobrenatural, y constituir una señal de las operaciones de Dios para quien pase por ella, pero no se ha de clasificar como un «milagro», puesto que no se puede someter a la prueba en la esfera física.

2) Los resultados asombrosos de las invenciones de los hombres se habrían considerado como «milagros» por nuestros antepasados, quienes habrían pensado que el hecho de ver y oír a una persona que actuaba a centenares de kilómetros de su auditorio constituía evidencia irrefragable de una intervención de un poder sobrenatural, fuese de Dios o del diablo. Ahora los técnicos pueden reproducir a voluntad las condiciones necesarias para

la televisión y la audición radial, de modo que la «maravilla» se limita al asombro que debe sentirse ante las fuerzas con las cuales el Creador dotó a su creación, y a nuestra admiración ante la paciencia y la pericia de los científicos y técnicos que han podido controlarlas para sus fines. Pero sería un error suponer que todo aparente milagro se ha de explicar por fin como el aprovechamiento de las fuerzas naturales a disposición del hombre. Por ejemplo, si estando en Barcelona viéramos a un amigo en Madrid y sostuviéramos una conversación con él, sin el aparato que controla y encamina las ondas, el mismo fenómeno sería milagroso.

Tratándose de *milagros divinos,* tenemos que añadir que en todo milagro se ha de percibir la suprema inteligencia que lo produce, viéndose que la obra se conforma a las demás manifestaciones de la misma mente divina. Siempre se vislumbra, pues, un propósito moral o espiritual que trasluce el suceso físico (véase la lista al final de la Sección). Pero un milagro no deja de serlo aun si se efectúa por una potencia satánica, de donde surge la necesidad del discernimiento que notaremos luego. Los términos del apartado siguiente se aplican por igual a milagros divinos y satánicos.

«Maravillas (milagros), prodigios y señales»

En varios lugares del NT hallamos una triple designación de los milagros, y es importante notar los vocablos griegos (el orden puede variar) de *dynameis*, *terata* y *semeia*. *Dynameis* es equivalente a «poderes» o manifestaciones de poder, ya que, por definición, cada milagro es el resultado de una fuerza que no es conocida en las actividades y operaciones normales de los hombres. *Terata* puede traducirse como «portentos», y subraya el elemento de asombro y sorpresa que suscita el milagro en quienes lo presencian. *Semeia* equivale a «señales», y nos lleva a considerar el significado de la obra de poder, que no es un mero espectáculo, sino la expresión (en el milagro divino) de un aspecto de la persona de Dios o de su operaciones en el mundo.

Lógicamente deberíamos empezar con el término *terata*, ya que la primera finalidad del milagro es la de «llamar la atención» a personas que de otra forma no saldrían de los lugares comunes y de los intereses egoístas de la vida. En Marcos 6:51 se nota que los discípulos «quedaron sobremanera asombrados» después de que Jesús hubiese andado sobre las aguas, y en el capítulo siguiente (7:37) la gente, después de presenciar la curación del sordomudo, «quedaron sobremanera asombradas, diciendo: "Admirablemente lo ha hecho todo; hace oír a los sordos y hablar a los mudos"». Para otras menciones de «asombro» ante los milagros de Jesús véanse Marcos 2:12; 4:41; 5:42.

Pero las personas que exclamaron al comprobar que el que había sido sordo y mudo ya oía y hablaba, sacaron la conclusión: «Bien lo ha hecho todo», reconociendo el poder benéfico del milagro. Sabían que el «portento» era también «una obra de poder», que es el segundo paso en la experiencia de quienes han de aprender el «lenguaje» del milagro, y no limitarse a hacer comentarios superficiales sobre lo portentoso del caso. De hecho, como hace ver R. C. Trench, los milagros pueden describirse como «señales y portentos», o como «poderes», o como «señales», pero jamás en el NT se denominan *terata* a secas, pues la maravilla ha de conducir siempre a la comprensión de que está en operación una *potencia,* y que es necesario saber el significado de la manifestación de ella. Los milagros de Cristo y de sus apóstoles, a pesar de la falta absoluta del aparato humano asociado con el poder, manifestaban que el Reino venía con potencia, y que, faltando a los siervos de Dios ejércitos, riquezas materiales y las maquinaciones de la diplomacia, aún eran instrumentos por medio de quienes Dios obraba de tal forma que se evidenciaba una soberanía muy por encima de los limitados señoríos de este mundo.

El apóstol Juan se limita al término *semeia*, «señales», ya que cada obra de gracia y poder revelaba un rasgo más del Verbo encarnado, e iluminaba otro aspecto de su obra redentora. Lo extraño es que los judíos incrédulos pidiesen repetidamente que el Señor les mostrase una señal, pero no sabían comprender el significado de aquellas grandes obras («cuales ningún otro ha hecho») que el Maestro realizaba delante de sus ojos (Jn. 2:18; 6:30; Mt. 12:38; 16:1). Veremos luego que la «señal» habla claro al hombre humilde que busca a Dios, pero no dice nada al endurecido.

Los términos que hemos notado se hallan en el discurso de Pedro ante los judíos en el día de Pentecostés: «Jesús nazareno, varón aprobado de Dios entre vosotros por medio de los milagros, prodigios y señales que Dios hizo por él en medio de vosotros, como también vosotros sabéis...» (Hch. 2:22). Se aplican igualmente a la labor apostólica según Hebreos 2:4, y en 2 Corintios 12:12 Pablo los emplea con referencia a su labor especial, constituyendo «las señales de un apóstol».

Es triste notar que la triple designación, tan honrosa y prepotente en la misión de Cristo y de sus siervos, se aplica a la nefasta obra del anticristo en 2 Tesalonicenses 2:9: «Será revelado el inicuo... cuya venida es según operación de Satanás, con toda clase de milagros (*dynameis*), y señales y falsos prodigios. El diablo habrá de movilizar todas sus fuerzas en un intento último y desesperado para levantar a los hombres en rebelión contra el Cristo de Dios. Los falsos milagros serán «potencias satánicas», y «señales» de las operaciones del enemigo, pero «falsos» porque pretenden dar la idea de un poder superior al de Dios, y de una «bendición» independiente del Creador. El breve florecer de este período de señales diabólicas terminará con la destrucción del hombre de pecado, y de cuantos rehusaron la verdad para creer en la mentira.

LOS MILAGROS DE CRISTO
El valor esencial de las obras

Al final de esta Sección el lector hallará un cuadro que presenta los milagros de Cristo en su orden cronológico, con indicaciones de la clase de poder que se manifestaba en cada uno, juntamente con la lección principal. Debe leer el relato completo de todos estos milagros, meditando en lo que «señala» cada uno, y la manera en que la gloria de Dios transparenta el velo del acontecimiento físico. Sólo esta meditación en el texto bíblico le hará comprender la inmensa importancia de estas obras de poder, formándose el hermoso tejido de los Evangelios de la trama de las enseñanzas y la urdimbre de las obras. Hallamos resúmenes de las obras de Jesús de Mateo 4:23, 8:16, 17, etcétera, que nos hacen saber que los relatos detallados son típicos de sunúmero de curaciones parecidas.

Los milagros como pruebas mesiánicas

«¿Hasta cuándo nos has de tener en suspenso? —preguntaron los judíos incrédulos—. Si tú eres el Cristo, dínoslo claramente.» Respondióles Jesús: «Os lo dije, y no creéis; las obras que hago en el nombre de mi Padre, éstas dan testimonio de mí» (Jn. 10:24, 25; comp. 5:36; 10:37, 38; 14:11; 15:21–25; Mt. 11:2–6). Hemos notado anteriormente que Cristo eludía la declaración pública y clara de ser Él el Mesías, con el fin de evitar los movimientos revolucionarios asociados con la idea de un mesías político, pero esperaba que los sumisos de corazón entendiesen el «lenguaje» de las obras que evidenciaban de la forma mas clara la llegada del Ungido. Quien no entendía las señales, probaba que aborrecía tanto al Señor como al Padre que le había enviado. En el precioso relato de la curación del paralítico en Marcos 2:1–12, Jesús mismo señala el milagro como prueba de su autoridad divina de perdonar los pecados: «Para que sepáis que el Hijo del hombre tiene potestad en la tierra para perdonar pecados (dice al paralítico): Levántate, toma tu lecho y vete a tu casa.»

La evidencia que apoya los relatos

Hume pensaba que ninguna evidencia literaria podría probar la realización de un milagro, y T. H. Huxley declaró que para «dar por buena» la gran obra de la multiplicación de los panes y peces, habría sido necesario que alguien hubiese pesado la provisión del muchacho antes, como también los fragmentos que quedaban después, al par que se cerciorara de que todos los individuos que componían la multitud hubiesen quedado satisfechos. ¡Como si los milagros hubiesen de producirse en un laboratorio! Si tales pruebas tuviesen que aplicarse a los acontecimientos pasados, quedaríamos sin historia, pues ninguno podría establecerse. Para personas sensatas basta que los testigos sean fidedignos, que el testimonio se confirme por varios de los tales, y que la presentación sea natural, de acuerdo con el contexto total y con el carácter y la obra de los protagonistas. Todas estas seguridades se nos dan en los relatos de los milagros de los Evangelios, que se distinguen por su sobriedad, por su naturalidad y por su calidad espiritual a diferencia de todas las fantásticas narraciones de los seudoevangelios. Estos pretenden ofrecer relatos de la infancia y juventud de Jesús, y demuestran los absurdos que inventarían personas piadosas y de buenas intenciones al imaginarse lo que Jesús habría podido ser y realizar. Se ve a Jesús hacer pajarillos de barro, que luego hace volar y, lo que es peor, se le presenta como un muchacho vengativo que se valió de su poder divino para hacer morir a un compañero que le había contrariado. No hace falta que volvamos sobre el tema de la historicidad de los Evangelios, pero sí recordamos la importancia especial del tercer Evangelio sobre este terreno de la apologética, ya que Lucas no sólo se prueba como historiador exacto y concienzudo en Los Hechos, sino que, siendo médico, no había de dejarse ilusionar por pretendidas curaciones si no hubiese quedado convencido de su veracidad. Es cierto que no era testigo ocular, pero sí un redactor admirablemente equipado para la labor de investigar la evidencia oral y escrita con referencia a las sanidades. Su lenguaje refleja el interés de un médico en la diagnosis del mal y en la descripción de la cura, según las cuidadosas investigaciones de Hobart.

Los milagros máximos de la encarnación y de la resurrección

La intervención personal de Dios en los asuntos de este mundo por medio del Hijo-Verbo es en sí «milagrosa», puesto que trasciende totalmente la experiencia normal del hombre pecador. La encarnación es un hecho único, por el que Dios se enlaza con la raza creada, manifestándose después en medio del cosmos el Hombre-Dios, en cuyas manos Dios ha encomendado todas las cosas. Sin la encarnación no existe el Cristo de Dios, y sin el Cristo no hay fe cristiana. Si, pues, el cristiano admite el sorprendente hecho de la encarnación, porque corresponde a la evidencia de la vida de Jesús, resulta ser una locura procurar «explicar» los milagros alegando, como hacen algunos, una especie de sicoterapéutica efectuada por la potente personalidad de Jesús; o, en otros casos, unas circunstancias más o menos normales exageradas por los ojos admirados de los discipulos.

La resurrección del Señor es un tema de tanta importancia que se ha de tratar al fin de este libro, pero es pertinente hacer constar aquí que el levantamiento de un hombre de entre los muertos es un milagro máximo, completamente fuera de la órbita de nuestra observación normal. Al mismo tiempo es piedra angular de la doctrina cristiana, y la manifestación por excelencia de la potencia de Dios: «La operación de la potencia de su fuerza, la cual obró en Cristo, resucitándole de los muertos, y colocándole a su diestra en los cielos» (Ef. 1:20). No sólo eso, sino que se presta a la prueba evidencial de una forma que es imposible en el caso de la encarnación, por la misma naturaleza del acontecimiento. Admitida la evidencia que sustenta el excelso acontecimiento de la resurrección, no hay dificultad alguna en comprender que el Príncipe de Vida había de bendecir a los quebrantados de cuerpo y de alma en el curso de su ministerio en la tierra.

La gloria del Verbo reflejada en los milagros

A riesgo de repetir algunas de las observaciones antecedentes de esta misma lección, y conceptos adelantados en las Secciones V y VI, hemos de recalcar la inmensa importancia de los milagros como «señales» que dan a conocer tanto al Hijo como al Padre (Jn. 14:7–9). Si bien Dios se descubre en todas sus obras, la revelación adquiere caracteres de inusitada brillantez en los milagros de Cristo. Dios en Cristo se sitúa una y otra vez frente a hombres y mujeres que sufren en sus almas y cuerpos los estragos del pecado, y dondequiera que se produzca el encuentro —y que un espíritu de incredulidad no impida la bendición— la plenitud de gracia y poder, al impulso de un amor sin límites, sana completamente al enfermo, sin que se perciba diferencia entre enfermedades funcionales u orgánicas, sin que se exceptúe ningún hombre de fe, y sin que quede el menor rastro del mal. Por un breve momento profético se vislumbra la consumación de todo el plan de la redención en la completa restauración del cuerpo, a la que se añade muy a menudo la bendición del perdón de los pecados, asegurado por el mismo que «tiene potestad en la tierra para perdonar los pecados». Claro está que la base de todo ha de ser la victoria sobre el pecado y la muerte realizada por la obra consumada de la cruz y de la resurrección, pero siendo la obra un hecho eterno en los designios de Dios, puede anticiparse la bendición en el caso de personas de fe.

La curación del leproso (Mr. 1:40–45)

He aquí un precioso ejemplo del feliz «encuentro» que acabamos de notar. Para los médicos de hoy la lepra es una enfermedad más, que se puede controlar y aun curar, pero en la antigüedad, la naturaleza repugnante y lentamente fatal del mal, el miedo al contagio, además de consideraciones religiosas, hacían que el leproso fuese un inmundo «muerto en vida». La enfermedad parecía el símbolo mismo del pecado y de sus desastrosas consecuencias. Al acercarse el atrevido leproso de este relato, los circunstantes sin duda habrán huido, quizá recogiendo piedras para tirar al inmundo; pero Uno permanece firme y permite que el desgraciado hombre —«lleno de lepra» según el relato de Lucas— se eche a sus pies con la patética declaración, inspirada por la más profunda humildad y la más rendida fe: «¡Si quieres, puedes limpiarme!» La palabra sanadora del Señor habría bastado para la curación, como en el caso de los diez leprosos, pero el Amor encarnado quiso hacer más, pues, al pronunciar la palabra, «extendió la mano y le tocó», incurriendo legalmente en la impureza del pobre desvalido, pero, de hecho, ahuyentando el mal por la candente pureza de su propio Ser. Por años el leproso habría estado segregado de todos sus seres amados, y aun de sus semejantes, no conociendo más compañía que la de otros leprosos que se juntaban con él en las tumbas, y, ¡he aquí! la mano del Bendito se coloca sobre sus llagas, como mano del Amigo amoroso que quiso dar una demostración visible de su gracia y de su poder. Pero quizá no tocara la llaga, pues ya la carne, como la de Naamán sanado, había vuelto a ser «como la carne de un niño pequeño». El mandato de que el hombre sanado se presentase a los sacerdotes en Jerusalén no sólo manifestó el respeto de Cristo ante el AT (véase Lv. 14), sino que constituyó un maravilloso testimonio ante la casta sacerdotal —enemiga de Cristo en su mayoría— de que el gran Restaurador de todas las cosas estaba en medio de ellos, pues por primera vez tuvieron que aplicar los reglamentos de Levítico 14 a un verdadero leproso completamente curado (Naamán había sido gentil, y el caso de María que leemos en Números 12:10–16 era muy especial).

Quizá dejamos de percibir los destellos de gloria en los relatos evangélicos por creer que «conocemos de sobra» los incidentes, que se describen con una sencillez tal, sin dramatismos ni efectos retóricos, que el lector incauto y apresurado pasa adelante sin darse cuenta de que apenas se ha molestado en echar una mirada sobre exquisitas joyas —literarias, espirituales y divinas— que sobrepasan en quilates a cuanto ha expresado pluma alguna. Detengámonos para meditar en cada frase, de la forma en que lo haríamos ante las pinceladas del retrato de un ser amado, ya alejado de nosotros, cuya imagen no puede presentarse a nuestro recuerdo y a nuestro espíritu sino a través de la semblanza que tenemos en nuestras manos. Conocer al Señor es «vida eterna» (Jn. 17:3) y para conocerle hemos de compartir con Él todos los momentos, todas las emociones, todo el triunfo divino, de encuentros como el que tuvo con la viuda de Naín, y con las hermanas de Betania (Lc. 7:11–17; Jn. 11), que, con ser tan señalados, no son únicos sino típicos de tantos más que revelan la gloria de Dios en la faz de Jesucristo.

Los milagros de Cristo son los «poderes del Reino»

Jesús no sólo era el Mesías-Redentor, sino también el Mesías-Rey. Si bien rechazaba todo intento de enzarzarle en las «políticas mesiánicas» de la época (Jn. 6:15), no por eso dejaba de proclamar el Reino de los Cielos y de presentarse a sí mismo como el Hijo del Hombre, Rey tan poderoso que ordenaba hasta los movimientos de los ángeles (Mt. 24:31; 13:41). ¡Pero qué reino más peculiar fue aquel del Nazareno, quien no tenía donde reclinar la cabeza! El estudio del tema del Reino en el Evangelio según Mateo nos ha iluminado sobre los aspectos más fundamentales del reino espiritual, y del reino que existe «en misterio» hasta que se manifieste delante de los ojos deslumbrados de la raza, mayormente rebelde, que no sabe comprender el concepto de «reino» más que en términos de sus accidentes externos y superficiales.

Es preciso comprender el orden de la presentación de los acontecimientos en el capítulo 4 de Mateo y los sucesivos. El bautismo y la unción del Mesías en el Jordán señalan el principio del servicio del Mesías-Rey, quien, al identificarse con su pueblo, recibe su autorización desde el cielo. «En misterio» empieza a regir el decreto del Salmo 2:6, 7, bien que llegará un día cuando el monarca legítimo será coronado en público. El Rey designado es impulsado al desierto por el Espíritu para ser tentado de Satanás, dios de este mundo, y príncipe de la potestad del aire. El sentido verdadero de las tentaciones es que el falso dios-rey ofrece los usurpados dominios suyos a Aquel que reclama el reino, con tal que acceda a subordinarse a los principios que han regido aquí abajo desde que supo seducir a Adán, virrey de Dios en la tierra. Sugiere que un acto de pleitesía, unido a los principios del materialismo y de la ostentación humana, ofrecía un «atajo» a quien empezaba a reclamar lo suyo por métodos tan poco aptos para conseguir el logro de sus deseos en un mundo como éste. Dice el engañador en efecto: «No niego tu realeza, pero llegarás a la meta del dominio de este mundo mucho antes si te adaptas a los modos y métodos que yo he implantado, y que me van muy bien.» Un día hará el mismo ofrecimiento al anticristo y éste lo aceptará (2 Ts. 2:6–10; Ap. 13:11–14; Jn. 5:43).

Ya sabemos cómo el Hijo del Hombre rechazó de plano toda suerte de componenda, saliendo luego a proclamar su Reino por las tierras de Judea y de Galilea. Fijémonos en Mateo 4:23–25, donde vemos que se asocia a la proclamación del Evangelio del Reino una amplia manifestación del poder que «sanaba a toda enfermedad y toda dolencia en el pueblo». Rehusando emplear fuerzas del reino satánico, que surgen de las personalidades de orgullosos pecadores, de poderes tiránicos que sujetan a vastas y desgraciadas multitudes a la esclavitud; de las armas de guerra y de las riquezas, Cristo se vale de *los poderes de su reino,* que se ejercen para la restauración, la sanidad y la felicidad de todos los sumisos de corazón. Sigue la declaración de la constitución del reino (caps. 5 a 7) y después hallamos el detalle de más milagros que establecían el reino en los corazones de muchos, al par que ilustraban tanto su poder real como la finalidad última del plan divino: la culminación de bendición para el hombre en la que había de resplandecer la gloria de Dios.

Es el mismo Señor quien pone de relieve la importancia de sus milagros (especialmente aquellos que liberaban a los endemoniados) como la señal de la presencia en poder del Reino. Tras el intento blasfemo de los fariseos de atribuir su poder a Beelzebub —al que hemos tenido ocasión de hacer varias referencias—, el Señor declara: «Si yo por el Espíritu de Dios echo fuera a los demonios, ciertamente *ha llegado a vosotros el reino de Dios*» (Mt. 12:28). Esta declaración provee la clave para la interpretación de Lucas 17:20, 21: «Interrogado Jesús por los fariseos sobre cuándo había de venir el Reino de Dios, les respondió: El reino de Dios no viene de un modo visible, ni dirán: Helo aquí, o helo allí; porque el reino de Dios entre vosotros está.» «Entre ellos», porque entre ellos se hallaba el Rey, rodeado por sus «ministros», ganando constantes victorias sobre los emisarios de Satanás, al par que atraía a sí mismo súbditos regenerados, llenos de vida y de potencia espiritual. Todo lo cual no impedía que hubiese una manifestación futura del Rey en su gloria de un modo visible para todos, como se ve en el versículo 30 del mismo pasaje.

Los poderes del reino, ejercidos por Cristo y sus discípulos, eran tan evidentes que los jefes del judaísmo se hallaban impotentes delante de Él hasta que hubiese llegado su hora. De igual forma, como veremos, los milagros de Moisés, de Elías y Eliseo, de Pedro, de Pablo, servían para guardar la fortaleza de su testimonio especial, y les capacitaba para la derrota de los enemigos, *mientras duraba el periodo de poderes extraordinarios.* Los dos testigos del reino verdadero se harán invulnerables por estos mismos poderes hasta que acaben su misión durante la crisis de maldad que precederá la venida del Señor en gloria (Ap. 11:3–13). La prolongación de tales períodos habría socavado los principios fundamentales del «reino en misterio», que ha de ser recibido mediante la entrega de la voluntad a Dios y por la visión de la fe.

LOS MILAGROS COMO CREDENCIALES DE LOS SIERVOS DE DIOS

Hemos visto que Cristo presentaba sus obras repetidamente a la consideración, tanto de los discípulos como de los judíos, a guisa de credenciales de su misión divina. Otras pruebas había, pero «las obras» estaban a la vista y al alcance de todos, de modo que almas sinceras tenían que confesar como Nicodemo: «Rabí, sabemos que eres un maestro venido de Dios, porque nadie puede hacer estas señales que tú haces, si no estuviere Dios con él» (Jn. 3:2). Es altamente significativa la confesión de Nicodemo, ya que este hombre, «el maestro de Israel», sabiendo que Jesús el Nazareno no había pasado por las escuelas donde él mismo explicaba sus lecciones, reconoció su *título de enseñador,* gracias a las credenciales de las obras. He aquí la gran finalidad de los milagros, no sólo en cuanto a la misión del Mesías, sino también con referencia a los cometidos de todos los siervos comisionados por Dios, y en especial aquellos que iniciaron nuevas etapas del testimonio en días difíciles, o en tiempos de apostasía. Los rebeldes podían decir: «¿Quién eres tú para que nos reprendas y que te arrogues el derecho de hablar en el nombre de Dios?» Cuando la contestación verbal iba acompañada por *obras,* que sólo podían efectuarse por el suministro de la potencia divina, el siervo «presentaba sus credenciales» como embajador del Cielo. Los rebeldes aun podían rechazar la evidencia, aumentando así su condenación, pero los sumisos de corazón se prestarían a escuchar la Palabra de Dios en la boca de sus autorizados siervos (véanse más abajo las consideraciones sobre los milagros del AT y del periodo apostólico). Es preciso salvaguardar este principio de los malentendidos, sin embargo, por las proposiciones que siguen:

El milagro en sí no es una prueba de la procedencia divina del mensaje ni de la autoridad divina del mensajero

La señal sólo sirve para evidenciar la operación de un poder distinto de aquel que informa los fenómenos y acontecimientos normales que observamos. Dejando aparte los resultados espectaculares de la técnica moderna —que, como hemos visto, no entra en nuestro tema— el observador ha de pensar que la potencia viene o de Dios o del diablo. He aquí el porqué del interrogatorio de Pedro y Juan ante el sanedrín después de la curación del cojo en la puerta del Templo: «¿Con qué poder — preguntaron los jueces— o en qué nombre habéis hecho vosotros esto?» (Hch. 4:7). Teniendo al hombre sanado delante de ellos, los príncipes no podían negar la demostración de poder, pero sí querían insinuar que los apóstoles, contrariamente a la Ley, habían efectuado su señal por medio de las potencias ocultas de la magia, valiéndose de un «nombre» cabalístico. No era difícil para Pedro demostrar que el nombre que se hallaba en sus labios no tenía ninguna relación con el ocultismo, sino que era aquel que había probado su valor divino y sanador durante los tres años y medio del ministerio de Jesucristo, siendo el único nombre en que todos podían ser salvos.

Si el milagro es de Dios su naturaleza ha de ser buena

También ha de ser conforme a lo que Dios ha revelado de sí mismo. Incurriendo en el colmo de una rebeldía ciega, los fariseos de Galilea habían atribuido la potencia manifestada en la liberación de un endemoniado a «Beelzebub, príncipe de los demonios» (Mt. 12:22–37). La contestación de Jesús fue de una lógica contundente: «Todo reino dividido contra sí mismo es asolado... si Satanás echa fuera a Satanás, contra sí mismo está dividido; ¿cómo, pues, subsistirá su reino?... o haced el árbol bueno, y bueno su fruto; o haced el árbol maleado y malo su fruto; porque por el fruto es conocido el árbol.» El hombre sanado quedaba libre de la sujeción satánica, capacitado de nuevo para llevar una vida normal humana y para servir y adorar a Dios. Satanás no pudo realizar tal obra, pues contradecía todos los postulados de su propio reino rebelde; al mismo tiempo el milagro ilustraba perfectamente el sentido redentor, de triunfo sobre el diablo, de la obra del «Hombre más fuerte», que había vencido al «hombre fuerte» (el diablo), y ya llevaba los despojos que correspondían a su victoria.

Volviendo a Los Hechos, capítulos 3 y 4, notamos que la curación del hombre cojo le devolvió su salud física, y a la vez le permitió entrar en el Templo, «andando, saltando y alabando a Dios», que es otro «buen fruto» que sólo se halla en un árbol bueno.

De paso podemos notar que casi todos los médiums del espiritismo sufren desarreglos nerviosos de mayor o menor gravedad, ya que pretenden realizar «maravillas» prohibidas por la Palabra de Dios y, por añadidura, contradicen las leyes del funcionamiento del cuerpo, alma y espíritu del hombre en nuestras condiciones actuales. Podemos deducir en seguida que se trata de un «árbol maleado».

Si el milagro es de Dios, también el mensaje que lo acompaña ha de ser de Dios

A la inversa, si el mensaje no concuerda con la revelación total de Dios, el milagro queda descubierto como falso, o satánico: «Si se levantare en medio de ti profeta, o soñador de sueños, que te propusiere una señal o maravilla, y en efecto sucediere la señal o maravilla... diciendo: Vamos en pos de otros dioses... y sirvámoslos; no escucharéis las palabras de tal profeta, o de tal soñador de sueños; será muerto, por cuanto la aconsejado apostasía contra Jehová que os sacó de Egipto...» (Dt. 13:1–5). El pasaje que hemos citado ilustra perfectamente el principio que hemos enunciado: la señal puede ser falsa, y si tiene por fin el alejamiento del alma o del pueblo de los caminos revelados de Dios, se deduce que es una estratagema diabólica. Es importantísimo recordar esta norma en días cuando sectas notoriamente heréticas, o que no proclaman todo el consejo de Dios, quieren justificar su posición por «maravillas». Lo que precisa el pueblo de Dios es más y más estudio de la Palabra, en su totalidad y en sus partes, para poder discernir su Voz, y poder rechazar los «remedios», si se apoyan o no por «señales» espectaculares, que sólo sirven para despertar el entusiasmo de la carne (véase abajo: «Milagros mentirosos»).

LOS MILAGROS DEL ANTIGUO TESTAMENTO

Nuestro cometido es el de subrayar la importancia y el significado de los milagros de Cristo, pero tal es la unidad de las Escrituras que es conveniente ver las grandes obras del Maestro como el momento culminante de las intervenciones sobrenaturales de Dios a través de toda la historia de la redención, aun cuando las referencias a los milagros del AT y a los de la época apostólica no pasen de ser someras. Desde luego, en todo milagro notaremos la ejemplificación de los principios fundamentales que hemos venido notando.

Abraham

No todos los destacados siervos de Dios han de ser hacedores de milagros, como se ve por los ejemplos de Abraham, de David, de Daniel y de Juan el Bautista, estando muy lejos del sentir de la Biblia que la obra milagrosa confiera una categoría especial de «santidad». *Las manifestaciones milagrosas se producen cuando hacen falta, y cesan al acabarse el período de su utilidad.* Con todo, hacemos mención de Abraham por el hecho de que el nacimiento de Isaac de padres viejos es un milagro de gran significado, ya que muestra, desde el principio, que el pueblo de Dios debía su existencia a los designios y a la obra de Dios. Más tarde los israelitas carnales habían de jactarse de ser «hijos de Abraham», contradiciendo el sentido del origen de su raza que se produjo de tal forma, y por tales medios, que el nacimiento de Isaac, según indica su nombre, era «una risa» ante los carnales, pero risa de triunfo para los padres fieles que comprendieron la obra de Dios (Gn. 21:1–7; He. 11:11, 12).

Moisés y el período del éxodo

Moisés había pensado que su saber, su categoría de príncipe de Egipto, su experiencia de la corte, podrían constituirle en libertador de su pueblo; pero los cuarenta años en el desierto sirvieron para que aprendiera la nulidad de la carne ante Dios y aun ante sus hermanos y frente a las potencias del mundo. Al ser comisionado por Dios (caps. 3 y 4) había aprendido la lección «demasiado bien», ya que resistió algo tercamente el llamamiento, apoyado éste por señales (4:1–9). Por fin, acompañado por Aarón, se presentó delante del Faraón, rey tiránco del imperio más poderoso de la tierra, para declarar su mensaje de parte de Jehová: «Deja ir a mi pueblo.» La respuesta de tal hombre fue la que se podía esperar: «¿Quién es Jehová para que oiga su voz, y deje ir a Israel? No conozco a Jehová...» (5:1–2). No consta en el relato, pero sin duda decía también: «¿Y quiénes sois vosotros?» Los mensajeros, pues, necesitaban *credenciales* para hacer ver que representaban al Dios todopoderoso de los cielos: había, además, la necesad de establecer otro «poder» que se enfrentara con la potencia carnal del Faraón y de su imperio. Todo ello se consiguió por medio de obras milagrosas, en este caso de juicio y de destrucción, hasta que se doblegara la cerviz orgullosa del rey. He aquí el significado de las diez plagas y del paso milagroso del Mar Bermejo. Tan eficaces eran las credenciales, que Moisés llegó a ser varón «muy grande en la tierra de Egipto, a los ojos de los siervos del Faraón y a los ojos del pueblo» y ni un perro había de mover la lengua contra ninguno de los hijos de Israel (Éx. 11:3, 7).

No sólo eso, sino que la época milagrosa imprimió sobre la memoria colectiva de Israel la lección de que el Dios suyo era Dios poderoso, Dios de gracia, Dios redentor, ya que de su sola voluntad, con manifestaciones de su potencia, humilló al enemigo, controló las fuerzas de la naturaleza, y sacó a su pueblo sano y salvo a la seguridad del desierto. Moisés apunta la lección en Deuteronomio 4:32–35: «Pues infórmate, si quieres, de los primeros tiempos que eran antes de ti... si ha intentado dios alguno ir a tomar para sí una nación de en medio de otra nación, con pruebas, con señales y con maravillas, y con guerra y con mano fuerte, con brazo extendido y con terrores estupendos, como todo lo que Jehová tu Dios hizo por ti en Egipto, ante tus mismos ojos. A ti fue mostrado esto, para que supieses que Jehová solo es Dios: ninguno hay fuera de él.» Rahab de Jericó supo entender el lenguaje de las señales, pues dijo a los espías: «Yo sé que Jehová os ha dado esta tierra... porque hemos oído cómo Jehová secó las aguas del Mar Rojo delante de vosotros cuando salisteis de Egipto...» (Jos. 2:9–11). Una y otra vez los israelitas cantaron las maravillas del éxodo, o fueron exhortados a volver a Jehová su Dios que les había sacado de Egipto con brazo fuerte, quedando el acontecimiento como la señal por excelencia (hasta la venida de Cristo) de la intervención redentora de Dios a favor de su pueblo. La lección de sus juicios sobre los rebeldes también quedó estampada en las páginas de la misma historia.

La caída de las murallas de Jericó

«Por la fe cayeron los muros de Jericó, después de ser rodeados durante siete días» es el comentario sagrado sobre el milagro de Josué 6. Las batallas posteriores se libraron normalmente, y hubo de sitiar a otras ciudades con instrumentos de guerra, pero las murallas de Jericó cayeron por la palabra de Jehová. Pudo haber causas inmediatas sísmicas, pero eso no mengua el elemento milagroso, ya que se derrumbaron las murallas según el anuncio previo de Jehová, quien todo lo ordenó según su voluntad. Así los israelitas aprendieron que no eran ellos quienes conquistaron la tierra prometida por la fuerza de sus ejércitos, sino que Jehová se la entregó según sus propósitos de gracia y por una manifestación de su poder.

Los milagros de Elías y Eliseo

¿Por qué hubo un reflorecimiento de manifestaciones milagrosas durante el ministerio de Elías y de Eliseo, y no antes ni después? Porque estos profetas del reino norteño, alejados del centro del culto de Jehová en Jerusalén, llevaban a cabo su ministerio cuando la casa real quiso suplantar el culto de Jehová por la infame idolatría de Baal, el «señor». Para poder mantener su testimonio necesitaban credenciales, igual que Moisés y Aarón cuando se enfrentaron con Faraón, que les acreditaran como mensajeros de Jehová, Dios de los cielos. Como en el caso anterior, faltaba a los siervos de Dios toda evidencia externa de poderío humano, y hacía falta establecer y declarar las potencias del Reino de Dios. El milagro típico es el de Elías en el monte Carmelo, cuando Jehová contestó por fuego su oración, consumiendo el sacrificio, y dejando avergonzados a los sacerdotes de Baal, cuyo dios se mostraba impotente frente a Jehová. La resurrección de un joven por la intercesión de Elías y la de otro por los ruegos de Eliseo, juntamente con varios milagros de provisión y de salvamento, manifestaron que Jehová daba vida y múltiples bendiciones a su pueblo si éste quería recibirlas, mientras que todo se perdía bajo la falsa tutela del dios de los fenicios. Si los profetas pudieron continuar y consumar su ministerio, a pesar de la oposición abierta o velada de las distintas dinastías reales, ello se debía a las obras de poder. Estos profetas constituyen el único testimonio fiel a Jehová en su época, y habían de ser auxiliados por los «caballos y carros de fuego» de los ejércitos celestiales (2 R. 2:12; 6:14-17). El ministerio de Elías y de Eliseo, con los milagros que lo acompañaron, se describe en 1 Reyes 17 hasta 2 Reyes 13.

Los milagros de juicio

Por vía de ejemplo de tales milagros mencionamos el juicio sobre la espantosa rebelión de Coré, con Datán y Abiram y los suyos, contra Moisés y Aarón, disputando los rebeldes la autoridad de los guías tanto en la esfera religiosa como en la civil. El milagro de juicio fue lo que mereció el atroz espíritu de orgullo y de rebeldía contra Dios y sus siervos, aprobados éstos por un sinnúmero de pruebas; pero también fue una trágica «credencial» por la que Dios volvió a acreditar a Moisés y a Aarón: «Entonces dijo Moisés: En esto conoceréis que Jehová me ha enviado a hacer todas estas obras, y que no las he inventado de mi propio corazón. Si de la muerte común de todos los hombres murieron éstos... no me ha enviado Jehová; empero si Jehová hiciere una cosa nueva, de modo que la tierra abriere con violencia su boca y los tragare... entonces entenderéis que estos hombres han tratado con desprecio a Jehová» (Nm. 16:26–35).

Los milagros de juicio extirpan la gangrena de condiciones irremediables de corrupción y de rebeldía, quedando como solemnes avisos para futuras generaciones, ayudándolas a reparar en las últimas consecuencias del alejamiento voluntario de Dios.

LOS MILAGROS DE LA EDAD APOSTÓLICA
Los milagros de los discípulos durante el ministerio del Señor

Los milagros que efectuaron los Doce y los Setenta (Mt.10 y Lc. 10) se ven como una extensión del ministerio de poder del

Maestro mismo, y llenaron el corazón de los discípulos de gozo al ver que aun los demonios les fueron sujetos en el nombre del Señor (Lc. 10:17). Su carácter de «señales» y de «credenciales» es muy evidente, como también su efecto como demostración del poder del Reino que proclamaban.

Los milagros de Pedro

La curación del hombre impedido a la puerta Hermosa del Templo es típica de muchas obras de poder, efectuadas mayormente por Pedro, que acreditaron el testimonio apostólico en Jerusalén durante los primeros años de la historia de la Iglesia. Llegó este ministerio a su apogeo en las circunstancias que se narran en Hechos 5:12–16, jugando los milagros un papel decisivo en el mantenimiento del testimonio por años frente al poder carnal del sanedrín. De nuevo todo el poder material se halla en las manos de los enemigos del Evangelio, ante quienes los apóstoles son hombres sin fuerzas ni categoría profesional. El sanedrín, a su parecer, había sido bastante fuerte para llevar al «pretendido Mesías» a la cruz, pero comprueba con asombro que le faltan fuerzas para acabar con la proclamación del mismo Mesías como resucitado, cuyo mensaje resuena hasta en los atrios del Templo, lugar de su peculiar jurisdicción, y por boca de personas que ellos despreciaron. Los múltiples milagros servían de señales, que proclainaban elocuentemente la potencia del nombre, y crearon tanta simpatía y admiración entre las multitudes de Jerusalén que la ciudadela del Reino no tuvo que rendirse ante los fuertes ataques del judaísmo hasta que Dios dispusiera otras formas de testimonio.

Los milagros de Felipe

En Hechos 8:5–13 leemos de otro florecer de obras milagrosas que acompañaron la predicación del Evangelio por Felipe en Samaria. En este caso no hubo, al parecer, oposición de parte de las autoridades locales, pero sí existía la necesidad de establecer la autoridad de un mensaje que procedía de Jerusalén, frente al culto cismático de los samaritanos. Cumplido el cometido, las manifestaciones de poder en esta esfera cesaron.

Los milagros de Pablo

De nuevo notamos que hay «épocas milagrosas» que alternan con otras «normales» en las que Pablo rogaba en vano que se le quitara su «aguijón en la carne», en las que Timoteo padecía del estómago, y en las que el gran apóstol dejó a Trófimo enfermo en Mileto (2 Co. 12:8–10; 1 Ti. 5:23; 2 Ti. 4:20). La época milagrosa que más se destaca es la que señaló los comienzos del Evangelio en Éfeso, capital de la provincia de Asia (Hch. 19:11–20), y obedece a la necesidad de manifestar el poder del Reino de Dios frente a los fortísimos bastiones de falsas religiones que se hallaban en Éfeso y en otras ciudades de la célebre provincia de Asia. El predicador ambulante judío, que predicaba a «Cristo crucificado», se enfrentaba con sistemas religiosos y satánicos de abolengo milenario, y las manifestaciones de poder benéfico, que correspondían exactamente a la proclamación de las Buenas Nuevas, le daban autoridad, y le ayudaron a mantenerse firme durante tres años, hasta que los fundamentos de la obra en Asia fueron firmemente establecidos.

Las obras de misericordia en lo físico servían siempre para ilustrar la obra espiritual, y para exhibir una autoridad real que en manera alguna sería perceptible a través de las circunstancias externas del servicio del apóstol. Se produjeron «señales, prodigios y poderes» también en Corinto, constituyendo todos ellos «las señales de un apóstol» (2 Co. 12:12). Pero fijémonos en *la supremacía de la Palabra,* de la cual el milagro no es «señor», sino humilde auxiliar ocasional.

MILAGROS DESPUÉS DE LA ÉPOCA APOSTÓLICA
El milagro es siempre posible cuando Dios está obrando para la extensión de su Reino

Los apóstoles no eran los únicos que habían recibido el poder de hacer milagros, o «dones de curar», en la Iglesia de su época, ya que existían estas facultades como algo bien conocido en la iglesia en Corinto (1 Co. 12:29, 30). No podemos decir que era algo «normal», pues si el milagro llega a ser corriente, pierde su carácter de «portento», y, por lo tanto, deja de ser eficaz como medio de autorizar al mensaje o al mensajero. No debe extrañarnos que, con las limitaciones que hemos señalado ya, todo el periodo apostólico fuese «época milagrosa», ya que el Reino se extendía contra ingentes fuerzas enemigas —religiosas, militares y civiles— de modo que los «poderes del Reino» se necesitaban una y otra vez para facilitar el avance de la Palabra de la cruz.

Al completarse el canon del NT —el conjunto del testimonio inspirado apostólico— y ponerse a la disposición de todos los creyentes, el milagro no se necesitaba, en general, ya que la «espada del Espíritu, que es la Palabra de Dios», podía blandirse por todos, y hemos visto anteriormente que el portento siempre ha de subordinarse a la Palabra, y no a la inversa.

Las recomendaciones de Santiago para casos de enfermedades dentro de la iglesia local (Stg. 5:14,15) se dieron muy tempranamente, pero sin duda queda el principio de que la iglesia, bajo la guía de sus ancianos, debe interesarse por sus enfermos y orar por ellos. La «oración de fe» siempre será medio de bendición, pero no hemos de exigir que la contestación se vea precisamente en la esfera física, recordando que pasajes como 2 Corintios 12:7–10 nos enseñan que el Señor puede tener propósitos importantes que realizar a través de la debilidad del cuerpo.

Con todo, la insensatez de «campañas de sanidades», que «se conocen por sus frutos», no debe menguar en el creyente sincero la inquebrantable convicción de que «para Dios todas las cosas son posibles», y que la oración de fe en el nombre de Cristo, frente a las posibilidades de la obra de Dios, y frente a los obstáculos que humanamente son invencibles, puede remover «montañas» y desarraigar «sicómoros». En fin, el milagro siempre es posible, pero sólo en relación con los designios de Dios, y no como una concesión al espíritu comodín y cobarde de los hombres. Dios podría haber salvado a Pablo de todos los suplicios y pruebas físicas que caracterizaban su largo ministerio, pero no quiso facilitarle ningún «Mercedes Benz» que rodara suavemente sobre la autopista asfaltada de su carrera, sino que condujo a su siervo y le fortaleció a través de las experiencias que Pablo cataloga en 1 Corintios 4:9–13; 2 Corintios 4:7–13; 6:4–10; 11:23–28. Es completamente antibíblico querer rebajar los «poderes del

Reino» al nivel de una panacea que libre a los creyentes de dolores físicos y de la saludable experiencia de tener que mirar al espectro de la muerte en su misma cara, sin espantarse, sabiendo que «el vivir es Cristo y el morir es ganancia».

Los milagros de la Edad Media

Siempre es posible que algún siervo de Dios hubiese efectuado milagros durante los siglos que median entre la época apostólica y la nuestra, pero la evidencia para los «milagros de los santos» suele ser de la más baja, mereciendo poquísima confianza de parte del creyente que ha aprendido sabiduría en la escuela del Maestro. Recordemos, también, que el milagro divino ha de corresponder por su naturaleza y por su finalidad a la revelación que Dios ha dado de sí mismo en las Sagradas Escrituras, de modo que los cuentos de imágenes que sudan sangre, o que lloran, etc., han de relegarse al oscuro limbo de las supersticiones, o del de las maniobras que se benefician de las emociones de personas inestables. Si no se discierne un *propósito espiritual*, emparentado con los designios de Dios revelados en su Palabra, el pretendido milagro ha de rechazarse.

Los milagros de nuestra época

Aparte de las operaciones del Espíritu de Dios, siempre posible en el adelanto de su obra según el principio que consta arriba, y que nunca necesitan —ni admitirían— campañas publicitarias, hemos de pensar que los «milagros» de hoy se efectúan por medio de fuertes impresiones sicológicas que pueden producir efectos notables (pero variables) en algunos casos de enfermedades funcionales, es decir, en las que resultan del desarreglo del sistema nervioso. Éste no es el lugar para un estudio extenso de tan debatido tema, pero ayudará a algunos lectores si tienen en cuenta que:

1) La posible mejora de enfermedades funcionales por medios sicológicos es un lugar común de la terapéutica moderna.

2) En muy contadísimos casos, enfermedades diagnosticadas como orgánicas —aun tratándose de cáncer— pueden «re-

troceder» y mejorarse, sin que nadie sepa por qué.

3) Los «milagros» de la gruta de Lourdes —el centro más renombrado de curaciones en el campo católico-romano— se controlan con mucho cuidado, y sólo se admite oficialmente un número limitadísimo de curaciones, entre los miles de enfermos que acuden al santuario. Si se toman en cuenta solamente las curas *permanentes,* el porcentaje no es mayor que el de cualquier proceso curativo que incluyera fuertes impresiones sicológicas, o de las curas espontáneas que hemos notado.

4) En las «campañas de sanidades» de otros sectores del cristianismo, el choque sicológico puede producirse por la presentación de Cristo en el Evangelio, pero los resultados, limitados, variables e inciertos, pueden compararse con los de Lourdes, mal que pese a los organizadores de tales campañas. La desilusión que sufren la mayoría de los enfermos, al no ser curados, queda ligada también con el nombre de Cristo, con resultados trágicos en lo espiritual, que es lo que verdaderamente importa.

MILAGROS ENGAÑOSOS

Al intentar la definición del verdadero milagro, notando unos importantes corolarios de la misma, hemos tenido ocasión de mencionar el poder antidios, que —dentro de los límites de la voluntad permisiva de Dios, y a los efectos de probar a la humanidad— puede efectuar milagros. No hemos de reírnos de la «magia negra», ni de todas las pretendidas maravillas del espiritismo, pues si bien muchas de ellas pertenecen a la esfera de los embustes de la prestidigitación, a veces queda un «algo» que denota la operación de poderes sobrenaturales. Es este «algo» que es peligroso, siendo preciso que el creyente «pruebe los espíritus» (1 Jn. 4:1). Durante los períodos proféticos y apostólicos, espíritus enemigos remedaban el ministerio profético, hasta tal punto que los verdaderos profetas de Jehová tenían que enfrentarse con todo un gremio de profetas falsos que intentaban deshacer su obra (1 R. 22:5–25; Jer. 23:9–40; 28:1–17). De la manera en que Jeremías tuvo que hacer la distinción entre los profetas falsos y verdaderos, así Pablo tuvo que advertir sobre el peligro de falsos mensajes, dando como regla general que todo lo que tiende a ensalzar a Cristo es de Dios, y aquello que le denigra es falso (1 Co. 12:2–3).

En los Evangelios, los demonios manifiestan conocimientos acerca de la persona y de la categoría de Cristo que los hombres ignoraban, bien que el Señor nunca quiso aceptar su testimonio, dado a través de los labios de los pobres cautivos humanos (Mr. 1:24, etc.). Pablo fue enfrentado con el mismo problema, y, antes de aceptar el testimonio —aun siendo verídico— de un espíritu inmundo, lo echó fuera del cuerpo de la muchacha esclava, sabiendo que las consecuencias inmediatas podrían ser graves para él y su compañero (Hch. 16:16–19). Simón el mago cruzó el camino de servicio de Felipe y de Pedro, y, según antiguas leyendas, se convirtió luego en un gran enemigo del Evangelio que rechazó (Hch. 8:9–25). Pablo tuvo que realizar un milagro de juicio sobre el engañador Elimas que procuraba desviar a Sergio Paulo de la fe (Hch. 13:6–12). En un ambiente idólatra, el mundo satánico se manifestaba más claramente que ahora, o, dicho de otra manera, tenía que disfrazarse menos. Pero seríamos muy ingenuos si creyésemos que las legiones diabólicas hubiesen cesado de operar.

Se ha mencionado ya la profecía de Pablo sobre un terrible desbordamiento de señales diabólicas durante el futuro reinado del anticristo, el hombre de pecado, y no dudamos de que las referencias parecidas, que hallamos en Apocalipsis 13:13, correspondan a la predicción del apóstol en 2 Tesalonicenses 2:8–12 (compárese 1 Ti. 4:1).

Recordemos la lección de Deuteronomio 13:1–3, que señala la falsedad de la señal si la palabra que la acompaña intenta desviar las almas del Señor, y daremos fin a este párrafo citando la exhortación, de validez perpetua, que Isaías dio a sus compatriotas cuando, en días de decadencia, se iban interesando en el espiritismo: «Y cuando os dijeren: Acudid a los espíritus de los adivinos que chirrian y mascullan, responded: ¿No debe un pueblo acudir a su Dios? ¿Por los vivos acaso han de acudir a los muertos? ¡A la ley y al testimonio! Si no hablaren conforme a esta palabra, son gentes para quienes no ha amanecido.»

MILAGROS, LA FE Y LA INCREDULIDAD

La fe que salva

En el breve compás de unos nueve versículos, Mateo subraya, en dos casos distintos, la importancia de la fe como medio de recibir el don de la sanidad de manos del gran Médico. A la mujer curada de la hemorragia, dijo: «Ten ánimo, hija, *tu fe te ha sanado*.» Un poco más tarde dos ciegos le siguieron, pidiendo la gracia de la vista. Sometió a prueba su fe, haciendo caso omiso de ellos hasta llegar a la casa adonde iba. Al entrar ellos tras Él les preguntó: «¿*Creéis* que puedo hacer esto?» «Sí, Señor», le respondieron, y «entonces tocó los ojos de ellos diciendo: *Conforme a vuestra fe os sea hecho*» (Mt. 9:22–30).

En otros casos no es tan claro el ejercicio de fe por parte del sanado, que, por lo que revela el relato, juega un papel pasivo. Pensamos en el paralítico llevado a Jesús por sus cuatro amigos (Mr. 2:1–12), y en el otro paralítico sanado al lado del estanque de Betesda. Pero el silencio del narrador del incidente no ha de erigirse en prueba de que la potencia sanadora de Cristo pudiese fluir en beneficio del enfermo sin que éste ejerciera la fe. En los casos de los endemoniados, y aún más en los de los muertos resucitados, sólo Cristo pudo percibir la posibilidad de la fe, pero tales misterios competen a su omnisciencia. Lo importante desde nuestro punto de vista es comprender que a la «plenitud» que habitaba corporalmente en Cristo correspondía el angustioso sentido de necesidad de parte de los enfermos, y luego, fuerte o débil, aparece aquella llama de fe que, como polo negativo de electricidad, permitía que la chispa de la potencia divina saltara la distancia separadora, extirpando el mal y devolviendo la salud. La primera etapa de la fe salvadora consistía en la creencia de que el Profeta sanaba realmente a los enfermos, según los informes recibidos acerca de sus poderosas obras; pero, llegado el momento del encuentro con Jesús, la mera creencia general se convertía en una plena confianza personal de que el Salvador podía y quería ejercer su poder a favor de ellos. Por eso las narraciones de los milagros de sanidad han servido siempre para ilustrar la «sanidad» al nivel más elevado del perdón de los pecados y de la salvación del alma.

La gran lección espiritual que se destaca de los milagros de sanidad y de provisión es la imposibilidad de que un alma necesitada, que confiesa sinceramente su necesidad, y que mira a Jesucristo, pueda quedar sin la bendición que busca, ilustrándose el gran dicho profético: «Todo aquel que invocare el nombre del Señor será salvo.»

La incredulidad que rechaza la bendición

Los amargos frutos de la incredulidad se describen en casi cada página de los Evangelios, pero acudimos para nuestro ejemplo al *locus classicus* de Marcos 6:1–6. El Señor Jesucristo, después de un ministerio en Capernaum ricamente bendecido, volvió a su propia ciudad de Nazaret, donde todos podían testificar de la vida santa de su joven compatriota. No faltó el asombro —que se convirtió en escándalo al recordar que el profeta poderoso en palabras y obras era «el carpintero»—, pero el evangelista tuvo que escribir esta triste sentencia: «Y no podía hacer allí ningún milagro, salvo que, poniendo las manos sobre unos pocos enfermos, los sanó.» No pudo faltar algún alma que venciera el vulgar prejuicio de los paisanos de Jesús, y que recibiera el bien que buscaba, pero, ¡que trágico es ver las manos de Cristo, llenas de las bendiciones que quería derramar sobre los suyos, poderosas para salvarles de sus males, extendidas en vano en el helado vacío de su incredulidad! La incredulidad no ha de confundirse con la «dificultad de creer», que quizá necesite una presentación más clara de la Palabra, base de la fe; es la repulsa ante lo que se percibe de Cristo, la interposición de una barrera impenetrable que quiere proteger el «yo» de la bendita ingerencia de Dios en su vida: «El que cree en el Hijo tiene vida eterna; mas el que es incrédulo al Hijo, no verá la vida, sino que la ira de Dios permanece sobre él» (Jn. 3:36).

Los judíos ante las señales

La perversión moral de los hombres caídos convierte aun los buenos dones de Dios en tropiezos, como se ve por la actitud de los judíos frente a las «señales». Dios había bendecido a sus padres con abundantes manifestaciones de su poder en el largo curso de su historia, pero, lejos de aprender la lección de que Él está siempre dispuesto a derramar sus bendiciones cuando se abren los cauces de la sumisión y de la fe, creían que la religión había de consistir en «señales»: «los judíos piden señales», escribe Pablo, para describir una reacción religiosa típica de la nación (1 Co. 1:22). No sólo eso, sino que ellos habían formulado su propia definición de lo que podía constituir una «señal» —definición que concordaba con su tipo externo de religión— y, por lo tanto, cerraban los ojos ante las mayores señales que jamás fueron concedidas para la ayuda de la fe.

Uno de los rasgos más incomprensibles de la mentalidad de los judíos durante el ministerio terrenal del Señor es que persistieran en pedir «señales» que justificaran la gran autoridad espiritual que de forma tan natural irradiaba de la persona de Cristo, en el mismo momento de ser desplegados delante de ellos los «poderes del Reino». Obviamente habían llegado a la conclusión de que una «señal del cielo» tenía que ser alguna manifestación de fuego celeste a la manera de la llama que cayó sobre el sacrificio de Elías en el Carmelo, o sobre los soldados que el impío rey Ocozías envió para prender al profeta (2 R. 1). Esta actitud típica de los judíos, endurecidos por su sistema religioso, se refleja en los pasajes siguientes: Mateo 12:38–39; 16:1, 4; Marcos 8:11, 12; Lucas 11:16–30; 23:8; Juan 2:18; 4:48; 6:30. El aprecio de las verdaderas señales que hacía Jesús se subraya en otras porciones, e incluimos en estas referencias las enseñanzas sobre las señales pasadas y futuras que constituyen parte integrante de la revelación de Dios al hombre: Mateo 16:3, 4; 24:3, 24, 30; Marcos 13:4; 16:17, 20; Lucas 2:12, 34; 11:29, 30; 21:7, 11, 25; Juan 2:11, 23; 3:2; 4:54; 6:2, 14; 7:31; 9:16; 10:41; 12:18; 20:30.

Toda la vida del Señor constituyó «una señal que será contradicha» (Lc. 2:34), y mientras que la selección de señales en Juan y en los otros Evangelios se nos da «para que creamos que Jesús es el Cristo, el Hijo de Dios», con el fin de recibir de Él la vida eterna y la salvación (Jn. 20:30, 31), la ineficacia de las señales frente al Espíritu de rebelión se destaca del comentario de los príncipes en Juan 11:47–53: «¿Que hacemos? Porque este hombre obra muchas señales... así que, desde aquel día, resolvieron darle muerte.» Bien dijo Abraham desde el paraíso al rico: «Si no escuchan a Moisés y a los profetas, tampoco se persuadirán aun cuando alguno se levantare de entre los muertos» (Lc. 16:31).

UNA CLASIFICACIÓN DE LOS MILAGROS

Del sinnúmero de milagros del Señor sólo se detallan treinta y cinco en los Evangelios, pero aun éstos ofrecen a nuestra consideración una materia tan rica y abundante que escapa a toda clasificación adecuada. Al mismo tiempo es importante que el estudiante pueda ver las obras en cierta perspectiva, y fijarse también en la naturaleza especial de cada uno. Con el fin de ayudarle en lo posible, presentamos los milagros del cuadro siguiente en relación con las distintas épocas del ministerio del Señor; al mismo tiempo, por medio de unas siglas que explicamos a contininación, se señala la naturaleza esencial de cada milagro, añadiéndose una observación muy breve que destaca los rasgos y lecciones más importantes. Desde luego, se podría escribir sendos párrafos sobre la naturaleza y el significado (a menudo múltiple) de cada «señal», pero tales comentarios rebasarían tanto la finalidad como los límites de espacio de esta introducción. Instamos al lector, sin embargo, a que saque todo el beneficio posible del cuadro que presentamos, que tiene el mérito de ofrecer la mención de los milagros en una perspectiva amplia, muy adecuada a los efectos de la comparación y del contraste.

LA NATURALEZA DE LOS MILAGROS

Si se piensa en un milagro cual el de hacer callar la tempestad, resalta el dominio del Señor en la esfera de la naturaleza. El hallazgo de la moneda en la boca del pez, bien considerado, da a conocer el control del Dios de las providencias sobre todo movimiento de sus criaturas, y aun sobre toda combinación de circunstancias. El volver el agua en vino es una clara manifestación del poder creador de Cristo. Las curaciones pueden clasificarse según el probable diagnóstico del mal, que podría ser orgánico (afectando una parte física del cuerpo); o infeccioso, como en el caso de las fiebres; o funcional, por tratarse de un desarreglo o desorden del sistema nervioso. Estas clasificaciones se señalan según el cuadro de este párrafo, en el que el número romano (I, II, III, IV) señala la categoría general del milagro, añadiéndose el número arábigo (1, 2, 3, 4, 5) para denotar diferencias dentro de dicha categoría. Estos números se utilizan luego en el cuadro con el fin de indicar la clasificación de cada milagro; las indicaciones de este apartado proporcionan, pues, la clave para comprender las siglas que se relacionan con cada milagro. Por ejemplo, si el milagro lleva la sigla I (4), significa que se lleva a cabo en la esfera de la naturaleza (1) y, específicamente, en el control del mundo animal (4). Bien que dudamos de la propiedad médica del término, incluimos la lepra en la categoría de la «impureza», puesto que así se consideraba tanto por el enfermo mismo como por todos sus coetáneos en el período de que se trata, aunque ahora la lepra se considera una enfermedad como otra cualquiera.

I. Milagros en la esfera de la naturaleza
   1) Manifestación de poder creador
   2) Manifestación de poder providencial
   3) Control de las fuerzas naturales
   4) Control del mundo animal
   5) Control del mundo vegetal
II. Milagros de la restauración del cuerpo
   1) De defectos orgánicos
   2) De enfermedades funcionales (de origen nervioso)
   3) De la impureza física y religiosa
   4) De las enfermedades febriles, etc.
III. Milagros de poder sobre la muerte
IV. Milagros de dominio sobre el mundo de los espíritus

LOS MILAGROS EN SU ORDEN CRONOLÓGICO APROXIMADO

Milagro	Referencias	Número de clasificación (véase arriba)	Rasgos principales

EL PERÍODO INICIAL DEL MINISTERIO (1 MILAGRO)

Milagro	Referencias	Núm.	Rasgos principales
El agua se cambia en vino	Jn. 2:1–11	I (1)	El primer milagro bendice el estado matrimonial y suple los medios para la sana alegría de los hombres. Los discípulos comprendieron que era una manifestación de la «gloria» del Señor en su poder creador.

EL PERÍODO PRINCIPAL DEL MINISTERIO (25 MILAGROS)

Milagro	Referencias	Núm.	Rasgos principales
Curación del hijo del cortesano	Jn. 4:46–54	II (4)	Un milagro de intercesión, y a distancia. La fe es la del padre.
El paralítico de Betesda	Jn. 5:1–9	II (2)	El Señor toma la iniciativa y busca al enfermo. La fe se manifiesta por la obediencia.
La primera pesca milagrosa	Lc. 5:1–11	I (4)	Ilustra la «pesca de los hombres», que sólo tiene éxito cuando el Maestro la dirige.
El endemoniado de Capernaum	Mr. 1:23–26 Lc. 4:33–35	IV	La liberación del hombre del poder del diablo es típica de la obra del Señor.
La suegra de Pedro	Mt. 8:14–15 Mr. 1:30–31	II (4)	El contacto de la mano del Maestro quita la fiebre del pecado, y restaura el poder de servir.
El leproso	Mt. 8:2–3 Mr. 1:40–42 Lc. 5:12–13	II (3)	La palabra habría bastado para la curación, pero Cristo se identificó con el leproso por el contacto de su mano, y así manifestó su amor.
El paralítico con los cuatro amigos	Mt. 9:2–7 Mr. 2:3–12 Lc. 5:18–25	II (2)	Los amigos no pueden curar, pero pueden llevar al necesitado a Jesús. El que cura la enfermedad por su sola autoridad es también el que perdona los pecados.
La mano seca	Mt. 12:10–13 Mr. 3:1–5	II (2)	La obediencia de fe. El pecado nos quita el poder de ser-

	Lc. 6:6–10		vir, y sólo Cristo puede restaurarlo. Tal obra está de acuerdo con el verdadero significado del sábado.
El siervo del centurión	Mt. 8:5–13 Lc. 7:1–10	II (4)	Un milagro de intercesión a distancia. El mismo Señor ensalza la fe del soldado gentil.
El hijo de la viuda de Naín	Lc. 7:11–15	III	Se levanta a un joven recién muerto. Comp. otros casos de III. La compasión por la madre es tan marcada como el poder sobre la muerte.
El endemoniado ciego y mudo	Mt. 12:22 Lc. 11:14	IV	La obra del demonio se muestra en el cuerpo de la víctima, pero Jesús se muestra como el vencedor y el restaurador.
La tempestad calmada	Mt. 8:23–27 Mr. 4:36–41	I (3)	El hombre, creado para señorear sobre el mundo, peligra en la tempestad (fuerzas naturales desordenadas). Todo se sujeta al Hijo del Hombre, quien es el Creador.
Los endemoniados (uno llamado Legión)	Mt. 8:29–33 Mr. 5:1–16 Lc. 8:26–36	IV	Ilustra el gran poder del diablo sobre el hombre, pero no hay fortaleza satánica que resista al Señor.
La mujer que padecía de hemorragia	Mt. 9:20–22 Mr. 5:25–34 Lc. 8:43–48	II (3)	El contacto de fe con Jesús de la mano más temblorosa, es eficaz para la salvación.
La hija de Jairo	Mt. 9:18–25 Mr. 5:22–43 Lc. 8:41–56	III	El Príncipe de la Vida vuelve a llamar al espíritu que acaba de salir del cuerpo de una muchacha. Comp. el joven de Naín y Lázaro.
Los dos ciegos	Mt. 9:27–31	II (1)	El Señor pone a prueba la fe de los ciegos antes de sanarlos. Se ilustra la necesidad de la fe.
El endemoniado mudo	Mt. 9:32–33	IV	El Señor restaura al hombre el debido uso de la lengua, que el diablo le había quitado.
La multiplicación de los panes y peces	Mt. 14:15–21 Mr. 6:35–45 Lc. 9:12–17 Jn. 6:1–13	I (1 y 2)	Es el único milagro referido por todos los evangelistas. Junto al poder creador se ilustra el cuidado providencial que suple lo que falta al hombre a causa de la maldición d e la tierra. La lección espiritual se aplica en Juan 6:32–59.

Cristo anda sobre las aguas	Mt. 14:25–33 Mr. 6:48–51 Jn. 6:19–21	I (3)	El Señor controla las fuerzas de la naturaleza para el bien de los suyos.
La mujer cananea	Mt. 15:21–28 Mr. 7:24–30	IV	Es el único milagro realizado fuera de Palestina. Tal «miga» cayó anticipadamente de la abundante mesa de la gracia que se preparaba para los gentiles.
El sordomudo	Mr. 7:31–37	II (1)	El Señor emplea aquí medios para fortalecer la fe del enfermo, pero él solo es la fuente de poder sanador.
Segunda multiplicación de panes y peces	Mt. 15:32–38 Mr. 8:1–9	I (1 y 2)	Milagro parecido a la primera multiplicación de panes y peces (véase arriba), pero distinto. Se ve que los milagros referidos son «muestras» de muchos más de índole semejante.
El ciego de Betsaida	Mr. 8:22–26	II (1)	Un caso de curación gradual; quizá el proceso fortaleció la fe del enfermo.
El muchacho lunático	Mt. 17:14–18 Mr. 9:17–27 Lc. 9:38–42	IV	Un caso «difícil» por ser tan arraigado el dominio del diablo, que ilustra la debilidad de los discípulos a causa de la falta de oración, al par que manifiesta el poder del Señor.
Las dracmas en la boca del pez	Mt. 17:24–27	I (2 y 4)	El Señor de la creación suministra providencialmente las necesidades de sus siervos.

PERÍODO FINAL DEL MINISTERIO (9 MILAGROS)

El ciego de nacimiento	Jn. 9:1–9	II (1)	Una parábola en acción: Cristo es la Luz del mundo.
La mujer agobiada	Lc. 13:11–13	II (2)	Cristo restaura el poder de mirar al cielo.
El hidrópico sanado en sábado	Lc. 14:1–4	II (4)	Al principio y al fin de su ministerio Jesús demostró que era Señor del sábado, reclamando el derecho de hacer el bien en el sábado.
La resurrección de Lázaro	Jn. 11:1–44	III	El poder de la muerte se ilustra en su forma más extrema, pues Lázaro llevaba cuatro días en la tumba, pero Jesús es la Resurrección y la Vida.
Los diez leprosos	Lc. 17:11–19	II (3)	A distancia. Uno sólo de los diez dio las gracias.

Los ciegos de Jericó (incluso Bartimeo)	Mt. 20:30–34 Mr. 10:46–52 Lc. 18:35–43	I (5)	Cristo da luz para andar en el Camino.
La higuera estéril	Mt. 21:18–19 Mr. 11:12–14 y 20	I (5)	Milagro simbólico del juicio sobre la nación judaica, que no llevó fruto, a pesar de las «hojas» de la profesión religiosa.
La oreja de Malco	Lc. 22:50–51	II (1)	Último y bello gesto de amor y de perdón.
Segunda pesca milagrosa	Jn. 21:1–14	I (4)	Se renueva la lección de la «pesca de almas» después de la resurrección, y antes de una nueva y más amplia comisión.

PREGUNTAS

1. Escríbase una definición completa de lo que es un milagro. ¿Qué contestaría usted si alguien le dijera que un milagro es una violación inadmisible de las leyes de la naturaleza?

2. Discurra sobre la importancia de los milagros de Cristo como parte integrante de su ministerio.

3. «Los milagros pueden servir como credenciales para los siervos de Dios al mantener éstos su testimonio en períodos difíciles.» Comente sobre esta proposición con referencia a siervos de Dios en el Antiguo y en el Nuevo Testamento.

4. De la lista de los milagros al final de la sección, escoja *dos* que han de describirse en detalle, al efecto de hacer ver cómo sirven de señales de las operaciones de Dios en un mundo de pecado.

La gran consumación del ministerio

Los sufrimientos y muerte de Cristo

EL HECHO HISTÓRICO

Al comienzo de este libro citamos extensamente la gran declaración de Pablo en 2 Tiimoteo 1:9, 10 que nos hiso ver que el Evangelio es la manifestación en Cristo de un propósito de Dios formulado antes de los tiempos eternos, y por el cual la muerte queda abolida y se saca a luz la vida y la inmortalidad. Para el estudiante humilde es fácil comprender que no pudo haber victoria sobre la muerte meramente por la revelación del corazón de Dios a través de la vida terrenal del Dios-Hombre, y que la virtud ejemplar del testimonio de Cristo no pudo salvar a nadie, ya que ninguno era capaz de imitarle. Lejos de eso, la pureza resplandeciente de la vida del Hijo del Hombre, en la que el Padre se complacía, no hace sino aumentar la condenación del pobre pecador, cuya iniquidad y oblicuidad moral resaltan en toda su negrura contra el fondo de la perfección del Hijo del Hombre. La santa humanidad de Cristo es como el velo de lino finísimo, primorosamente entretejido de púrpura escarlata, y bordado de querubines, que separaba el Lugar Santo del Lugar Santísimo del Tabernáculo (Éx. 26:31–33), puesto que, siendo tan hermoso en sí, «hizo separación», y señalaba que el camino a la presencia de Dios no se había abierto aún (He. 9:8).

Los protagonistas de otras biografías suelen trabajar y llevar a cabo sus propósitos mientras les dura la fuerza física y la agilidad mental, después de lo cual pasan a las limitaciones de la vejez, y luego a la muerte, que, retóricas aparte y salvando la posible persistencia de algunos efectos de su obra, es para ellos *el fin*. La manera de presentarse la vida, muerte y resurrección del Señor en los cuatro Evangelios, señala claramente que la muerte no fue el *fin*, sino la *consumación* de la obra que vino a realizar, y en cierto modo el nacimiento y el ministerio público que hemos venido meditando, pese a todas sus glorias inigualables, no son más que el vestíbulo del Templo donde se efectuó el sacrificio de sí mismo en la consumación de los siglos para anular el pecado (He. 9:26). Una y otra vez hemos visto que cada evangelista hace su selección de los incidentes del ministerio según los requisitos de su finalidad especial; pero cuando llegan a la semana de la Pasión, todos abundan en detalles que subrayan la importancia suprema de la «hora» y dejan vislumbrar la consumación de un plan eterno, el más sublime y el más profundo de los arcanos de Dios. Fijándonos en Marcos, el Evangelio que recoge las enseñanzas de Pedro, vemos que una tercera parte del escrito se ocupa de los acontecimientos que median entre la entrada triunfal y la ascensión del Señor. Muchas obras había realizado ya el Siervo de Jehova, pero la obra suprema había de ser la de «dar su vida en rescate por muchos».

El «Varón de Dolores»

Por las mismas condiciones de su servicio en la tierra, el Mesías tenía que ser «Varón de dolores, experimentado en padecimientos» (Is. 53). Tendremos ocasión de volver a considerar el pasaje clave de Isaías 52:12—53:12, pero conviene notar aquí que hemos de distinguir entre los sufrimientos propios de la operación del Siervo de Jehová en un mundo que se halla «en el maligno», y aquellos otros, consumados por la muerte total, que son propiamente vicarios o sustitutivos. ¿Cómo no había de llorar aquel cuya vista penetraba hasta las más hondas raíces del pecado en todos, y que apreciaba el ponzoñoso amargor de todo el fruto del mal, tanto en las vidas de los individuos como en la sociedad y la historia de los hombres? Sólo Él pudo abarcar las trágicas dimensiones de la Caída, y medir el significado de la perdición contra el fondo de la posibilidad de la «función» de los designios de Dios para el hombre. Él, como Hombre real que era, hubiera querido amortiguar este íntimo dolor por medio del consuelo de la comunión con sus familiares y amigos, pero tal bálsamo le era negado a causa de la ceguera de los primeros y las limitaciones de los segundos: «Me dejáis solo; sin embargo, no estoy solo, porque el Padre está conmigo» (Jn. 16:32).

Él mismo sufría los persistentes y maliciosos ataques del diablo, y fue el blanco de los venenosos dardos de la envidia y del odio de los fariseos endurecidos, y de los orgullosos y ambiciosos sacerdotes, como hemos visto en el curso de nuestros estudios. Sufría por la herida en sí, pero doblemente por condolerse del trágico estado de ruina que provocaban los mismos ataques, orando siempre: «Padre, perdónalos porque no saben lo que hacen», y dispuesto a proseguir hasta el final de su vía dolorosa con tal de cargar con las iniquidades de los transgresores y abrir para todos una puerta de salvación.

No nos es dado señalar el momento en que principiaron los padecimientos propiamente sustitutivos y expiatorios. Muy significativo es el hecho de «tomar la copa» de dolor en el Getsemaní, y más aún el velo de las tinieblas a la hora de nona, de entre las cuales salió el grito de abandono: «¿Por qué me dejaste?» El trance interno, la respuesta definitiva que se dio a las demandas de la justicia divina, pertenece a una esfera donde la comprensión humana no puede penetrar.

Las descripciones de los padecimientos físicos

El relato cuádruple de los incidentes de la Pasión es necesario con el fin de establecer la exactitud histórica del hecho; también nos provee del único medio posible para columbrar algo del misterio del «padecimiento de muerte» que iba efectuándose en las insondables honduras del alma de la víctima. Pero hemos de fijarnos en la gran economía de palabras de los relatos evangélicos, que evitan la descripción de los hórridos efectos del látigo romano y del suplicio de la crucifixión en el cuerpo del Señor. El corazón de Pedro se partiría al contemplar —aun de lejos— los terribles sufrimientos corporales de su amado Maestro, pero, por la pluma de Marcos, se limita a comunicarnos: «Pilato...

entregó a Jesús, después de azotarle, para que fuese crucificado... y le están crucificando, y parten sus vestidos, echando suertes sobre ellos, que se llevaría cada uno; y era la hora de tercia y le crucificaron» (Mr. 15:15, 24, 25 trad. lit.). El cambio del tiempo «presente histórico», que denota la observación del testigo ocular, al tiempo aoristo, que señala el hecho consumado, es muy significativo, pero falta por completo todo intento de efectismo, o de excitar mera conmiseración frente a los dolores físicos. «Hijas de Jerusalén —dijo el Varón de dolores a quienes lamentaban— no lloréis por mí, sino por vosotras mismas y por vuestros hijos... (Lc. 23:28). Juan, desde su punto de vista especial, señala el triunfo detrás de toda la aparente debilidad y dolor por las palabras: «Y él, *llevando su cruz, salió* al lugar que se llama de la Calavera...» (Jn. 19:17). Hay himnos evangélicos que necesitan enmendarse a la luz de esta santa reserva de las Escrituras sobre el detalle del suplicio fisico de Jesús, pues, en lugar de dirigir la mirada del adorador a la realidad interna y espiritual de los padecimientos, la detienen en el umbral, en un punto no muy alejado de los patéticos crucifijos de los católico-romanos que enfocan una luz dudosa sobre el hecho de que «por flaqueza fue crucificado», sin señalar para nada la culminación natural de tal hecho: «pero vive por el poder de Dios» (2 Co. 13:4).

Indicios de lo trascendental del hecho

Los evangelistas se limitan a notar los pasos del Señor al pisar el sangriento camino de dolor que arranca del huerto de Getsemaní, y termina en la cruz con la exclamación: «En tus manos encomiendo mi espíritu» (Lc. 23:46). En su mayor parte podría ser el sobrio relato del mártirio y fiel testimonio de cualquier siervo de Dios que muriera por su fe, sometido al atroz sufrimiento del látigo romano y al de la crucifixión. ¿Tenemos alguna base para creer que acertó el escritor de Hebreos al considerar que allí se efectuará un sacrificio de valor trascendental en la «consumación de los siglos», para quitar de en medio los pecados? (He. 9:26). Muchos han creído que el valor expiatorio de la cruz es un concepto añadido al hecho del mártirio por la fervorosa imaginación de los discípulos, erigido luego en sistema teológico por la mente rabínica de Pablo. Frente a tales supuestos hemos de ver que el significado de la cruz se determina: 1) por las predicciones y presagios del AT, teniendo en cuenta la unidad de las Escrituras; 2) por las explicaciones inspiradas, no sólo de Pablo, sino de todos los apóstoles; 3) por los prenuncios del mismo Señor; 4) por las aclaraciones del Señor resucitado; y 5) por varios indicios en los relatos mismos que transparentan el hecho eterno a través del velo del acontecimiento histórico. La luz conjunta de estas consideraciones ilumina el Gólgota con tal brillantez que el creyente humilde lo reconoce sin sombra de duda como el altar donde Cristo, siendo Él mismo víctima y sacerdote, ofreció la vida de infinito valor en expiación por el pecado según el «determinado consejo y providencia de Dios», conocido ya antes de la fundación del mundo, pero manifestado al fin de los tiempos por amor a nosotros (1 P. 1:18–20). En este punto nos hemos de limitar a una breve referencia a los puntos 3), 4) y 5) de los que acabamos de mencionar, con el fin de probar que tenemos todo derecho de discernir, a través del hecho externo de los sufrimientos y la crucifixión de Jesucristo, la consumación de aquel plan de Dios según el cual fuimos elegidos en Él desde antes de la fundación del mundo (Ef. 1:4).

Los prenuncios del Señor: su muerte es el cumplimiento de las Escrituras

Habrá más que decir sobre las declaraciones del Señor con referencia a su muerte, pero aquí sólo queremos subrayar algunas de ellas para que se vea que Él conocía de antemano cuanto le había de suceder, que concedía al hecho una importancia trascendental, y que lo relacionaba con el concepto de un sacrificio expiatorio ya presentado en la revelación preparatoria del AT las claras predicciones del hecho del rechazo, de los sufrimientos, de la muerte y de la resurrección empiezan después de la confesión de Pedro en Cesarea de Filipo: «Desde aquel tiempo comenzó Jesús a declarar a sus discípulos que le convenía ir a Jerusalén y padecer mucho de los ancianos... y ser muerto, y resucitar al tercer día» (Mt. 16:21, con 17:9, 12; Mr. 10:32–45, etc.). La referencia «a su éxodo que había de cumplir en Jerusalem», tema de la conversación entre el Señor, Moisés y Elías en el Monte de la Transfiguración (Lc. 9:31), es de importancia singular, puesto que señala el hecho como el más importante de la obra del Mesías, digno de ser notado en circunstancias tan gloriosas, siendo notable que se llamara «su éxodo», que era crisis de sacrificio y de liberación.

Varias veces el Señor relaciona los padecimientos y la muerte que se avecinaban con las profecías del AT: «Elías, en verdad, viene primero, y lo restaura todo; pero *¿cómo está escrito del Hijo del Hombre que padezca muchas cosas* y que sea tenido en nada?* (Mr. 9:12). En la víspera de la Pasión leemos: «El Hijo del Hombre se marcha *como está escrito de él;* pero ¡ay de aquel por quien es entregado!» (Mt. 26:24; comp. Mr. 14:21; Lc. 22:22). Anteriormente, en el camino a Jerusalén, Jesús había dicho a los Doce: «He aquí, subimos a Jerusalén, *y se cumplirán todas las cosas escritas por los profetas acerca del Hijo del hombre,* pues será entregado... escarnecido... azotado... le mataran» (Lc. 18:31–34). Aun el prendimiento en el huerto se relacionó con el anuncio profético: «Diariarnente estuve con vosotros enseñando en el Templo, y no me prendisteis: mas esto es *para que se cumplan las Escrituras*» (Mr. 14:49).

El *«bautismo»*. Además de las predicciones directas del Señor, y las claras indicaciones del elemento de «cumplimiento» en su muerte futura, empleaba ciertos términos velados que anticipaban una angustiosa crisis que había de culminar su carrera aquí abajo. Uno de ellos asemeja la crisis a un bautismo: «¿Podéis beber la copa que yo bebo («que he de beber» en S. Mateo), o ser bautizados del bautismo de que yo soy bautizado?», preguntó a los ambiciosos hijos de Zebedeo (Mr. 10:39). Sin duda el «bautismo» se refería a la muerte que le esperaba, en el que Juan y Jacobo participarían únicamente después de quitar el Señor su aguijón. Igual metáfora se halla en Lucas 12:49, 50, donde se destaca más la nota de angustia: «Fuego vine a echar sobre la tierra, ¡y cómo quisiera que ya se hubiese encendido! De un bautismo tengo que ser bautizado, y como me angustio (de qué manera me hallo apremiado) hasta que se haya cumplido!» Por su bautismo a manos de Juan el Bautista, Jesús se identificó con su pueblo, para «cumplir toda justicia» a su favor, pero aún quedaba por realizar el hecho que representaba la inmersión simbólica en el Jordán. El Señor se hallaba como si fuera «estrechado» y «apremiado» hasta que hubiera pasado por el abismo de la muerte, puesto que sólo al otro borde pudo conseguir el poder de echar el fuego del Espíritu Santo sobre la tierra.

Este mismo sentido de una obra apremiante, que había de acabarse, según la voluntad de Dios y por encima de todas las maniobras de los hombres, se halla en Lucas 13:32, 33. Los fariseos amenazaron a Jesús con la venganza de Herodes Antipas, pero el Señor les contestó: «Decid a esa zorra: He aquí, echo fuera demonios y efectúo sanidades hoy y mañana, y al tercer día termino mi carrera [lit. soy consumado]. Me es necesario, sin embargo, seguir mi camino hoy y mañana y pasado mañana, porque no cabe que muera un profeta fuera de Jerusalén.» He aquí una clarísima anticipación de la consumación de su misión, por medio de su muerte en Jerusalén, después de acabarse el ministerio de sus poderosas obras.

La «copa». El simbolismo de la «copa», sea de veneno como medio de ajusticiar a un reo de muerte, sea de vino como símbolo de alegría, es conocido en el AT (comp. Ez. 23:31–33 con Sal. 23:5; 116:13). No es dudoso, pues, el significado de la «copa» que tomó de las manos de su Padre en el huerto, llenándose Jesús de angustia y asombro al llegar el momento de la última e irrevocable decisión (Mr. 14:33–36, etc.). Ya había entregado anticipadamente la «copa de salvación» a los suyos en la cena que acababa de celebrar con ellos (Mr. 14:23, 24).

La «copa». La reiteración de la «hora», que marca la consumación de la obra encomendada al Hijo, es muy típica del Evangelio de S. Juan: «Respondióles [Jesús a los griegos]: Ha llegado la hora para que el Hijo del Hombre sea glorificado. De cierto, de cierto os digo, que si el grano de trigo que cae en la tierra no muere, queda solo; mas si muere lleva mucho fruto... Ahora está turbada mi alma, ¿y qué diré?... ¿Padre, sálvame de esta hora? Mas por esto he venido a esta hora. ¡Padre! ¡Glorifica tu Nombre!» (Jn. 12:23, 24, 27, 28; comp. 13:1; 16:32; 17:1). La «hora» angustiosa era también la hora en que tanto el Padre había de ser glorificado por la obra del Hijo, como éste había de ser glorificado como triunfador por el Padre. Desde otro punto de vista, sin embargo, que es el funesto reverso de la medalla, la «hora» era la del descubrimiento de los abismos del mal, la del auge de las fuerzas satánicas que se oponían a la voluntad de Dios: «Ésta es vuestra hora —dijo el Señor a la turba— y la potestad de las tinieblas» (Lc. 22:53).

El «levantamiento». Otro término, grávido de sentido profético, es el del «levantamiento del Hijo del Hombre» (Jn. 3:14; 8:28; 12:32–34), y es importante notar que en todos estos casos el verbo es *hinpsoo*, que equivale a «levantar en alto», «exaltar», con connotaciones de gloria y de potencia. Volveremos sobre este concepto más adelante, pero consta aquí para que se vea que, según la evidencia de los Evangelios, Cristo esperaba una crisis que, en su forma externa sería un «levantamiento» para muerte, pero que en su sentido interno significaría el triunfo y la exaltación.

Las aclaraciones del Resucitado

Es Lucas quien recoge palabras del Resucitado que aclara, con admirable lucidez la unidad de las Escrituras en torno a su persona, y que resaltan al mismo tiempo el tema del Mesías que salva a través del sufrimiento; pensamiento que los verdaderos israelitas debieran haber comprendido al meditar en los símbolos y profecías del AT. Al reprochar Cleofas a su compañero su tardanza en comprender el significado de la cruz y de la tumba vacía Jesús exclamó: «¿No era necesario que el Cristo padeciera estas cosas y entrara en su gloria?» Un poco más tarde explayó el tema más detenidamente delante de los Once reunidos: «Éstas son las palabras que os hablé estando aún con vosotros, que era necesario que se cumpliesen todas las cosas escritas en la Ley de Moisés, y en los Profetas y Salmos, referentes a mí... así está escrito que el Cristo padeciese y resucitase de entre los muertos al tercer día, y que se predicase en su nombre el arrepentimiento para remisión de pecados» (Lc. 24:26, 27, 44–47). Notemos el enlace aquí entre todas las secciones del AT, las enseñanzas de Cristo anteriores a la cruz, el hecho consumado de la muerte y la resurrección, y las aclaraciones del Resucitado, quien se digna volver a ser el Maestro de sus discípulos, con el propósito de «abrir sus mentes para que entendiesen las Escrituras».

Detalles reveladores de los relatos

Hemos notado que los evangelistas se limitan a narrar los detalles de la pasión, desde el prendimiento hasta la muerte del Salvador, sin suplir comentarios doctrinales que expliquen el significado de la muerte como sacrificio expiatorio. Con todo, abundan pinceladas que distinguen la escena de la de un mero mártirio, y los Evangelistas, como el Maestro mismo en la víspera de la Pasión, señalan el elemento de «cumplimiento». 1) Según el relato de Juan 18:4–11, la compañía que había de prender a Jesús cayó a tierra al anunciar el que era Jesús el Nazareno, y en Mateo 26:53 Cristo hace constar que disponía de «más de doce legiones de ángeles» para su defensa. Los dos pasajes evidencian que Jesús se entregó por su propia voluntad en las manos de sus perseguidores al llegar la hora señalada, y que en manera alguna habrían tenido los hombres poder sobre Él si no hubiesen sido los instrumentos —culpables en lo que tocaba a ellos— de la realización de los planes de Dios (comp. Jn. 19:36). 2) El sueño de la mujer de Pilato (Mt. 27:19) señala el misterio que rodeaba a la persona de «ese justo». 3) La manera en que se presenta la alternativa de «Cristo o Barrabás», y la sustitución de éste por el Inocente que padece y muere en la cruz del criminal, es más que una coincidencia, e ilustra dramáticamente el principio de sustitución (Mt. 27:13–23). 4) La impresión que el reo hizo en Pilato, quien le entrega por miedo a las maquinaciones de los judíos, declarando a la vez que era un hombre sin culpa «rey de los judíos» (Mt. 27:24, etc.) señala mucho más que un mero fallo en la justicia humana. 5) El Crucificado que concede a otro un lugar en su Reino, durante la horrible crisis de dolor, no es un Mártir, sino un Rey que abre las puertas de su Reino por el misterio de la muerte (Lc. 23:39–43). 6) Las densas tinieblas sobre toda la tierra desde mediodía hasta las tres de la tarde, que no pudieron obedecer a ningún eclipse de sol —por ser luna llena en la época pascual— tenían carácter sobrenatural y simbólico, como comprendieron muchos espectadores (Lc. 23:44–48). 7) El grito de «Consumado es», con la voluntaria entrega del espíritu de Cristo a su Padre, mucho antes del tiempo normal de sobrevenir la muerte física a causa de la crucifixión, habla elocuentemente de una obra de Dios, bajo el control, no de gobernadores, centuriones y soldados, sino del mismo Siervo que la llevaba a cabo (Jn. 19:30–34). 8) El discípulo amado, testigo ocular de todo, apunta tres profecías cumplidas en las circunstancias de los padecimientos y de la muerte: Juan 19:24 (Sal. 22:18); 19:36 (Éx. 12:46, el simbolismo del cordero pascual); 19:37 (Zac. 12:10). Es interesante notar que las profecías se hallan en las tres secciones de las Escrituras que el Señor menciona en Lucas 24:44, o sea, la Ley, los Profetas y los Salmos. 9) Los tres sinópticos notan el hecho de que el velo del Templo fue rasgado de arriba abajo en el momento de consumar Jesús su obra en la cruz (Mt. 27:51, etc.): símbolo que relaciona el acontecimiento con todo el significado del sistema levítico (He. 10:19–22). 10) Sólo Mateo (27:50–53) hace mención del terremoto que abrió las tumbas de muchos santos, quienes aparecieron a muchos después de la resurrección de Jesús, el hecho que anticipa el gran triunfo sobre la muerte efectuado por la muerte y resurrección del Vencedor.

A no ser, pues, que rechacemos todo el testimonio de los escritos sagrados, no podemos dejar de comprender que la cruz no es sólo un acontecimiento dramático de gran fuerza emotiva, sino la consumación de la obra mesiánica. Hemos de hallar una gran plenitud de «doctrina de la cruz» en las páginas de los Evangelios, sin acudir a los escritos aclaratorios de los apóstoles, pero es importante que estudiemos esta doctrina sobre el fondo de los símbolos y de las profecías del AT, que tantas veces se citan por el mismo Señor.

EL CONCEPTO DEL SACRIFICO
EXPIATORIO EN EL ANTIGUO TESTAMENTO

Todo estudiante serio de las Escrituras ha de buscar las semillas y las raíces de las doctrinas cristianas en las páginas del AT. El mismo Señor se crió, como Hombre, en un ambiente puramente judaico y «vino a ser ministro de la circuncisión, en favor de la verdad de Dios, para confirmar las promesas hechas a los padres» (Ro. 15:8), y ya hemos visto de qué forma apelaba a los escritos de la revelación anterior en su propio ministerio. De igual forma, los apóstoles eran hebreos, nutridos todos en las Escrituras, hallando en ellas los conceptos que llegan a su pleno desarrollo en el Nuevo Pacto, además de gran acopio de ilustraciones. Más importante aún es que recordemos la unidad de la revelación y el hecho de que Dios mismo estaba preparando, ilustrando y anticipando en los siglos anteriores a Cristo lo que se había de manifestar cumplidamente en su Hijo (He. 1:1, 2). Todo intento de encontrar la clave de los grandes conceptos de la verdad cristiana en los pervertidos sistemas idólatras —aun tratándose de los relativamente puros— es una peligrosa desviación, que rehúsa reconocer la obra del Espíritu de Dios en el AT (2 Ti. 3:13–17). Frente a ciertas coincidencias externas de rito y de expresión podemos pensar más bien que proceden de una revelación primitiva de Dios, recogida y conservada en Israel —el siervo de Dios para eso mismo—, pero que sufrió un proceso de progresiva degeneración entre otras razas que perdían el conocimiento del Dios Único (Ro. 1:19–32).

Las relaciones de Dios con el hombre

En toda la Biblia se entiende que el hombre, por las condiciones de su creación, su ser y su destino, debiera hallarse en comunión con Dios, sujeto a su Creador, pero basándose esta sujeción en el amor mutuo, y en el hecho de que el desarrollo de las posibilidades del hombre dependen de que halle su centro en Dios, de quien recibe la «plenitud» que la gracia pone a su disposición, y sin perder por ello su personalidad, que es obra de Dios. Al principio de la Biblia se hallan indicaciones tanto de lo que el hombre había de ser, según el designio de Dios, como también del trágico fracaso que entraña la Caída: fallo que desordenó todas las relaciones entre Dios y su criatura, en el terreno personal, moral y espiritual. La Biblia es la historia de la Redención, que ha de basarse en la renovación de las debidas relaciones entre Dios y el hombre, que, a su vez, requiere la expiación del pecado —la gran barrera que impide la comunión—, además de la propiciación que satisfaga las demandas de la justicia de Dios. No podemos entender el concepto de *sacrificio* si no lo asociamos con esta necesidad de satisfacer las exigencias del Trono de Dios.

Expiación, propiciación, justificación, reconciliación y redención

En brevísimo resumen definimos estos términos, tan íntimamente relacionados con el concepto del sacrificio en general, y con el gran sacrificio del Calvario en especial. Para más detalles el estudiante tendrá que acudir a los cursos doctrinales, y al detalle de la exégesis de libros como Romanos, Gálatas y Hebreos, pues aquí se trata de orientarle en cuanto a la preparación simbólica y profética que precedió la manifestación del «Cordero de Dios que quita el pecado del mundo». El término *«expiación»* tiene que ver con el pecado en sí, y denota el modo de «cubrirlo» o «borrarlo», con el fin de que deje de ser una ofensa delante del justo y santo Dios. *«Propiciación»* es otra faceta del mismo proceso, pero con referencia a la persona ofendida; en la esfera humana supone efectuar un acto de desagravio que contente a tal persona. En el sentir de los sistemas idólatras es agradar a la divinidad, que se cree ofendida mediante alguna ofrenda. Sobre el elevado plano de la doctrina cristiana quiere decir que la justicia del Trono de Dios —necesariamente inmutable— es incompatible con el pecado, que produce «ira», y que sólo un sacrificio eficaz puede «propiciar» a Dios, o sea, ofrecer la «satisfacción» adecuada a las demandas inflexibles de la justicia divina. Va sin decir que los sacrificios animales sólo podían apuntar ciertas lecciones y señalar hacia el sacrificio de infinito valor que el Dios-Hombre había de ofrecer en el Gólgota. La *«justificación»* es la consecuencia de la propiciación, siempre que un pecador se valga del remedio, identificándose con Cristo por la fe, para que la «satisfacción» que presentó el Salvador a Dios se cuente como la suya propia, haciendo posible que «Dios sea el justo y el que justifica al que pone su fe en Jesús» (Ro. 3:21–26). La *«reconciliación»* es también la consecuencia directa de la propiciación, señalando la renovación de las debidas relaciones entre Dios y el hombre. Es tal el valor de la obra de la cruz, ofrecido por el Hijo del Hombre, el Postrer Adán, que, en principio, Dios está ya «reconciliado» con la raza gracias a la satisfacción completa que se ha presentado ante su Trono. Ahora toca al pecador «reconciliarse con Dios» por someterse a su soberano por el arrepentimiento y la fe (Ro. 5:8–11; 2 Co. 5:1-21). La «*redención*» es la liberación de la esclavitud, en sus múltiples manifestaciones, que resulta del hecho del pecado y del dominio de Satanás.

Una comparación de Juan 3:16 con Juan 3:36 muestra que el amor de Dios, que anhela la salvación del hombre y le lleva a «dar a su Hijo», es compatible con la «ira de Dios» que permanece sobre el hombre rebelde, siendo ésta la reacción inevitable y constante de la perfectísima justicia de Dios frente al pecado sin expiar del hombre.

Del Edén a la Pascua

Sólo la miopía espiritual —o la oposición al concepto de la unidad de la revelación bíblica— puede dejar de ver que el tema del sacrificio nos sale al paso inmediatamente después de la Caída, como parte principal de la revelación original que Dios quiso dar de sí mismo; ésta, a su vez, brota de los designios de bendición que Dios propuso en Cristo antes de la fundación del mundo (Ef. 1:34; 1 P. 1:18–20; 2 Ti. 1:8–12; Tit. 2:11–14). Las «túnicas de pieles» con las que Dios vistió a la pareja, ya pecadora y avergonzada (Gn. 3:21), no pueden dejar de tener su hondo significado, y han de entenderse a la luz de la experiencia posterior de Abel, de Noé, de Abraham, y en la perspectiva de todo el tema de «sacrificio», «expiación» y «justificación» que se explaya en la Biblia entera. Muchos otros materiales habrían servido para cubrir la desnudez de Adán y de Eva, pero su vergüenza surgió, no de consideraciones anatómicas ni fisiológicas, sino del hecho del *pecado* que había sumido sus relaciones con el Creador en terrible desorden, sufriendo por lo mismo sus relaciones entre sí, notándose el desbarajuste también en las esferas síquicas y físicas. Tal pecado necesitaba la manifestación anticipada del único remedio, el del sacrificio del Calvario, de modo que animales inocentes murieron para que el hombre fuese vestido.

Sólo así se entiende la ofrenda de Abel, a la que Jehová pudo «mirar», hallando en ella el símbolo del Cordero de Dios «que fue inmolado desde antes de la fundación del mundo» (Gn. 4:4 con Ap. 13:8). No se dice en Génesis 4 que Abel inmolara su cordero, pero se ha de entender a la luz de toda la revelación de las Escrituras sobre el tema y, *siendo obra de fe, según el comentario inspirado de Hebreos 11:4, tuvo que basarse en una revelación anterior.* Al llegar a los tiempos de Noé, hallamos animales «limpios» —aceptables para el sacrificio— y otros que no lo eran, y el patriarca, salvado del juicio, «edificó un altar a Jehová, y tomó de todo animal limpio, y de toda ave limpia y ofreció holocaustos sobre el altar» (Gn. 8:20, 21). Jehová, que había «mirado» con agrado el sacrificio obediente de Abel, aceptó como «olor grato» el holocausto de Noé, basándose la promesa de no maldecir más al hombre en el valor simbólico de la ofrenda.

Las ofrendas de Noé indican claramente que el holocausto por lo menos —quiere decir «la ofrenda del todo quemada»— era conocido durante la época antediluviana, constituyendo la base de la comunión con Dios. Sin duda alguna los hombres habrían ya pervertido el concepto en consonancia con la locura de la idolatría (Ro. 1:21–23), pero eso no anula el hecho de la revelación primaria y divina, que había de hallar su culminación en la Cruz.

Abraham y los patriarcas invocan a Jehová sobre el altar y los sacrificios, y estos últimos sirvieron también para la consagración del pacto incondicional, de gracia soberana, que Dios concedió a su siervo fiel (Gn. 12:8; 15:7–17; 22:13; 26:25; 35:7).

El cordero pascual

La historia del éxodo de Israel, con la institución de la Pascua, es tan conocida que solamente necesitamos recordar al lector que, estando los egipcios bajo sentencia de muerte en la persona de los primogénitos, un medio de salvación fue ofrecido a las familias israelitas con tal que inmolaran cada una un cordero sin mancha, aplicando la sangre luego a los postes y al dintel de las puertas. Se congregaron en la casa después para comer el cordero, seguros de que el Ángel destructor «pasaría» de cada morada que ostentara la señal de la sangre. Había muerte en todas las casas de Egipto aquella noche, pero en las de los egipcios murió el primogénito, mientras que en las de los israelitas fue la víctima sustitutiva la que dejó de vivir. La sangre aquí empieza a adquirir el sentido de «la vida dada en expiación o en sustitución», y se presenta como la base de la redención del pueblo, que fue confirmada luego por el poder de Dios al llevar a Israel al otro lado del Mar Bermejo, dejando a sus enemigos anegados en el mar.

El rito de la Pascua recordaba la redención pasada y parcial del éxodo, al par que tipificaba la redención futura y completa que se efectuaría por la ofrenda del «Cordero de Dios», y todo lector atento de la Biblia sabe que el Señor celebró la Pascua con toda solemnidad, juntamente con la familia espiritual de sus discípulos, antes de instituir la «Cena del Señor» que hablaría por los siglos del hecho consumado de la redención, puesto a la disposición de quienes «comían» y «bebían».

Los sacrificios levíticos

El derramamiento de la sangre de víctimas es la base de todo el sistema levítico, que en sí hacía posible la manifestación de la presencia de Dios en medio del pueblo pecador, ya que presentaba por anticipado la obra de la cruz. Por lo mismo el autor de Hebreos declara que «sin derramamiento de sangre no se hace remisión» (He. 9:22).

Los capítulos 1 a 6 de Levítico explican el modo de presentarse varios tipos de sacrificios de sangre, individuales y voluntarios, que los israelitas podían y debían llevar al altar de bronce según su comprensión de su pecado delante de Dios. El *holocausto,* que era del todo quemado, hablaba de la satisfacción que Dios había de recibir por el sacrificio único; el *sacrificio* de paces, en el que participaba el adorador, indicaba la posibilidad de la reconciliación y de la comunión sobre la base de la expiación; los distintos tipos de ofrendas por el pecado o por la culpa señalaban la ofensa que tenía que borrarse, siendo todo acto pecaminoso algo que afectaba la honra y gloria de Dios.

En todos los casos la sangre (la vida derramada en sacrificio) se presentaba delante de Dios, y en todos los casos el pecador ponía su mano sobre la cabeza de la víctima antes de ser ésta degollada, como manifestación de *identificación,* seguida por la sustitución. El Día de las Expiaciones constituía la culminación del año ritual de los israelitas (Lv. 16), revistiéndose los actos simbólicos de inusitada solemnidad. Los dos machos cabríos constituían dos facetas de una sola ofrenda por el pecado que se consumaba a favor de todo el pueblo, presentándose la sangre de uno en el Lugar Santísimo, mientras que el otro, enviado lejos al desierto, servía para representar la manera en que el pecado expiado se quita de en medio, sin que Dios se acuerde más de él. Las ceremonias de tan señalado día constituyen el fondo ilustrativo de las enseñanzas de Hebreos 9:1—10:25 sobre la obra mediadora de Cristo, quien es a la vez víctima y sacerdote. Tal obra nos asegura entrada libre a la misma presencia de Dios en el «Lugar Santísimo» celestial.

El simbolismo de la sangre

Inmediatamente después de la descripción de las solemnidades del Día de las Expiaciones, hallamos en el capítulo 17 de Levítico una definición de gran valor sobre el simbolismo de la sangre. Siempre tenía que ser vertida por los israelitas, y jamás comida (en contraste con las prácticas idólatras, Lv. 17:7): «porque la vida de la carne en la sangre está, la cual os he dado para hacer expiación sobre el altar por vuestras almas; *porque la sangre, en virtud de ser la vida, es la que hace expiación*» (Lv. 17:11, Vers. Mod. y lit.). La sangre en las venas de la víctima no hace expiación, sino la que se derrama sobre el altar, llegando a significar «una vida dada en sacrificio». Todo anticipaba el momento en que la víctima expiatoria, Dios y Hombre, ofrecería una vida de infinito valor sobre el altar de la Cruz —y la entrega de la vida equivale a la consumación de la muerte— en satisfacción por aquello que «no había tomado». Es imposible entender las muchas referencias al valor redentor «de la sangre de Cristo» en el NT sin fijarnos en el simbolismo levítico.

Resumen del concepto del sacrificio en el Antiguo Testamento

1. Los sacrificios reconocen la necesidad de restaurar las relaciones del hombre con Dios que se han roto por el pecado.
2. Reconocen el hecho del pecado y la necesidad de hallar el medio de expiarlo.
3. Reconocen la necesidad de la confesión del pecado, y la identificación del pecador con la víctima.
4. Señalan la necesidad de la intervención de la muerte de la víctima pura e inocente en lugar del pecador.
5. La «sangre» llega a ser la señal de la vida ofrecida en expiación y en sustitución.
6. El trazado del Tabernáculo (o Templo) indicaba la dificultad del acceso a la presencia de Dios, pero, a la vez, daba esperanza de que, por medio del sacrificio, se abriera el camino.
7. La constante repetición de los sacrificios, y la corta duración de la vida y el ministerio de los sacerdotes, indicaban unas condiciones incompletas y preparatorias y la necesidad de una consumación futura (He. 7, 9, 10).

Los relatos de la crucifixión enlazan el hecho histórico con la preparación simbólica que acabamos de reseñar por la celebración de la Pascua y la institución de la Santa Cena, en la víspera de la Pascua (Mt. 26:26–29, etc.) y por el testimonio de Juan sobre «la sangre y agua», unido a la identificación de Jesús crucificado con el Cordero Pascual (Jn. 19:33–36).

LAS PROFECÍAS SOBRE EL MESÍAS QUE HABÍA DE SUFRIR

Recordemos las enseñanzas que el Señor resucitado dio a los suyos en Lucas 24:25–27, 44–47, que afirmaron la constancia del tema del Mesías que había de sufrir vicariamente en «todas las Escrituras». Ya hemos visto el testimonio de la Ley, o sea, el de los libros del Pentateuco, y nos resta notar la evidencia de los Salmos y de los Profetas.

El Mesías que sufre en los Salmos

Como típicos, invitamos al lector a leer los Salmos 22, 69 y 102. En su mayor parte describen penosas experiencias de David o de otro poeta inspirado, al pasar por profundos abismos de aflicción; pero, según el elemento de «profecía subjetiva» en el Salterio, nos damos cuenta de que las expresiones pasan a menudo a un plano más sublime, sobre el cual el escritor inspirado llega a ser portavoz de experiencias que sólo podían realizarse plenamente en «Aquel que venía». Mucho del Salmo 22 podría corresponder a algún trance especialmente amargo de David, pero cuando leemos: «horadaron mis manos y mis pies»... «partieron entre sí mis vestidos, y sobre mi ropa echaron suertes», nos damos cuenta de que la luz de la inspiración se enfoca ya en aquel que pasó por el dolor que es sobre todo dolor. Volviendo a leer el salmo, ya en su sentido mesiánico, hallamos que todo él corresponde a la agonía del Hijo de David, y al triunfo de su resurrección, por lo menos hasta el versículo 22. Tanto es así que en sus primeras palabras el Mesías agonizante halla la expresión de su dolor sin límites: la experiencia de sentirse hundido en la absoluta desolación al hacerse responsable delante del trono de la justicia de Dios por la culpabilidad de la «raza inmensa». Se aplican cierto número de textos de los salmos al Señor en el NT sacados de pasajes que no son manifiestamente mesiánicos en sí, pero eso muestra qué hilos de revelación mesiánica se hallan entretejidos en toda la urdimbre de los salmos (Sal. 31:5; 41:9, etc.). Percibimos muchos «ecos» mesiánicos en el salmo 118, que es parte del «Gran Hallel» que el Señor cantó con los suyos antes de salir del cenáculo para dirigirse al huerto de Getsemaní.

La gran profecía de Isaías 52:13—53:12

Ciertos teólogos han contrapuesto la labor de los sacerdotes y de los profetas del régimen preparatorio —a menudo en aras de sistemas modernistas de interpretación— procurando hacer ver que los sacerdotes querían mantener el ritual a todo trance, mientras que los profetas llamaban al pueblo a una vida moral, al arrepentimiento y a la obediencia a la Ley, condenando a menudo los ritos por hallarlos vacíos de sentido espiritual. El hecho es que los profetas, según el sentido del conjunto de todos los pasajes pertinentes al tema, condenaban los actos rutinarios del culto, pero no el culto mismo. El mismo David, profeta y rey, ve la necesidad de que los sacrificios expresen una voluntad rendida delante de Dios (Sal. 40:6–8), pero, al mismo tiempo, él es el encargado de renovar y ordenar las formas del culto que habían de prevalecer en el Templo (1 Cr. 22-26), y tanto Jeremías como Ezequiel eran sacerdotes, además de ser profetas.

La profecía que consideramos aquí es de suma importancia, puesto que predice la obra del Mesías en términos del sentido verdadero de los sacrificios, enlazando el testimonio profético con el sacerdotal en un sublime pasaje que entraña las verdades más profundas de la futura obra sustitutiva y triunfal del Siervo de Jehová. Mucha de la doctrina de la cruz que se halla en los Evangelios y las Epístolas se expresa en términos sacados de esta «cantera» de sublimes conceptos. Rogamos al lector que estudie el pasaje, a ser posible sobre la Versión Moderna, que aclara frases de dudoso sentido en la Versión Reina-Valera De paso notamos que las profecías sobre el «Siervo de Jehová» empiezan en Isaías 42:1, y que Mateo 12:18–21, Lucas 4:17–21 establecen la identidad: Siervo de Jehová = el Mesías = Jesucristo.

Preludio, 52:13–15. El Siervo ha de ser muy ensalzado, pero en un paréntesis aparentemente contradictorio, se nota un momento cuando se halla «desfigurado su aspecto más que el de hombre alguno». Es la paradoja que se resuelve por la victoria ganada a través del vergonzoso sufrir de la cruz.

El Siervo y su pueblo, 53:1–3. Habla Israel, consciente ya de su grave error al haber rechazado a su Mesías, y recuerda la presentación del Siervo en humildad, sin aquella gloria externa que podía haberles impresionado.

El Varón de dolores, 53:3. El Siervo despreciado es «Varón de dolores, experimentado en padecimientos», sujeto a una vida de sufrimiento por las mismas condiciones de su servicio entre la raza pecadora, siendo desechado aun por el pueblo escogido.

El Siervo y las iniquidades de su pueblo, 53:4–6. Pasamos a un dolor más hondo, causado por el extravío del pueblo «como ovejas», por las iniquidades de la naturaleza caída, y por las transgresiones de los rebeldes contra la Ley de Dios. Israel ya comprende su culpabilidad y el hecho de que el Siervo sufrió el castigo, la aflicción, el quebranto y las llagas por ellos. La expresión de *sustitución* es clarísima: «Fue traspasado por nuestras transgresiones, quebrantado por nuestras iniquidades... Jehová cargó sobre él la iniquidad de todos nosotros».

Debemos notar que la figura de «cargar» sobre la víctima la iniquidad de todos no ha de tomarse como si el pecado fuese una «cosa» que se puede transferir literalmente sobre el Sustituto, pues el pecado es el movimiento de la voluntad del hombre contra la de Dios, efectuándose en la esfera moral, dejando un estado de culpabilidad, o de responsabilidad moral, en vista del mal que se ha hecho. «Cargó sobre él» indica que el Sustituto se responsabilizó con la raza pecadora, habiéndose dispuesto a dar la satisfacción a las demandas de la justicia de Dios que los hombres en sí eran incapaces de dar.

El Siervo como Cordero, 53:7. La figura del Siervo conducido «como cordero al matadero» es muy significativa, ya que la obra del sufrimiento vicario se enlaza con el simbolismo levítico que hemos venido considerando, y provee a Juan el Bautista los términos de su gran declaración: «He aquí el Cordero de Dios que quita el pecado del mundo.»

El Siervo y Jehová, 53:6, 10. A veces, en el NT, el Señor se identifica con Jehová del AT, pero aquí hemos de entender el título como el que corresponde al Dios de Israel, delante de quien el Siervo lleva a cabo su obra. Se han de expresar con sumo cuidado las relaciones entre el Señor y su Padre con referencia a la obra de la expiación. La frase «Jehová quiso quebrantarle» (53:10) quiere decir únicamente que la obra de expiación obedecía a un designio divino, que surgió, como sabemos por otras Escrituras, del consejo conjunto de Padre, Hijo y Espíritu Santo. «Jehová cargó sobre él la iniquidad de todos nosotros» señala a la víctima frente al sublime tribunal de la justicia divina, haciéndose responsable por la culpabilidad de la raza, y ha de verse a la luz de verdades complementarias que señalan *la unidad de la voluntad del Trino Dios en la obra de la Cruz*: «*Dios estaba en Cristo* reconciliando el mundo a sí» (2 Co. 5:19) y «¡Cuánto más la sangre de Cristo, el cual *por el Espíritu eterno* se ofreció a sí mismo sin mácula a Dios!» (He. 9:14). Como gloriosa consecuencia de haber cumplido la voluntad de Dios, «el placer [la voluntad] de Jehová prosperará en su mano» (53:10).

El alma (vida) del Sustituto, 53:10–12. En estos versículos «alma» y «vida» representan la misma palabra, y las profundas frases necesitan entenderse a la luz de lo que se ha expuesto arriba sobre el significado de la «sangre», o sea, «la vida derramada en expiación sobre el altar de sacrificio». El Siervo «ofrenda su vida [alma] por el pecado»... «derrama su vida hasta la muerte»... verá el fruto de «los dolores de parto de su alma» (53:11). La «ofrenda» no es menos que la misma vida de valor infinito de la víctima, quien nada retiene al entregar la única «satisfacción» que pudo ser aceptable delante del tribunal de Dios. Misterios insondables se encierran en estas frases, pero quedamos admirados ante tan clara revelación en expresiones que habían de ser citadas y subrayadas en la realidad del Nuevo Pacto, pero nunca superadas.

El Siervo «cortado», sepultado y vivo, 53:8, 9, 10. Léanse estos versículos en la Versión Moderna. para ver la claridad de la predicción de la muerte del Siervo por la transgresión del pueblo, de su sepultura con un rico, a pesar de haber sido dispuesto su entierro con los inicuos, y luego la mención de la prolongación de sus días, hechos fructíferos en la formación de un nuevo «linaje».

El triunfo del Siervo, 53:10, 11, 12. El *epílogo* del cántico vuelve a entretejer el tema del sufrimiento vicario con el del triunfo total, fruto del derramamiento de su alma, igual que el prólogo de 52:13–15. La extraña historia, tan diferente de los anales de las hazañas de los vencedores de este mundo, es la revelación del «brazo de Jehová», o sea, la de su poderosa obra que llevará a su culminación su «placer».

Si hace falta más prueba de que aquí el Espíritu escribe anticipadamente la historia de la obra de expiación, podemos notar que Isaías 53:12, «con los transgresores fue contado», se cita en Marcos 15:28 y en Lucas 22:37 en relación con la entrega del Señor, mientras que Felipe, bajo inspiración del Espíritu, «empezando por esta escritura, predicó a Jesús» al eunuco (Hch. 8:32–35). El hecho histórico, pues, que cierra el relato de los evangelistas, ha de interpretarse a la luz de esta revelación profética de ocho siglos antes. Tal es la maravilla del hecho y del libro inspirado que lo describe.

La salvación por la gracia de Dios en el Antiguo Testamento

La Ley cumplía su obra disciplinaria, que revelaba y condenaba el pecado, pero tanto en el AT como en el NT la salvación llega a los hombres por las estupendas operaciones de la gracia de Dios. «Yo, yo soy aquel que borro tus transgresiones a causa de mí mismo, y no me acordaré más de tus pecados» (Is. 43:25). «He borrado como nublado tus transgresiones, y como una nube tus pecados; ¡vuélvete a mí, porque yo te he redimido!» (Is. 44:22). «¡Mirad a mí y sed salvos, todos los términos de la tierra, porque yo soy Dios y no hay Otro alguno!» (Is. 45:22). «¡Todos los sedientos, venid a las aguas! ¡Aquel que no tiene dinero, venid, comprad, comed, sin dinero y sin precio!» (Is. 55:1, 2). Isaías 53 suple la clave de lo que de otra forma sería un enigma incomprensible; Dios puede obrar en gracia y manifestar su amor, porque Uno ha llevado el castigo de la Ley quebrantada, y ha ofrendado una vida más allá de todo precio como satisfacción delante de Dios. «La remisión de los pecados cometidos anteriormente» halla su «justificación» por «la manifestación de su justicia en este tiempo [en la cruz] para que Dios sea justo y el justificador de quien pone su fe en Jesús» (Ro. 3:25, 26).

EL SIGNIFICADO DE LOS PADECIMIENTOS
Y MUERTE DE CRISTO REVELADO EN
LOS EVANGELIOS

Hemos considerado la presentación del hecho de la cruz en los Evangelios, citando además varias expresiones que señalaban que era un acto de *cumplimiento.* En breve resumen hemos notado los prenuncios simbólicos, poéticos y proféticos de la gran crisis de sufrimiento expiatorio en el AT, y ahora hemos de resumir *la doctrina de la obra de la cruz* según se puede deducir de las declaraciones de Cristo y de sus siervos inspirados *en los mismos Evangelios,* sin olvidarnos jamás de que la plenitud de la doctrina tenía que esperar la consumación del hecho, y los comentarios inspirados de los apóstoles comisionados para la presentación de «la fe una vez para siempre dada a los santos» (Jud. 3).

La muerte había de ser un sacrificio cruento

Toda referencia a la muerte como sacrificio ha de interpretarse a la luz del tema de «sacrificio» que, como hemos visto, eslabona todas las partes de la revelación anterior.

El Cordero de Dios. La cristología del Bautista era rica y abundante, pero se destaca entre todas sus declaraciones aquella que señaló a Jesús como «el Cordero de Dios que [lleva y] quita el pecado del mundo» (Jn. 1:29). El lenguaje simbólico del AT determina el significado de la declaración sin sombra de duda: Jesús había de cumplir en la esfera de la realidad espiritual la función de las víctimas que se inmolaban en la fiesta de la Pascua y sobre el altar de bronce. Sobre Él había de ser transferida la carga de la culpabilidad del pecado, para que este fuese «quitado», o «expiado» mediante su muerte. Este solo título justifica la aplicación a la muerte de Cristo de las lecciones del simbolismo levítico que hemos analizado arriba. Recordemos también el enlace con Isaías 53:7.

La carne que se da por la vida del mundo. El discurso de Juan 6 surge del milagro de la multiplicación de los panes y peces, pero Cristo, después de anunciarse a sí mismo como «el pan de Dios... que desciende del Cielo y da vida al mundo» (Jn. 6:33), cambia el simbolismo de una manera que introduce el elemento de sacrificio, con referencia, no sólo al maná que los israelitas comieron en el desierto, sino también *a la carne de los sacrificios de paces* (Lv. 3:1–8; 7:11–18), en la que participaban tantos los adoradores como los sacerdotes: «y el pan que yo daré es mi carne, que daré por la vida del mundo» (Jn. 6:51). «El que come mi carne y bebe mi sangre tiene vida eterna, y yo le resucitaré en el día postrero» (Jn. 6:54). Para que la «carne» fuese «comida» tuvo que entregarse en sacrificio, y para que la «sangre» fuese «bebida» tuvo que derramarse, según el simbolismo del «sacrificio de paces» ya mencionado. Para el significado de la «sangre» hemos de acudir a Levítico 17:11, y para entender las referencias a la «vida» o «alma» hemos de volver a Isaías 53:10, 11, 12. El acto de «comer» y «beber», por un obvio simbolismo, indica el acto de fe que apropia para sí el valor del sacrificio. Juan 6:51–58 no describe la Santa Cena, pero su simbolismo es análogo al de la ordenanza cristiana, especialmente en su aspecto de «comunión» que Pablo subraya en 1 Corintios 10:16.

«Mi sangre del pacto», Mateo 26:26–28. Las palabras que pronunció el Señor al entregar el pan y la copa de la Cena a los discípulos son tan ricas en contenido doctrinal y en reflejos de importantes conceptos de la revelación anterior, que necesitarían extenso comentario. Aquí solamente podemos notar que el pan llega a ser el «cuerpo», instrumento y sustancia del sacrificio, mientras que el vino, por fácil simbolismo, es la «sangre» que se derrama. De nuevo las claves se hallan en lo antedicho sobre los términos del AT. Notamos también que es *«mi sangre del pacto»* (no del «nuevo» pacto en los mejores textos) que sella, por la muerte consumada, el pacto de gracia, o sea la garantía del cumplimiento del designio de Dios que había de bendecir a los hombres en Cristo, determinado antes de la fundación del mundo. La bendición abarca la «remisión de pecados» de los «muchos» de los salvos. Hemos de pensar, como concepto anterior de enlace, en el pacto de gracia garantizado al fiel Abraham, pues aquí no se trata del pacto condenatorio y transitorio de Sinaí, excepto en el sentido negativo, de que el castigo que corresponde a su fallo había de caer sobre la víctima (comp. porciones paralelas en Mr. 14:24 y Lc. 22:15–20). Lucas señala más claramente el fin de la Pascua antigua, y el principio de la ordenanza conmemorativa de la Cena.

La muerte de Cristo era una «necesidad»

Muy conocida es la declaración del Señor a Nicodemo: «Y como Moisés levantó la serpiente en el desierto, así *es necesario* que el Hijo del Hombre sea levantado, para que todo aquel que en él cree... tenga vida eterna» (Jn. 3:14, 15). Esta *necesidad* no es el ejercicio arbitrario de la voluntad de Dios, sino algo que surge de su Ser y de sus atributos, y pensamos primordialmente en la necesidad de que se manifieste la naturaleza de su amor sin menoscabo de su justicia. La referencia a Números 21:4–9 relaciona el «levantamiento» de Jesús con un grave peligro de muerte o de perdición, constituyéndose el medio de salvación para el que obedezca el Evangelio, y eche la «mirada de fe» al «Levantado». El Señor señalaba varias veces que le era necesario subir a Jerusalén para padecer (Mt. 16:21; Mr. 8:31; Lc. 9:22). Vemos el mismo divino apremio en Lucas 9:51 y 13:32, 33.

El sacrificio de Cristo fue un acto voluntario

Ya hemos tenido la oportunidad de distinguir entre los padecimientos y muerte de Jesucristo y los de los mártires por la fe. Al notar aquí el significado de la obra, es preciso recalcar que nada ni nadie forzaba a Cristo a entregar su vida, de modo que la «necesidad» surgía de la identidad de su voluntad con la del Padre, que era la del Trino Dios. Según Isaías 53:10, era la voluntad de Jehová que el Siervo fuese «quebrantado», pero es igualmente cierta la verdad complementaria de que el Hijo se entregó por su propia voluntad, cual Isaac sumiso que se dejaba atar sobre el altar de sacrificio. La lucha de Getsemaní, que revela lo que la entrega costó al Hijo del Hombre, no ha de oscurecer el hecho fundamental de la unidad de la voluntad de las personas de la Santa Trinidad. La santa obediencia del Hijo le hacía el objeto especial del amor del Padre: «Por esto me ama el Padre, porque yo pongo mi vida, para volverla a tomar. Nadie me la quita, sino que yo la pongo de mí mismo. Tengo potestad para ponerla, y tengo potestad para volverla a tomar. Este mandamiento recibí de mi Padre» (Jn. 10:17, 18). He aquí una declaración importantísima que ilumina hasta donde sea posible para nosotros el misterio de las «voluntades» del Padre y del Hijo al llevar a cabo éste su misión salvadora en la tierra (véase abajo: El Padre y el Hijo). El carácter voluntario de la ofrenda, unido a su infinito valor, la eleva a alturas completamente desconocidas en las religiones de los hombres, y nos ayuda a vislumbrar cómo podía ser la única «satisfacción» que podía anular tan inmensa deuda (comp. Jn. 19:10, 11).

**Los elementos de identificación, representación,
y de sustitución en el sacrificio**

Identificación. Hemos visto que el pecador que acudía al
Tabernáculo, colocaba su mano encima de la cabeza de la víctima antes de que fuese inmolada, mientras que Aarón colocaba
ambas manos sobre la cabeza del macho cabrío vivo en el Día
de Expiaciones, en el acto de confesar todas las iniquidades y
transgresiones de los hijos de Israel. Eran actos de *identificación,*
y de transferencia de responsabilidad moral. Cuando Cristo bajó
a las aguas del Jordán no tenía por qué hacer confesión de pecados como los demás, pero ocupó el mismo lugar que los pecadores en el río de la muerte, preparándose para «cumplir toda
justicia»: expresión que cobra pleno valor en vista de la futura
obra en la cruz, por la que había de expiar los pecados según los
términos de Isaías 53.

Representación. En su muerte Cristo representó a toda la raza
humana que había venido a salvar, y sustituyó al pecador, y aunque no es posible siempre mantener distinciones absolutamente
lógicas frente a la abundancia del material revelado y el misterio del hecho interno, podemos pensar que la sustitución se refiere más bien a los salvos: a los «muchos» y no a «todos».

Hemos visto que el bautismo del Señor fue un acto de identificación con el pueblo, y que el pueblo arrepentido, lamentando
sobre la víctima en Isaías 53, insiste en que todo el sufrir fue
«por» ellos. Cristo emplea su título de «Hijo del Hombre» una y
otra vez con referencia a su obra de la cruz, que en sí sugiere el
aspecto de «representación». Siendo el Creador del hombre, se
hace Hombre, lo que le permite ocupar un lugar representativo,
pero siempre por la operación de su gracia, y no porque la humanidad perdida hubiese podido señalarle como «su» Representante.

Como Representante, el Hijo del Hombre, el Postrer Adán,
actúa *a favor de* la raza, bien que en Isaías 53 se le ve actuar más
bien a favor del pueblo elegido. Como *Sustituto* Cristo *toma el
lugar del pecador.* El vocablo «por» es impreciso en sí, pues
puede señalar por igual una representación, un beneficio o una
sustitución. Las preposiciones correspondientes en el griego son

hyper, peri y *anti*. Las dos primeras pueden significar «en beneficio de» en sentido general, pero en algunos lugares el contexto hace ver que han pasado a expresar más concretamente la sustitución. *Anti* sólo puede significar «*en lugar de*» otro, y su uso ocasional determina el sentido sustitutivo del sacrificio de Cristo.

Las palabras de Mateo 26:28, ya citadas, son éstas: «Esto es mi sangre del pacto, derramada *peri pollón* para remisión de pecados», que, en general, quiere decir «en beneficio de muchos», quedando la posibilidad de «sustitución», «en lugar de muchos».

La gran declaración de Marcos 10:45 es más precisa: «El Hijo del hombre no vino para ser servido, sino para servir y dar su vida *lutron anti pollón*, que ha de traducirse: «como precio de rescate *en lugar de* muchos». Volveremos al concepto de «rescate» en seguida, pero aquí notamos una frase que expresa gramaticalmente el mismo sentido que el hecho ilustrativo de que Cristo ocupara el lugar de Barrabás en la cruz de en medio, o sea, el concepto de sustitución.

La repetida declaración de *la perfección moral* de Cristo — que le libraba de la pena de muerte aun como Hombre— juntamente *con su entrega voluntaria,* excluye toda idea de castigo personal; se deduce pues lógicamente la naturaleza representativa y sustitutiva del terrible sufrir, tan patente en su grito: «Dios mío, Dios mío, ¿por qué me has abandonado?» Los mismos factores excluyen la idea de un sacrificio meramente *ejemplar* que proveyera a los hombres de un nuevo impulso de amor y de gratitud, pues si no había tal *necesidad* moral y espiritual, y si no había de conseguirse ningún resultado positivo que hiciera posible el perdón de los pecados, entonces la cruz habría sido una locura, y no un ejemplo. Es el hecho de la propiciación objetiva lo que la convierte en la mayor manifestación del amor de Dios (1 Jn. 4:10).

El sacrificio de Cristo es el precio del rescate

Marcos 10:45, que acabamos de citar, describe la entrega de la vida del Hijo del Hombre como el *lutron* o «el precio de rescate» de un esclavo o cautivo. En otras palabras, la vida dada en la cruz hace posible la liberación de quienes se hallaban sujetos al pecado y al diablo. Al considerar tales términos tenemos que recordar siempre que intentan expresar lo inexpresable por medio de palabras y frases inteligibles a los hombres, y, por lo tanto, no hemos de intentar deducciones lógicas de la *figura retórica*, sino contemplar agradecidos el aspecto de verdad que nos presenta. Los teólogos griegos de los siglos III y IV se preguntaban: «¿A quién se pagó el precio de rescate?» y, comprendiendo que era Satanás el que había esclavizado al hombre, ¡llegaron a la peregrina conclusión de que Cristo pagó el precio de rescate del valor de su vida al diablo! Es precioso el tema de la redención, de la libertad en Cristo de quienes éramos esclavos del pecado, del diablo y del mundo, pero la expresión «precio de rescate» con relación a la cruz (véase también 1 Ti. 2:6, etc.) únicamente indica que el medio de liberación es el valor del sacrificio que ofreció Cristo allí, que, en su aspecto más profundo, es una propiciación, la satisfacción dada ante el Trono de Dios.

El sacrificio de Cristo es la base del triunfo que se evidencia en la resurrección

El triunfo sobre Satanás se enlaza estrechamente con el tema anterior del rescate del pecador. Tal triunfo, como hemos visto en su lugar, se anticipaba cuando el Señor de la gloria echaba fuera a los demonios, libertando los pobres cuerpos afligidos y esclavizados, y haciendo posible para las víctimas una vida normal, y aun una vida llena del Espíritu Santo. Con referencia a tales victorias, el Maestro refirió la ilustración del hombre fuerte que podía guardar la finca que había usurpado mientras que no sobreviniera uno más fuerte que él. Pero, derrotado por el «más fuerte», su finca quedaba a la disposición del vencedor (Lc. 11:21, 22 y paralelos). El trance de la cruz se puede explicar, pues, en términos de una *lucha* en la que, por extraños medios que sólo la sabiduría de Dios ideara, el pecado fue vencido por medio de su expiación, y la muerte anulada por su misma consumación, quedando el diablo sin las armas en que confiaba (He. 2:14, 15).

La máxima expresión de esta verdad en los labios del Señor se halla en Juan 12:31–33. El tema había sido el de la «hora» que se acercaba y de la muerte del «grano de trigo» (Jn. 12:23, 24, 27); luego exclama Jesús: «Ahora hay un juicio de este mundo; ahora será echado fuera el príncipe de este mundo. Y yo, si fuere exaltado desde dentro de la tierra (trad. lit.), a todos traeré a mí mismo.» El místico «levantamiento», a la vista esclarecida de Juan, abarca no sólo el levantamiento en la cruz, sino también el resurgir del Señor de la tumba y su exaltación a la diestra de Dios. Allí, según repetidas declaraciones, están entregados en sus manos los destinos de todos los hombres, gracias a la obra triunfal y libertadora de la cruz. En principio, Satanás ha sido echado fuera y el mundo juzgado; por consiguiente todos han de ser atraídos al Vencedor, sea que acudan sumisos para recibir de Él la vida o que, endurecidos, tengan que verse con Él como Juez al final del camino.

La cosecha de la cruz

Los «muchos» que se rescatan según Marcos 10:45, o que reciben la remisión de pecados, según Mateo 26:26–28, en virtud de la obra de la cruz, son también los «atraídos» en sumisión al Señor ensalzado de Juan 12:31–33. En el mismo contexto el fruto de la cruz se llama la «cosecha» que abunda una vez que el «grano de trigo» haya caído en tierra para morir (Jn. 12:24). En los términos de Isaías 53:11 el Siervo «ve del fruto de los dolores de parto de su alma» y queda satisfecho al contemplar el nuevo *linaje* de los salvos. Los mismos griegos que buscaban al Señor formarían parte del «linaje» o de la «cosecha», una vez que se hubiese consumado la muerte: cosa imposible antes. Bajo distinta figura vemos lo mismo en Juan 10:15, 16: «*Pongo mi vida por las ovejas*; también tengo otras ovejas que no son de este redil; aquéllas también me es necesario traer... y habrá un solo rebaño y un solo Pastor.» El «linaje» se llama aquí «un rebaño», que es análogo al sentido que Juan da a la profecía inconsciente de Caifás en Juan 11:49–53: «profetizó que Jesús había de morir por la nación; y no solamente por aquella nación, sino también para reunir en uno a los hijos de Dios que estaban dispersos» (comp. Sal. 22:22; He. 2:9–12).

El aspecto judicial del sacrificio

Limitándonos a las enseñanzas de los Evangelios sobre el fondo del AT, es clarísimo que la muerte de Cristo era un sacrificio, cumpliendo el sentido del régimen levítico, que tenía que ver con la remisión de los pecados, que había de hacer posible la reanudación de las debidas relaciones entre Dios y el hombre de fe, que libertaba a los esclavos, que era una «necesidad» según el plan de Dios, que suponía una identificación con la raza, que tenía elementos de representación y de sustitución y que, sobre todo, era un acto de propiciación frente a Dios. Ahora bien, se ha preguntado: ¿En qué consistía la «satisfacción»? San Anselmo (siglo XI) pensaba que Dios había quedado deshonrado por el pecado del hombre, su criatura y súbdito rebelde, y que su honor había de enaltecerse por la infinita «compensación» de la entrega del Dios-Hombre. Algo hay de bíblico en tal concepto, pues, sin duda, la gloria de Dios ha de resplandecer a pesar de todas las maniobras del diablo y la loca rebeldía de la raza, y Dios queda infinitamente complacido en el gran acto de obediencia de su Hijo (Fil. 2:8, 9; Ro. 5:19; Lc. 3:22), siendo, en su aspecto de «holocausto», «olor suave» a causa del cumplimiento total de la voluntad que tiene que prevalecer por necesidad.

Con todo, y guiados especialmente por el apóstol Pablo hemos de pensar en el aspecto legal, penal y judicial de la obra de la cruz. «Penal» es aquello que se relaciona con el castigo debido a la ley quebrantada. Si Dios pudiera dejar de ser justo, dejaría de ser Dios, y por ende, no puede decir sencillamente al pecador que confiesa su mal «te perdono» si no existe una base justa para el perdón. Tal base ha de consistir en la debida «satisfacción» de las demandas de su justicia frente a toda ofensa. Recordemos lo que hemos visto en cuanto al carácter representativo del Hijo del Hombre, que, en la encarnación, recaba para sí la humanidad que Él mismo había creado. Recordemos también la manifestación de su identificación con la raza condenada, y veremos que sólo en Él, y eso por el designio de la gracia soberana de Dios, pudo hallarse quien recibiese el golpe de la ley quebrantada, entendida «ley» en su sentido completo, de toda manifestación de la voluntad de Dios. La posibilidad del sacrificio propiciatorio depende de la persona de Jesucristo como Dios-Hombre, puesto que sólo el Hombre representativo puede con justicia presentarse por los hombres ante el tribunal de Dios, y sólo en Dios reside el valor intrínseco que provee la satisfacción y el poder para recibir el golpe de la muerte total y volver a vivir. El tema sale fuera de los límites de los Evangelios, y ha de estudiarse en Romanos, capítulos 3–5, Gálatas, capítulos 2–4, etc.

LAS RELACIONES DEL PADRE Y DEL HIJO EN LA CRISIS DE LA CRUZ

Hay mucha confusión en ciertas expresiones populares que presentan al Padre hiriendo al Hijo, y derramando sobre Él la «ira» por ser «hecho pecado por nosotros». El tema en sí es profundo y delicado en extremo, y los secretos no revelados han de respetarse (Dt. 29:29). Lo que nos toca hacer es tratar de no emplear expresiones que no sean bíblicas en su sentido, intentando también comprender la parte de «figura» que encierra el lenguaje bíblico. Como líneas rectoras podemos tener en cuenta estos factores seguros. 1) El sacrificio de la cruz era algo determinado en divino consejo antes de la fundación del mundo, según varias citas ya dadas. 2) El acto de obediencia del Hijo fue sumamente grato al Padre, en fuerte contraste con la tragedia de la desobediencia de Adán. 3) El infinito dolor del sacrificio, y su consumación de muerte, se relaciona con el Trono de justicia del Trino Dios, cuyas demandas han de ser satisfechas, y ante el cual se presenta el Dios-Hombre como víctima expiatoria. 4) «Ser hecho pecado» de 2 Corintios 5:21 indica que, según consejo divino, el Siervo inocente y puro asumió la responsabilidad legal de la Ley quebrantada, y no implica ningún «contacto con el pecado» que le envileciera. Nunca hubo la menor alteración en la naturaleza esencial y purísima del Dios-Hombre. Fue precisamente el hecho de que «no conoció pecado» que le capacitó para ser la «ofrenda» que aceptara la responsabilidad legal. 5) El grito de abandono no es, ni pudo ser: «*Padre mío,* Padre mío, ¿por qué me has abandonado?», sino «*Dios mío*». La «separación», y el infinito sentido del abandono de Cristo al ser sumergido en la muerte consumada, realizado todo en el fuero interno de su alma y espíritu, fue terriblemente real, como se expresa por el grito de dolor; pero la «vara» fue la de la justicia divina, la del Trino Dios, y no del Padre frente al Hijo amado, quien, al coste infinito de su dolor de tal trance de muerte, obedeció, honró y glorificó al Padre (Jn. 17:1, 2). Recordemos las citas anteriores de 2 Corintios 5:19 y Hebreos 9:14, que demuestran que la obra era la del Trino Dios, bien que, en los misterios de los designios de la eternidad, sólo el Hijo pudo ser la víctima expiatoria. Dejemos con Dios las intimidades de tan horrendas horas que no le ha placido revelarnos, y que no están completamente abiertas ni a las miradas angelicales (1 P. 1:12).

EL ALCANCE DEL VALOR DEL SACRIFICIO

Hemos visto que son los «muchos» de la nueva familia de la fe los que se benefician directa y personalmente de la obra de la cruz. Con todo ello, Juan 12:31–33 señaló efectos universales, o de salvación o de juicio, y, al acudir a pasajes como 1 Timoteo 2:6 y 1 Juan 2:2, hallamos que el precio de rescate es «por todos», y que la propiciación no es por nuestros pecados solamente, sino por los de todo el mundo. El parangón entre el primer y el postrer Adán de Romanos 5:12–21 y 1 Corintios 15:22 lleva implícito en sí la universalidad de la obra. Abreviando un asunto de gran dificultad y profundidad, podemos decir que el valor del sacrificio es tal que el principio de la justicia divina queda satisfecha plenamente con referencia a todo pecado y toda ofensa contra Dios en toda la raza humana, y que, potencialmente, toda la raza se eleva de nuevo en su segunda cabeza. Al mismo tiempo, el pacto de gracia, sin límites en sus gloriosas posibilidades y garantizado sólo por Dios en Cristo, no puede aplicarse donde se halla un espíritu de rebeldía y de incredulidad, que, por su propia naturaleza, impone barreras que no pueden derribarse por un decreto divino que anulara la personalidad y la responsabilidad moral del hombre. El pacto sellado en la sangre de Cristo es unilateral e incondicional en cuanto a la obra, que es totalmente de gracia, pero sólo puede operar en sentido personal cuando el pecador se coloca en actitud de ser salvo por medio del arrepentimiento y la fe. Rozamos aquí con el tema de la preordenación de los fieles, pero aconsejamos al lector que no se pierda en cavilaciones sobre quiénes sean o no sean «los predestinados», sino que comprenda *que Cristo es el preordenado por Dios como único Mediador desde la Eternidad,* de modo que cuantos están «en Cristo» son también «preordenados» (Ef. 1:1-14). El modo por el cual se hallan «en Cristo» es la misma sustancia del Evangelio.

Es «el Cordero como inmolado» quien lleva a cabo todos los propósitos de Dios en cuanto a los hombres y la nueva creación, según las amplias perspectivas que se abren delante de nosotros en el Apocalipsis, lo que significa que la consumación de todo el plan divino, en todas las esferas de sus vastos dominios, depende de la obra de la cruz. El grito triunfal de «Consumado es», que señaló el fin de la ingente obra de la cruz, halla su eco en Apocalipsis 21:5, 6: «He aquí, hago nuevas todas las cosas... *Se ha cumplido,* yo soy el Alfa y el Omega, el principio y el fin.»

PREGUNTAS

1. Ateniéndose sólo a los relatos de la pasión en los cuatro Evangelios desde la celebración de la Pascua hasta la sepultura, señale los rasgos que diferencian el suceso de un mero martirio, y que revelan algo de la obra redentora que se llevaba a cabo.

2. Cítense, con los comentarios que sean del caso, *tres claras predicciones* del Señor sobre el hecho futuro de su muerte, y *tres referencias veladas* que subrayan algunos aspectos del significado del hecho.

3. Discurra sobre el concepto del sacrificio en el AT, notando varios aspectos que habían de hallar su cumplimiento en el sacrificio del Calvario.

4. ¿Cuánta «doctrina de la cruz» se puede hallar en las mismas palabras de Cristo? Cítense todas las declaraciones suyas que echen luz sobre el significado de su sacrificio.

La gran consumación del ministerio (continuación)

La sepultura, resurrección y ascensión de Cristo

EL SIGNIFICADO DE LA SEPULTURA

El cuerpo fue realmente sepultado

Cuando Pablo escribió el resumen del Evangelio que tanto él como los Doce predicaban, se cuidó de incluir la mención de la sepultura del Señor: «Cristo murió por nuestros pecados conforme a las Escrituras; *y que fue sepultado,* y que resucitó al tercer día, conforme a las Escrituras» (1 Co. 15:3, 4). No es que la obra de la redención se había consumado antes de que Cristo entregara su espíritu, y la plenitud de sus gloriosos resultados había de manifestarse por medio de la resurrección; pero el descanso del cuerpo del Señor en la tumba se reviste de gran importancia evidencial. Su muerte física fue real: impíos soldados comprobaron el hecho, y uno hincó su lanza en el costado del crucificado; piadosas manos bajaron el cuerpo inerte del madero y lo envolvieron provisionalmente en los lienzos con cien libras de especias, colocándolo luego en el sepulcro nuevo de José de Arimatea, por lo que «fue con un rico en su muerte» (Jn. 19:40, 41). Las mujeres tuvieron la intención de completar la obra, una vez terminado el descanso del sábado. La sepultura en las condiciones que relatan los evangelistas es evidencia de la realidad de la muerte, y, por ende, de la realidad de la resurrección corporal. Tendremos más que decir sobre la disposición de la tumba bajo el epígrafe «La tumba vacía».

Los tres días y las tres noches

En una ocasión Cristo rehusó dar a los escribas y fariseos la señal espectacular que exigían, pero les adelantó la extraña «señal» de Jonás el profeta: «Porque como Jonás estuvo en el vientre del gran pez tres días y tres noches, así estará el Hijo del Hombre tres días y tres noches en el corazón de la tierra» (Mt. 12:39, 40). El sentido general es claro a la luz de los acontecimientos posteriores, ya que la «señal permanente» delante de los hombres es la de la muerte y la resurrección de Cristo, hecho pregonero del mensaje de vida. Pero la mención de la duración de la sepultura como de «tres días y tres noches» ofrece dificultades, ya que, si la crucifixión se efectuó, como generalmente se cree, el viernes, entonces Cristo fue sepultado antes de terminarse aquel día (a la puesta de sol según la manera de contar de los judíos); el cuerpo quedó en la tumba durante todo el sábado, que también terminó a la puesta del sol, y habrá quedado allí hasta un momento no determinado del «primer día de la semana». Contando de una forma inclusiva, se perciben los «tres días», y se justifica la profecía de Mateo 16:21: «y resucitará al tercer día». No ofrece mayor dificultad la otra «señal» de Juan 2:19–22, que «en tres días» Cristo había de «levantar» el santuario de su cuerpo. Lo que no se ve es el cumplimiento de estar «tres noches» en el corazón de la tierra. Tenemos que pensar con algunos escriturarios que la crucifixión se habrá realizado el jueves y no el viernes según el pensamiento tradicional, o que en la «señal de Jonás profeta» lo que importa es el significado del número tres como algo «divinamente completo», indicando el fin absoluto de la obra de la expiación del pecado antes de amanecer el maravilloso «primer día de la semana», el primer día de la plenitud de vida de resurrección.

LA RESURRECCIÓN CORPORAL DE CRISTO
La importancia del tema

Es mucha la importancia de la resurrección corporal de Cristo, según se presenta en los relatos de los Evangelios, ya que es el complemento obligado de la obra de expiación en la cruz y el principio de la nueva creación. La fe cristiana descansa sobre las columnas de los grandes acontecimientos de la encarnación, la muerte expiatoria, la resurrección corporal de Cristo, y el descenso del Espíritu Santo. Si pudiera faltar cualquiera de estos pilares, no habría ningún Evangelio que predicar, ni esperanza alguna mas allá de la tumba. De importancia especial es el hecho de resurrección por prestarse a la prueba evidencial, ya que, según los relatos que estudiamos, se trata de un hecho histórico, y no de algún fenómeno espiritual revestido de trapos alegóricos. Dice Pablo en l Corintios 15:14–17: «Y si Cristo no resucitó, vana entonces es nuestra predicación; vana [vacía] también es vuestra fe. Y aun somos hallados falsos testigos de Dios... si Cristo no resucitó vuestra fe es vana; aún estáis en vuestros pecados.» Un Cristo eternamente suspendido de una cruz, o un cuerpo que se hubiese disuelto en la tumba, no ofrecería base alguna para un mensaje de vida. La muerte aún reinaría, y no habría la más mínima evidencia de que el problema del pecado se hubiese resuelto.

El estudio del tema de la resurrección en las Epístolas nos enseña que apenas hay doctrina o práctica relacionada con la vida de los creyentes, o con la naturaleza y el destino de la Iglesia, que no se base directa o indirectamente sobre el hecho de la resurrección de Jesucristo de entre los muertos. La resurrección constituye la declaración de la deidad de Jesucristo (Ro. 1:3, 4); es la confirmación de la justificación del creyente (Ro. 4:24); es la fuente de la nueva vida del creyente (Ef. 2:5, 6); de ella mana la regeneración del creyente (1 P. 1:3); es la base de la salvación del creyente, y tema de su confesión (Ro. 10:9); es el secreto de la santificación del creyente (Ro. 6:1–10) y, naturalmente, es la única garantía de la futura vida de resurrección del creyente (1 Co. 15:12–58). He aquí algunas «muestras» de la inmensa importancia doctrinal del hecho histórico del «primer día de la semana».

Anticipos de la resurrección en el Antiguo Testamento

Tendencias generales. No es fácil apreciar el grado de luz que disfrutaran los santos del AT sobre la doctrina de la resurrección del cuerpo. Recordemos el caso del pío rey Ezequías, instrumento para una gran reforma religiosa en Judea, y hombre de fe ejemplar frente a la amenaza de Senaquerib, pero quien rogó insistentemente que el Señor le concediera una prolongación de vida en la tierra. Una vez sanado de su enfermedad —sin que podamos saber si fuese para bien o para mal— escribió un salmo que plasmó en forma poética su experiencia en «el valle de la sombra de la muerte», extrañándonos que no revele esperanza alguna de vida efectiva más allá de la tumba: «En los más florecientes de mis días entraré por las puertas del sepulcro (*sheol*). He sido privado del resto de mis años. Dije: No veré a Jehová en la tierra de los vivientes... porque no te ha de alabar el sepulcro (*sheol*)... El viviente, el viviente. Sí, él te alabará como yo el día de hoy» (Is. 38:10, 11, l8, 19: comp. Job 10:21, 22; Sal. 6:5; 88:10–12). Para los antiguos el *sheol*, o sea, la ultratumba, era un tenebroso lugar donde se recogían las almas de quienes morían en este suelo, siendo así «recogidos a sus padres» o «unidos a su pueblo» (Gn. 25:8). Faltando aún la luz de la revelación sobre el más allá, pensaban en una existencia descarnada, lánguida y sin gozo.

Por otra parte Dios iba revelando más y más de su persona y de sus propósitos a través del AT, de forma que estas tristes tinieblas se iban iluminando por rayos de creciente luz, hasta el punto de que los judíos del primer siglo —menos el partido de los saduceos— ya creían en la resurrección, y sin duda Marta expresó el sentir general de los piadosos de su pueblo al decir de Lázaro: «Yo sé que resucitará en el día postrero» (Jn. 11:24).

La visión de Job. El patriarca, al luchar con el problema para él incomprensible de sus sufrimientos inmotivados, a veces lamentaba como los demás sobre su triste futuro en el *sheol*; pero Dios le animó, aun antes del fin de su proceso de disciplina, por dos rayos de luz. En Job 14:13–17 sus palabras muestran que esperaba un «relevo» y la bendición de Dios despues de pasar a la ultratumba (léase en la Vers. Mod.); más tarde se le concede una de las visiones más claras y triunfales sobre la resurrección del Redentor, y de la suya propia con ella relacionada: «Yo sé que mi Redentor vive, y que en lo venidero ha de levantarse sobre la tierra; y después de que los gusanos hayan despedazado esta mi piel, aún desde mi carne he de ver a Dios, a quien yo tengo que ver por mí mismo, y mis ojos le mirarán, y ya no como a un extraño» (19:23–27). *La resurrección en los Salmos.* Como es evidente por las referencias que constan arriba, a veces los salmistas se hacían eco del tema de la «tristeza» del *sheol,* y, normalmente, contemplaban las bendiciones que Dios da a su pueblo en la tierra. Con todo, David y otros piadosos poetas, iluminados por su íntima comunión con Dios, recibían revelaciones que abrían ventanas sobre perspectivas más amplias y placenteras. En el conocido Salmo 16, citado tanto por el apóstol Pedro como por Pablo, la esperanza general de una resurrección corporal pasó a ser una profecía de la del Mesías, especialmente en la frase que señalamos en cursiva, que no pudo ser verdad de David mismo: «Mi carne reposará segura porque no dejarás mi alma en el sheol, *ni permitirás que tu santo vea corrupción.* Me mostrarás la senda de la vida; en tu presencia hay plenitud de gozo; a tu diestra se hallan delicias eternamente» (Sal. 16:8–11; comp. con Hch. 2:25–28; 13:35). Para el tema general de la resurrección y la esperanza de un futuro eterno feliz para el hombre fiel, véanse Salmos 17:15 y 73:24.

La resurrección del Mesías está implícita en el Salmo 22:22 y siguientes, ya que los horrores de la muerte, la desesperación de quien se halla en la «boca del león», cambian repentinamente, hallándose el que sufría, en medio de sus hermanos a quienes anuncia el nombre de Jehová. De igual forma se oyen ecos mesiánicos en el Salmo 118, donde hallamos la profecía —muy citada en el NT— de ser hecha cabeza del ángulo la piedra rechazada por los edificadores: cosa maravillosa, que introduce un día de regocijo «hecho por Jehová», que nos hace pensar en el primer día de la semana, el de la resurrección (Sal. 118:22–24; comp. Hch. 4:10–12).

La resurrección en los profetas. Los profetas predicen a menudo la «resurrección» del pueblo de Israel a nueva vida, después de su «muerte» a causa de su apartamiento de Dios y la nulidad de su testimonio. Pero insensiblemente lo nacional pasa a abarcar lo individual, especialmente en cuanto al hombre pío que forma parte de la nación (Os. 6:2; 13:14; Ez. 37:1–14; Is. 26:19). La doctrina de la resurrección corporal de los fieles de Israel se va perfilando con creciente nitidez en los libros apócrifos, y en otros de procedencia judaica de los siglos inmediatamente antes del advenimiento; escritos que son importantes como reflejo de las ideas religiosas de la época, aunque no podemos admitirlos como inspirados. La profecía más clara de los escritos canónicos es la de Daniel 12:2, 3, que llega hasta precisar las dos facetas de la resurreccion corporal en el tiempo de la consumación, para gloria de los sabios (los fieles) y para confusión de los rebeldes: «Y muchos de los que duermen en el polvo de la tierra serán despertados, unos para vida eterna, y otros para vergüenza y confusión perpetua. Y los sabios brillarán como el resplandor del firmamento» (comp. Mt. 13:43).

Una profecía de la resurrección del Mesías se halla implícita en Isaías 53:10: «Cuando hubiere [el Siervo de Jehová] puesto su vida en expiación por el pecado, verá linaje, prolongará sus días, y la voluntad de Jehová será en su mano prosperada.» Fijémonos en que se profetiza una prolongación de vida que hace posible la ejecución victoriosa de la voluntad de Dios después de la muerte expiatoria del Siervo de Jehová; todo el pasaje recalca la exaltación del Siervo como consecuencia de sus padecimientos vicarios.

La resurrección en los tipos del AT. Sin sombra de duda, el Señor hallaba vaticinios de su obra en la «Ley» o en «Moisés» (los dos términos se refieren al Pentateuco) y no sólo en los Salmos y los Profetas (Lc. 24:26, 27; 24:44–46). La referencia es a los verdaderos tipos ordenados por mandatos específicos de Dios, y no apoya los fantásticos métodos de la alegorización imaginativa.

Recordemos que el Maestro halló una clara indicación de la vida esencial después de la muerte corporal en la designación que Dios da de sí mismo en relación con los patriarcas: «Dios de Abraham, Dios de Isaac y Dios de Jacob» (Lc. 20:34–38 con Éx. 3:6); más aún, deduce de la misma frase que los muertos han de resucitar, ya que una vida que continúa en relación con Dios supone tal consumación de la vida humana.

En cuanto a los verdaderos tipos que prefiguran la obra del Mesías, pensemos en Isaac, que en un momento se halla atado sobre el altar, con el cuchillo inmolador levantado encima de él; momentos después, está en pie, libre y pletórico de vida, mientras que el carnero sangra sobre el altar. Tanto el carnero como Isaac representan al Mesías en las fases de su entrega voluntaria, al ser sacrificado como «Cordero de Dios», y como el Resucitado, de quien surge un nuevo linaje (Gn. 22:9–18; He. 11:17–19). Los dos aspectos de muerte y de resurrección se presentan también en el rito de la purificación del leproso, puesto que una avecilla muere y derrama su sangre mientras que la otra vive y asciende al cielo con las manchas de la sangre en sus alas (Lv. 14:1–7).

El Señor profetizó su propia resurrección

Su declaración a Marta. Hemos notado que Marta expresó claramente la firme creencia de los judíos piadosos de su tiempo al declarar en cuanto a su hermano muerto: «Yo sé que resucitará en la resurrección, en el día postrero.» Era una gran verdad, pero Cristo había de enseñarle, por palabra y por obra, que la resurrección de los muertos dependía de su propia persona y obra, ya que Él era «la Resurrección y la Vida», garantía de nueva vida a todo aquel que creyera en Él (Jn. 11:23–27). Al ser «la Resurrección» había de morir y resucitar, pues no se trata aquí de su vida esencial como Verbo eterno, que no podía sufrir variación, ni podía comunicarse a los hombres hasta que hubiese consumado la muerte de expiación como Dios-Hombre. El hecho de la resurrección se halla implícito en las enseñanzas de Juan 5:21–29, por las que sabemos que es concedido al Hijo del Hombre dar vida a los hombres y llamar a los muertos a la resurrección. En Juan 6 veremos que el Hijo del Hombre «resucitará en el día postrero» a los fieles que simbólicamente comen su carne y beben su sangre (Jn. 6:50–58). Ya hemos notado que el simbolismo de «comer la carne» y «beber la sangre» habla de la muerte de sacrificio, como en el sacrificio de las paces, y ahora vemos que se asocia con la gloriosa consumación de la resurrección del cuerpo.

Más arriba, bajo el epígrafe de «los tres días y las tres noches», hicimos mención de algunos prenuncios figurativos de la resurrección, y solamente nos resta hacer constar que el Señor predecía su resurrección al mismo tiempo que su sufrimiento y su muerte, bien que, por ser el tema más allá de la capacidad espiritual de los discípulos entonces, «nada comprendieron de estas cosas, y esta expresión les era encubierta, y no entendían lo que se les decía» (Lc. 18:34).

No hemos de entender de este texto que, por «razones dispensacionales», el Maestro les hablase para no ser comprendido, sino que la mente y el corazón de los discípulos tenían que ser preparados «por etapas», hasta que viesen la plena luz y que se rindiesen ante la persona del Resucitado. Las referencias completas a estas predicciones son las siguientes: Mateo 16:21; 17:23; 20:17–19; 26:12, 28, 29, 31, 32; Marcos 9:30–32; 14:8, 24, 25, 27, 28; Lucas 9:22, 44, 45; 18:31–34; 22:20; Juan 2:19–22; 10:17, 18; 12:7.

Los discípulos quedaron confusos ante los anuncios, tanto aquéllos de la muerte como los otros de la resurrección, siéndoles imposible ajustar su «visión» a esta tremenda novedad, que aún no habían percibido en las Escrituras del AT. Pero el hecho de las múltiples predicciones es muy importante, no sólo como un elemento más en el entrenamiento de los Doce, sino porque *la veracidad de la persona de Cristo queda ligada al hecho real e histórico de su resurrección corporal.* Si se pudiera probar que la resurrección corporal de Cristo no es verídica, entonces su autoridad quedaría completamente desacreditada, ya que insistía en que el hecho había de producirse.

Evidentemente el recuerdo de las predicciones constituyó un poderoso estímulo a la fe y a la comprensión de los apóstoles después de haber comprobado la realidad de la resurrección de Cristo de entre los muertos.

El hecho histórico de la resurrección

Como todo hecho histórico se establece por el testimonio múltiple de fieles testigos. Alguna luz incierta se echa sobre la vida humana en las épocas prehistóricas por los hallazgos de los arqueólogos, pero la historia como tal no es posible aparte de la presencia de testigos de alguna confianza que tomen nota de lo que han visto o averiguado, dejando escritos que puedan pasarse de una generación a otra. Las grandes figuras de la historia, como la de Alejandro Magno, de Ciro o de César, no se conocen por haber dejado su grandeza alguna huella mística en la memoria de la humanidad, sino sólo gracias a sus propios escritos, o porque otras personas se preocuparon en recoger los datos acerca de sus personas y sus actividades. Historiadores de hoy están siempre revalorando el significado de las figuras y hechos pretéritos, pero siempre por el método de examinar los testimonios escritos, con el fin de apreciar el valor del testimonio, que, en último término, depende de la fidelidad, la capacidad y la categoría moral del observador. Hay personas que aceptan cualquier hecho que se halla en libros de historia profana, y lo afirman a pies juntillas mientras que, si se les habla de los hechos bíblicos, los deja de lado por ser «cosa de la Biblia», como si aquello equivaliera a algo supersticioso. Hoy en día, entre personas algo enteradas de la materia, el valor histórico de la Biblia se establece cada vez más por el apoyo de la ciencia de la arqueología, y lo que conviene que recordemos es que los hechos narrados en las Escrituras, lejos de ser inferiores a otros en valor histórico, son superiores, tanto por la confianza que podemos tener en los hombres de Dios que los observaban y los pusieron por escrito, como por el hecho de que el proceso histórico se llevó a cabo bajo la guía de las providencias de Dios y por la inspiración del Espíritu Santo. La inspiración del «Espíritu de verdad» no anula lo histórico, sino que obra a través del testimonio de observadores dignos de todo crédito. La resurrección corporal de Jesucristo es un hecho espiritual por relacionarse al plan de Dios para todos los siglos, por lo que supera infinitamente lo meramente histórico, pero al mismo tiempo las narraciones, escritas por hombres en la tierra, establecen algo que realmente sucedió en un momento dado del transcurso del tiempo, colocándose por lo tanto en el ámbito de las pruebas históricas normales.

La resurrección se establece por evidencia válida. Imaginemos que varias personas presencian un accidente en el que dos vehículos chocan, echándose luego otros autos encima de los dos que tuvieron el primer encontronazo. Todo ello ocurre en el espacio de unos momentos, pero cada vehículo lleva su conductor y sus pasajeros, complicándose los incidentes y los resultados, bien que todos forman parte del accidente total. Cada aspecto de la tragedia tiene sus repercusiones en todos los demás y afecta al resultado final. Los testigos son «buenas personas», que no tienen motivo alguno para tergiversar los hechos, pero cuando son llamados para testificar a los efectos judiciales, algunos hablan de ciertos aspectos del accidente, y otros de facetas diversas según su punto de vista y la reacción sicológica que se produjo en cada uno. Al dar su evidencia surgen aparentes discrepancias, bien que las líneas generales del testimonio concuerdan. Al juez y a los abogados que entienden en el asunto —siempre que ellos también sean honrados, sin motivos para torcer la evidencia en favor o en contra de nadie— no les han de preocupar las «discrepancias», porque saben que el hecho es complejo, y que cada uno, según su capacidad, observó sólo una faceta del hecho total. Al contrario, si hallasen que varios testigos presentan su testimonio en términos idénticos, o muy análogos, empezarían a sospechar una confabulación premeditada, que quitaría todo valor a la evidencia. Les bastaría al principio poder definir el cuadro en su aspecto total, completándolo luego por sopesar y tamizar los testimonios de cada uno de los fieles testigos.

La ilustración precedente nos ayudará a comprender la naturaleza de «evidencia válida» al tratarse del hecho de la resurrección, y no nos preocuparemos demasiado si, a primera vista, surgen detalles aparentemente discrepantes en los relatos de la resurrección y las manifestaciones consiguientes, sino que, en primer lugar, notaremos que toda la evidencia concuerda en presentarnos el gran hecho de la tumba vacía y de las repetidas manifestaciones del Señor resucitado. La variación en el detalle probará, por lo menos, que no había confabulación anterior de parte de los testigos, quienes hablan de una forma natural y espontánea de lo que vieron o experimentaron. Luego veremos la posibilidad de coordinar los detalles en un cuadro más completo, pero reconociendo que nos faltan datos para llegar a la absoluta seguridad sobre el orden de una serie de acontecimientos complejos, en los que intervinieron muchas personas. *La prueba básica del gran acontecimiento.* Conviene que veamos en su conjunto los aspectos básicos de la prueba, que establecen más allá de toda duda razonable que Jesús de Nazaret, tan conocido de los suyos, y cuyo cuerpo fue colocado en la tumba de José de Arimatea en las circunstancias que hemos notado, salió de la tumba y se presentó en forma corporal a varios de los suyos en distintos lugares y circunstancias. 1) *El hecho de hallarse la tumba vacía,* y los envoltorios fúnebres en su lugar, y sin desenvolver, no ha recibido jamás ninguna explicación verosímil aparte de la realidad de la resurrección del Señor. 2) *Las manifestaciones del Resucitado a los discípulos y a las mujeres* son tan variadas y descritas con tanta naturalidad, que todo intento de «explicarlas» por consideraciones naturalistas o espiritistas ha fracasado. O todo el testimonio es falso (y no hay razón alguna para sospechar tal cosa) o las manifestaciones se produjeron en la forma en que se narran por los evangelistas. Recordemos de paso la gran autoridad de Lucas como historiador concienzudo y exacto. 3) *El cambio que se produjo en los discípulos,* transformándoles de cobardes en hombres de sumo valor, es un hecho probado y manifiesto que no tiene explicación alguna aparte de la realidad del hecho de la Resurrección. Si por alguna artimaña suya —que es imposible según la evidencia— hubiesen podido hacer ver que Cristo había resucitado sin que fuese verdad, no existe posibilidad alguna de que se hubiesen presentado ante la multitud de Jerusalén y ante el sanedrín, algunas semanas más tarde, para declarar con poder y denuedo el hecho de la resurrección, arriesgando sus vidas, y retando al mismo poderoso tribunal que había condenado a muerte a su Maestro. Un fanatismo que surge de ideas falsas no es desconocido, desde luego, pero necesita tiempo para incubarse, mientras que el cambio en los discípulos fue instantáneo. 4) El nacimiento, persistencia y crecimiento de la Iglesia en la época inmediatamente posterior a la crucifixión es algo increíble aparte de la realidad de la resurrección. Todo se produjo en público, en Jerusalén, a la vista de los inicuos jueces de Jesús. Un Salvador muerto y no resucitado no ofrecería base alguna para tal fenómeno, sino sólo serviría para confirmar el desánimo que se refleja en la conversación de los dos que huían de Jerusalén a Emaús, pensando que Jerusalén no era lugar apropiado para ninguno de los seguidores del Profeta crucificado (Lc. 24:17–21). Por añadidura, los documentos que hemos venido estudiando se redactaron a los pocos años de suceder todo aquello, surgiendo, como hemos visto, de una tradición oral y de unas notas contemporáneas con los hechos. El Nuevo Testamento debe su existencia a la resurrección, y es inconcebible aparte de aquella realidad que quedó profundamente grabada en la comprensión, corazón y memoria de una multitud de buenos testigos.

La tumba vacía. Del conjunto de pruebas que acabamos de exponer, seleccionamos la de la tumba vacía para unas consideraciones más detalladas. La tumba del rico senador era del tipo lujoso, siendo excavada en la roca en forma de una cueva, con estantes de piedra para el descanso de los cadáveres. La apertura se cerraba con una piedra esférica que bajaba por una ranura en ligera pendiente, con el fin de dejar el hueco bien tapado. La fuerza de un hombre solo bastaba para cerrar la tumba, pero se necesitaría el esfuerzo de varios para «quitar la piedra». Se han hallado algunas que se tapaban con «piedras de molino» rodadas en su ranura transversal, con el mismo propósito de cerrar herméticamente la apertura. El asegurar la tumba con un sello, según la súplica que hicieron los sacerdotes y fariseos a Pilato, era bastante corriente. El sello en este caso sería el de Roma, y, por añadidura, los jefes disponían de una guardia que había de vigilar hasta el tercer día, término de la profecía citada, y el límite supuesto para el posible manejo de un cadáver que viera corrupción (Mt. 27:62–66).

La importancia de la manera de sepultar al Señor, con las condiciones de la tumba, se destaca si nos hacemos dos preguntas: «¿Quién revolvió la piedra?» y «Si Cristo no resucitó según los términos de la evidencia bíblica, ¿por qué no exhibieron públicamente los jefes judíos el cuerpo de Jesús, lo que habría cortado de raíz los rumores de una "resurrección"?» Las seguridades eran tales, y la fuerza de los discípulos tan reducida, que la historia del «robo del cuerpo» no puede ser verosímil (Mt. 28:12–15), bien que es la explicación «oficial» de los judíos hasta el día de hoy, ¡porque no hay otra! Evidentemente el cuerpo estaba completamente bajo el control de los enemigos de Jesús, según todas las posibilidades humanas y materiales, de modo que el hecho de la «tumba vacía» es evidencia de primer orden que no ha podido rebatirse nunca.

Muchos lectores no se percatan de la fuerza evidencial de la visita de Pedro y Juan al sepulcro por no entender bien las expresiones de Juan 20:4–9. ¿Por qué «creyeron» los dos al ver las mortajas en el suelo? Aún no comprendieron todo el triunfo de la resurrección, pero evidentemente quedaron convencidos de que el cuerpo había sido quitado por una obra sobrenatural. Al tratarse de un robo, o del intento de un desfallecido (que no hubiese muerto realmente) de salir de la tumba, son posibles dos alternativas: que las mortajas hubiesen sido llevadas juntamente con el cadáver (que es lo más natural); o que el complicado vendaje se hubiese desenvuelto penosamente, quedando necesariamente en desorden, pues se trataba de múltiples vendas que sujetaban cien libras de especias. Pero los dos discípulos no vieron nada de eso. Las mortajas estaban en su sitio, enrolladas aún, con las de la cabeza algo separadas, lo que probó que el cuerpo había salido sin ser impedido por la sujeción material del vendaje. Pero el hecho probaba también que la resurrección era *corporal,* pues ¡el cuerpo había desaparecido!

El momento de la resurrección. Las consideraciones anteriores recalcan el hecho de que nadie sabe el momento en que se produjo la resurrección, y que no había testigo posible del hecho. Los testimonios giran alrededor del hecho manifiestamente consumado. La dramática aparición del ángel a la puerta de la tumba, señalada por el terremoto, tuvo por objeto manifestar que el sepulcro estaba ya vacío, aparte de los vendajes. El sentarse el mensajero celestial en la misma piedra que revolvió —y que había sido una preocupación para las mujeres fieles que se iban acercando— muestra elocuentemente que Dios controlaba la situación por encima de todas las maniobras del sanedrín y de la potencia de Roma. Los guardias quedaron como muertos, pero las mujeres creyentes no tenían nada que temer: «No temáis *vosotras;* porque yo sé que buscáis a Jesús, el que fue crucificado. No está aquí, pues ha resucitado así como os dijo. *Venid, ved el lugar donde yacía el Señor*» (Mt. 28:1–6).

Los relatos de la resurrección

Más exactamente los relatos describen los movimientos de los discípulos y de las mujeres que querían rendir los últimos honores al sagrado cuerpo del Maestro, y las manifestaciones del Señor a varios de ellos. Es importante, desde el punto de vista evidencial, recordar que nadie esperaba ver a Jesucristo resucitado, y que todo el afán de los fieles consistía en dejar el Cuerpo honrosamente sepultado. Además de ello, se congregaron los discípulos con miedo en el aposento alto (Jn. 20:19). No había, pues, ninguna predisposición que les hiciera sensibles a visiones o a alucinaciones. No sólo eso, sino que las manifestaciones se produjeron ante distintas personas, en varios lugares y circunstancias, lo que anula la posibilidad de visiones subjetivas producidas por el ardiente deseo de volver a ver al Maestro.

En el curso de la mañana del primer día de la semana, varias personas iban y venían desde distintos puntos de la ciudad al sepulcro; la composición de los grupos variaba en diferentes momentos, según se desarrollaban los sucesos. Las distancias eran cortas y podían ser recorridas en pocos minutos. Además, cada evangelista presenta el aspecto de los sucesos que revistió mayor interés en relación con su finalidad especial.

Mateo refiere dos presentaciones del Resucitado: la primera a Salomé y a María a su vuelta del sepulcro por la madrugada, y la segunda a los Once (con otros probablemente) en la montaña de Galilea ya señalada como lugar de cita antes de la Pasión (Mt. 28:9–10, 16–18).

Marcos nota tres: la manifestación a María Magdalena; una breve mención de la que concedió el Señor a los dos discípulos que caminaban a Emaús; la que alegró el corazón de los Once mientras comían (Mr. 16:9–11, 12, 14). Está implícita otra manifestacion en la mención de la Ascensión (Mr. 16:19).

Lucas menciona la manifestación del Señor a Pedro en sesión privada, detalla la conversación en el camino a Emaús, describe la presentación del Maestro a los Once reunidos y narra los acontecimientos de la Ascensión (Lc. 24:13–5.1).

Juan describe la entrevista del Señor con María Magdalena, narra su presentación a los discípulos en el cenáculo en ausencia de Tomás Dídimo, y otra estando presente Tomás. Como epílogo a su Evangelio describe el encuentro del Señor con siete discípulos en una playa del Mar de Galilea (Jn. 20:11–29; 21:1–23).

La persona del Resucitado

Los cuadros que señalan al Resucitado en contacto con los suyos después de la resurrección son de gran valor histórico, emotivo y doctrinal, y merecen ser estudiados y meditados en un espíritu de adoración. Resumiendo el efecto que produjeron las manifestaciones en los discípulos, podemos decir que le hallaron «igual, pero diferente». Era exactamente igual en su personalidad, en su forma de tratar con ellos y en aquella maravillosa mezcla de cariño y autoridad que tan bien recordaban. Al mismo tiempo ellos se hallaban aún en el cuerpo de hombres caídos, mientras que el cuerpo del Maestro, siempre puro y sin mancha, era ya «cuerpo de resurrección». Se esforzaba por probar que no era meramente un espíritu, llegando hasta a comer con ellos (Lc. 24:36–43), pero al mismo tiempo no conocía ya las limitaciones de la materia ni del espacio. La piedra de la tumba no pudo impedir su salida del lúgubre recinto cuando sonó la hora del triunfo manifiesto sobre la muerte, ni tampoco podía la puerta cerrada oponer obstáculo a su entrada al seno de la familia espiritual (Jn. 20:19). María conocía la voz de su Maestro, y el amor era igual que antes, pero se le impuso límites a la demostración de su amor (Jn. 20:16, 17). Se dignaba seguir con su labor de Maestro, y sobre todo les abrió el entendimiento para comprender lo que las Escrituras habían profetizado de Él (Lc. 24:25–27, 44-47), pero, con amorosa severidad redujo toda posible suficiencia propia en Pedro hasta el polvo (Jn. 21:15–19). Sirvió a los suyos, preparándoles una comida, pero la actitud de ellos es la de Tomás, quien a los pies del Crucificado exclama: «¡Señor mío y Dios mío!» (Jn. 21:9; 20:28).

Es importante que notemos que no había duda alguna en el corazón de los Once al terminarse las manifestaciones, y todos habrían dicho con Juan en el barco: «¡El Señor es!» (Jn. 21:7). En el caso de aquellos que aún dudaron, según una frase en Mateo 28:17, hemos de suponer que se trata de amigos del círculo apostólico, pero en manera alguna de los Once que habían de testificar denodadamente del hecho de la resurrección.

El cuerpo del Resucitado

No es éste el lugar para presentar las enseñanzas bíblicas sobre la naturaleza del cuerpo de resurrección del creyente, pero podemos notar de paso que las enseñanzas de Pablo y de Juan en porciones como 1 Corintios 15:35–54; 2 Corintios 5:1–5; Filipenses 3:21; 1 Juan 3:1,2, y las del Maestro mismo en Lucas 20:34–36, hallan su mejor ilustración en las escenas que acabamos de notar. Seguramente el resplandor de la gloria del cuerpo del Dios-Hombre resucitado se velaba aún, para hacer posible la continuación del ministerio entre los suyos hasta la ascensión, pero se determinan claramente los hechos siguientes: 1) el cuerpo fue palpable, y no mero espíritu hecho visible; 2) tenía carne y huesos, bien que no se hace mención de la «sangre», que es la base fisiológica de nuestra vida aquí; 3) le era posible al Señor comer, pero podemos creer que no necesitaba hacerlo; y 4) los objetos materiales no ofrecían resistencia alguna a la sustancia corporal, fenómeno que quizá nos asombra menos en esta «edad atómica», cuando se sabe que aun los materiales aparentemente más sólidos no son más que «energía en movimiento». En fin, se trata realmente de un cuerpo, bien que pertenecía ya a un plano muy superior de existencia. Por las enseñanzas de Pablo en 1 Corintios 15 deducimos que el cuerpo de resurrección es el vehículo perfectamente adecuado al espíritu redimido, mientras que el de este siglo se controla por el alma, con la enorme desventaja en este caso de que su funcionamiento se entorpece por el pecado.

El orden de los acontecimientos del día de la resurrección

Con los distintos relatos a la vista, y recordando lo que arriba decíamos sobre los múltiples movimientos de varias personas durante la mañana del gran día, y teniendo en cuenta que había varios caminos (todos cortos) desde la ciudad al sepulcro, hemos de intentar la coordinación de los acontecimientos en su orden probable, pero siempre a guisa de ensayo, pues nos harían falta datos que ahora ignoramos para llegar a precisar exactamente la sucesión de acontecimientos. Como hemos visto, la historia empieza después de consumarse el hecho de la resurrección corporal del Señor.

La primera etapa. Las dos Marías y Salomé llegaron al huerto muy de mañana, y vieron primero al ángel sentado sobre la piedra (Mt. 28:1–6), quien les aseguró que el Señor había resucitado.

Segunda etapa. María Magdalena no esperó más, sino que, aturdida y llena de angustia por lo que parecía ser una violación de la tumba, dejó a sus compañeras y corrió a la ciudad para llamar a Pedro y a Juan. Recuérdese las breves distancias (Jn. 20:1, 2).

Tercera etapa. Las otras dos mujeres quisieron investigar el hecho, y, al entrar en la tumba, vieron al mismo ángel (o a otro) «sentado al lado derecho». Él las tranquilizó y proclamó la resurrección del Señor conforme a los anuncios que habían precedido a la Pasión, y les mandó llevar las buenas nuevas a los discípulos, recordándoles la cita en Galilea. Las mujeres obedecieron, y dejaron el sepulcro para volver a la ciudad (Mr. 16:5–8).

Cuarta etapa. Mientras tanto Pedro, Juan y María Magdalena se apresuraron al sepulcro por un camino distinto, no encontrando a María y a Salomé. Los dos hombres inspeccionaron la tumba, y «creyeron» al ver la evidencia de los lienzos (Jn. 20:3–10; Lc. 24:12).

Quinta etapa y primera manifestación. María Magdalena no quiso apartarse de la entrada de la tumba, preocupada por la suerte del cuerpo del amado. Al volver a mirar dentro, vio a dos ángeles vestidos de blanco. Apenas hubo entablado conversación con ellos cuando se dio cuenta de que alguien se hallaba detrás de ella, y, al pronunciar el Señor su nombre, le reconoció. Sigue la conversación que hemos de notar bajo el epígrafe de la Ascensión (Jn. 20:11–18 con Marcos 16:9).

Sexta etapa. María acudió de nuevo a los discípulos con la buena nueva de que no sólo estaba vacía la tumba, sino que el Señor se había manifestado a ella (Jn. 20:18).

Séptima etapa y segunda manifestación. Al parecer, Salomé y la otra María, después de la conversación con el ángel, volvieron más despacio a la ciudad por otra ruta. Seguramente acababan de salir del huerto cuando Pedro, Juan y María Magdalena estaban llegando. De todas formas hubo tiempo para que el Señor se revelase a María y acudiese al encuentro de Salomé y la otra María antes de que llegasen a casa. Desde luego el Señor no estaba sujeto a los límites de espacio ni de tiempo. Jesús las saludó con el «Salve» (*Chairete* = «Saludos» o «Gozaos») y les da también el mensaje para los discípulos sobre Galilea (Mt. 28:8–10).

Octava etapa. Las actividades de otro grupo de mujeres de Galilea. Lucas, utilizando otras fuentes de información, narra los movimientos de un grupo de mujeres de Galilea, entre las que se destacaba Juana, quienes habían presenciado los detalles de la sepultura, y que también habían preparado especias y ungüentos (Lc. 23:55-24:9). Estas entraron en la tumba, no hallaron el cuerpo, pero vieron a «dos hombres» en ropa resplandeciente. El mensaje que recibieron de los ángeles difiere en muchos puntos de aquel que el ángel había dado ya a María y a Salomé, y parece ser que no se les concedió ninguna manifestación del Señor en el camino a su casa. Estas habrían dado la información a los dos discípulos que iban a Emaús, que luego dijeron: «Y también ciertas mujeres de los nuestros nos han dejado asombrados, las cuales al amanecer, estaban junto al sepulcro; y no hallando su cuerpo, se volvieron diciendo que habían visto una visión de ángeles, los cuales han dicho que él vive» (Lc. 24:22, 23).

Lucas 24:10 presenta un problema, ya que menciona a María Magdalena, Juana y la otra María todas juntas, como los mensajeros a los apóstoles; luego nota la visita de Pedro al sepulcro, pero hemos de entender que la narración especial de Lucas termina en 24:9, siendo el versículo 10 un resumen de las actividades de todas las mujeres, mientras que el versículo 12 es una mención de la visita de Pedro a la tumba que recogió Lucas en sus investigaciones como historiador, y que se sitúa fuera de su contexto.

Novena etapa. Más tarde en el día Jesús se reveló a Pedro en privado, sin duda con el fin de efectuar su plena restaurarión en vista de las negaciones de la noche de la entrega (Lc. 24:34; 1 Co. 15:5).

Décima etapa. La manifestación a Cleofas y a su compañero en el camino de Emaús (Lc. 24:13–33) fue un acto especial de la gracia del Señor, ya que se alejaban de la capital después de oír las noticias de la tumba vacía y de la conversación que tuvieron las mujeres con los dos ángeles en la tumba. La naturalidad y la «plenitud» de la narración son maravillosas, y sirven como pruebas incontrastables de que Jesús era el mismo antes y después de la Pasión.

Undécima etapa. La manifestación del Señor a los Diez en el cenáculo por la tarde del primer día de la semana (Jn. 20:19–23). Si se pueden aplicar las condiciones normales de cronología al programa del Resucitado, hemos de pensar que, habiendo dejado a los «dos» en la casa de Emaús (Lc. 24:31), se presentó inmediatamente con los Diez en el cenáculo, mostrándoles sus manos y su costado, donde, por la providencia especial de Dios, quedaron —y quedan— las imborrables huellas de las heridas de la cruz: preciosas credenciales de eterna eficacia que demuestran que el que vive, es el que murió (Ap. 1:18; 5:6). Las evidencias de la consumación de la obra de expiación en el cuerpo del resucitado permitieron la realización del acto simbólico de dar a los apóstoles el Espíritu Santo, quien haría eficaz su ministerio, encaminado a la remisión de los pecados (Jn. 20:20–23).

Manifestaciones posteriores

Nadie puede enumerar todas las manifestaciones del Señor resucitado a los suyos durante los «cuarenta días», puesto que Hechos 1:3 señala un extenso ministerio de enseñanza, acompañado de «muchas pruebas indubitables». En cuanto a los relatos conservados en los Evangelios, notemos los siguientes:

La manifestación del segundo domingo. A pesar de la renovación de la cita en Galilea por la voz de los ángeles, es evidente que los Once tuvieron que permanecer en Jerusalén por una semana después de la resurrección, ya que el Señor quiso presentarse personalmente a Tomás Dídimo, ahuyentando todas sus dudas, y recibiendo de sus labios aquella confesión que hemos apreciado como la culminación del proceso de revelación en el corazón de los discípulos, y que constituye la cúspide del Evangelio según Juan (Jn. 20:24–29).

La manifestación a los siete en una playa del Mar de Galilea, Juan 21:1–23. El apóstol Juan escoge esta manifestación (entre las muchas) porque le ofrece material para un precioso epílogo a su Evangelio, que, según su presentación tan especial, echa luz sobre las condiciones de testimonio y de servicio después de la partida del Maestro al Cielo. Los siervos no sólo han de ser animados por el celo de trabajar, sino dejarse dirigir por el Resucitado desde la diestra, hallándose el móvil del servicio en la humildad, el amor rendido, en el sentido de responsabilidad personal de cada uno al Maestro.

La manifestación en la montaña de Galilea, Mateo 28:16–20. Si hemos entendido bien la finalidad del Evangelio de Mateo, no nos extrañará hallar en su escrito el relato del encuentro «oficial» de los Once con su Maestro, según la cita preordenada en Galilea, y a los efectos de recibir la solemne comisión de extender el Reino por todo el mundo. El Rey rechazado por los hombres se halla revestido de «toda potestad en el cielo y en la tierra».

La ocasión de la ascensión, Lucas 24:50–53. Si nos limitáramos al escrito de Lucas pensaríamos que, después de las importantes enseñanzas dadas a los discípulos en el cenáculo, el Señor les condujo en seguida al Monte de los Olivos, a breve distancia de Jerusalén, para el acto de la ascensión. De hecho tenemos que juntar todas las evidencias, y es Lucas mismo quien señala la extensión del ministerio de los «cuarenta días» (Hch. 1:3) y quien termina su presentación de la vida de Jesucristo con la narración de la Ascensión (véase abajo). Marcos también nota que Jesús «fue recibido arriba en el Cielo y se sentó a la diestra de Dios» (16:19, 20), pero no se preocupa tanto por el hecho histórico, como por hacernos ver que el Siervo de Jehová, habiendo terminado su ministerio en la tierra, lo continúa desde el Cielo a través de sus siervos.

El primer día de la semana

Todos los evangelistas describen el día después del sábado como «el primer día de la semana», y hay varias referencias al «amanecer» de tan fausto día. Quizá hallamos aquí no sólo una importante nota cronológica, sino también un eco de Éxodo 12:2: «Este mes os será el principio de los meses; os será el primero de los meses del año.» El éxodo, basado sobre la redención por sangre y por las poderosas operaciones del «brazo de Jehová» al sacar a su pueblo de la esclavitud de Egipto a la libertad del desierto, había de cambiar el calendario para el nuevo pueblo de Dios. En la resurrección, la «noche» del aparente triunfo de Satanás quedaba atrás, y en potencia, bien que en «misterio» aún, se había inaugurado la nueva creación. Recordemos la declaración de 2 Timoteo 1:9, 10, que tantas veces hemos citado en relación con el Evangelio: «Nuestro Salvador Cristo Jesús... abolió la muerte y sacó a la luz la vida y la inmortalidad», y pensemos también en el sentido literal de 2 Corintios 5:15, 17, 18: «Uno murió por todos, luego todos murieron... de modo que, si alguno está en Cristo, hay una nueva creación; las cosas viejas pasaron, y, he aquí, son hechas nuevas, y todo viene de Dios.» Todo cuanto brota de la obra de la Cruz y de la plenitud de la resurrección en la potencia del Espíritu Santo, pertenece al nuevo «día» de la nueva creación. Dios ha colocado cuanto procede del pecado, de la carne y del mundo (todo el dominio de Satanás) en el lugar de la muerte, y si bien hemos de recibir la potencia del nuevo orden por la fe todavía —a causa de la necesidad de proclamar el Evangelio en condiciones tales que sea recibido por la sumisión y la fe—, la obra está consumada y no tardará en manifestarse.

No es una casualidad, ni un capricho, ni muchos menos una equivocación, que los cristianos reconozcan el «primer día de la semana» como la reiterada ocasión en que se congregan para celebrar la fiesta que «proclama» la muerte del Señor hasta que Él venga, y para postrarse en adoración delante de Dios, quien «hace nuevas todas las cosas». Todos los días son sagrados para quien se consagra a Cristo, pero el valor simbólico del «primer día de la semana» no ha de despreciarse, sin que por ello hagamos esfuerzos —por cierto harto ilógicos— para equipararlo con el «sábado», que se revestía de su precioso simbolismo *hasta que* amaneciera el nuevo día, el principio del reinado de luz. No fue una casualidad que los discípulos de Troas estuviesen congregados para partir el pan el primer día de la semana, sino el indicio de una santa costumbre que llevaba el sello de la autoridad apostólica, como es evidente por la forma intencionada en que Lucas introduce la frase (Hch. 20:7).

La posición de los nacidos de nuevo, a quienes Dios ha dado «vida juntamente con Cristo», es paradójica y difícil, ya que somos «hijos de luz», trasladados de «la potestad de las tinieblas al Reino del Hijo de su amor», pero a la vez vivimos y damos nuestro testimonio a Cristo en un período que, desde otro punto de vista, es el «día del hombre», bajo el control del «espíritu que ahora obra en los hijos de desobediencia», día de tinieblas, y no luz. Pero allí está el discernimiento y la paciencia de los santos hasta que el «Reino en misterio» se convierta en «Reino en manifestación». No sólo eso, sino que allí está también su oportunidad, ya que servicio habrá en la consumación, pero no este servicio que nos es encomendado ahora, por el que nos corresponde el honor de testificar por Cristo en el escenario de su rechazo, sostenidos como quienes «ven al Invisible», hasta que Él venga para inaugurar los siglos de los siglos de eterna luz, trayendo consigo su galardón (Ap. 22:13, 20).

LA ASCENSIÓN DEL SEÑOR JESUCRISTO

El Señor quiso señalar el fin oficial de su ministerio en la tierra por una ascensión visible, en presencia de los discípulos y testigos suyos. No había necesidad intrínseca para ello, ya que el Resucitado no estaba limitado a condiciones físicas; por las palabras que dirigió a María Magdalena en la primera manifestación suya después de la Pasión se indica, al parecer, una reanudación del contacto con el Padre, que nada tenía que vea con la ascensión posterior: «No me toques, porque aún no he subido al Padre; mas ve a mis hermanos y diles: Subo a mi Padre y a vuestro Padre; a mi Dios y a vuestro Dios» (Jn. 20:17). No hemos de esforzarnos por penetrar el misterio de las relaciones especiales entre el Padre y el Hijo, ya que, aun durante el ministerio anterior a la cruz, había dicho: «Nadie ha subido al Cielo sino el que descendió del Cielo, a saber, el Hijo del hombre que está en el Cielo» (Jn. 3:13), pero como mínimo aprendemos que, después del imponente acontecimiento de la cruz, que encerraba insondables misterios en cuanto a las relaciones entre el Padre y el Hijo, hubo la necesidad de un encuentro íntimo entre ambos sobre otra base. Ni María ni los discípulos tenían parte alguna en tal misterio, lo más sagrado del Cielo, bien que podrían gozarse en unas nuevas relaciones familiares tanto con el Hijo, quien les llama sus «hermanos», como con el Padre revelado como tal en poder espiritual.

El hecho histórico de la ascensión

Aparte de la breve mención del hecho en Marcos 16:19, dependemos de la pluma de Lucas para la descripción de la ascensión. Los detalles constan en Lucas 24:50–53, y en Hechos 1:9–11, y pueden resumirse como sigue: 1) el Señor se había dedicado a la enseñanza de sus apóstoles durante los «cuarenta días», iluminando sus mentes especialmente sobre las profecías mesiánicas del AT, sobre su Reino y sobre el Espíritu Santo cuya presencia con ellos sería condición imprescindible para la realización de su misión de testimonio y de enseñanza (Lc. 24:44–49; Hch. 1:3–8); b) inmediatamente antes de la ascensión habían estado en Jerusalén, desde donde el Maestro les condujo al Monte de los Olivos (Lc. 24:50); 3) como preludio a la Ascensión, el Señor alzó sus manos en ademán de bendecir a sus discípulos (Lc. 24:50, 51), lo que señala el carácter de gracia de esta dispensación; 4) el hecho físico de la *separación* y del *levantamiento* se subraya en Lucas 24:51 y Hechos 1:9; 5) consta que los discípulos vieron realmente lo que sucedía al ser alzado su Maestro de entre ellos (Hch. 1:9); 6) fue recibido Jesús por una nube que le ocultó de la vista de los discípulos (Hch. 1:9). Hemos de suponer que la «nube» fuese análoga a la que se posaba sobre el Tabernáculo del desierto, y que señaló la presencia de Dios y la de sus santos ángeles, no siendo una mera nube de vapor; 7) el destino de tan excelso viaje fue el Cielo según se nota en Marcos 16:19, y en el mismo texto se hace mención de la sesión a la diestra de Dios (Lucas dice igual en 24:51); 8) los discípulos no querían quitar su vista de la nube que recibió a su amado Maestro según se señala en Hechos 1:10; 9) la aparición de los «dos varones» (ángeles) fue motivo para señalar la relación entre la ascensión corporal y visible del Señor y su retorno futuro del mismo modo como los discípulos le habían contemplado alejarse (Hch. 1:10, 11); y 10) la vuelta de los discípulos a Jerusalén «con gozo», por haber comprendido el significado del dramático FIN del ministerio de su Maestro, se nota en Lucas 24:52, 53 con Hechos 1:12.

El significado de la ascensión

Las siguientes breves notas resaltarán los principales aspectos del significado de la ascensión.

Puso fin oficial al ministerio de Cristo en la tierra. El Hijo se había ofrecido para realizar una misión especialísima, como el Verbo encarnado en la tierra, y como el Cordero de Dios que quita el pecado del mundo. Siempre había sido y será el único Mediador, pero su estancia en la tierra se revestía de un carácter específico y de límites claramente definidos: «Salí del Padre, y he venido al mundo; otra vez dejo el mundo y voy al Padre» (Jn. 16:28; comp. 13:1–3).

Se asocia con la exaltación de Cristo como Príncipe y Salvador, de modo que anula el veredicto adverso de los hombres que le clavaron en la cruz de Barrabás, y señala el triunfo del Hijo del Hombre, a quien Dios dio un nombre que es sobre todo nombre (Fil. 2:8–11; Hch. 2:36).

Inaugura el ministerio de presentación y de intercesión del Mediador y del Sumo Sacerdote. La presencia de quien llevó a cabo la obra de expiación de pecados a la diestra del Trono es la garantía de *la justificación* del creyente (Jn. 16:10; Ro. 8:34). Igualmente provee para los santificados un Intercesor y un Auxiliador que opera a su favor con plena autoridad y poder (He. 2:17, 18; 4:14–16; 6:20; 7:24–28; 1 Jn. 2:1, 2).

Señala el período del reino espiritual del Rey-Sacerdote que terminará con su triunfo final sobre todos sus enemigos. Salmo 110:4; Hebreos 10:12, 13.

Inaugura la dispensación del Espíritu Santo en la tierra, ya que Cristo había de consumar su obra redentora y ser exaltado antes de que pudiese ser dado el Espíritu Santo para habitar en la Iglesia, como también en el cuerpo de los redimidos (Jn. 7:38; 15:26; 16:7; Hch. 1:4, 8; Ef. 2:21, 22; 1 Co. 3:16, 17; 6:19). Por lo tanto coincide con la época del testimonio de la Iglesia en el mundo (Ef. 2—4).

Señala, por lo tanto, la época de las «mayores obras» de los siervos de Dios en la tierra que depende de la obra consumada de Cristo y de la presencia con ellos del Espíritu Santo (Jn. 14:12; Mr. 16:19; Hch. 2:41; 5:16; Ef. 4:7–12).

Se relaciona con la Segunda Venida de Cristo de forma corporal y visible que señalará la consumación de este siglo (Hch. 1:11; Mt. 24:30). La ascensión subraya las notas de *consumación* y de *esperanza,* pues Cristo «volvió al Padre» porque había cumplido su misión en la tierra, y de Él también se dice: «Porque dentro de brevísimo tiempo vendrá el que ha de venir, y no tardará (Hab. 2:3, 4; He. 10:37).

NOTA FINAL

Hemos visto cómo EL EVANGELIO se manifiesta en LOS EVANGELIOS, puesto que éstos retratan maravillosamente a Aquel que encarna el Evangelio en su persona y obra. Autores inspirados de la edad apostólica vieron lo que nosotros podemos ver, gracias a la plenitud y la exactitud de los escritos que hemos venido estudiando, y dieron cumplida expresión del valor del gran hecho: «Dios, que antiguamente habló a los padres por los profetas, en muchas porciones y de diversas maneras, al fin de estos días nos habló por medio de su Hijo... el cual, siendo el resplandor de su gloria, y la exacta representación de su sustancia, y sustentando todas las cosas con la palabra de su potencia, habiendo hecho la purificación de los pecados, se sentó a la diestra de la Majestad en las alturas» (He. 1:1–3).

«Si nuestro Evangelio está cubierto de un velo, lo está entre los que están en camino de perdición, en los cuales el dios de este siglo cegó las mentes de los que no creen, para que no les resplandezca la claridad del Evangelio de la gloria de Cristo, el cual es la imagen de Dios... Porque Dios que dijo: "De las tinieblas resplandezca la luz", es el que resplandeció en nuestros corazones para iluminación de la gloria de Dios en la faz de Jesucristo» (2 Co. 4:3–6).

Juan el apóstol, hablando en el nombre de todos los testigos inspirados, hace constar el cumplimiento de su sagrado cometido:

«La Vida fue manifestada, y hemos visto y testificamos, y os anunciamos la Vida eterna, la cual era con el Padre y nos fue manifestada. Lo que hemos visto y oído, eso os anunciamos a vosotros, para que vosotros tengáis asimismo comunión con nosotros; y nuestra comunión es con el Padre, y con su Hijo Jesucristo» (1 Jn. 1:2, 3).

PREGUNTAS

1. Escríbanse tres predicciones hechas por el Señor Jesucristo que anuncian claramente su resurrección de entre los muertos. Escríbanse además dos alusiones veladas y simbólicas por las que el Señor predijo su resurrección y señaló su significado.

2. ¿Cómo se establece la veracidad de cualquier hecho histórico? Teniendo en cuenta estas normas, explique por qué cree usted en la realidad histórica de la resurrección de Jesucristo.

3. Describa las manifestaciones que el Señor concedió a los suyos durante el día en que resucitó, siguiendo su probable orden cronológico.

4. Discurra sobre el significado y la importancia de la ascensión de Jesucristo.

MAR
MEDITERRÁNEO

(El Mar Grande)

ABILINIA
Abila
Damasco

Sidón
Sarepta

Río Leontes

Tiro
FENICIA

Dan
Cesarea de Filipo

BASÁN

Cedes
GALILEA

Seleucia

Betsaida

Rafana

Tolemaida

Capernaum
Jotapata

Mar Galilea

Gamala
Dión

Río Cisón

Tiberias
Nazaret

Hipos

Río Yarmuk

Dor

Nain

Capitolia

Edrei

Río Jordán

Cesarea

Ginea

Betábara

Pella

DECÁPOLIS

SAMARIA

Samaria
Sicar
Siquem

Gerasa

Apolonia

Amato

Río Jaboc

Antipatris

Jope

Fasaelis
Arquelais

PEREA

Filadelfia

Gezer

Jericó

Azoto

Jerusalén

Betania

Julias

Hesbón

JUDEA

Belén
Herodión

Ascalón

Maresa

Maqueronte

Gaza

Hebrón
Juta

En-Gadi

Mar
Muerto

Dibón

Gerar

Carmel

Río Arnón

IDUMEA

Masada

Beerseba

Río Zered

PALESTINA EN
TIEMPO DE CRISTO

MATERIAL DE ESTUDIO COMPLEMENTARIO

Dr. Larry McCullough

Traducción: Rev. Eufemio Ricardo

Las párabolas

Cuando el Verbo eterno se convirtió en hombre, la revelación de Dios se dio mediante la acción divina como también a través de las palabras de Jesucristo. Pero su actividad debe ser interpretada ya sea por sus propias palabras o las de sus portavoces designados, los apóstoles. La comunicación oral de Cristo fue crucial para entender a Dios y su verdad. Con ese fin, Cristo escogió el uso de las parábolas. De manera que es de suma importancia que entendamos esta clase especial de recurso literario.

Una parábola es una narración breve de hechos de la vida real diseñada para enseñar una verdad o contestar una pregunta. En la enseñanza de Jesús, la parábola tuvo un propósito adicional. Él nos dijo, como hemos visto, que uno de sus objetivos fue oscurecer la verdad a los que no eran muy receptivos, mientras que a los receptivos les aclaraba el significado. Notemos que la parábola es parte de una forma literaria distinta llamada «figuras comparativas». Es del mismo género que la metáfora, porque usualmente la comparación es implicada en vez de declarada.

Debemos distinguir entre una parábola y un evento histórico. Estos a menudo se usan como ilustraciones, pero la parábola es una forma de narración diseñada específicamente para enseñar una verdad particular. Aunque la parábola por definición no es el registro de un evento histórico, para que sea parábola debe contener una verdad de la vida real. Así que la parábola se distingue de otras figuras comparativas tales como la alegoría o el simbolismo profético, en que estas últimas puede que sean o no verdad.

Exploraremos seis pautas básicas para entender las parábolas. Ellas son: Comience con el contexto inmediato, identifique el punto central del énfasis, los detalles irrelevantes, los detalles importantes. Compárelo con pasajes paralelos y opuestos, y base la doctrina en textos literales claros.

Comience con el contexto inmediato

En la parábola del hijo pródigo (Lc 15.11-32), ¿quién es el protagonista principal? ¿Cuál considera usted el punto principal de la narración? Ciertamente, el título que le hemos dado a la parábola indica el carácter principal desde el punto de vista de la mayoría de los cristianos. Pero hay algunos que consideran al padre como el protagonista del relato. El pasaje se usa normalmente para enfocar el propósito evangelístico del pasaje: No importa cuán profundo haya caído una persona; si regresa a Dios, Él la recibirá. Pero ¿es este el propósito que tuvo Jesús en mente cuando pronunció la parábola? La primera, y la pauta más importante para entender una parábola es examinar el contexto inmediato. En la parábola hay dos elementos cruciales: La ocasión para pronunciar el relato y la explicación de su significado.

La ocasión para pronunciar el relato

Todas las parábolas tienen una ocasión oportuna para exponerlas. Aunque puede ser legítimo usar la del hijo pródigo (Lc 15) con fines evangelísticos, la situación en la que Jesús originalmente la pronunció indica claramente su propósito. Jesús le estaba hablando a gente religiosa, que objetaba su calidad de pecadores. De manera que alguien puede concluir que el protagonista principal es el hermano mayor. Ciertamente era al «hermano mayor» (los fariseos) a quien Jesús le estuvo hablando. Realmente el punto del relato era la oposición entre el hermano mayor y el tierno y perdonador padre representado por Jesús mismo. El contenido de la parábola en este y en cada caso es de importancia primordial para descubrir la ocasión e identificar el punto de la parábola.

La explicación del significado

Algunas veces la explicación del significado de las parábolas se da a manera de aplicación. Veamos lo que dice Mateo 24.44: *Por tanto, también vosotros estad preparados; porque el Hijo del Hombre vendrá a la hora que no pensáis*; y Mateo 25.13: *Velad, pues, porque no sabéis el día ni la hora en que el Hijo del Hombre ha de venir.*

Todas las parábolas no siempre tienen una explicación, pero no detallar el significado o no dar una aplicación determina el factor dominante en la interpretación. Nunca debemos imponer otros significados a las parábolas.

Identifique el punto central

Inmediatamente después de la parábola del hijo pródigo, Lucas registra otra que tiene que ver con el mayordomo injusto (16.1-5). Nótese que el escenario se describe tanto antes como después de la parábola, junto con la propia explicación. ¿Cuál es el punto principal de la parábola? Parece que Lucas intenta enlazar este relato con la confrontación con los fariseos de la parábola anterior. Eso se hace más evidente al final del relato donde Lucas escribe: *Y oían también todas estas cosas los fariseos, que eran avaros, y se burlaban de él* (v. 14). Así que el enfrentamiento con los fariseos continuó. Pero, ¿cuál es el punto principal? ¿Le estaba enseñando a sus discípulos a usar a otros? Kenneth Taylor, al parafrasear esta sección, lucha con este tema y llega a la siguiente conclusión:Pero debería decirles que actúen de esa manera, ¿comprando amistad a través de engaño? ¿Les aseguraría esto su entrada al reino eterno en los cielos? ¡No! Porque si no son honestos en las cosas pequeñas, tampoco lo serán en las grandes. Si no son responsables en lo poco, tampoco lo serán en lo mucho (Lc 16.9-10, TLB).

Aquí el traductor interpretó el pasaje de manera opuesta a lo que parece decir. Sin duda, el pasaje ha sido confundido por muchos. Identificar el punto central es esencial en este caso y lleva a una solución rápida. El punto central en esta parábola es claro porque Cristo lo explica entre el contexto. El punto del relato no tiene que ver nada con engaño.

En la parábola, el mayordomo engañador no fue elogiado por su mala acción, sino porque «actuó sabiamente», es decir, usó los recursos que tenía en ese momento para planificar para el futuro. Eso es habilidad. Cristo prosiguió explicándoles a sus discípulos cómo usar los recursos con los que se cuenta en un momento dado para planear para el futuro. De hecho, los hijos de luz no estaban haciéndolo así. Por eso no eran sabios. Usaban sus recursos materiales para «gastarlos de una vez», cuando debían emplear los que tenían al presente para prepararse y recibir las bendiciones eternas en el cielo. Después Jesús explicó la manera en que esa sabia mayordomía debería administrarse.

El punto principal de enfoque es el elemento central que distingue a la parábola de la alegoría. En esta, se relaciona cierto paralelo ficticio con el relato y la verdad espiritual. En el caso de la parábola, no se trata cada detalle como para tener una aplicación espiritual.

Identifique los detalles irrelevantes

Las parábolas contienen muchos detalles sin propósito alguno, y que carecen de significado espiritual. Estos detalles deben ser identificados y separados para su análisis. Cualquier intento de interpretación puede llevar a desvirtuar el propósito original del autor, Cristo.

¿Quién de vosotros, teniendo un siervo que ara o apacienta ganado, al volver él del campo, luego le dice: Pasa siéntate a la mesa? ¿No le dice más bien: Prepárame la cena, cíñete, y sírveme hasta que haya comido y bebido; y después de esto come y bebe tú? ¿Acaso da gracias al siervo porque hizo lo que se le había mandado? (Lc 17.7-9)

Si viera este relato en una película por televisión, ¿cómo se sentiría? ¿Sancionó Cristo la esclavitud? ¿Dio Cristo principios para las relaciones entre patrón y obrero? ¿Enseñó lo que es una conducta generosa, cortés y afable? No, ninguno de estos conceptos tienen importancia alguna respecto al significado de la parábola. Él relató algo que era real en su tiempo para darle consistencia a lo que quería exponer.

Al examinar el contexto encontramos que Cristo había estado instruyendo a sus discípulos en cuanto a reprender al hermano que peca y perdonarlo si se arrepiente. El punto del relato es que no merecemos crédito por hacer lo correcto. Los demás detalles son irrelevantes al propósito central.

Cómo identificar los detalles relevantes

Estos detalles son aquellos que tienen la intención verdadera, de manera que pueden ser interpretados y usados legítimamente. Pero, ¿cómo puede alguien decir cuáles son relevantes y cuáles irrelevantes? Los detalles relevantes siempre reforzan el tema central. En la parábola del hijo pródigo, el hecho de que el padre se queda en la casa y no sale a buscar a su hijo es un detalle irrelevante. Jesús no intentaba enseñar que el padre no busca a los pecadores. Ya había aclarado ese punto en las dos parábolas previas (la viuda y la moneda perdida, y el pastor y la oveja perdida). Sin embargo, la salida del padre a encontrar a su hijo sí es un detalle relevante, y por ende, con suma importancia espiritual. ¿Cómo lo sabemos? Porque fortalece el tema central, que era revelar el corazón del padre. El hecho de que estuviera esperando ansioso y que respondiera con gozo y lo aceptara es un detalle significativo. Al considerar esta pauta, será valioso contrastar la intención de las parábolas con los hechos históricos, por una parte; y las parábolas con las alegorías, por otra.

Parábolas y eventos históricos

Pocos concuerdan en la historicidad del relato del rico y Lázaro (Lc 16.19-31), y su calidad de parábola. Algunos piensan que la historicidad del relato debe mantenerse aunque la verdad respecto al infierno y el castigo eterno sea algo débil. Pero eso es entender mal el lenguaje figurado, en general, y la parábola, en particular. Sin embargo, es importante distinguir entre eventos históricos y parábolas, puesto que las pautas de interpretación difieren. La aplicación del relato diferirá en el caso de una narración histórica, porque cada declaración literal es un hecho y debe ser recibido como tal. Sin embargo, eso no significa que cada hecho tiene significado espiritual o que puede ser aplicado a la circunstancia presente. El autor bíblico o el mismo Señor Jesús podría usar el hecho histórico como una ilustración y definir las aplicaciones legítimas.

Si la narración del rico y Lázaro es un hecho histórico, cada detalle tiene significado. La gente que está en los cielos, al menos algunas veces, saben la condición de los que están en el infierno, y pueden comunicarse con ellas. Eso ciertamente tiene un significado teológico profundo. Por otra parte, el hecho de que haya un hombre rico y un mendigo puede que no tenga implicación espiritual ni teológica profunda. Es tan solo un hecho histórico que el hombre rico terminará en el infierno y el pobre en el cielo. Por supuesto, si usted cree que todos los hombres ricos van al cielo —y muchos lo creen—, el hecho de que incluso uno de ellos fuera al infierno tendría un gran significado. Por otra parte, si el relato es en realidad una parábola, el hecho de que la comparación incluya a un hombre rico y un mendigo es sin duda un detalle significativo. Este relato es pronunciado inmediatamente después del enfrentamiento de los fariseos con Jesús respecto a la cuestión del dinero y el amor a él, y la conducta insensata que gasta los recursos presentes sin pensar en la eternidad. En este sentido, Cristo explicó algo adicional sobre la riqueza y la preparación para el futuro. Como parábola entonces, los detalles acerca de la riqueza y la pobreza tendrían un significado valioso.

Las narraciones —tanto históricas como parabólicas— pueden contener lenguaje figurado y literal. Por ejemplo, sea que lo antes mencionado se tome como historia o parábola, el hecho de que Lázaro se recostara en el seno de Abraham no tiene que verse como una posición física desde la cual clamara a través del abismo al hombre rico. En cualquier caso, pudo haber sido una expresión figurada para identificar «el lugar de los bendecidos». Pero el que cualquier detalle tenga significado espiritual o teológico se define bajo diversos principios, dependiendo de si el relato se usa para ilustrar, o para enseñar una verdad en particular. Sería muy conveniente preparar todas las enseñanzas acerca del infierno para aprender de él como si fuese un hecho histórico. Tendríamos más seguridad en cuanto a muchos detalles de las condiciones del infierno si el relato fuera histórico.

¿Es la narración del hombre rico y Lázaro una parábola o un relato histórico? Parece tener las señas de una parábola. En el primer versículo de Lucas 16 se registra: *Dijo también a sus discípulos: Había cierto hombre rico*; y a continuación describe el relato del mayordomo injusto. Luego sigue con la misma fórmula: *Había un hombre rico*, presentando al rico que va al infierno y el mendigo que va al seno de Abraham. Muchos piensan que mencionar un nombre, el de Lázaro, no es típico de las parábolas. Sería una presunción sostener que una parábola no puede incluir nombres ni caracteres. Después de todo, la parábola es un relato deliberadamente compuesto, factible en la vida real; y la persona que lo dice tiene la libertad de usar cualquier elemento que crea necesario para probar su punto. En este caso, Lázaro significa «a quien Dios ayuda», lo cual puede haber sido uno de los detalles que refuerzan la enseñanza principal.

Es importante saber que al interpretar la narración como parábola no debemos debilitar su significado. Una parábola no es un mito o un cuento de hadas. Es un hecho auténtico de la vida real usado para enseñar una verdad total. En este caso, la verdad es probablemente continuación de lo que vimos en el capítulo anterior: Que debemos usar los recursos presentes como preparación para el futuro; en caso contrario, sufriremos pérdida eterna.

Parábolas y alegorías

Ambas, parábolas y alegorías, coinciden en parte porque son diseñadas para enseñar una verdad espiritual en comparación con la vida real. Aunque coinciden en parte, difieren en dos maneras:

1. La parábola trata lo real; la alegoría puede no serlo tanto. En una alegoría, Cristo puede ser una puerta o una vid, etc.; los creyentes pueden ser ovejas o ramas.
2. Aunque ambas pueden tener temas centrales, la parábola está diseñada para tratar un punto principal, mientras que la alegoría a menudo enseña muchas verdades relacionadas o independientes.

Cuando la distinción entre la parábola y la alegoría es clara, es importante seguir las pautas para interpretar a cada una de ellas. En Mateo 13.1-23 y Marcos 4.1-20, encontramos la parábola referente a los suelos (terrenos). Se designa como parábola, aunque el término no se relaciona al que usamos técnicamente; por tanto, bien puede ser una alegoría. En la explicación de los cuatro suelos, Cristo hace una aplicación espiritual en, virtualmente, cada punto del relato. La semilla es la Biblia, las aves son el enemigo, el suelo pedregoso es el corazón duro. ¿Cómo podemos estar seguros de ello? Porque Jesús mismo explicó la narración en esa manera. Sin embargo, el contexto que sigue indica claramente un tema singular: el resultado de la vida de alguien depende de su respuesta a la Palabra de Dios. Muchos de los detalles fueron diseñados deliberadamente para reforzar ese mensaje central.

Aunque muchos de los detalles del relato tienen significado espiritual, eso no significa que todos lo tengan. Usar una alegoría o parábola en esa manera es abusar de ella. Por ejemplo, un intérprete del relato del sembradío dijo:

¿Sabías que solo 25% llegará? ¿Llegará dónde? Al cielo... Pero ¿25% de qué? De los que escuchan el evangelio, las buenas nuevas que anuncian que Cristo murió por los pecadores, fue enterrado y resucitó corporalmente de la tumba. Solo 25% de ellos llegarán al cielo. Sí, eso es cierto, de acuerdo con la parábola del sembrador y los suelos. Abra su Biblia y cerciórese.

No hay indicación en la parábola o en la explicación de ella que predijera que un porcentaje respondería, pero simplemente pueden esperarse respuestas. El contexto debe controlar, porque no hay —virtualmente hablando—, límites para interpretaciones extravagantes si se le da riendas sueltas a la imaginación del intérprete.

En caso de una alegoría clara, es legítimo tratar varios paralelos a los puntos de la alegoría. Por ejemplo, la que se refiere al Buen Pastor (Jn 10), es diseñada con varios puntos paralelos. El pastor, el ladrón, el asalariado, el lobo; todos ellos son protagonistas potenciales y pueden identificarse en la vida real. La relación descrita entre el pastor y las ovejas puede aplicarse completamente a la respuesta del llamado de Dios a los creyentes e inconversos en el día de hoy. Cada detalle, virtualmente, tiene significado. Tal es la manera en que una alegoría puede ser entendida.

Compare los pasajes paralelos con los opuestos

Esta es una pauta general que estudiaremos más adelante. Comparar y contrastar pasajes es un recurso muy valioso a la hora de estudiar las parábolas. Lucas 19.11-23 relata la parábola de las minas: Un hombre noble va a un lugar lejano, y le da la misma cantidad de dinero a cada uno de sus siervos, y a su regreso los premia de una manera diferente, al descubrir que unos ganaron más que otros. Mateo 25.14-30, por otra parte, trata la parábola de los talentos, en la que tres siervos diferentes reciben diferentes sumas de dinero. El premio, como afirma la narración, no difiere, a excepción del que le dio al que le fue infiel, como en el relato de las minas que es juzgado severamente.

Otra enseñanza respecto a los siervos y la preparación para el regreso del Señor, se encuentra en Mateo 24.45-51, allí el siervo fiel y preparado se presenta en contraste con el que pensó que su Señor se demoraría en regresar y le fue infiel. La misma enseñanza se detalla aún más en Lucas 12.35-48, donde el administrador fiel contrasta con el siervo que no estaba preparado.

Al comparar las cuatro parábolas, surge un tema central: la preparación. Pero también cada una enseña que el que es más fiel, mayores responsabilidades se le dará. Hay una diferencia en los premios debido a los grados de fidelidad. El relato de los talentos nos asegura que el premio no se basa en los grados de éxito debido a las diferentes habilidades de cada uno. De hecho, una quinta parábola, la de los obreros en la viña (Mt 20.1-16), nos asegura que el Señor premia con vida eterna a todos los que vienen a Él, sea tarde o temprano.

Doctrina basada en pasajes literales claros

La parábola puede contribuir a que una doctrina bíblica se entienda mejor, sin embargo, esta debe estar claramente definida como tal. Cuando se interpreta una parábola, debe usarse legítimamente como cualquier otro pasaje literal. Pero en general, el lenguaje figurado no es el mejor ingrediente para construir una doctrina. Por ejemplo, sería erróneo tomar la parábola de la cizaña (Mt 13.24-30), en la que se instruyó a los obreros a dejar que lo verdadero y lo falso crecieran juntos, y concluir que la disciplina en la iglesia es incorrecta. La doctrina de la disciplina en la iglesia debe ser edificada sobre la base de las enseñanzas de las Escrituras. Es cierto que Cristo interpretó la parábola e indicó que el día del juicio habrá una gran separación entre los justos (el trigo) y aquellos que cometen iniquidad (la cizaña). Sin embargo, en la explicación, Cristo también dijo que el campo es el mundo (v. 38), no la iglesia. De todas formas, ni la parábola en sí misma ni su explicación nos dan una enseñanza directa en cuanto a la pregunta de quién debe ser bautizado o si debe haber disciplina para los que pecan. Es un error grave usar la parábola —como muchos lo hacen—, para enseñar que todos los que lo desean deben ser bautizados sin discriminación, y que no debe hacerse ningún intento para juzgar a los solicitantes a ser miembros o a disciplinar miembros de la iglesia no importando cuán grandes sean sus pecados. En vez de eso, Cristo enseñó que hay tanta gente mala como buena en el mundo y que en el juicio final todas las cuentas serán asentadas.

Un estudio aplicativo

Tomemos la parábola en Lucas 11.5-13 y apliquemos los seis puntos estudiados:

Les dijo también: ¿Quién de vosotros que tenga un amigo, va a él a medianoche y le dice: Amigo, préstame tres panes, porque un amigo mío ha venido a mí de viaje, y no tengo que ponerle delante; y aquél, respondiendo desde adentro, le dice: No me molestes; la puerta ya está cerrada y mis niños están conmigo en cama; no puedo levantarme, y dártelos? Os digo, que aunque no se levante a dárselos por ser su amigo, sin embargo por su importunidad se levantará y le dará todo lo que necesite (Lc 11.5-8).

Comience con el contexto inmediato

Cristo solo le ha enseñado a sus discípulos un modelo de oración como respuesta a su petición. De manera que en los versículos que siguen inmediatamente a la parábola, se le da el significado. *Y yo os digo: Pedid, y se os dará; buscad, y hallaréis; llamad, y se os abrirá. Porque todo aquel que pide, recibe; y el que busca halla; y al que llama, se le abrirá* (Lc 11.9-10).

En este caso hay tanto una ocasión para decir el relato como una explicación de su significado.

Identifique el punto central

Un análisis del relato, adjunto con una explicación, revela que fue dado para enseñar que Dios contesta la oración, particularmente la persistente. El que se mantiene pidiendo es quien recibe, y el que persiste buscando es quien halla (note que el tiempo del verbo es importante para entender este pasaje en particular: «Mantente pidiendo» es el énfasis del verbo en griego, no una sola petición única).

Identifique los detalles irrelevantes

Aunque el amigo no respondió por primera vez debido a razones personales egoístas, eso no revela nada con respecto a Dios ni su respuesta a nosotros. Hay otros detalles irrelevantes como: la petición aconteció a medianoche; pidió tres panes en vez de cuatro; y fue para otra persona no para él mismo. Mucho se ha dicho de estos puntos, pero se brindan simplemente como parte de la narración.

Identifique los detalles relevantes

Por otra parte, algunos hechos son esenciales. El hecho de que el vecino insistiera pidiendo es seguramente la esencia del relato. No bastar con pedirle a Dios una vez y dejarlo, hay que enseñar que la persona debe repetir su petición a Dios. La explicación de la parábola deja claro que debemos persistir al pedirle a Dios que supla nuestras necesidades.

Compare los pasajes paralelos con los opuestos

Siempre es beneficioso comparar el pasaje estudiado con dos o más porciones del contexto. Y en el que precede a esta parábola aparece la petición de los discípulos a Cristo para que les enseñara a orar, también es importante considerar que a continuación brinda su respuesta con el famoso modelo de oración (11.1-4). Por supuesto lo más natural es compararlo con el pasaje de Mateo 6.7-15, que da la versión más citada de la «Oración del Padre Nuestro». En Mateo, Jesús los enseñó a orar de esa manera en vez de usar vanas repeticiones. Así que al comparar estos dos pasajes nos enfocamos en verdades complementarias. La oración persistente no debe convertirse en repetición vana de la misma solicitud. Por otro lado, aunque se prohibe esa clase de repetición, eso no significa que una persona no deba persistir en la oración. Los dos pasajes se interpretan entre sí.

A continuación de la explicación de Cristo acerca de la parábola de los tres panes, brinda una ilustración a modo de explicación:

¿Qué padre de vosotros, si su hijo le pide pan, le dará una piedra? ¿o si pescado, en lugar de pescado, le dará una serpiente? ¿O si le pide un huevo, le dará un escorpión? Pues si vosotros, siendo malos, sabéis dar buenas dádivas a vuestros hijos, ¿Cuánto más vuestro Padre celestial dará el Espíritu Santo a los que se lo pidan? (Lc 11.11-13)

Aquí se ofrece una verdad adicional con relación a la oración. Por ejemplo, si el lector concluye del relato de los tres panes que Dios es un oyente que rehúsa escuchar las oraciones de sus hijos, la enseñanza adicional terminaría como una mala interpretación. Es significativo que lo que necesitamos, sobre todas las cosas, no es pan para el cuerpo sino la persona de Dios, el Espíritu Santo. Eso es reconfortante.

Doctrina basada en pasajes literales claros

Al mirar al contexto y compararlo con otros pasajes, la enseñanza de esta parábola encaja en la doctrina de la oración. Aquí se enseñan varios elementos clave de la doctrina de la oración. Como hemos visto, sería un error crear una doctrina de la oración con el relato de los tres panes. Pero la verdad central de la parábola es un buen ingrediente para combinar con otras enseñanzas bíblicas al preparar la doctrina de la oración, por ejemplo: Mantenerse orando, hace que Dios conteste.

Resumen

Las parábolas son una fuente de bendición, iluminan al pueblo de Dios en lo referente a la verdad espiritual. Al mismo tiempo han sido fuente de confusión, tanto en la doctrina como en la práctica de la iglesia. Eso no debe sorprendernos, puesto que Cristo mismo nos dijo que las parábolas iluminarían y confundirían a sus oyentes. Así que el primer requisito para leer la parábola, es por supuesto, que uno pertenezca a Jesús y que tenga la iluminación del Espíritu Santo en una mente regenerada. Sin embargo, eso solo no nos asegurará un entendimiento claro ni una interpretación precisa, como lo atestigua la historia de la interpretación. Las simples pautas que se bosquejan aquí, ayudarán al estudiante bíblico serio a usar las parábolas legítima y efectivamente.

Guía para el estudio de

Los Evangelios

Contenido

Cómo establecer un seminario en su iglesia

A fin de obtener el mayor provecho del programa de estudios ofrecido por FLET, se recomienda que la iglesia nombre a un comité o a un Director de Educación Cristiana como responsable. Luego, se debe escribir a Miami para solicitar el catálogo ofrecido gratuitamente por LOGOI / FLET.
El catálogo contiene:

1. La lista de los cursos ofrecidos, junto con programas y ofertas especiales.
2. Información acerca de la acreditación que FLET ofrece.
3. La manera de afiliarse a FLET para establecer un seminario en la iglesia.

Luego de estudiar el catálogo y el programa de estudios ofrecidos por FLET, el comité o el director podrá hacer sus recomendaciones al pastor y a los líderes de la congregación para el establecimiento de un seminario o instituto bíblico acreditado por FLET en la iglesia.

LOGOI / FLET
14540 S.W. 136 Street. N° 200
Miami, FL 33186

Teléfono: (305) 232-5880
Fax: (305) 232-3592
E-mail: logoi@aol.com
Web: www.logoi.org

Cómo hacer el estudio

Cada libro describe el método de estudios ofrecido por esta institución. Siga cada paso con cuidado. Aunque la persona puede hacer el curso individualmente, sería más beneficioso si se uniera a otros de la iglesia que también deseen estudiar.

Recomendamos que los estudiantes se dividan en pequeñas «peñas» o grupos de estudio compuestos de cinco a diez personas. Estas peñas han de reunirse una vez por semana en la iglesia bajo la supervisión del Director de Educación o de un facilitador para que juntos puedan cumplir con los requisitos de estudio (los detalles se encuentran en las próximas páginas). Cada grupo necesitará un «facilitador» (guía o consejero), nombrado por la superioridad o escogido por ellos mismos —según sea el caso—, que seguirá el manual para las peñas que se encuentra a partir de la página 362.

El concepto de este tipo de estudio es que el libro de texto sirve como «maestro», mientras que el facilitador funge como coordinador que asegura que el trabajo se hace correctamente. Si no hubiese la manera de contar con un facilitador, los estudiantes podrían ejercer esta función por turno. Se espera que la iglesia tenga varios grupos de estudio y que el pastor sirva de facilitador de una de las peñas. Cuando el pastor se involucra, su ejemplo anima a la congregación entera y él mismo se hace partícipe del proceso de aprendizaje.

El que realiza este programa podrá:
1. Usar este texto con provecho, destreza, y confianza para la evangelización y el discipulado de otros.
2. Proveer explicaciones sencillas y prácticas de principios, verdades, y conceptos que son comunicados en este estudio.
3. Emplear los pasos de nuestro método en el estudio de este libro y otros.

Para realizar este curso necesitará:
1. Un ejemplar de la Biblia en castellano.
2. Un cuaderno para anotaciones (que usted debe adquirir), y hojas de papel para dibujos.
3. Opcional: Integrarse a un grupo de estudio o peña.

El plan de enseñanza LOGOI

El proceso educacional hay que disfrutarlo, no tolerarlo. Por lo tanto, no debe convertirse en un ejercicio forzado. A su vez, se debe establecer metas. Llene los siguientes espacios:

Anote su meta diaria: _____

Hora de estudio: _____

Día de la peña: _____

Lugar de la peña: _____

Opciones para realizar el curso

Este curso se puede realizar en tres maneras. El alumno escoge un plan intensivo. Completa sus estudios en un mes y entonces, si lo desea, puede rendir el examen final de FLET para recibir acreditación. Si desea hacer el curso a un paso más cómodo, lo puede realizar en el lapso de dos meses (lo cual es el tiempo recomendado para aquellos que no tienen prisa). Al igual que en la primera opción, el alumno puede rendir un examen final para obtener crédito por el curso. Además, otra opción es hacer el estudio con el plan extendido, en el cual se completan los estudios y el examen final en tres meses.

Hay diversas opciones en que usted podrá implementar un plan de trabajo. Sugerimos las siguientes:

Plan intensivo: Un mes (4 sesiones)		Fecha de reunión
Primera semana:	*Lecciones 1-3*	_____
Segunda semana:	*Lecciones 4-6*	_____
Tercera semana:	*Lecciones 7-8*	_____
Cuarta semana:	*Examen final FLET*	_____

Plan regular: Dos meses (8 sesiones)		Fecha de reunión
Primera semana:	*Lección 1*	_____
Segunda semana:	*Lección 2*	_____
Tercera semana:	*Lección 3*	_____
Cuarta semana:	*Lección 4*	_____
Quinta semana:	*Lección 5*	_____
Sexta semana:	*Lección 6*	_____
Séptima semana:	*Lección 7*	_____
Octava semana:	*Lección 8*	_____
Examen final		_____

Plan extenso: Tres meses (3 sesiones)		Fecha de reunión
Primer mes:	*Lecciones 1-3*	_____
Segundo mes:	*Lecciones 4-6*	_____
Tercer mes:	*Lecciones 7-8*	
y *examen final*		_____

Cómo hacer la tarea de las lecciones*

Antes de cada reunión el estudiante debe:
1. Leer el capítulo (o los capítulos) por completo.
2. Responder las preguntas que aparecen al final de la sección, y plantearse otras basadas en el material tratado en la lección.

*El estudiante debe haber completado toda la tarea de la lección 1 antes de la primera reunión.

Cómo obtener un título acreditado por FLET

Para recibir acreditación de FLET, el alumno debe comunicarse de inmediato con nuestro representante autorizado en su país o con las oficinas de FLET en Miami, a la siguiente dirección:

LOGOI / FLET
14540 S.W. 136 Street. N° 200
Miami, FL 33186

Teléfono: (305) 232-5880
Fax: (305) 232-3592
E-mail: logoi@aol.com
Internet: www.logoi.org

Además, debe cumplir con los siguientes requisitos:
1. Pagar un costo adicional para cubrir los gastos de acreditación ante las autoridades competentes.
2. Seleccionar y hacer tres proyectos asignados por el facilitador o esta facultad. El estudiante debe escribir un mínimo de cinco páginas como requisito para cada uno de los tres proyectos.
3. Leer 300 páginas adicionales (100 páginas por cada hora/crédito), en las áreas tratadas en este curso. El estudiante puede seleccionar su lectura en uno de los libros sugeridos por el facilitador.
4. Al enviar su examen a las oficinas de FLET, el alumno debe incluir un reporte detallado de su lectura indicando los libros leídos con sus respectivas referencias bibliográficas.

Lección 1
(Correspondiente a las secciones I y II.)
1. Lea los siguientes pasajes bíblicos: Mateo 1—4, Lucas 1—3.
2. Después de estudiar el contenido de las páginas 19 hasta la 49, conteste las preguntas que aparecen al final de ambos capítulos.

Lección 2
(Correspondiente a las secciones III y IV.)
1. Lea Mateo 5—8, Marcos 1.8, Lucas 4—6 y Juan 1.1-18.
2. Una vez estudiada la información desde la página 50 hasta la 82, responda las preguntas ubicadas al final de cada sección.

Lección 3
(Correspondiente a la sección V.)
1. Lea Mateo 9—12, Marcos 1.9—3.35 Lucas 7—9 y Juan 1.19—5.47
2. Lea la sección V (pp. 83-115). Conteste las preguntas al final de la sección.

Lección 4
(Correspondiente a la sección VI.)
1. Lea los siguientes pasajes bíblicos: Mateo 12—15, Marcos 4.1—9.50, Lucas 10—12 y Juan 6.1—7.10
2. Lea la sección VI, pp. 116-144, del texto.

Lección 5
(Correspondiente a las secciones VII y VIII.)
1. Lea los siguientes pasajes bíblicos: Mateo 15—18, Marcos 10, Lucas 12—14 y Juan 7.11—11.54
2. Lea las secciones VII y VIII, pp. 145-201. Conteste las preguntas al final de los capítulos.
3. Lea y anote entre 20 y 70 enseñanzas enfáticas de Jesús.

Lección 6
(Correspondiente a las secciones IX y X.)
1. Lea los siguientes pasajes bíblicos: Mateo 19—20, Marcos 11—16, Lucas 15—17, y Juan 11.55—21.25.
2. Lea las secciones IX y X, pp. 202-275, del texto.

Lección 7
(Correspondiente a la sección XI.)
1. Lea los siguientes pasajes bíblicos: Mateo 21—24, Lucas 18-20.
2. Lea la sección XI, pp. 276-308 del texto.

Lección 8

(Correspondiente a la sección XII.)

1. Lea los siguientes pasajes bíblicos: Mateo 25—28, Lucas 21—24.
2. Lea la sección XII, pp. 309-334, del texto.

Nota: Estudiantes acreditados deberán hacer un ensayo de quince (15) páginas acerca de un milagro de Jesús, utilizando al menos tres comentarios diferentes e indicando las fuentes bibliográficas. Véanse las instrucciones para redactar un ensayo al final del libro *Manual de estilo* correspondiente al curso de comunicaciones. También puede encontrar esta información en nuestra página electronica en www.logoi.org o pedir una copia por fax a nuestra dirección.

Manual del facilitador
Los Evangelios: La vida de Cristo

Contenido

Descripción del módulo
Objetivos del aprendizaje
Libros de referencia
Evaluación del estudiante
Carta abierta a la facultad
Cuadro logístico

Descripción del módulo

Un estudio de los evangelios enfocado en la vida, ministerio, muerte y resurrección de Jesucristo; con vista a aplicar sus principios transformadores al diario vivir.

Objetivos del aprendizaje

Que el estudiante sea capaz de:

1. Describir la contribución específica de cada uno de los evangelios en la revelación escrita de Dios, y apreciar el aporte que proporcionan al entendimiento de la vida de Cristo.
2. Entender las principales características de la vida de Cristo en la tierra para obtener un conocimiento más profundo de su persona, y aprender a vivir y servir como representante de Él.
3. Armonizar los relatos independientes de la vida, muerte y resurrección de Cristo en una secuencia cronológica significativa, y contar con un conocimiento de la relación sinóptica para defender la autenticidad de los evangelios en una manera sencilla.
4. Apreciar la unidad del mensaje de los evangelios.
5. Conocer las condiciones culturales, históricas y políticas que se dieron en los tiempos de Jesús; y la manera en que impactaron el entendimiento de sus enseñanzas, las que a menudo dejaron perpleja a su audiencia.
6. Contar con un conocimiento básico de la geografía de Israel (Palestina en el Nuevo Testamento), para así visualizar mejor los viajes de Jesús y tener una comprensión esencial de sus enseñanzas.
7. Explicar la oferta y el rechazo del Rey y su reinado terrenal como se presenta en Mateo.
8. Reflexionar en Jesús como modelo de liderazgo (Aquel que crea la visión, da forma a los valores y autoriza los cambios).
9. Motivarse a crecer espiritualmente a través del uso de las lecciones establecidas en los evangelios.

355

Libros de referencia

Earle, Ralph, *Marcos: El evangelio de acción,* Editorial Portavoz, Grand Rapids, 1996.

Harrison, Everett F., *Juan: El Evangelio,* Editorial Portavoz, Grand Rapids, 1995.

Hendriksen, Guillermo, *El Evangelio según San Mateo,* Libros Desafío, Grand Rapids, 1973.

————, *El Evangelio según San Lucas,* Libros Desafío, Grand Rapids, 1973.

Evaluación del estudiante

La evaluación que se llevará a cabo con los estudiantes en este curso es como sigue:

1. Examen final: 50%. Véase la página siguiente para obtener información en cuanto a cómo presentar este examen. El mismo debe entregarse al final de la primera sección del próximo módulo. Si el examen final es entregado después de la fecha señalada, se penalizará la calificación definitiva.
2. Terminación de proyectos, ejercicios y lecturas asignadas: 40%.
3. Calidad de los comentarios, perspicacia y capacidad para el aprendizaje, en base a lo que se refleja en el diario del estudiante: 10%. Se requiere que el estudiante escriba un diario al final de cada clase. El estudiante puede añadirle al diario sus trabajos especiales o su experiencia con los ejercicios realizados.

La calificación final estará disponible para el estudiante unos siete días después de entregar el examen final.

Asistencia: Cada ausencia debe ser restaurada. El estudiante tiene la obligación de ponerse en contacto con el profesor para hacer los arreglos necesarios a fin de restablecer su ausencia. Ausencias sin excusas y no restauradas, afectarán la calificación del estudiante.

Examen final

Cada estudiante debe realizar un examen final. Este consistirá de preguntas del libro de texto y de las ponencias o disertaciones pronunciadas en clase.

La intención del diario es servir como ayuda primordial para la preparación del examen final. Por ende, es muy importante que se tome en serio la redacción de este diario, ya que constituye parte de la calificación total.

El examen final debe considerar las pautas, principios y conceptos que los estudiantes han aprendido en este módulo y la aplicación de estos principios. Los objetivos pedagógicos para este módulo deben ser usados como una guía de lo que se debe incluir en el examen final.

Además, los estudiantes deben:

1. Citar y explicar en dos o tres oraciones, por lo menos veinte aptitudes y acciones que las personas del reino deben poseer (basadas en las enseñanzas de Jesús en Mateo).
2. Escribir en una página, las razones que argumentan cuál de los evangelios fue escrito primero, Mateo o Marcos.

3. Estudiar la parábola de los terrenos o del sembrador (Mt 13.23; Mr 4.3-25 y Lc 8.5-18, incluyendo otros versículos del contexto), notando en qué manera se relacionan ellos con las diferentes actitudes vinculadas a Jesús y su familia, los líderes religiosos, la muchedumbre y sus discípulos. Se debe incluir una nota de aplicación.

Carta abierta a la facultad

Cada uno de los cuatro evangelios asume un postura propia enfatizando un aspecto único de la vida de Jesús. Cuando estos aspectos se mezclan en un relato armónico, uno logra nuevas perspectivas con relación a la vida de Cristo. Esta armonía de los evangelios ayudará al estudiante a visualizar mejor los viajes de Jesús; a estudiar los cuatro evangelios comparativamente; a apreciar la unidad de su mensaje; y a captar la estructura de las enseñanzas del Maestro.

Habrá un enfoque de cada una de las perspectivas singulares de cada evangelio y de la armonía de los relatos separados de la vida de Jesús en una secuencia cronológica significativa. Jesucristo es la culminación de las expectativas del Antiguo Testamento y el fundamento del cristiano en el Nuevo.

Introducción a los cuatro Evangelios, por Ernesto Trenchard, se seleccionó porque presenta una armonía de los cuatro evangelios y resume aspectos importantes del ministerio y la vida de Cristo. Además, de lo mencionado anteriormente, este texto proporciona trasfondos básicos acerca de las fuentes literarias, datos biográficos e información general sobre la vida y ministerio de Jesús.

Si es posible, utilice los siguientes textos sugeridos:

1. *Comentarios sobre los Evangelios de Mateo y Lucas,* por Guillermo Hendriksen, se escogieron debido a su estudio profundo y sistemático de los evangelios de Mateo y Lucas.
2. *Comentario sobre el Evangelio según San Marcos,* por Ralph Earle. Este libro proporciona un estudio devocional resumido sobre el Evangelio según San Marcos.
3. *Comentario sobre el Evangelio de San Juan,* por Everret F. Harrison, nos proporciona un estudio histórico y devocional de la vida de Cristo.

Se sugiere que el instructor lea todo el *Manual del facilitador,* la *Guía de estudio,* y los libros de texto y referencias antes de comenzar la primera sección.

Puesto que este es un currículum compacto e integrado, es importante que se siga el módulo como está bosquejado. Siéntase libre de ponerse en contacto con el escritor del módulo para discutir cualquier tema que necesite clarificación. Además, puede brindarnos nuevas ideas para mejorar el módulo. Sus comentarios serán apreciados. Nos alegra que estudie este módulo tan importante.

Sugerimos también a los estudiantes que vayan preparando una biblioteca propia, y si es posible motiven a sus pastores a instalar una biblioteca en sus respectivas iglesias. Eso fortalecerá aun más el conocimiento de los creyentes.

CUADRO LOGÍSTICO

Sección	Lección 1	Lección 2	Lección 3	Lección 4	Lección 5	Lección 6	Lección 7	Lección 8
1	Introducción al módulo (15 min.) Herencia judía y trasfondo del Nuevo Testamento (25 min.)	Profecía cumplida (35 min.)	Cuatro cuadros de Jesús (40 min.)	El Sermón del Monte (80 min.)	Reacciones al ministerio del Mesías (55 min.)	Parábola de los terrenos (55 min.)	Día de preparación (20 min.)	Apariciones después de la resurrección (10 min.)
2	El problema sinóptico (40 min.)	Infancia, adolescencia y comienzo de la vida adulta de Jesús (10 min.)	Juan el Bautista (20 min.)	Cronología de la vida de Jesús (15 min.)	El significado del reino en los evangelios (15 min.)	Más dichos fuertes de Jesús (50 min.)	Los juicios de Jesús (25 min.)	La Gran Comisión (15 min.)
3	Nacimiento de Jesús (20 min.)	Cómo entender los evangelios y sus énfasis I (20 min.)	La tentación en el desierto (45 min.)	La autoridad de Cristo (50 min.)	Los dichos fuertes de Jesús (45 min.)	La semana de la pasión: vista general (5 min.)	La crucifixión de Jesús (20 min.)	Revisión: Juego Riesgo (20 min.)
4	Genealogía (35 min.) Redacción del diario (10 min.)	Cómo entender los evangelios y sus énfasis II (20 min.) Redacción del diario (10 min.)	Jesús llama a sus discípulos (20 min.) Redacción del diario (10 min.)	Milagros de Jesús (30 min.) Redacción del diario (10 min.)	Las enseñanzas de Jesús (105 min.) Redacción del diario (10 min.)	El Sermón del Monte (35 min.) Redacción del diario (10 min.)	La resurrección de Jesús (50 min.) Redacción del diario (10 min)	Evaluación del módulo (10 min.) Redacción del diario (10 min.)
	(135 min.)	(95 min.)	(135 min.)	(185 min.)	(220 min.)	(150 min.)	(125 min.)	(65 min.)

LECCIÓN 1

I. Introducción al módulo
II. Herencia judía y trasfondo del Nuevo Testamento
III. El problema sinóptico
IV. El nacimiento de Jesús
V. Genealogía
VI. Redacción del diario

I. Introducción al módulo (15 min.)
A. Comience la clase con entusiasmo, muéstreles a los participantes el interés que tiene en guiarles en este importante estudio (2 min.)
Prepare el ambiente y comente:
«En nuestra sociedad tecnológica actual, la gente depende de equipos electrónicos tanto en el hogar como en el trabajo. Esto hace que, en muchas ocasiones, nos convirtamos forzosamente en mecánicos. Ya sea que uno trate de armar o desarmar un artefacto que no funciona, o que perdamos la paciencia y lo golpeemos, nos esforzamos por repararlo.
»Una de las reglas que rigen "el modelo doméstico de autorreparación", es chequear las conexiones para asegurarse de que todo está en el lugar adecuado y debidamente conectado. Las conexiones rotas o sueltas son tal vez las razones más comunes por las que los artefactos no funcionan. Si la unidad no recibe electricidad o si el enlace de una de las partes esenciales falla, entonces se impide una operación adecuada. Las conexiones seguras y confiables son esenciales para el buen funcionamiento de los artefactos».
Luego entre en la lección:
En la Biblia, los capítulos iniciales del Evangelio según San Mateo proveen una conexión crucial entre el Antiguo y el Nuevo Testamentos. El flujo de la revelación progresiva es solo entendido a través del cable de conexión que estos versículos proporcionan, uniendo conceptos, promesas y esperanzas del Nuevo Testamento con su cumplimiento en la persona y obra de Jesucristo. Mateo enlaza la historia turbulenta de la nación de Israel, en su comunicación íntima con Jehová, al ministerio de Jesús y el fundamento de la Iglesia.
Este libro comienza con el trasfondo judío de Jesucristo y termina con el mandato de hacer discípulos a las personas de todas las naciones. Entender la conexión que los dos primeros capítulos de Mateo proporcionan, ayudará al creyente contemporáneo a entender las Escrituras en su totalidad.
Al final de Malaquías, el programa radial del Antiguo Tes-

tamento salió del aire. Después vinieron los 40 años del intervalo más crítico para entender mucho del contexto del Nuevo Testamento. Con el comienzo del evangelio según Mateo, el programa radial del Nuevo Testamento entra otra vez al aire. Los evangelios presentan la vida de Cristo desde diferentes puntos de vista, aunque en todos ellos se muestra la unidad del testimonio de los escritores. Los primeros tres evangelios cubren mucho de los mismos eventos de una manera similar. Por esa razón, se les denomina evangelios sinópticos, que significa «ver juntos» o «visión conjunta».

Mateo, por ejemplo, inclina su material a la audiencia judía al citar numerosas profecías del Antiguo Testamento que fueron cumplidas en la vida y ministerio de Jesús. Su propósito fue mostrar que Jesús era el hijo de David que había sido prometido, el Mesías que vino a establecer el reino de Dios. Es este, pues, el libro perfecto que sirve como puente entre el Antiguo y el Nuevo Testamentos (3 minutos).

B. Explique el módulo y utilice el texto y los libros de referencia. Mencione a los estudiantes que durante este módulo deben leer los cuatro evangelios desde una perspectiva armónica y cronológica (10 minutos).

II. La herencia judía y los antecedentes del Nuevo Testamento (35 min.)

A. Transición: En este módulo se hará hincapié en la vida y ministerio de Jesucristo. Como declara el Dr. Merrill Tenney: «Es imposible entender su carrera si está divorciado del escenario en que vivió. Su enseñanza fue medida por la audiencia contemporánea, y los eventos de su vida están intrínsecamente involucrados con los tiempos actuales».[1]

B. Minidisertación y período de discusión. Para ayudar en el período de discusión sobre la herencia judía y los antecedentes del Nuevo Testamento, usted puede utilizar fragmentos del siguiente material suplementario, el cual añadirá o reforzará los datos que aparecen en los materiales ya mencionados.

1. Los cuatros siglos que transcurrieron entre el tiempo del exilio (606-586 a.C.) y el surgimiento de los macabeos (168 a.C.) trajeron un cambio radical a la vida religiosa del pueblo judío.[2]

2. Aislados del templo y de su ambiente cultural, los exiliados en Babilonia fueron forzados a adaptarse a la forma de vida de la gente que los rodeaba y, por ende, a ser absorbidos por esa cultura; o a rechazar firmemente las normas de los

---

1. Tenney, Merril, *New Testament Times* [Tiempos del Nuevo Testamento], Eerdmans, 1965, p. 148.
2. *Ibíd.*, p. 79.

gentiles y dar forma a una comunidad propia. En la mayoría de los casos, escogieron la última alternativa, y obstinadamente se apegaron a la ley y a las tradiciones de sus padres, haciendo los ajustes necesarios de acuerdo a las circunstancias. En vez del templo, desarrollaron la sinagoga; en vez de sacrificios, los sustituyeron con la observancia de la ley; en lugar de sacerdotes, los escribas, eruditos y maestros alcanzaron prominencia.[3]

3. La mayoría de los judíos, en el mundo de los tiempos de Jesús, pertenecían a la diáspora o dispersión, los que vivían fuera de Palestina. Desarraigados de su tierra por las cautividades asirias y babilónicas, hicieron su hogar permanente en los países donde fueron desterrados. Debido a las muchas guerras que arruinaron a Palestina durante el período intertestamentario, muchos emigraron a colonias donde se les aseguró paz como recompensa por el servicio a sus colonizadores. Otros poblaron las ciudades porque encontraron oportunidades para comenzar negocios. Aun otros se asentaron como pequeños colonos en distritos rurales.

Aunque muchos fueron absorbidos por la población gentil, por lo que perdieron su identidad como judíos, hubo otros tantos que se aferraron de manera especial a la fe y prácticas de sus antepasados. Debido a su sobriedad, diligencia y astucia, a los judíos se les favoreció como colonos y fueron utilizados tanto por los reyes griegos de Siria y Egipto como por los romanos en el establecimiento del nuevo territorio.[4]

4. Con respecto a los fariseos, saduceos y esenios: «La influencia de estos partidos religiosos puede ser trazada directa o indirectamente en los conceptos y lenguaje del Nuevo Testamento, sin embargo, la dinámica del evangelio no se atribuye a ninguno de ellos, ni tampoco puede ser explicado como resultado de sus creencias. El cristianismo comienza de forma original con Cristo».[5] Provea una descripción breve de estos grupos.

5. El Sanedrín: Este era el liderazgo reconocido del pueblo judío en los tiempos de Cristo. Se cree que se originó en el tercer siglo a.C. Se componía de 70 miembros, la mayoría de ellos eran sacerdotes, nobles saduceos, algunos fariseos, escribas y ancianos (jefes de tribu o familia). Era presidido por el sumo sacerdote.

---

3. *Ibíd.*, p. 81.
4. *Ibíd.*, p. 88.
5. *Ibíd.*, p. 106.

6. Los escribas: Eran los copistas de las Escrituras. Fue un llamado de origen temprano. Su función era estudiar e interpretar, así como también copiar las Escrituras. Debido a su notable conocimiento de la ley, se les llamaba abogados. También eran reconocidos como autoridades. Las decisiones de los principales dirigentes escribas se convirtieron en ley o tradición oral. Había muchos de ellos en el período de los macabeos y tuvieron mucha influencia en la gente. Ser escriba era una vocación de gran importancia antes de los tiempos de la imprenta.[6]

III. El problema sinóptico (40 min.)

A. Definiciones: El diccionario define «sinóptico» como «dar un vistazo juntos o semejanza en contenido, orden y declaración». Se dice de los tres primeros evangelios que son sinópticos porque tratan de la vida y ministerio de Jesús desde una perspectiva similar (contenido, arreglo, fraseología).

Los eruditos bíblicos definen el «problema sinóptico» como:

1. Lo concerniente al autor, mutua relación y la posible conexión de los tres evangelios con un origen común.[7]
2. El trato del origen, modo de composición y las relaciones mutuas (John C. Hawkins).
3. Lo que se refiere a las fuentes (primeramente) y al diseño, y la manera en que fueron recopilados (Grahman Scroggie).
4. La forma precisa en que los escritos de los evangelios transformaron *lo lógico* en evangelio (John W. Drane).

B. Discuta con el grupo algunos de los principales temas sinópticos. Por ejemplo, busque la respuesta a los siguientes planteamientos:

1. ¿Qué es común a todos los evangelios?
2. ¿Qué es común en dos de ellos?
3. ¿Qué es peculiar en cada uno de los evangelios?

   Use uno de los relatos de la sinopsis para motivar la discusión. Si desea, comparta brevemente lo que se entiende por «designación Q», y qué pruebas hay para apoyar esta teoría (15-20 minutos).

C. La información suplementaria que sigue a continuación puede ayudarle a desarrollar una breve disertación o a proveer respuestas concretas durante el período de discusión.

1. Necesitamos saber por qué los escritores de los evangelios escribieron de la manera que lo hicieron, y cuándo lo redactaron. Necesitamos conocer la forma en que recopilaron su material y por qué lo usaron de una manera en particular. Siempre debemos tener presente que la

---

6. *Ibíd.*, p. 412.
7. *Ibíd.*, p. 480.

intención de los evangelios fue servir al ministerio de la predicación de la iglesia: No fueron escritos como biografías, historias ni teologías en el sentido habitual.[8]

2. El mensaje de los evangelios en esencia contienen tres temas principales:
   a. El evangelio estaba relacionado con las promesas del Antiguo Testamento.
   b. Luego hay una serie de declaraciones sobre Jesús y su significado.
   c. Al final, se desafía a hombres y mujeres a arrepentirse y a aceptar el mensaje.[9]

3. Juan no usó los otros evangelios como fuente literaria; su intención era complementarlos. Prefirió mantenerse independiente de los demás. Los otros evangelios presentan su propio retrato; cada uno es necesario para armar el cuadro final.[10]

4. No se puede pensar que Mateo, Marcos o Lucas concordaron hacerlo así, ni que uno utilizara al otro. Los acontecimientos de la vida de Jesús y sus dichos fueron repetidos oralmente durante años por los apóstoles y otras personas, circulaban libremente entre los cristianos. Eso era la sustancia de la predicación diaria de los apóstoles.

   Parece que desde el mero comienzo muchas de estas cosas fueron escritas, algunas en fragmentos, otras de una manera más completa (véase Lc 1.1-4). Cuando Mateo, Marcos y Lucas escribieron sus evangelios, escogieron lo que se ajustaba a sus propósitos, basados en el conocimiento oral y/o los escritos que circulaban entre los cristianos. Mateo mismo, había sido testigo ocular de muchas de esas cosas; además, era el tema común de las conversaciones de ellos.[11]

5. Suponga: Que no se pudiera probar que el Evangelio según San Mateo fue escrito por el apóstol que lleva su nombre. Que el cuarto evangelio no fue escrito por el hijo de Zebedeo, sino por un anciano. Que los evangelios de Mateo y Lucas no fueron escritos sino mucho después de la destrucción de Jerusalén en el 70 d. C. Que los sinópticos y el cuarto evangelio tienen un desacuerdo irreconciliable en muchos puntos. Que hubo formas primitivas en que se registraron los sinópticos; ediciones más tempranas que las

8. Juan W., Drane, *Jesus and the Four Gospel*, Harper and Row, 1979, p. 139.
9. *Ibíd.*, p. 140.
10. Guthrie, Donald, *Jesus the Messiah* [Jesús el Mesías], Zondervan, 1972, pp. 57-58.
11. Halley, Henry H., *Compendio manual de la Biblia*, Editorial Portavoz, 1955, p. 486.

que poseemos. Que el Evangelio según San Mateo fue escrito en hebreo. Que Marcos abrevió el registro de Mateo. Que mucho de los registros de Mateo y Lucas provienen de un documento perdido que los críticos llaman «Q». Que el Evangelio según San Marcos fue escrito en Roma después de la muerte de Pedro. Que algunas de las citas del Antiguo Testamento son irrelevantes. Que algunos de los milagros son increíbles. Que mucho de lo que se informa que Cristo dijo fue puesto en sus labios por los que escribieron el reportaje, especialmente el cuarto evangelio. En resumen, si estas cosas pudieran probarse, ¿Qué habríamos ganado? Nada de significado espiritual. La crítica de las fuentes y la crítica formal —la búsqueda de los datos que yacen tras los evangelios canónicos—, tienen cierto valor; pero ambas son especulativas, y en parte se han hecho arbitrarias y escépticas.[12]

6. Hay dos maneras de estudiar los evangelios: Entre los evangélicos, la que más prevalece es la forma devocional. Estos leen y estudian los relatos comparados con el fin de ser iluminados y refrescados espiritualmente. Otros, con menos deseo e interés espiritual, se dedican a un examen crítico de los registros.[13]

   Scroggie cree que no tenemos que decidir entre un estudio crítico de los evangelios y otro devocional, pero lo primero debe investigarse espiritual o devocionalmente y lo segundo críticamente; aunque si hay que elegir, no debemos titubear: Lo devocional es primero.[14]

7. El término «evangelio» lo usó por primera vez, en un sentido técnico (literario), Justino Mártir, en el segundo siglo; y se refería a los cuatro evangelios que hoy tenemos. La palabra significa «buenas nuevas», es decir, la presentación de las buenas noticias registrada por los escritores. Este registro constituye el mensaje de salvación, por eso, en realidad no hay más que un *evangelio*:[15] La presentación del evangelio por Pedro (Hechos 10.34-43).

8. Suponiendo que los evangelios fueron escritos en forma independiente, las omisiones en Mateo, Marcos y Lucas nos muestran plenamente que no fue la intención de los escritores redactar una historia completa de Jesús tal como la conocieron de primera instancia (Mateo), o de segunda instancia (Marcos, Lucas).[16]

---

12. W. Graham Scroogie, *Guide to the Gospels,* 1948, p. 31.
13. *Ibíd.,* p. 29.
14. *Ibíd.,* pp. 31-32.
15. *Ibíd.,* p. 128.
16. *Ibíd.,* p. 179.

9. Lo que no está claro, como el origen de estos registros, es que fueron producidos independientemente, en tiempos diferentes, y en distintos lugares; y que fueron compilaciones; aunque tengan sus propias características en cuanto a forma y expresión, sin embargo, armonizan perfectamente en lo que testifican de Jesús, el Mesías.[17] Por supuesto que no todos concordarán con esta posición.

10. Compare brevemente las introducciones de los cuatro evangelios. Mateo 1, Marcos 1, Lucas 1.1-4, Juan 1.

IV. El nacimiento de Jesús (20 min.)

A. Anuncios: Divida los nuevos anuncios del nacimiento de Jesús entre los estudiantes de la clase, permítales que trabajen juntos, si es apropiado. Luego reporten sus conclusiones a toda la clase. Mientras unos expresan sus ideas, anime a los demás a anotar las frases y conceptos básicos (10 minutos).

B. Discusión y estudio de la Biblia: El Dr. Lucas, un médico, nos proporciona elementos detallados en relación al nacimiento de Jesús. Divida la clase en pequeños grupos, pídale a cada persona que lea Lucas 1.26-38 individualmente. Dígales luego que discutan al menos tres de las siguientes preguntas (usted puede asignarles diferentes preguntas a distintos grupos, o puede dejarles escoger).

1. ¿Cuál fue la reacción inicial de María a la aparición del ángel?
2. ¿Por qué Dios escogió a María para que diera a luz a su Hijo?
3. ¿Qué cree usted que fue lo más difícil de entender para María?
4. ¿Cómo piensa usted que se sintió María con lo referente a dar a luz al Mesías?
5. ¿Por qué el ángel le informó a María la condición de Elisabet?

Nota: Refiera al estudiante al mapa de Palestina en la página 353, para examinar las distancias registradas. El mismo mapa puede ser usado a través de todo el módulo con el fin de señalar las distancias recorridas por Jesús de un punto a otro.

V. Genealogía (35 min.)

A. Transición: Instruya a los estudiantes a ubicar los ejercicios del árbol familiar, y pídales que llenen sus propios antecedentes familiares lo mejor que puedan en el tiempo provisto. Sugiérales que anoten el nombre, y la ocupación de sus antepasados con la ciudad donde vivieron si fuera posible.

El objetivo de este ejercicio es ver hasta qué fecha —en el

---

17. *Ibíd.,* p. 140.

pasado—, pueden los estudiantes trazar sus raíces familiares. Después de 3 ó 4 minutos, pídales que intercambien la información con la persona que está sentada al lado. Cuando los estudiantes hayan tenido suficiente tiempo compartiendo sus opiniones, pida voluntarios para que digan una de las cosas interesantes que aprendieron con relación a la familia del compañero.

Haga lo posible para que ningún estudiante se avergüence por trazar una línea familiar muy corta, puesto que en nuestra sociedad actual casi nadie puede llegar muy lejos con sus raíces familiares. Pregunte si hay alguien que pueda nombrar sus raíces familiares más allá de lo requerido.

Explique que nadie debe avergonzarse de la ascendencia de su familia puesto que este ejercicio no es para juzgar la moral del individuo. Casi siempre los árboles genealógicos son simplemente maneras interesantes de entablar una conversación, y pueden mostrarse en la pared o anotarse en una Biblia.

Señale el contraste que hay entre la manera en que se trata la genealogía en la cultural occidental, y la importancia que tuvo en el ambiente judío de los tiempos bíblicos. En aquel tiempo, los antecedentes familiares afectaban dramáticamente la ocupación, la posición y la oportunidad en la sociedad.

B. Definición e introducción: De acuerdo al *Diccionario Webster,* genealogía es «la historia de la ascendencia de un individuo o familia». Las dos genealogías (Mt 1.1-17 y Lc 3.23-28), presentadas por los evangelistas son diferentes. Cada una traza la ascendencia de Cristo con motivos y propósitos diversos.

C. Discusión: Pida a los estudiantes que lean ambos relatos y que contesten las siguientes preguntas:
1. ¿Cómo se deben explicar las dos genealogías de Jesús?
2. Explique la diferencia entre ambas genealogías considerando que Mateo escribió enfocándose en los judíos.
3. ¿Cómo ilumina cada pasaje al otro?
4. ¿Por qué Marcos y Juan omiten la genealogía de Jesús?

D. Minidisertación: Usted puede utilizar la siguiente información para explicar las diferencias entre las genealogías:
1. «Mateo traza el linaje de Jesús desde Abraham y David para mostrar que Jesús fue judío. Lucas lo inicia desde Adán para probar que pertenece al género humano. Mateo se enfoca en la ascendencia real (i.e. José) de Jesús; y Lucas muestra su linaje humano (i.e. María). Mateo describe a Jesús como el Mesías; Lucas como el Salvador del hombre».[18]

---

18. Henrietta Mears, *What the Bible is All About,* Regal Books, 1966, p. 359.

2. «Las credenciales de Jesús (genealogías) fueron muy importante para los judíos. El propósito de Mateo solo era registrar la genealogía llegando hasta Abraham, y se debió a su interés particular de presentar a Jesús como el cumplimiento de las muchas promesas que Dios hizo a los judíos como el pueblo del pacto». Mateo se enfocó en la sucesión del trono; Lucas en mostrar la ascendencia sanguínea.[19]

3. A diferencia de Mateo, Marcos no trató de probar declaraciones ni profecías respecto a Jesús. Su objetivo principal fue expresar claramente ciertos hechos acerca de Jesús, destacó sus obras más que sus palabras. Probó que Jesús es el Hijo de Dios, sin decir cómo vino a la tierra, sino con la demostración de lo que logró durante su breve carrera terrenal; y cómo su venida cambió al mundo. «El Evangelio según San Marcos fue escrito para una audiencia romana (gentil). El genio romano era su punto fuerte. Su religión debía ser práctica. Marcos no tenía ningún interés por trazar creencias en el pasado. Las genealogías legales y el cumplimiento de la profecía dejarían pasmado al romano. Los dogmas judíos no fueron de su gusto».[20] El Evangelio según San Marcos muestra mucha afinidad con los materiales biográficos helénicos contemporáneos, que indican las virtudes del héroe y su especial contribución al describir sus acciones en vez de bosquejar sus enseñanzas.

No hay que preocuparse mucho con las omisiones en los evangelios. La habilidad del artista yace en lo que despliega. Un principiante todo lo amontona.

4. No se menciona cada generación desde Abraham a José, al contrario, se seleccionaron nombres clave para demostrar sin lugar a dudas el antepasado real de Jesús.

5. Una peculiaridad extraña en la lista de Mateo es la inclusión de varias mujeres, sea por nombre o por referencia. Esto es raro puesto que las mujeres no gozaban de prestigio. Parece que Mateo estuvo más interesado en reflejar la verdadera herencia de Jesús y la asociación con las figuras mayores del Antiguo Testamento, que en ofrecer un linaje intachable. Tal vez esto sea una defensa teológica del nacimiento de Jesús a través de María. También, dos de las mujeres que intervienen son gentiles, Rahab y Rut.

6. Los principales lectores del Evangelio según San Mateo reconocieron en este sencillo reporte genealógico que Jesús era candidato a ser el Mesías esperado.

---

19. Carson, *God with Us,* p. 10.
20. Mears, *op. cit.,* p. 375.

VI. Redacción del diario (10 min.)
Anime a los estudiantes a apartar una sección de la *Guía de estudio* para redactar sus diarios. Aparte un tiempo de la clase, pida que hagan silencio y que reflexionen para que escriban nueva información, ideas y algunas percepciones en cuanto a la lección o a sus lecturas semanales. Si el diario ha de ser entregado con el examen final, entonces anúncielo en este tiempo. Véase la lección 1 en la *Guía de estudio*.

LECCIÓN 2

I. Profecía cumplida
II. Infancia, adolescencia y comienzo de la vida adulta de Jesús
III. Cómo entender los evangelios y sus énfasis I
IV. Cómo entender los evangelios y sus énfasis II
V. Redacción del diario

I. Profecía cumplida (35 minutos)
A. Transición: Uno de los temas más prominentes en el comienzo del Evangelio según San Mateo, así como también en el resto del libro, es el cumplimiento de las profecías del Antiguo Testamento.
B. Exploración bíblica: Movilice a los estudiantes en grupos de tres o cuatro, y pídales que le den una ojeada a Mateo 1.18— 2.23, marcando en sus Biblias cualquier referencia al profeta. Una vez que hayan revisado el pasaje por sí solos, explique que hay cinco declaraciones, acreditadas a los profetas del Antiguo Testamento, que se encuentran en Mateo 1.22; 2.6, 15, 17 y 23.
Asígnele a cada grupo una o más referencias proféticas. Explique que deben leer los versículos y los comentarios que se encuentran en la hoja de trabajo, y después deben considerar la pregunta de la última columna. Cuando hayan discutido esos temas, deberán leer y responder las dos preguntas que están en la parte inferior de la hoja de trabajo. Proporcione 12 a 15 minutos para este ejercicio (15-20 minutos).
C. Discusión: Recupere la atención de la clase y pida un voluntario de cada grupo para presentar brevemente sus hallazgos y conclusiones de las dos preguntas finales. Mientras los estudiantes comparten, dé oportunidad para que planteen preguntas que puedan ayudarles en la discusión. Guíe las opiniones de tal manera que trate los siguientes puntos:

1. Carson declara: «Algunas veces pensamos en la profecía cumplida como en una combinación de predicciones simples, seguida de los eventos que esas sentencias predijeron. En la Biblia, esto es un tipo importante de profecía, pero no es el único». La otra clase de profecía que Carson describe es menos directa. Las costumbres y leyes del Antiguo Testamento señalan simbólicamente la muerte de Cristo en la cruz. El sacerdocio levita señala el rol de Cristo como Sumo Sacerdote y mediador entre Dios y la humanidad.

2. Con frecuencia Jesús es presentado en el Nuevo Testamento como un «antitipo de Israel»; esto es, el verdadero y perfecto «Israel», que no falla. Así Mateo cita al Antiguo Testamento (Os 11.1), que originalmente se aplicó a la nación de Israel y, por ende, se aplica a Cristo. De una forma similar, la profecía tocante a la aflicción de Raquel puede ser entendida cuando uno ve a esa mujer como la madre ideal de Israel.

3. La profecía más extraña citada aquí está en Mateo 2.23, ya que en el caso del texto original del Antiguo Testamento no puede ser encontrada. Una explicación sencilla es que Mateo estaba escribiendo un tema general que los profetas habían hablado: El Mesías sería despreciado. La conexión que encontramos aquí es que los nazarenos fueron despreciados por muchos judíos en los tiempos de Cristo (10 minutos).

D. Resuma el tema. Enfatice el mensaje de esperanza evidente en este pasaje. La profecía cumplida debe fortalecer la fe de los creyentes en la Palabra de Dios y en su control definitivo en el mundo. Las respuestas obedientes que María y José mostraron en circunstancias aparentemente imposibles, deben incrementar la confianza del cristiano a seguir la voluntad de Dios para su vida. Toda esta sección también muestra la completa soberanía de Dios en esos eventos, inclusive al enfrentar la traición.

II. Infancia, adolescencia y comienzo de la vida adulta de Jesús (10 minutos)

A. Minidisertación

1. Mateo y Lucas son los únicos escritores que relatan los eventos de la vida de Jesús entre su nacimiento y su ministerio público. Henrietta Mears escribe: «El nacimiento de Jesús fue seguido por doce años de silencio hasta su visita a los doctores de la ley en Jerusalén. Después hubo silencio una vez más; solo la palabra "carpintero" dio cierta luz en los próximos diez y ocho años, y nos informa lo que Él estuvo haciendo».[21]

---

21. *Ibíd.*, p. 361.

2. Pida a sus estudiantes que lean Lucas 2.51-52 y que contesten la pregunta: ¿Qué revelan esos versículos sobre los años de madurez de la vida de Jesús? (Especialmente desde los 12 años de edad hasta los 30.)

Irving Jesen, en su libro *Life of Christ*,[22] sugiere que proyectemos el trasfondo de las descripciones de otros hechos relacionados o conocidos.

a. Sus padres fueron gente devota. José pudo haber muerto cuando Jesús era joven, puesto que no hay referencias a Él en las últimas partes de los evangelios, mientras que sí las hay de su madre, hermanos y hermanas.

b. Tenía hermanos y hermanas. Dos de ellos (Juan y Judas), escribieron epístolas en la Biblia.

c. Jesús recibió una parte de su educación en el hogar, y otra en la sinagoga. Acerca de la precaria educación de este hombre James Stalker escribe:

Como dijeran los escribas de forma despectiva: «Él nunca ha aprendido», o como dijéramos hoy: «No tuvo título universitario». Es cierto; pero el amor por el conocimiento se despertó en Él a muy temprana edad. A diario disfrutaba el gozo y la felicidad de la reflexión profunda. Tuvo lo mejor de todas las claves del conocimiento: una mente receptiva y un corazón amoroso. Y tres libros siempre estuvieron abiertos delante de Él: la Biblia, el hombre y la naturaleza.[23]

d. Jesús conocía tres idiomas: hebreo, griego y arameo. Los dos últimos eran populares en su tiempo; el hebreo se usaba en la Escritura, los cultos religiosos y la literatura secular de Israel.

e. Aprendió y se ocupó de la profesión de su padre: la carpintería. En el caso de que José muriera prematuramente, Jesús —como hijo mayor— debe haberse convertido en cabeza de familia, y tal vez tuvo la responsabilidad de proveer sustento para el hogar.

B. Más detalles de la ocupación de Jesús.

1. «Hay referencias a la ocupación de Jesús como carpintero. Se esperaba que todo hombre judío aprendiera una ocupación; incluyendo aquellos que fueron llamados a difundir la ley. Debían tener cierta experiencia en alguna obra manual. Los evangelios guardan silencio acerca de la experiencia de Jesús en el taller de carpintería, sin embargo, vale la pena destacar que algunas de sus ilustraciones más

---

22. Jensen, Irving, *Life of Christ* [La vida de Jesús], Moody Press, 1969, pp. 33-34,
23. Stalker, James, *The Life of Jesus Christ*, 1891, pp. 20-21.

notables se refieren a instrumentos hechos en las carpinterías, como el yugo y el arado».[24]

2. Tanto Marcos como Mateo afirman que José y Jesús se dedicaban a la construcción (Mt 13.55, Mr 6.3). La palabra *tekton*, que usualmente se traduce como carpintero, es en cierta forma más amplia que el término en español que implica solamente carpintería; también puede significar albañilería. Es más, un autor lo usa para referirse a un hombre que fabrica arados. La construcción en el Cercano Oriente involucraba piedra y ladrillo, no solo madera, puesto que esta escaseaba. La palabra «constructor» puede ser una mejor traducción para el término. Tal vez José fue un artesano común capaz de hacer una ganancia modesta pero no riquezas. El hecho de que tuviera que regresar a Belén para registrarse por el censo imperial puede indicar que él o su familia poseían propiedades de las que debían dar cuenta.[25]

III. **Cómo entender los evangelios y sus énfasis I (20 minutos)**
En esta sección se le pedirá al estudiante que analice las secciones 1 y 2 con el fin de discutir temas concernientes a la definición de la palabra «evangelio», los conceptos de tradición oral y evangelio cuadriforme, la veracidad de los evangelios y las particularidades del Evangelio según San Mateo.

Anime al estudiante a compartir lo que aprendieron de la lectura de las secciones indicadas (por ejemplo: nuevos conocimientos funcionales que se puedan poner en práctica en el futuro cercano).

IV. **Cómo entender los evangelios y sus énfasis II (20 minutos)**
En esta sección se le pedirá al estudiante que analice las secciones 3, 4 y 5 para discutir las particularidades de los evangelios de Marcos, Lucas y Juan.

V. **Redacción del diario (10 minutos)**
Continúe el proceso que comenzó en la primera semana. Concluya la tarea de la lección 1.

---

24. Guthrie, Donald, *Jesus the Messiah* [Jesús el Mesías], Zondervan, 1972, p. 34.
25. Tenney, *op. cit.*, pp. 132-133.

LECCIÓN 3

I. Cuatro cuadros de Jesús
II. Juan el Bautista
III. La tentación en el desierto
IV. Jesús llama a sus discípulos
V. Redacción del diario

I. Los cuatro cuadros de Jesús (40 minutos)

A. Grupos pequeños de estudio bíblico: Divida la clase en cuatro grupos iguales. Cada uno debe seleccionar (o se le asignará) un evangelio para preparar un reporte de dos minutos contestando la pregunta:
Si se extrae el pasaje que se encuentra en _____ de la Biblia, ¿qué se perdería del relato de la obra redentora de Dios en la historia? Permita 15 minutos para que los grupos trabajen y otros 10 minutos para que den sus reportes.

B. Minidisertación
Utilizando los siguientes datos suplementarios, prepare una ponencia de 15 minutos para resumir los cuatro cuadros de Jesús dados en los evangelios. También puede hacer preguntas a la clase para intercambiar ideas.

1. El material de esta sección fue tomado de *A Guide to the Gospel* [Guía de los evangelios]:
«Los evangelios se relacionan en cuatro maneras: todos en cuanto al Antiguo Testamento, a los escritos apostólicos; y los sinópticos respecto al cuarto, y entre sí».
a. Relación de los evangelios con el Antiguo Testamento
Nadie puede leer cualquiera de los evangelios sin observar que su relato se inicia en otra parte. El primer versículo de Mateo habla de David y Abraham. El segundo y el tercero de Marcos, se refieren a los profetas y citan a Malaquías e Isaías. El quinto versículo de Lucas, menciona a Abia y a Aarón. El versículo 17 de Juan habla de Moisés y el 21 de Elías. Evidentemente, algo pasó antes, con lo que estos evangelios están relacionados; y si no conocemos ese algo, no podremos entender los evangelios.
Cuando leemos los evangelios, hallamos numerosas citas y alusiones al Antiguo Testamento. En Mateo vemos 128 referencias; en Marcos 63; en Lucas 96; y en Juan 43; el total de las cantidades de citas y alusiones es de 330; las que provienen de al menos 24 de los 39 libros del Antiguo Testamento. No es posible tener una precisión absoluta en lo que respecta a las citas y alu-

siones, debido a que muchas de las referencias están tan vinculadas que es muy difícil separarlas.

Cuando esas referencias se examinan, se nota que la mayoría se relacionan con el Mesías, y afirman, primero, que Él está profetizado en las escrituras del Antiguo Testamento; y segundo, que esas profecías se cumplen en Jesús de Nazaret.

b. Relación de los evangelios con los escritos apostólicos

Lo posterior se relaciona a lo anterior, en base a esta premisa podemos inferir que lo que sigue al Antiguo Testamento se relaciona con él. Así podemos afirmar que los escritos apostólicos tienen sus raíces y crecen de los hechos que los evangelios registran.

Todos los escritores y predicadores del período apostólico asumen y declaran que Jesús de Nazaret fue el Hijo de Dios y el Redentor del mundo. Su testimonio conjunto es «que no hay nombre debajo del cielo dado a los hombres en que puedan ser salvos», y la visión final es la de «el cordero que ha sido inmolado».

Si se le dieran los escritos apostólicos a alguien que nunca ha escuchado la Biblia para que los lea, esa persona diría: «Quisiera leer la primera parte del relato».

Vemos entonces que los evangelios se apoyan en el Antiguo Testamento y que los Hechos, las epístolas y Apocalipsis se afirman en los evangelios. De manera que la Biblia es un organismo en el que cada parte se relaciona con otra; siendo el tema principal Cristo el Redentor.

c. Relación de los sinópticos con el cuarto evangelio

Los tres evangelios —sinópticos—, y el cuarto difieren en muchas maneras, observemos las siguientes:

1) El escenario del ministerio de Cristo, en los sinópticos, yace principalmente en Galilea; pero el cuarto lo centra fundamentalmente en Judea.

2) En los tres, el ministerio parece haber durado un poco más de un año; pero en el cuarto, se registran las tres pascuas, así que debió de haberse extendido por varios años.

3) Los acontecimientos narrados en los sinópticos difieren de los del cuarto. Excluyendo la semana de la pasión, los cuatro tienen solo tres incidentes en común: la alimentación milagrosa de los 5,000; Jesús caminando en el mar de Galilea; y el ungimiento de Jesús por parte de María, la hermana de Lázaro. Juan omite el nacimiento milagroso, el bautismo, la tentación, la transfiguración, la institución de la cena y la agonía en Getsemaní. Por otra parte, seis de los ocho milagros que Juan registra se omiten en los sinópticos

así como también lo están el llamado a los primeros cinco discípulos, la limpieza del templo, los diálogos con Nicodemo y la mujer samaritana, los discursos sobre el pan de vida, la luz del mundo, libertad espiritual, el Buen Pastor, los discursos de despedida en el Aposento Alto y en vía a Getsemaní.

4) Lo que se reporta de la enseñanza de Cristo difiere en estos registros. En los sinópticos, la enseñanza es dada mayormente en parábolas; pero en el cuarto no las hay (a menos que se consideren la viña y el Buen Pastor como tales), su enseñanza son discursos relacionados a «cosas profundas de Dios».

5) Los tres presentan el aspecto externo y terreno de la vida del Señor; el cuarto enfoca lo interno y celestial.

d. Relación de los evangelios sinópticos entre sí

Ninguna investigación realizada, por exhaustiva que sea, puede resolver el problema sinóptico —en cuanto a cómo fueron recopilados los tres primeros evangelios. Gran parte de los eruditos del Nuevo Testamento dan a Marcos como el primero de los evangelios, y afirman que fue usado en diferentes maneras por Mateo y Lucas. A eso lo llaman la hipótesis de la prioridad de Marcos. Sin embargo, nuestra incapacidad para explicar este problema no debe afectar nuestra observación cuidadosa comparando y contrastando uno con otro. En este ejercicio debemos examinar su armonía en general, sus acuerdos específicos, pasajes peculiares y sus principales puntos de diferencia.

1) Armonía general: Los evangelios sinópticos concuerdan al ubicar el ministerio de nuestro Señor en Galilea hasta el período de la pasión. Las referencias de un ministerio judío temprano son indirectas y circunstanciales. Los grandes eventos de la vida y obra de nuestro Señor son comunes en los evangelios sinópticos: su antecesor, su bautismo, la tentación, discursos y milagros; su elección de los Doce, su transfiguración, el anuncio de sus sufrimientos, su último viaje a Jerusalén, su traición, pasión, crucifixión, entierro y resurrección. Es importante observar que a pesar de sus muchas diferencias, se nos presenta una completa armonía por el relato combinado de los evangelios.

2) Acuerdo específico: Esta armonía, sin embargo, aparece no solo en lo general, sino también en lo particular, extendiéndose a la narración de muchos incidentes y a una cercana identidad de lenguaje. Muchos de esos incidentes son registrados por los tres

evangelistas, y solo dos de ellos en varias combinaciones. Marcos y Mateo, Marcos y Lucas, y Mateo y Lucas. Cualquier armonía de los evangelios hará clara esas combinaciones.

Posibles preguntas relacionadas al artículo citado:
a) Nombre cinco clases de «diferencias» que pueden encontrarse en los evangelios sinópticos, e ilustre cada una de ellas.
b) Nombre siete eventos principales en la vida de nuestro Señor registrados en todos los sinópticos.
c) Nombre cuatro grandes discursos en el cuarto evangelio omitidos por los sinópticos.

3) «El impacto de los cuatro testigos independientes ante los mismos hechos es impresionante, sobre todo en vista de los diferentes, aunque no contradictorios, reportes de los mismos eventos. Si un relato ha sido escrito para incluir el material de los cuatro evangelios, sin repetición, ese solo evangelio sería considerablemente más corto que los evangelios actuales. En cuanto a extensión, los evangelios comprenden la mitad del Nuevo Testamento. El énfasis del relato del evangelio es reiterado por el espacio a que fue consagrado».[26]

4) «Uno de los abogados estadounidenses más grandiosos del pasado, Simon Greenleaf, escribió una de las obras más importantes sobre la ley de la evidencia que jamás haya aparecido en el idioma inglés. Su libro, *A Treatise on the Law of Evidence* [Tratado sobre la ley de la evidencia], fue único en la materia por casi cien años. Lo reimprimieron 16 veces. Siete años antes de su muerte, Greenleaf, a los sesenta y tres años, publicó un volumen en que examinó el testimonio de los cuatro evangelistas sobre la vida de Jesucristo. Utilizó las mismas leyes de las evidencias empleadas en los tribunales de justicia del mundo civilizado. Y dijo lo siguiente: «Nuestra profesión nos lleva a explorar laberintos de falsedad, a detectar sus artífices, a penetrar los velos más gruesos, a seguir y a exponer las sofisterías, a comparar las declaraciones de los diferentes testigos con severidad, a descubrir la verdad y separarla del error».

En ese libro que llega a 543 páginas, Simon Greenleaf llegó a la conclusión de que los evangelios son absolutamente fidedignos y que ninguno de los cuatro evangelistas pudieron haber mentido so-

26. Irving, *op. cit.*, p. 15.

bre Jesucristo, puesto que el testimonio parecía verdadero. El apóstol Pablo lo pone de la siguiente manera: «Esta declaración es completamente confiable y debe ser aceptada universalmente: Jesucristo vino al mundo a salvar a los pecadores» (1 Ti 1.15, traducido de la versión Phillips, en inglés).

Los cuatro evangelios nos dan cuatro perspectivas independientes de Cristo. Fueron escritos por diferentes hombres, para diversas audiencias, en tiempos distintos y desde posiciones independientes. A Mateo, Marcos y Lucas se les conoce como los evangelios sinópticos porque presentan a Cristo de una manera análoga, mientras que a Juan se le conoce como el evangelio autóptico puesto que tiene diferente énfasis que los otros tres.[27]

II. Juan el Bautista (20 minutos)
A. Minidisertación
Invite a los miembros de la clase a abrir sus biblias en Mateo 3 y 4. Comience explicando que Juan el Bautista propuso un «mensaje radical de arrepentimiento». De hecho, Jesucristo comenzó su predicación exactamente con el mismo mensaje. Lea a Mateo 3.2 y 4.17 en voz alta (o puede pedir a un voluntario que lo haga).

Para que los estudiantes incrementen su conocimiento acerca de cuán radical fue este mensaje, describa el clima espiritual de ese tiempo como se proporciona en el siguiente resumen.
* No hubo una voz profética en Israel por más de 400 años.
* La religión judía se había llenado de legalismo e intriga política.
* La gente tenía ansiedad espiritual.

Más adelante, presente un breve resumen de la naturaleza del arrepentimiento al compartir algunos de los siguientes puntos.
* Arrepentimiento era una palabra común en el Antiguo Testamento; la expresaba el verbo hebreo *shub*, que significa darse la vuelta. En el Nuevo Testamento, la palabra griega *metanoeo* se usa para expresar conversión o un cambio de manera de pensar.
* El arrepentimiento es un cambio en el patrón de vida de una persona que indica un alejamiento de la maldad y un acercamiento a Dios; es estar resentido del pecado pasa-

---

27. Phillips, John B., *Exploring the Scriptures* [Explorando las Escrituras], Moddy Press, 1965, pp. 189-190.

do y estar dispuesto a restablecer la relación con Dios basado en su misericordia y gracia.

• El arrepentimiento requiere contar con una perspectiva nueva y un ajuste en la conducta.

• El arrepentimiento prepara el corazón para aceptar al Mesías, Jesucristo.

• El arrepentimiento se demuestra por la acción de la obediencia (por ejemplo, el bautismo).

Resuma esta parte observando que el llamado al arrepentimiento es tan exigente hoy como lo fue durante los días que las multitudes escuchaban a Juan el Bautista y a Jesús. Cada oyente debe determinar cómo responder; así también cada miembro del grupo hoy necesita percibir cómo impactará este estudio a su propia vida (5 minutos).

Nota: El material sobre el arrepentimiento ha sido adaptado de *God With Us*.

B. Pregunte si hay alguien que tenga alguna pregunta y haga hincapié en la aplicación. Plantee la siguiente interrogante: ¿Cómo presagia la actividad y el ministerio de Juan al de Jesús? (5 minutos)

III. La tentación en el desierto (45 minutos)

A. Exploración bíblica: «Después» del bautismo de Jesús, realizado por Juan el Bautista, y «antes» de su ministerio público, las Escrituras registran la manera en que Jesús fue tentado en el desierto. Divida a los estudiantes en tres grupos pequeños para examinar los pasajes bíblicos que tratan el tema. Cada grupo investigará a Mateo o a Lucas con relación a este asunto. Para la primera parte de este estudio, cada uno de los tres grupos tiene asignaciones diferentes. Después todos los grupos trabajarán en un «Plan de protección contra la tentación» basado en lo que estudiaron.

Cuando los estudiantes completen su estudio y discutan las preguntas asignadas, deben moverse directamente a la actividad descrita: Desarrollar un plan detallado de protección contra la tentación para los creyentes, basados en el ejemplo que Cristo dio.

B. Reporte de los grupos pequeños: Invite a cada grupo a presentar a los demás el plan asignado. Mientras lo hacen, prepare palabras o frases significativas en el pizarrón o proyector de transparencias. Sugiera que los estudiantes añadan ideas de otro grupo a su propia lista, puesto que eso los ayudará a producir un plan mejor para usar en caso de necesidad. Permita que los estudiantes intercambien comentarios y preguntas cuando fuese posible. (Emplee de 12 a 15 minutos.)

C. Minidisertación
Utilice recursos de la siguiente información para presentar una disertación resumida del tema (10 minutos):

Bosquejo publicado por Columbia International University

La tentación de Jesucristo

i. Antecedentes e introducción
  a. Dios inició la prueba, no Satanás
    1. El Espíritu lo llevó al desierto
    2. Esto fue un ataque a Satanás, no una defensa hecha por Cristo.
  b. Ubicación: Este caso contrasta con las circunstancias de Adán y Eva en el Edén.
  c. Las pruebas en el desierto tenían cierto paralelismo con la estrategia de Satanás respecto a Adán y Eva (Gn 3).
  d. El pueblo de Israel, en el desierto (Nm 13-14), tuvo la misma opción de reaccionar a las pruebas de fe así como la tuvieron Adán o Cristo.

ii. Paralelismos con la prueba de Adán y Eva
  a. La gracia de Dios. «¡Haz que estas piedras se conviertan en pan!» = Suple tu propia necesidad.
    1. Estrategia: Dios no ha suplido todas tus necesidades.
    2. La referencia del A.T.: «¿Conque Dios os ha dicho: No comáis de todo árbol del huerto?» = Actuar por tu propia cuenta legitimiza la necesidad (Gn 3.1).
    3. Tema: Sumisión a la voluntad del Padre. La verdadera satisfacción viene de la obediencia, no de la indulgencia: esta produce codicia.
    4. La respuesta de Jesús: Sumisión a la Palabra de Dios (Dt 8.3)
  b. La Palabra de Dios: «Échate abajo» = Demuestra tus aptitudes.
    1. Estrategia: No puedes creer en la Palabra sin antes probarla.
    2. Referencia en el A.T.: «No moriréis» = Salta del pináculo del templo hacia las multitudes abajo (Gn 3.4).
    3. Tema: La validez de la Palabra de Dios. Creer no requiere probar, eso es incredulidad.
    4. La respuesta de Jesús: Confianza absoluta en el plan de Dios (Dt 6.16).
  c. La autoridad de Dios: «¡Arrodíllate y adórame!» = Toma tu reino ahora.
    1. Estrategia: Obedéceme y te daré tu reino.
    2. Referencia del A.T.: «Serán como Dios» = Obedéceme y se te omitirá el martirio de la cruz (Gn 3.5).

3. Tema: Adoración al Único Dios que es Digno: un acto de adoración a Satanás resulta en esclavitud a él (como ocurrió en Edén), y se glorificaría a Satanás, no al Padre Celestial, lo cual es orgullo.
4. La respuesta de Jesús: Sumisión absoluta al Padre (Dt 6.13; 10.20).

iii. **Importancia de la tentación para los creyentes de hoy**
a. Revela la estrategia de Satanás
   1. «Dios te pone límites, toma lo que quieras y haz las cosas a tu manera». Codicia.
   2. «No creas en la Palabra de Dios sin antes probarlas». Incredulidad.
   3. «Obedece a Satanás y controlarás tu destino». Orgullo.
b. Provee ejemplos acerca de cómo usó Jesús la Palabra (y cómo Satanás la tergiversó).
c. Demuestra la habilidad de Jesús para entendernos y ayudarnos cuando somos tentados por el mismo tentador (Heb 2.8; 4.14-16).
d. Anima a los creyentes: Dios nunca ha fallado (Ro 8.37).
   Continuación de las actividades de aprendizaje para la segunda semana
   (Lo siguiente se extrajo de *Auxiliar bíblico Portavoz*):[28]

   Génesis 3.6
   Como fue experimentado por el primer Adán
   «El árbol era bueno para comer»
   «Era deseable a los ojos»
   «Era árbol deseable para alcanzar sabiduría»

   1 Juan 2.16
   Como fue descrito por Juan
   «El deseo de la carne»
   «El deseo de los ojos»
   «El orgullo de la vida»

---

28. Willmington, H. L., *Auxiliar bíblico Portavoz,* Editorial Portavoz, 1995, p. 305.

La sutileza satánica en la tentación de Jesús

Primero	Segundo	Tercero
Llena tu estómago	Échate abajo	Apodérate de los del mundo
*Y así depende de tus propios recursos	*Y así presionas la mano de Dios	*Y así evitas el Calvario

E. Aplicación: Se ha escrito mucho sobre arrepentimiento en la literatura judía, puesto que es un tema central en el Antiguo Testamento. Una declaración en particular explica la importancia de acercarse completamente a Dios mientras se aleja del pecado.

Los rabinos decían: «Si un hombre tiene algo impuro en sus manos, puede lavárselas en todos los mares del mundo y nunca será limpio; pero si arroja lo impuro de sus manos, un poco de agua será suficiente».

Escriba la declaración de los rabinos en la pizarra o proyector de transparencias. Suministre a cada estudiante una hoja en blanco (o ellos pueden usar sus propias hojas), y discuta el significado y aplicación de la cita con la clase a raíz del estudio de hoy. Pida a los estudiantes que consideren cualquier cosa que puedan estar «sosteniendo en sus manos» que les impida una relación correcta con Dios.

Pueden indicar su decisión de arrojar su práctica pecaminosa escribiéndola en la hoja en blanco. Cuando hayan terminado de escribir, haga que estrujen el papel y que lo voten como símbolo de que siguen la sugerencia rabínica. Termine esta sección de estudio en oración pidiendo a Dios que utilice este símbolo para ayudar a los miembros de la clase a que se rindan por entero a Dios. (Emplee 5 minutos.)

F. Actividad opcional. Usted puede sustituir esta actividad por la anterior. Reflexione individualmente, o en un grupo pequeño, acerca de lo siguiente (discuta si es apropiado):

1. Si el diablo tuviera «tres opciones» para tentarlo, ¿qué tentaciones usaría?

2. ¿Cómo se compararían esas tentaciones con las de Jesús?

3. ¿Qué le puede ayudar a resistir las atracciones que sugieren egoísmo, poder y orgullo espiritual?

IV. Jesús llama a sus discípulos (use unos 25 minutos)

A. Estudio bíblico. Comience esta sección mencionando que no hay información que se nos proporcione en la Biblia con relación a las razones que Jesús tuvo para escoger a los hombres (por ejemplo: su calificación o habilidad especial). Asigne tres pasajes de la Biblia a la clase (puede dividirlos en tres grupos o en seis grupos pequeños y asignar el mismo pasaje a dos de ellos). Estos pasajes son: Mateo 10.1-4, Marcos 3.13-19 y Lucas 6.12-16. Pida a los estudiantes que alisten tanta observaciones como puedan con relación al proceso de elección de Jesús. (Emplee de 7 a 10 minutos.)

B. Discusión y ponencia: Comience pidiendo voluntarios para compartir sus observaciones. Usted puede alistar algunos factores clave en el proyector de transparencias o en la pizarra. Se sugiere que utilice los siguientes datos[29] como base para una Minidisertación (el tiempo total para la ponencia y la discusión es de 10 minutos):

La decisión de Jesús de elegir a doce hombres para entrenarlos con sus enseñanzas y métodos marcó una etapa importante en su ministerio. Una capacitación intensa y específica no puede ser dada a multitudes. El «éxito futuro de la misión» dependió en gran medida de aquellos que fueron apartados para tal propósito.

Los evangelistas no nos dan el tiempo ni la secuencia exacta de cómo eligió a sus discípulos. Algunos de ellos como Pedro, Andrés, Santiago, Juan, Felipe, Natanael y Leví, estaban asociados al Señor desde el comienzo de su ministerio. No se sabe cuándo se añadieron oficialmente los otros. Fue por supuesto, antes de enviarlos, puesto que para ese tiempo eran un grupo separado. Sin embargo, aparentemente hubo una ocasión específica cuando Jesús designó a los Doce para que fueran apóstoles. Tanto Marcos y Lucas nos dan una indicación general del tiempo de este evento. Lucas dice: «en aquellos días», lo que muestra que el tiempo preciso no era importante.

Lucas incluye un rasgo característico del retrato de Jesús. Antes de elegir a los Doce, pasó toda la noche en oración. Este asunto es importante ya que toca la parte interna de Jesús. Los eventos principales de su ministerio fueron precedidos por oración. Si eso es así, esta ocasión muestra que el acontecimiento era crítico.

Estos hombres se convirtieron en un sentido especial, en sus mensajeros. Lucas quiso que sus lectores supieran que cuando Jesús los eligió, actuó en completa armonía con la voluntad el Padre. De todos los hombres mencionados, todos excepto el último aparecen en el orden dado en todas las listas registradas en los evangelios. En la lista del Evangelio según San Mateo, el propio nombre de este evangelista es colocado antes de Tomás. Solo un comentario es necesario

29. Gutrie, Donald, *op. cit.,* pp. 116-118.

mencionar. En la lista de los sinópticos, Natanael es llamado Bartolomeo, que pudo haber sido su nombre de familia. El problema principal que surge en relación a la elección de los Doce es la inclusión de Judas Iscariote. Se hablará más de este tema en la discusión sobre la traición. El misterio de esto debe observarse aquí. Puesto que Jesús sabía lo que había en el hombre, conocía qué tipo de discípulo había escogido.

C. Diseñe una actividad de aprendizaje creativa para ayudar a los estudiantes a conocer quiénes eran exactamente estos hombres que Jesús eligió para realizar su misión. (Use unos 10 minutos.)

D. Conteste las preguntas de Trenchard.

V. Redacción del diario (10 min.)
Continúe el proceso que comenzó en la primera semana. Realice la actividad descrita en la tercera lección de la Guía de estudio.

LECCIÓN 4

I. El Sermón del Monte
II. Cronología de la vida de Jesús
III. La autoridad de Cristo
IV. Los milagros de Jesús
V. Redacción del diario

I. El Sermón del Monte (80 minutos)
A. Introducción
«Si alguien quiere conocer un vecindario, no hay mejor manera que dar un paseo por el lugar para conocerlo. Manejar un vehículo, montar bicicleta o trotar por el sitio tiene sus ventajas. Sin embargo, cuando hablamos de percibir el lugar, una caminata será lo mejor para cumplir el cometido. Algunos pueden argumentar que siguiendo una guía mientras se examina meticulosamente cada centímetro del terreno es la única forma de descubrir el área en particular. Aunque un estudio así sería beneficioso, no nos puede dar una impresión completa del lugar, puesto que típicamente el todo es mayor que la suma de sus partes».
A continuación daremos un «paseo» a través de algunas de las enseñanzas más grandiosas de las Escrituras; a los

capítulos 5 al 7 de Mateo se les conoce comúnmente como el Sermón de Monte.

Esto no será una investigación detallada, sino más bien una ojeada a los temas principales mientras consideramos el impacto de todo el pasaje. Tampoco se trata de un estudio comparativo en el que el tema central se mida cuidadosamente respecto a otros temas bíblicos importantes. Es simplemente un paseo informal que será recordado por los desafíos significativos que ofrece. Se espera que recuerden suficientes puntos de interés e indicadores de dirección para estimular las muchas visitas de regreso a lugares específicos de interés en los días que tenemos por delante.

Mateo no escribió cada palabra que Jesús pronunció cuando esta instrucción resumida fue dada. Al contrario, hizo una colección de los puntos sobresalientes que Jesús expresó. El texto no dice por cuanto tiempo enseñó Jesús.[30]

En el libro *Seeking the Kingdom* [En busca del reino], los autores declaran que estos capítulos contienen tres tipos de material básico: las bienaventuranzas o declaraciones de bendición (ejemplo: bendiciones del reino), amonestaciones éticas, y contraste entre las enseñanzas ética de Jesús y las tradiciones prevalecientes. «Las palabras de la enseñanza de Jesús fueron pronunciadas en tal forma que no solo se pega en la mente sino también llaman a una obediencia decisiva».[31]

Algunos comentaristas piensan que este «sermón» es quizás el mismo discurso que se registra en Lucas 6.17-49. Lucas proveyó mucho menos detalles que Mateo con considerable variación. Las enseñanzas fueron probablemente dirigidas a los discípulos, aunque las multitudes también las escucharon.

Jesús comenzó describiendo los rasgos que buscaba en sus seguidores. Él llamó a aquellos que tuvieran esos rasgos bienaventurados, porque Dios tenía algo especial para ellos. Cada bienaventuranza es casi una contradicción directa al estilo de vida típico de la sociedad.[32] (Emplee de 5 a 8 minutos.)

B. Exploración bíblica
  1. Movilice la clase para formar por lo menos cinco grupos pequeños (de tres a cinco integrantes cada uno). Los estudiantes deben localizar la hoja de trabajo: «Un paso a través del Sermón del Monte», en la *Guía de estudio*. Hay 15 seccio-

---

30. *God With Us* [Dios con nosotros], Manual del maestro, Gospel Light Publications, p. 22.
31. Dockery, David S., y Garland, David E., *Seeking the Kingdom*, Harold Shaw Publishers, 1992, pp. 2-3.
32. *Life Application Bible* [Biblia del diario vivir], Thomas Nelson Publishers, Nashville, p. 1331.

nes para investigar en la hoja de trabajo, así que asigne un número igual de secciones a cada grupo. La meta de su estudio es leer y determinar los enfoques principales de las secciones de la Biblia que fueron asignadas. Después, los grupos deben pensar en un ejemplo actual donde el mensaje de Jesús pueda ser aplicado para mostrar que entienden cómo se relaciona con el diario vivir. (El ejemplo puede ser una experiencia real o una instrucción de cómo los cristianos de hoy deben de seguir este mensaje.)

Esté dispuesto a ayudar a los grupos mientras comienzan; prepare una lista con algunas sugerencias. Avise a los grupos cuando hayan pasado cinco minutos. Recuérdeles que hay que concluir dos minutos antes de que el tiempo de trabajar termine. (Emplee unos 15 a 20 minutos.)

2. Una vez que los grupos estén preparados para expresar sus conclusiones, introduzca esta presentación usando Mateo 5.1,2 y 7.28,28 para explicar que Jesús comenzó a enseñar a sus discípulos pero que terminó hablándole a un gran multitud que estaba asombrada de su autoridad.

Después permita que cada grupo tenga un minuto por sección para compartir con los demás. Mantenga el orden de las secciones así como están arregladas en la hoja de trabajo. Si desea, puede escribir las ideas principales presentadas por cada grupo en el proyector de transparencias o en la pizarra.

Los miembros de la clase deben tomar notas, llenando los espacios en blanco de su hoja de trabajo. Su rol como maestro es resumir los principios rápida y precisamente para darles un repaso a los estudiantes en cuanto al contenido del sermón.

Nota: A continuación hay una lista de temas clave que sirven como sugerencias para los principales temas o enfoques de los pasajes asignados en el ejercicio del «paseo» mencionado anteriormente:

a. Las bienaventuranzas
b. Testificar
c. Practicar la justicia
d. Relacionarse con otros
e. Fidelidad sexual
f. Mantener la palabra
g. Amar a los enemigos
h. Practicar la devoción privada
i. Cómo orar (no necesariamente qué orar)
j. Búsqueda de tesoros
k. Buscar a Dios primero
l. Autoevaluación

m. Pedir un padre amoroso
n. Buenos árboles, buen fruto
o. Fundamentos sólidos

C. Discusión. Pregunte a los estudiantes: ¿Cuál es el significado de la enseñanza ética de Jesús? Después que algunos estudiantes hayan compartido sobre el tema, proceda a proporcionar los datos siguientes:[33]

1. Jesús no solo nos dice lo que debemos hacer, nos muestra cómo podemos hacerlo.

2. Otro paralelo es la autoridad única de que estas instrucciones éticas se derivan de la vida y el carácter intachables del Maestro mismo. Cualquier otra instrucción en moral, ni siquiera se acerca a la norma del Maestro.

3. Las enseñanzas éticas de Jesús usualmente no pretenden dar simples reglas, sino principios determinantes.

4. El ingrediente principal que Jesús vincula con sus enseñanzas éticas es el amor.

El Dr. Carson afirma: Un problema central al confrontar la ética de Jesús es nuestro apresuramiento en hacer preguntas de forma. ¿Qué significa «salirse con la suya»? Sería bueno obtener alguna reacción a esta poderosa declaración.

Lo que sigue son algunas preguntas opcionales que se pueden considerar:

1. ¿Cómo tratamos de evitar, a menudo, la franqueza del Sermón del Monte?

2. ¿Cómo desafían las enseñanzas de Jesús a la tradición sobre divorcio, adulterio, juramento, asesinato?

3. ¿Qué sugieren los símbolos «sal» y «luz» en cuanto a nuestro rol en la iglesia y en la sociedad? (Cuando la gente se desespera por no tener algún efecto significativo en la sociedad, se necesita recordarle que la sal y la luz causan un gran efecto en pequeñas cantidades.)

4. ¿Qué nos enseña el contenido del «sermón» sobre la naturaleza del reino de Dios? ¿Qué aprendemos acerca de Dios en este sermón?

Nota: Asigne de 10 a 15 minutos para un período de discusión.

II. Cronología de la vida de Jesús. (Emplee unos 15 minutos.)
Es prácticamente imposible bosquejar en forma cronológica todo lo que Jesús hizo con una precisión cabal.

---

33. Citado de las disertaciones pronunciadas en la Universidad John Hopkins, Broadus, John A., *Jesus of Nazareth*, Baker Book House, 1962, pp. 41, 42, 47 y 52.

Pregunte a los estudiantes: ¿Cuáles fueron las fechas aproximadas del nacimiento y crucifixión de Jesús? (5 d.C. y 30 d.C.). Mencione el cuadro cronológico de las cuatro pascuas. Pida sus opiniones acerca de si creen que el ministerio de Jesús pudo haber durado más de tres años. Prepárese para proveer información adicional si fuera necesario.

III. La autoridad de Cristo (50 minutos)
   A. Transición o estrategia: Antes de la clase, trace una línea que divida la pizarra en dos partes. Coloque la palabra «Título» sobre la columna izquierda, y «Autoridad» sobre la columna derecha. Comience pidiendo a los estudiantes que sugieran nombres de empleos (como supervisor de turno, director de escuela, jefe de redacción, etc.). Escriba sus sugerencias debajo de la columna «Título» en la pizarra o el proyector de transparencias. Cuando tenga unas 10, explique que muchos de los títulos de los trabajos tienen un indicador interno de la autoridad de la persona y del área de responsabilidad que describen. Por ejemplo, un director de una escuela es la figura de mayor autoridad en una institución educativa. Un supervisor es responsable de ver que el trabajo que se debe realizar se haga durante el tiempo que se le asigna. Un jefe de redacción usualmente tiene un grupo de editores y escritores que están bajo su responsabilidad.
   Ahora, pida a los estudiantes que piensen en las áreas de autoridad indicadas por cada uno de los títulos sugeridos. Anote sus respuestas en la pizarra o proyector de transparencias. La gente quiere hablar con la persona que tiene la máxima autoridad (alguien que esté autorizado a responder o a actuar); a la gente no le gusta buscar al simple encargado. En el comienzo de su ministerio, Jesús logró reputación como rabí o maestro porque enseñaba como alguien que tenía autoridad (véase Mt 7.29), pero también demostró su poder único (con sus milagros). Mencione que hoy vamos a investigar la autoridad sin paralelo de Cristo sobre la naturaleza y la humanidad.
   B. Revisión y discusión. Leer Mateo capítulos 8 al 10. Pida a la clase que se preparen para discutir hasta dónde alcanza el poder de la autoridad de Jesús, y cite ejemplos si el tiempo se lo permite. Una lista para comenzar incluiría los siguientes: (5 minutos)
      Jesús tiene autoridad:
      1. Sobre la enfermedad
      2. Sobre la naturaleza
      3. Más allá de la presencia física (el centurión romano)
      4. Sobre los demonios
      5. Sobre el pecado

6. Sobre la muerte

C. Aplicación: Jesucristo tiene autoridad absoluta sobre todas las cosas, en el cielo y en la tierra, pero la decisión de someterse a ella yace en cada individuo. Los cristianos deben de examinar periódicamente todas las áreas de sus vidas para determinar si están orando y buscando activamente la autoridad de Cristo a diario.

IV. **Los milagros de Jesús (30 minutos)**

A. Estrategia. Sugerimos implementar un quiz (esto es, un examen breve útil para medir los conocimientos de los alumnos en un aspecto determinado). Para ello pídale a cada estudiante que tome una hoja en blanco y que haga una lista del 1 al 19 en el lado izquierdo. (Si lo desea, puede distribuir unas tarjetas de 3x5 cm con los números ya escritos, listas para que el alumno coloque su respuesta al lado de cada número.) Los números corresponden a 19 planteamientos que le sugerimos más adelante para que los alumnos respondan escribiendo una V, si consideran que la proposición es verdadera, o una F si piensan que es falsa. El propósito de esta prueba es conocer qué saben los participantes acerca del tema de los «milagros. Lea las proposiciones siguientes de manera que los estudiantes puedan entenderlas con claridad:

¿Qué es un milagro?

1. Ver que una ropa sucia y muy manchada queda espléndidamente blanca con una sola gota de Comonieve, el mejor detergente líquido.
2. Que la artritis desaparezca al instante.
3. Que una persona deje de sufrir lepra durante tres años.
4. Aterrizar en la luna.
5. Que un guardia libio no vea las biblias que van en el baúl de un auto que pasa por su frontera.
6. Una cosecha abundante en Bangladesh.
7. Que un tornado pase por su vecindario y no toque su casa.
8. Encontrar un estacionamiento disponible en la calle más céntrica de la ciudad.
9. La victoria de Israel en la guerra de los seis días.
10. Hallar un lugar vacío donde estacionar en el centro de la ciudad después de haber orado.
11. Que un parapléjico camine normalmente cinco minutos después de orar por él.
12. Que un ateo regale 15 hectáreas de lo mejor de sus propiedades para que se construya el nuevo edificio de una iglesia donde ya no cabe la gente.
13. Que su hermano menor se convierta a Cristo y deje las drogas.
14. Que un amigo que se cree perfecto entregue su vida a Cristo.

15. Obtener la calificación más alta en un curso debido a un error de la computadora de la institución.
16. Enamorarse por primera vez.
17. Salir ileso después de un choque aparatoso.
18. Que el cartero le entregue un sobre sin dirección de remitente con un billete de cien dólares dentro.
19. Ganar el premio mayor de la lotería después de comprar el billete y orar por el sorteo.
    Número total de milagros _____
    Una vez que escriban sus respuestas dígales que se las entreguen para calificarlos. Observe cuáles declaraciones fueron aceptadas como milagros y cuáles fueron rechazadas.

B. Minidisertación
  1. Utilice la siguiente información para preparar su disertación:[34]
    a. Definición: Un milagro es un evento sobrenatural proyectado en el mundo externo natural por el poder de Dios.
    b. Propósito: Los milagros de Jesús tenían dos propósitos básicos. Revelación y edificación. Revelación, para mostrar las credenciales divinas de Jesús y para autenticar su mensaje (Jn 5.36), para simbolizar su obra espiritual y salvadora (Lc 5.23); y para atraer a la gente (Jn 12.9). Edificación, para derramar en la gente una medida de la llenura divina (Lc 8.46); y para ayudarla en sus necesidades físicas y mentales.
    c. Sugerencias para estudiar los milagros de Cristo. Cuando analice un milagro de Cristo, busque, entre otras cosas, las siguientes:
      1) ¿Qué enseñaba Jesús cuando hacía un milagro?
      2) ¿Cómo se revelaba Él en el milagro?
      3) ¿A quién o a quiénes involucraba en el acontecimiento?
      4) ¿Qué causaba la necesidad de un milagro?
      5) ¿Qué requisito debía cumplir la persona que necesitaba el milagro?
      6) ¿Qué efectos positivos producía el milagro?
  2. Información adicional útil para su ponencia
    a. Definición: Un poder superior a la habilidad del hombre. Ver a Dios obrar de manera sobrenatural. Capacidad de ver a Dios sobrepasar los linderos del proceso natural con una actividad sobrenatural (no asociados con talentos o eventos naturales).
    b. Propósito: Sirven para demostrar el poder de Dios. Para mostrar la autoridad del Hacedor de milagros; y hacer que la gente escuche el mensaje de Dios.

_____
34. Irving, *op. cit.*, pp. 101-102.

c. Tres palabras aparecen con mucha frecuencia en el Nuevo Testamento con relación a los milagros. Poder: que se traduce como milagro nueve veces. Prodigios: 16 veces (siempre en plural y con señales). Señal: aparece más de 70 veces, 60 de las cuales significa milagro.

d. Tres marcas que distinguen los milagros de Jesús: Un evento con características sobrenaturales (intervención divina). Una maravilla perceptible (que se puede detectar mediante los sentidos). Una señal que comprueba su comisión divina como Siervo de Dios. (Emplee unos 5 minutos.)

C. Discusión y repaso: Pregunte: «¿Sabemos algo más en relación con los milagros?» Después de oír las respuestas de los estudiantes, comparta su conocimiento y experiencia a manera de disertación. (Use unos 10 minutos.)

V. Redacción del diario (10 minutos)
Continúe el proceso que comenzó en la primera semana. Haga las asignaciones correspondientes a la lección 4 de la *Guía de estudio*.

LECCIÓN 5

  I. Reacciones al ministerio de Jesús
 II. Significado del reino en los evangelios
III. Énfasis de Jesús
IV. Enseñanzas de Jesús
 V. Redacción del diario

I. Reacciones al ministerio de Jesús (55 minutos)
A. Introducción: Use la siguiente información (de los libros que se indican), para introducir este tema. (No ocupe más de 5 minutos.)
1. De *Mark: 12 Studies on Jesus, the Suffering Servant* [Marcos: 12 estudios de Jesús, el Siervo Sufriente]:[35]
   A la gente le disgusta que se la critique. A la mayoría le agrada que se la halague; nos encanta que nos reconozcan por nuestro trabajo; lo penoso es cuando se nos dice

---

35. Willis, Wesley R., *Mark: 12 Studies on Jesus, the Suffering Servant* [Marcos: 12 estudios acerca de Jesús, el Siervo Sufriente], Victor Books, 1988, p. 19.

que cometimos un error. Los estudiantes prefieren saber cuántas respuestas correctas contestaron más que el número de las incorrectas. Cuando cumplimos una asignación en el trabajo, es gratificante escuchar que lo califiquen como excelente, pero no es muy placentero cuando la evaluación resulta en una declaración como la que sigue: «Déjame explicarte, porque lo que hiciste no cumplió el cometido».

Pero así como ganan confianza, los individuos maduros y sensatos aprecian las evaluaciones positivas tanto como las negativas. Sabemos que el verdadero crecimiento solo viene al reconocer ambas evaluaciones. Un trabajador competente quiere recibir felicitaciones y aliento. Pero el mismo trabajador también busca que se le corrija en sus puntos débiles para fortalecerlos. Un atleta pasaría horas analizando los detalles de su presentación en una competencia. Por ejemplo, si un golfista quiere mejorar su swing, debe observar repetidamente el video de su actuación para descubrir la falta que le impide lograr la distancia máxima. Una gimnasta puede mirar las repeticiones de su actuación tratando de encontrar cualquier área que pueda mejorar.

La habilidad para tratar las críticas positivas y negativas es una señal de madurez. Los individuos sanos y equilibrados pueden enfrentar ambas clases de observaciones. Pero no importa cuán madura sea una persona, las críticas negativas son siempre difíciles de aceptar. Cristo también tuvo que soportarla.

Aunque tanto sus acciones como sus aptitudes fueron intachables, Jesús fue condenado por aquellos que lo conocían mejor. De hecho, fue debido al bien que hizo, especialmente la curación de un enfermo, por lo que los líderes religiosos lo querían capturar. Aprovechaban cada oportunidad que tenían para buscar una falta en Él, e inclusive planearon cómo lo matarían.

2. De *God With Us*[36] tenemos lo siguiente:

Los diseñadores de la industria automovilística le han dado mucha importancia recientemente al hecho de reducir los efectos de la brisa en los vehículos. Estos, al desplazarse, se enfrentan a las presiones adversas del aire, lo que disminuye la velocidad del auto e incrementa el consumo de combustible del mismo. Los modelos que se construyen de acuerdo a los principios aerodinámicos disminuyen la resistencia de la brisa, por lo que son más eficientes.

---

36. *God With Us*, Manual de Maestro, Gospel Light Publications, 1985.

¿Cómo pueden los cristianos proclamar eficientemente a Jesucristo y reducir el factor de resistencia? ¿Qué hacía Jesús cuando atacaban su ministerio? Al examinar la estrategia del Maestro ante esos problemas, podemos hallar principios útiles para los creyentes. Con ellos es posible diseñar el trabajo que se requiere para alcanzar a otros exitosamente con el mensaje de las buenas nuevas. Estos puntos se analizarán en el estudio bíblico que trata con el resumen de Mateo (en los capítulos 11 y 12) acerca del aumento de la oposición al ministerio de Cristo y la respuesta de Él a la crítica.

B. Estudio bíblico: Gran parte de esta actividad de aprendizaje fue tomada del Manual del Maestro de *God With Us*. (Permita 15 minutos para compartir y para el estudio bíblico.)

1. Revise con los estudiantes las siguientes ideas sobre las críticas contra Jesús.

a. Mateo 11.7-19. Las prácticas separatistas. Juan el Bautista vivió en el desierto, comió alimento extraño, rehusó beber vino y practicó un estilo de vida ascético. Jesús vivió entre la gente y se movió con los pecadores. Ambos fueron criticados. Jesús señaló la incoherencia de sus críticos mientras que afirmó que la sabiduría sería probada por la acción justa.

b. Mateo 12.1-14. Las regulaciones sabáticas. Los fariseos trataron de aplicárselas a Jesús cuando le ministraba a la gente en necesidad. Él explicó el verdadero propósito de la ley y afirmó tener autoridad sobre el sábado. Además, confrontó toda la concepción sabática de los fariseos aferrándose a las Escrituras.

c. Mateo 12.22-37. Vinculaciones satánicas le fueron imputadas por los fariseos para demostrar que su poder sobre los demonios provenía del mismo diablo. En respuesta a esos ataques, Jesús expuso la base ilógica de los argumentos de ellos, puesto que esa clase de división —usar a un aliado contra los mismos compañeros— sería destructiva incluso entre las fuerzas de Satanás. También trató con el rechazo de aquellos a aceptar la otra única explicación posible de su control sobre los demonios: el hecho de que estaba bajo la dirección del Espíritu de Dios. Jesús concluyó sus pronunciamientos confrontando la maldad de sus corazones y el peligro de continuar resistiendo la verdad.

d. Mateo 12.38-45. Las señales que exigían. Los fariseos le demandaban al Maestro señales que apoyaran su proclamación mesiánica; pero ellas nunca fueron parte del programa de Jesús. Él no hacía milagros para impresionar a los demás. Si hubiera hecho lo que los fariseos le pidieron, es probable que no le creyeran. Ahora bien, lo que Jesús prometió fue la señal de su muerte y su resurrección. Terminó su diálogo ilustrando el vacío espiritual de la gente, y el peligro de caer en peor condición espiritual antes de su regreso. Estrategias usadas por Jesús al enfrentar cada crítica:

a. En tres situaciones usó las Escrituras para apoyar su posición.

b. En cada caso apeló a la razón.

c. Una vez que daba una explicación lógica, en armonía con las Escrituras, desafiaba a sus oponentes para hacerlos cambiar de perspectiva y se arrepintieran de sus pecados.

d. Jesús no temió confrontar el sistema de creencias de otros; pero lo hizo con amor, lógica y las Escrituras. (Emplee unos 10 minutos.)

2. Pida a los estudiantes que preparen varias objeciones al cristianismo, como las que ellos han tenido que enfrentar por parte de los incrédulos. Para beneficio de la clase, anime a los estudiantes a usar argumentos reales, los que uno usa en el diario vivir, y no aquellos que han escuchado o leído en los libros de texto.

Después de determinar un número de argumentos, los grupos deben de formular una explicación como la que usarían para responder a las críticas cuando las enfrenten. Además, pueden sugerir posibles maneras de confrontar a las personas que levantan tales objeciones.

A continuación veremos algunos ejemplos de argumentos que pueden surgir al conversar con inconversos:

Si Jesús era realmente Dios, ¿por qué hay tantos hipócritas entre sus seguidores?

Con tantas personas y culturas diferentes en este mundo, ¿cómo puede haber un solo camino?

¿Cómo puedo estar seguro de que Jesús dijo la verdad cuando aún hay tantos maestros?

Una explicación o respuesta a la última pregunta podría enfocarse en la coherencia de las enseñanzas de Jesús, estuviera Él mintiendo o diciendo la verdad. Veamos.

Si estaba mintiendo, pueda ser que fue por diseño. Él fue un mentiroso o por ilusión. Él era un demente, puesto que no era solo un buen maestro, sino que afirmaba ser Dios. Él era quien decía ser. (10 minutos)

3. Pida a cada grupo que identifique una objeción que hayan discutido y resuma su posible respuesta ante esa crítica. Permita comentarios y discusión en cuanto a la explicación y confronte a cada grupo sobre este tema. El propósito de esta actividad es fomentar la confianza entre los estudian-

tes para que encaren las objeciones que se le presenten como cristianos.

Pida a los estudiantes que reflexionen en la manera en que resumirían lo que aprendieron en esta sección. Pida voluntarios que sugieran maneras de enfrentar la crítica desde una perspectiva cristiana. Discutan las ideas presentadas y concluyan con una declaración resumida del grupo.

C. Resumen de las respuestas: Comparta con los estudiantes las diferencias básicas entre las respuestas de los líderes y las multitudes y las causas del rechazo.

II. Significado del reino en los evangelios (15 minutos)

A. Introducción: Algunos de los pasajes de la Biblia que fueron asignados para esta lección, se enfocan en el ministerio del reino. En la próxima lección estudiaremos con lujo de detalles algunas de las parábolas del reino. Observemos algunas vislumbres de ello.

La doctora Henrietta Mears afirma que el reino fue presentado por primera vez a los herederos legales, los hijos de Israel (los judíos), pero ellos rechazaron la oferta, rechazaron al Rey, y finalmente lo crucificaron. A partir de Mateo 12 en adelante encontramos mucha controversia entre los líderes con respecto a Jesús. En Mateo 21.43, Jesús anunció que el reino debía quitársele a los judíos y dársele a otra nación.[37]

B. Minidisertación

1. Dígales a los estudiantes que revisen las definiciones y las diferencias entre los términos «reino de los cielos» y «reino de Dios».

a. Pocos eruditos ven los términos como sinónimos. Debe observarse que Mateo emplea el vocablo «reino de los cielos» con mucha frecuencia; mientras que Marcos y Lucas tienden a usar «reino de Dios». Algunos creen que cada una de esas frases se usan en la misma forma que la otra, aunque con diversos significados determinados por el contexto. De acuerdo con Clarence Mason: «La diferencia no es una distinción entre las palabras "cielo" y "Dios", sino una "de pensamiento" al usar las mismas o diferentes palabras intercaladamente».

David Baron, autor hebreo cristiano, señala que Mateo al escribir dirigido a los judíos está consciente de la reticencia de ellos al usar el nombre de la Deidad. Debido a tal sensibilidad, los judíos sustituyeron la palabra «cielo» como metonimia por «Dios». De manera que el escritor cuando señala lo que el Señor hablaba, usaba la

---

37. Mears, Henrietta, *op. cit.,* p. 367.

palabra que mejor encajaba con sus lectores. De allí que Mateo decía «cielo» (para los judíos); Marcos, «Dios» (para los romanos); y Lucas, «Dios» (para los griegos).

b. La *Zondervan Topical Bible* [Biblia Temática Zondervan] define el reino de Dios como el reinado soberano de Dios manifestado en Cristo para derrotar a sus enemigos, creando un pueblo en el cual Él reina, produciendo dominio o dominios en que el poder de su reino se experimenta. Todos los que se someten voluntariamente al imperio de Dios en sus vidas, son miembros del reino de Dios. La entrada a ese reino se consigue con el nuevo nacimiento (Jn 3.3-5). Además, hay dos etapas en el reino de Dios: presente y futura en un sentido escatológico.[38]

c. W. E. Vine en su obra *An Expository Dictionary of New Testament Words,*[39] provee la siguiente información:

1) El reino de Dios es una esfera del reinado de Dios y la dimensión en la que en cualquier tiempo dado, Su reinado es reconocido.

2) Hablando a grandes rasgos, las referencias del reino caen en dos categorías. La primera, en la cual el reino se ve como presente, esta involucra sufrimiento para aquellos que entran en él (2 Ts 1.5). La segunda, en que se vislumbra como futuro, y está asociada con recompensa (Mt 25.34) y gloria (13.43). (Véase también Hch 14.22.)

3) El fundamento principal del reino se declara en las palabras pronunciadas por el Señor en medio de la compañía de los fariseos: «El reino de Dios está en medio vuestro» (Lc 17.21), es decir, donde está el Rey allí está su reino.

4) Con respecto a las expresiones «el reino de Dios» y el «reino de los cielos», aunque se emplean alternadamente, eso no quiere decir que en cada caso signifiquen exactamente lo mismo o que sean idénticas. (5 a 8 minutos)

III. Énfasis de Jesús (45 minutos)

A. Introducción

Ahora queremos examinar algunas de las expresiones más fuertes de Jesús para clarificar las dificultades históricas y culturales que nos impiden asirnos al verdadero desafío del mensaje de Jesús. Para esta semana, se les asignó a los

---

38. *Zondervan Topical Bible* [Biblia Temática Zondervan], Zondervan, p. 608.
39. Vine, W. E., *An Expository Dictionary of New Testament Words* [Diccionario Expositivo de las Palabras del Nuevo Testamento], pp. 294, 295.

estudiantes que leyeran de 20 a 70 palabras fuertes y se les pidió que se prepararan para explicar el texto bíblico y el significado de al menos dos de ellas.

B. Reportes

Pídales a los estudiantes que aprovechen la oportunidad para compartir y explicar algunas de las palabras fuertes de Jesús que encontraron. Una vez que cada uno haya expresado lo que investigó, dígales que compartan cualquier información adicional que enriquezca la lección. Es posible que algunos participantes se retraigan al oír que otro compañero dice una de las palabras que él quería expresar. Anímelo a compartir el fruto de su trabajo igualmente.

IV. Enseñanzas de Jesús (105 minutos)

A. Comparta con su compañero

Motive a los estudiantes a decirle a su compañero(a) más cercano(a), que complete la siguiente declaración: «El mejor maestro que jamás conocí es _____ y digo eso porque _____».

Después de un minuto, indíquele al otro compañero que le diga lo mismo a otra persona. Una vez que todos participen, pida tres o cuatro voluntarios para que compartan sus respuestas con toda la clase. (5 minutos)

B. Lluvia de ideas

Mencione que en la clase pasada explicamos el Sermón del Monte (Mt 5 al 7). Las lecturas asignadas del libro de texto para esta lección incluyen las enseñanzas de Jesús en las inmediaciones de Judea y Perea. Sugiera que comenten ciertas formas o procedimientos pedagógicos que tal vez Jesús empleó cuando planteaba sus enseñanzas.

1. Mensaje. Bloques temáticos empleados por Jesús.

2. Métodos. Cómo planteaba Jesús lo que quería enseñarle a la gente de manera que entendieran su punto de vista.

Sugiera algunas ideas acerca de los métodos de enseñanza que Jesús usaba. Mientras la clase opina, escriba lo que vea más interesante en la pizarra. Observe los diferentes métodos que usó Jesús. Una de las mejores características del estilo de Jesús fue su adaptabilidad y su manera de usar los «momentos más apropiados para enseñar». (15 minutos)

C. Discusión de la *Guía de estudio*. Dirija una discusión sobre el material de las «parábolas» que aparece en la *Guía de estudio*.

1. Comience esta actividad pidiendo varios conceptos de «parábola». McQuilkin define la parábola como una «narración corta de hechos de la vida real que enseñan una verdad o responden una pregunta». Irving Jensen dice que la parábo-

la es el «recuento de un incidente común del diario vivir en forma concisa y figurativa para ilustrar una verdad espiritual».

2. Pregunte: ¿Por qué Jesús no les explicó a la gente, simple y llanamente, lo que les quería decir, en vez de usar un lenguaje «velado» mediante parábolas? Oiga tres o cuatro respuestas. El artículo señala que uno de los propósitos de la parábola es obnubilar la verdad a la gente que no es receptiva. Jensen declara que el propósito es tanto captar el interés como enseñar una verdad básica.

   Las parábolas eran herramientas comunes con las que los judíos estaban familiarizados. Con esas narraciones Cristo intentaba darles a quienes lo escuchaban, un cuadro de cómo sería el reino de los cielos. También quería hablar de muchas acerca de los planes ocultos que los judíos tenían con relación a este reino.

3. Pregunte: ¿Cuál es la diferencia entre una parábola y un acontecimiento histórico? ¿En qué difieren la parábola y la alegoría?

4. El Dr. McQuilkin traza seis bosquejos para dar a entender las parábolas. Pida a los estudiantes que hablen en cuanto a dichos bosquejos y que digan la importancia de cada uno (véase apéndice en la *Guía de estudio*).

5. Antes de dejar el tema, pregúnteles a los estudiantes si tienen alguna observación, pregunta o comentario. (15 a 20 minutos.)

D. Minidisertación

   La clase pasada discutimos brevemente qué se quiso decir con el término «Reino de Dios». En esta lección vamos a explorar un poco más la naturaleza de ese reino, y lo que Jesús enseñó al anunciar el reino de los cielos.

   Presente una disertación breve, bosquejando el trasfondo de las parábolas que se encuentran en Mateo 13. Incluya en ella las expectativas que algunos judíos tuvieron respecto a la llegada del Mesías y la decepción que muchos sintieron en cuanto al ministerio de Cristo. Asegúrese de hacer hincapié en lo siguiente:

   1. Muchos judíos esperaban que el Mesías retornara a Israel, el lugar apropiado para ser cabeza de las naciones.

   2. Ellos creían que el Mesías pondría fin a la opresión y dominio extranjeros que sufrían. Esperaban que el Mesías reinaría en todo el mundo, aunque fuera por la fuerza.

   3. De manera que muchos se desilusionaron cuando Jesús, que se proclamaba Mesías, no cumplió con esas expectativas.

   4. Las parábolas de Jesús acerca del reino fueron una respuesta a varios de los conceptos erróneos que los judíos tenían con relación al reino al que fue enviado a establecer. (10 minutos)

E. Exploración bíblica

1. Agrupe a los estudiantes en pequeños equipos de cuatro a seis personas, y pídales que ubiquen la sección IX en el libro de Trenchard. Explique que tienen la oportunidad de estudiar lo que Cristo habló con respecto al reino de los cielos usando cuatro parábolas. Dé a cada grupo una transparencia (o una hoja de papel) en blanco y un marcador. Asigne a cada grupo una de las cuatro parábolas anotadas en la hoja de trabajo. Ellos deben seguir las instrucciones escritas en la hoja, y comparar lo que Cristo enseñó con relación al reino de los cielos con lo que los judíos esperaban. Después deben resumir su discusión en la transparencia en blanco. Permita a los equipos unos 8 a 10 minutos para hacer su trabajo. Si terminan sus asignaciones antes del tiempo previsto, anímeles a que investiguen las otras parábolas. (15 minutos)

Nota Especial. No se cubre la parábola de los suelos en esta asignación puesto que esta será estudiada detalladamente más tarde en la sección.

2. Recupere la atención del grupo e invite a cada equipo pequeño a que presente su informe en el proyector de transparencias. Deben dar una descripción breve de la parábola estudiada y después resumir el punto clave que enseña. Cuando todos los equipos hayan compartido, agradézcales su participación y sintetice la información presentada. (Esto no debe tardar más de 15 minutos.)

3. Asegúrese de que cada estudiante tenga una hoja en blanco. Pida voluntarios para que expongan ideas acerca del significado que esas parábolas tienen para los cristianos de hoy. Escriba sus respuestas en la pizarra o en las transparencias, y motive a que los estudiantes hagan lo mismo en sus hojas en blanco (se usarán estas hojas en la próxima actividad).

Después de que varios de ellos se hayan expresado, añada a esa información un resumen que incluya las preguntas que surgirían de estas parábolas en las vidas de los creyentes de hoy. (10 minutos)

Actividades opcionales

Lo que sigue son dos opciones que pueden ser usadas en lugar del estudio bíblico de la hoja de trabajo.

Opción # 1. Comience esta actividad siguiendo la misma información respecto a los cinco minutos de ponencia. Después agrupe a los estudiantes en equipos de seis integrantes. Dígales que usarán la hoja de trabajo titulada «Las parábolas del reino». Provea una transparencia en blanco como la que se usó en el estudio bíblico principal. Siga los mismos procedimientos asignando a cada equipo una de las parábolas sugeridas en la hoja. Explique que deben seguir las instrucciones de la hoja, determinando qué preguntas acerca del reino responden al material que se le asignó.

Después que hayan completado su discusión, deben dibujar en la transparencia un símbolo o figura que represente las parábolas estudiadas. También deben escribir en la parte inferior una frase corta que resuma la respuesta de una pregunta de la hoja de trabajo. Concédales unos 15 minutos para que desarrollen su trabajo.

Llame la atención del grupo y pida a cada equipo que muestre su transparencia a toda la clase. Sugiérales que sinteticen la discusión enfocándose en una pregunta con relación a la descripción de la parábola del reino de los cielos. Cuando cada equipo comparta la información, usted deberá añadir su propia percepción de lo que estas parábolas enseñan. (10 minutos)

Siga las mismas instrucciones del punto 3 del estudio bíblico original. (10 minutos)

Opción # 2. Combine los dos métodos anteriores (el método original de estudio bíblico y la opción # 1). Haga que la mitad de los equipos hagan una parte de las asignaciones y que la otra mitad de la clase trabaje en la segunda parte de ellas.

F. Aplicación personal (lo mismo para todos los equipos sin importar la opción usada). Llame la atención a la lista de respuestas que identificaron en sus hojas de trabajo (la actividad previa). Pida a los estudiantes que consideren las listas personales que recopilaron en el papel y que pongan un X grande a las respuestas que perciben como las más importantes para sus propias vidas. Después anime a los estudiantes a compartir en sus grupos de estudio la respuesta que escogieron y digan por qué la prefirieron. Sugiérales que aporten ideas en conjunto de los pasos que los cristianos pueden dar para incorporar la verdad de esas parábolas a su diario vivir. Pida a los estudiantes que se comprometan a seguir uno de esos pasos la semana que se aproxima.

Cuando los equipos hayan expresado tres o cuatro ideas, puede animar a los estudiantes a concluir este tema apoyándose conjuntamente en oración y comprometiéndose a cumplir los compromisos que asumieron.

G. Discuta las preguntas correspondientes a este tema al final de las secciones 7 y 8.

V. Redacción del diario
Continúe el proceso que comenzó en la primera semana.
Complete los ejercicios sugeridos en la lección 5 de la *Guía de estudio.*

LECCIÓN 6

I. Parábolas de los suelos
II. Más palabras fuertes de Jesús
III. Panorama de la semana de la pasión
IV. Discurso del monte de los Olivos
V. Redacción del diario

I. Las parábolas de los suelos (55 minutos)
A. Transición: La clase pasada estudiamos varias reacciones de la gente ante las enseñanzas de Jesús. En esta queremos enfocar las diversas maneras en que el mundo considera el mensaje del reino; y lo haremos estudiando una de las parábolas más conocidas. Se encuentra en los tres sinópticos (Mt 13.1-23, Mr 4.1-20, y Lc 8.5-18).
La gente que escuchaba esta parábola eran agricultores y otros de la comunidad rural que conocían lo relacionado con el suelo y las semillas. El enfoque principal se centra más en los suelos que en los sembradores o las semillas; estos últimos se consideran constantes. Solo los suelos son diferentes. Esta es una de las pocas parábolas seguidas por una explicación cuidadosa y detallada en las Escrituras.
B. Estudio bíblico y discusión.
Divida a los estudiantes en equipos pequeños de tres a seis participantes. Asigne a tres de los equipos un pasaje bíblico diferente (Mateo, Marcos o Lucas). El resto de los equipos pueden escoger el pasaje que prefieran. Todos los estudiantes deben ubicar las preguntas del estudio en la hoja titulada «Las parábolas de los suelos» en la *Guía de estudio.* Después de leer su pasaje asignado, sugiérales que trabajen en las preguntas durante el tiempo permitido.
C. Paráfrasis moderna: Las preguntas que deben ser contestadas al hacer esta tarea son: ¿Cómo les explicaría usted esta parábola a un grupo de muchachos citadinos que no saben nada en cuanto a cómo sembrar, ni conocen los diversos tipos de terrenos que existen? ¿Qué analogía contemporánea emplearía en este caso?

1. Los estudiantes deben ubicar el cuadro «Análisis del suelo», en la *Guía de estudio*. Instrúyalos a trabajar en sus equipos pequeños para formular una paráfrasis moderna de la definición de cada tipo de suelo que Jesús señaló en la parábola. Por ejemplo, debajo de la categoría suelo pedregoso, un equipo puede determinar que en términos modernos esto se refiere al que escucha el evangelio pero tiene muchas actividades y prioridades antes que su crecimiento espiritual. Una persona que ofrece una entusiasta respuesta inicial, pero que a la vez no le permite —a esa respuesta— convertirse en un principio que gobierne su vida.

   Explíqueles a los estudiantes que después de las definiciones modernas que determinaron en cada equipo, deben completar las dos categorías del cuadro individualmente. Cite ejemplos específicos como el caso de un estudiante que siente que tiende a relegar el ejercicio de una conciencia cristiana exclusivamente a los días domingos; y que permite que diversos conceptos éticos prevalezcan en el resto de la semana. Esto puede ser un ejemplo personal de un terreno pedregoso. Bajo el título «Mejora personal», los estudiantes deben sugerir ideas para cambiar de actitud o conducta de forma que puedan ampliar su receptividad a la Palabra. Permita 15 minutos para que llenen el cuadro.

2. Mientras los estudiantes trabajan, reproduzca el cuadro «Análisis de suelos» en la pizarra. Cuando los equipos hayan terminado pídale a uno de ellos que hable de la definición que desarrollaron acerca del suelo junto al camino y registre esa información en el cuadro. Después invite a cada uno a que participe voluntariamente dando ejemplos específicos e ideas para mejorar lo que puedan en cuanto a la receptividad del evangelio. Escriba esa información en síntesis en el cuadro, involucre a los estudiantes para que contribuyan en esta actividad.

   Ahora trate el asunto del terreno pedregoso siguiendo el mismo procedimiento; luego el suelo espinoso y finalmente el suelo ideal para sembrar el evangelio. Anime a los estudiantes a reconocer los puntos fuertes así como también los débiles en cuanto a su receptividad, y enfatice que incluso la tierra buena necesita tener aspectos débiles. Haga hincapié en que incluso el buen terreno tiene que ser mantenido, es decir cuidado de las posibles malezas que pueden surgir en él. De manera que los datos bajo la categoría «D» se proponen animar a los miembros de la clase. Agradézcales por expresar sus ejemplos e ideas. (10 minutos)

Nota: Usted puede decidir no usar mucho tiempo en la parábola de los suelos y así permitir un poco más para otros temas de interés en esta sección.

II. **Más palabras fuertes de Jesús (50 minutos)**
La lección pasada, examinamos algunos dichos fuertes de Jesús. En esta se les asignará a los estudiantes la lectura de veinte dichos adicionales, y se les pedirá que se preparen para explicar el texto bíblico y el significado de al menos dos dichos de Jesús difíciles de entender.
Dígales a los estudiantes que pidan la oportunidad para compartir varias expresiones fuertes de Jesús. Después de que cada uno haya compartido por primera vez, continúe pidiendo que sigan hablando de un segundo dicho. Siga el mismo procedimiento de la clase pasada.

III. **Panorama de la semana de la pasión (5 minutos)**
Al concluir nuestro estudio de los evangelios y la vida y ministerio de Jesucristo, nos enfocamos en los eventos que acontecieron durante lo que llamamos «La semana de la Pasión». Desde el domingo (de ramos, antes de la pascua) hasta el miércoles, Jesús pasó cada noche en Betania, probablemente en la casa de María, Marta y Lázaro, a solo dos millas al este de Jerusalén.
Del domingo al martes, Jesús ministró principalmente a las multitudes que se reunían alrededor del templo (Lc 21.37-38). Esos días fueron de mucha actividad mientras Jesús declaraba su autoridad en sus últimas controversias personales con los líderes religiosos. Los próximos dos días, miércoles y jueves, fueron tranquilos; el Maestro pasó ese tiempo principalmente con sus amigos cercanos y con sus discípulos, preparándolos para el terrible suceso que acontecería. El jueves en la noche Jesús cenó por última vez con sus discípulos y oró en el huerto de Getsemaní. Las noches del viernes y el sábado, el cuerpo de Jesús permaneció en la tumba.

Nota: Los siguientes cuatro párrafos son adaptados de comentarios escritos por el líder cristiano Wesley Willis:[40]

¿Ha visto alguna vez un juego de béisbol con las «viejas estrellas»? Los comentaristas procuran hablar de esos jugadores con palabras positivas y halagadoras aunque dejen caer la pelota, se muevan pesadamente de una base a otra, y cometan otros errores. Es obvio que los comentarios de los narradores y el vitoreo de los fanáticos evoquen nostalgia. Esos jugadores

---

40. Willis, Wesley, *op. cit.*, p. 67.

—los mejores de sus tiempos— son considerados por muchos como «cosas del pasado». Una vez fueron vitoreados y aclamados de forma increíble, ahora solo se les ovaciona por afecto y respeto. Nadie está más consciente de la naturaleza temporal de la fama que los atletas. En su momento, pueden ser estrellas que ejecutan sorprendentes hazañas en un juego, rompen marcas y dirigen sus equipos a la victoria; pero mire lo que pasa cuando esos talentos declinan o cuando alguien que supera sus habilidades entra en escena. Casi instantáneamente los fanáticos dejan de aclamarlo como héroe y le exigen hazañas mayores y mejores. Y además, vuelcan su admiración en el que sobresale ahora.

Un fenómeno similar acompañó al ministerio de Jesús. Pero no tuvo que ver con ningún cambio en Jesús. La pérdida de su popularidad se debía exclusivamente a la vanidad de aquellos que lo seguían y aclamaban. Los líderes religiosos habían visto a Jesús como una amenaza desde que lo vieron por primera vez. En vez de evaluar el ministerio de Jesús, trataban de encontrarle posibles fallas. Como no pudieron encontrarle ninguna, inventaron las que necesitaban para acabar con Él. Después de varios intentos por atraparlo, desacreditarlo y confundirlo, los líderes religiosos tuvieron éxito haciendo que la gente se pusiera en contra de Cristo. Aquellos que seguían a Jesús por conseguir lo que deseaban de Él jugaron el papel preciso que los líderes esperaban que cumplieran.

Un domingo aclamaban ¡Hosanna! Bendito el que viene en nombre del Señor», y el próximo jueves gritaban «¡Crucifíquenle!» Todo esto fue una parte del drama desarrollado en el supremo acto de entrega sacrificial del Hijo de Dios: la redención del hombre.

IV. El discurso del monte de los Olivos (35 minutos)
A. Introducción

Los capítulos 24 y 25 de Mateo tratan sobre las profecías en el templo y la segunda venida de Cristo. Nuestro propósito no es lidiar primordialmente con complicados temas escatológicos (como la tribulación, el juicio o el milenio), pero sí enfocar la importancia del regreso prometido de Cristo (tratamos este tema antes que la resurrección debido a que Jesús designó gran parte de sus enseñanzas él mismo).

Escriba la siguiente frase en la pizarra: «Si supiera que Cristo regresa mañana, yo...» Pida a los estudiantes que formen equipos de dos o tres personas; y que discutan esa declaración. Después de dos o tres minutos, pida voluntarios para que digan sus opiniones al tiempo que usted las anota debajo de la frase. Luego que varios hayan participado, explique

que esta sección se enfocará en la información que Cristo dio a sus discípulos respecto a los tiempos finales y acerca de la manera en que los creyentes deben responder a ello.

B. Aplicación

1. ¿Qué significado tiene la venida de Cristo en cuanto a sus metas, valores, esperanzas y temores?
2. Una manera en la que puedo vivir diferente anticipando la venida de Cristo es...
3. Un paso que puedo dar para implementar un cambio en esta semana sería...

V. **Redacción del diario**

Siga el mismo proceso que comenzó en la primera semana. Cumpla con las actividades sugeridas en la lección 6 de la *Guía de estudio*.

LECCIÓN 7

I. Día de preparación
II. Los juicios de Jesús
III. La crucifixión de Jesús
IV. La resurrección de Jesús
V. Redacción del diario

I. **Día de preparación (20 minutos)**

A. La última cena con sus discípulos (Mt 26.17-35 y Mr 14.12-26) anticipó la muerte de Jesús. La comida fue durante una ceremonial anual que conmemoraba la liberación de Israel —por parte de Dios—, de Egipto; y recordaba el paso del ángel de la muerte por las casas de Egipto sin tocar a los primogénitos hebreos que moraban allí (Éx 12.1-20). Pida a algunos voluntarios que respondan a las siguientes preguntas acerca de la Última Cena:

1. ¿Qué declaraciones perturbadoras pronunció Jesús en la cena?
2. ¿Cómo reaccionaron los discípulos a ese anuncio?
3. ¿Cómo cree que se sintió Jesús con respecto a Judas y a los eventos que pronto acontecerían?

Después de que la cena del Señor (eucaristía o comunión) fue instituida, Juan registra algunas enseñanzas (discursos) que Jesús pronunció. A través de los evangelios, uno puede ver claramente la importancia que Jesús le dio a la oración. Cuando enfrentó el «conteo regresivo» de la «hora más oscura» de su vida, Jesús llevó a los once discípulos a un lugar llamado Getsemaní para orar con ellos.

B. Búsqueda en la Biblia y aplicación. Lea el pasaje acerca de la «experiencia en Getsemaní», bien sea en Mateo 26.36-45 o Marcos 14.32-42. Luego formule las siguientes preguntas a toda la clase. Trate de obtener de una a tres respuestas para cada pregunta.

1. ¿Cuáles son algunas de las emociones que Jesús debió haber sentido en Getsemaní? ¿Qué les pidió a sus discípulos?
2. ¿Cuál es la voluntad expuesta de Dios? (Véase Mt 26.39, 42.)
3. ¿Por qué Jesús tomó a Pedro, Jacobo y a Juan consigo? (Para probar su resistencia. Porque necesitaba la compañía de ellos. Para experimentar su agonía de modo que pudieran escribir de eso. Para que oraran con Él. ¿Cuál de estas opciones dan justo en el blanco?)
4. ¿Quién le gustaría que orara y velara con usted la próxima vez que enfrente un «Getsemaní»? (10 minutos)

II. Los juicios de Jesús (25 minutos)

A. Minidisertación.

Después de aquella intensa y agonizante oración, Jesús fue traicionado por Judas, arrestado y dirigido a esperar seis juicios en un período de seis horas. Es importante señalar que los juicios religiosos se realizaron ante las autoridades judías; y los civiles ante las romanas. (10 minutos)

Usted puede usar parte de la siguiente información para complementar los datos contenidos en el documento sobre los juicios.[41]

1. Juicio # 1. Puesto que el oficio de sumo sacerdote era vitalicio, Anás todavía era el sumo sacerdote oficial a los ojos de los judíos, aunque los romanos habían asignado a otro. Así que Anás todavía tenía mucha importancia en la suprema corte judía.
2. Juicio # 2. Esta audiencia, como la que se realizó ante Anás, fue conducida de noche —en secreto. Este juicio estaba tan plagado de ilegalidades que lo convirtieron en una broma de mal gusto (ante Caifás).
3. Juicio # 3. Justo antes de rayar el alba, setenta miembros de la corte suprema judía se reunieron para sellar su aprobación de las audiencias previas para así tener apariencia legal. El propósito de este juicio no era hacer justicia, sino para justificar las propias preconcepciones que habían con-

---

41. Tomado de la *Life Application Bible* [Biblia del diario vivir], Thomas Nelson, p. 1595.

cebido en cuanto a la culpa de Jesús.
4. Juicio # 4. Los líderes religiosos condenaron a Jesús a muerte basados en argumentos religiosos, pero solo el gobernador romano podía sentenciar la pena de muerte. Así que llevaron a Jesús ante Pilato, el gobernador romano, y lo acusaron de traición y rebelión, crímenes por los cuales el Imperio Romano aplicaba la pena capital. Pilato vio de inmediato que Jesús era inocente, pero tuvo miedo del alboroto que causarían los líderes religiosos si declaraba al reo inocente y no lo condenaba.
5. Juicio # 5. Puesto que la residencia de Jesús estaba en la región de Galilea, Pilato lo envió a Herodes Agripa, el gobernante de Galilea, que estaba en Jerusalén para festejar la celebración de la pascua. Herodes estaba deseoso de ver a Jesús haciendo un milagro, pero como el Maestro permaneció callado, no quiso tener nada que ver con Él y lo envió de regreso a Pilato.
6. Juicio # 6. Los líderes religiosos no eran del agrado de Pilato. Este gobernante no estaba interesado en condenar a Jesús, porque sabía que era inocente. Sin embargo, estaba seguro de que si sucedía una rebelión le costaría su empleo. Lo primero que hizo fue tratar de comprometerse con los líderes religiosos. Eso lo hizo ordenando que azotaran a Jesús, esto —por supuesto— era una acción ilegal. Pero finalmente entregó a Jesús para que lo ejecutaran. Su interés personal fue más fuerte que su sentido de justicia.
B. Discusión acerca de las Escrituras.
   Lea el relato de Jesús ante Pilato en Mateo 27.11-26. Divida a los estudiantes en equipos pequeños de cuatro o cinco integrantes cada uno. Después pídales que ubiquen las preguntas de discusión que tratan el tema de «Jesús ante Pilato» en la *Guía de estudio*. (10 minutos)

III. **La crucifixión de Jesús (20 minutos)**
A. Transición: «La mayoría de los autores y oradores que tratan temas de liderazgo y administración, enfatizan la importancia de contar con metas específicas. Todo el ministerio de Jesús en la tierra estuvo enfocado al tiempo en que Él sería llamado a morir para conquistar al pecado y a la muerte. Esta fue su meta, y avanzó decididamente hacia ella».[42]
B. Tenga uno o dos voluntarios que lean en voz alta Mateo 27.45-56.

42. Willis, *op. cit.*, p. 92.

IV. La resurrección de Jesús (50 minutos)

A. Estrategia: Lluvia de ideas.

Pida a los estudiantes que sugieran ideas en cuanto a la siguiente pregunta: ¿Cuál es el evento histórico que más ha afectado la manera en que vivimos hoy? Permita un minuto o dos para que los estudiantes piensen en la pregunta. Luego pida voluntarios para que den sus opiniones. Es posible que sugieran eventos como el descubrimiento de la electricidad, la invención de la rueda, la revolución industrial, el descubrimiento de la vacuna para la viruela, etc. Después de recibir varias respuestas, comente que en la vida de muchos cristianos, la resurrección de Cristo es el acontecimiento más importante de todos los tiempos. (5 minutos)

B. Minidisertación. Escriba en la pizarra las siguientes preguntas:
1. ¿Qué rol jugó esta persona en los eventos que rodearon la muerte y resurrección de Jesús?
2. ¿Cómo respondió esta persona a Jesús? ¿A su muerte? ¿A su resurrección?
3. ¿De qué manera similar responde la gente hoy?

Su disertación debe enfocarse en la importancia de la resurrección para el cristiano, y para toda la raza humana. Usted puede incluir la siguiente información:

* La muerte y resurrección de Cristo marcó un punto culminante, puesto que se le puso un puente al vacío —causado por nuestro pecado— que existía entre la humanidad y Dios. Es más, la muerte de Cristo por los pecados de toda la humanidad y su resurrección de entre los muertos por el poder de Dios, es la clave para la fe cristiana.
* El apóstol Pablo escribió: «Si Cristo no resucitó, vana es entonces nuestra predicación, vana es también vuestra fe. Y somos hallados falsos testigos de Dios; porque hemos testificado de Dios que él resucitó a Cristo, al cual no resucitó, si en verdad los muertos no resucitan. Y si Cristo no resucitó, vuestra fe es vana; aún estáis en vuestros pecados» (1 Co 15.14, 15, 17).
* Pablo también escribió que la resurrección era necesaria para nuestra justificación (Ro 4.25), y para demostrar la verdad de la proclamación de Jesús en cuanto a su calidad de Hijo de Dios (Ro 1.3,4). (5 minutos)

C. Otra opción para el estudio bíblico: Escriba la siguiente actividad en tarjetas de 3 x 5 cm para los líderes de los equipos: «Lea Marcos 16.10-20. Usted es parte de un grupo de discípulos y un amigo lo llama. Le dice que ha escuchado sobre la resurrección de Jesús pero que no cree en eso. Usted solo tiene dos minutos para hablar con él por teléfono y explicarle. Planee su conversación y esté listo para hacerlo para toda la clase. Recuerde que debe planear su conversación por solo dos minutos». Concluya

este tiempo resumiendo las ideas principales. (15 minutos)
D. **Minidisertación.** Exponga una disertación sobre la evidencia
de que Jesús realmente murió y resucitó. La información a
continuación puede usarse como un bosquejo.[43] (5 minutos)

V. Redacción del diario (10 minutos)
Realice los ejercicios correspondientes a la lección 7 de la
Guía de estudio.
Cuadro comparativo de las objeciones y evidencias respecto
a la tumba vacía

Objeciones respecto a la tumba vacía	Evidencias contrarias
Jesús solo estuvo inconsciente, y más tarde revivió	Un soldado romano le dijo a Pilato que Jesús había muerto (Mr 15.44,45)
	Los soldados romanos no le rompieron las piernas a Jesús porque ya estaba muerto, y uno de ellos le traspasó el costado con una lanza (Jn 19.32-34)
	José de Arimatea y Nicodemo envolvieron el cuerpo de Jesús, y lo pusieron en la tumba (Jn 19.38-40)
Las mujeres cometieron un error y fueron a la tumba equivocada	María Magdalena y María la madre de Jesús vieron cuando Jesús fue puesto en la tumba (Mt 27.59-61, Mr 15.47, Lc 23.55)
	El domingo en la mañana Pedro y Juan también fueron a la misma tumba (Jn 20.3-9)
Ladrones desconocidos robaron el cuerpo de Jesús	La tumba estaba sellada y guardada por la policía del templo y probablemente por soldados romanos también (Mt 27.65,66)
Los discípulos robaron el cuerpo de Jesús	Los discípulos estaban dispuestos a morir por su fe. Robar el cuerpo de Jesús sería como admitir que su fe no tenía significado (Hch 12.2)
	La tumba estaba sellada y vigilada (Mt 27.60)
Los líderes religiosos hurtaron el cuerpo de Jesús para asegurarlo	Si los líderes religiosos hubiesen tomado el cuerpo de Jesús, lo habrían mostrado para detener los rumores de su resurrección

Estas evidencias demuestran la singularidad de Jesús en la
historia y prueban que Él es el Hijo de Dios. Nadie a excepción
del Maestro, ha sido capaz de predecir su propia resurrección y
cumplir con esa predicción.

---

43. Tomado de *Life Application Bible*, p. 1457.

LECCIÓN 8

I. Apariciones posrresurrección(10 minutos)
II. La Gran Comisión y la ascensión(15 minutos)
III. Repaso: Juego «Riesgo»(20 minutos)
IV. Redacción del diario(10 minutos)

I. **Apariciones posrresurrección (10 minutos)**
   Prepare una ponencia de 10 minutos usando algo de la siguiente información:
   A. Tomado de un bosquejo publicado por Columbia International University.[44]
   1. Significado de sus apariciones
      a. La tumba vacía no hizo más que reforzar la aflicción e incrementar la frustración de los seguidores de Jesús.
      b. El evangelio incluye las apariciones de Cristo resucitado (1 Co 15.4-11).
      c. La experiencia de ver la persona de Cristo resucitado fue esencial y explosiva para el crecimiento y testimonio de la iglesia primitiva, especialmente antes de completarse el Nuevo Testamento.
   2. Características de sus apariciones
      a. Visual: Fue visto por amigos íntimos y más de 500 creyentes (Jn 20 y 1 Co 15.6) .
      b. Física: Destaca la realidad material de su cuerpo.
      1) Similar a otros cuerpos para María (Jn 20.15) y para los discípulos de Emaús.
      2) Fue capaz de comer y preparar comida para la gente en el aposento alto (Lc 24.41-43), y para los siete en Galilea (Jn 21.12-13).
      3) Estuvo dispuesto a ser tocado por Tomás para que verificara la situación.
      c. Audible: Su voz identificó su persona ante María (Jn 20.16), y los apóstoles (Jn 20.19).
      d. Hechos peculiares
      1) El partimiento del pan en Emaús (Lc 24.30-31).
      2) Explicación de las Escrituras (Lc 24.32).
      3) Repetición de frases propias de Él: «Como el padre me ha enviado...» Un concepto mencionado previamente solo a los once en el aposento alto, y después de la cena pascual (Jn 17.18); y a los mismos hombres después de la resurrección (Jn 10.21).

---

44. Columbia International University [Universidad Internacional de Columbia], pp. E-16, 17.

3. Exclusividad de las apariciones (solo a los creyentes)
   a. Efectos
      1) Evidencia estricta de que esto ocurrió en la iglesia primitiva.
      2) Ninguna objeción de sus enemigos tuvo validez. Nota: No se pagó a los guardias romanos para avalar un relato inventado.
   b. Razones
      1) Jesús no mostraba su poder para ofrecer evidencias a los incrédulos. Por ejemplo: no se arrojó del pináculo del templo (Mt 4.6); no hizo milagros para satisfacer la curiosidad ni las exigencias de los líderes religiosos (Mt 12.38-41), ni siquiera ante Herodes Antipas (Lc 23.6-9).
      2) Los milagros —incluyendo la resurrección— en sí mismos no garantizan que la persona que los presencia crea (Mt 11.20-24).
      3) Su próxima aparición formal a la nación de Israel será cuando venga en gloria al Monte de los Olivos (Zac 14.4-9).
      4) El hecho de que no se les apareciera a sus enemigos cumplió con su plan de comunicar su resurrección a través de las vidas y los testimonios de creyentes auténticos, así como de los registros del Nuevo Testamento.
4. Objetivo de las apariciones
   a. Ante María Magdalena (Mr 16.9-11; Jn 20.11-18)
      1) Fue su primera aparición.
      2) Fue una respuesta apropiada a la necesidad e intensa devoción de María.
      3) Aunque fue inesperada, ella lo reconoció (prueba de que es una buena evidencia de la resurrección).
      4) La realidad de su cuerpo. Jesús lucía tan real que María lo confundió con un jardinero (lo que indica la naturaleza del cuerpo resucitado).
      5) La resurrección no cambiaría su plan de regresar al Padre antes de establecer su reino.
   b. Ante los diez discípulos en el aposento alto (Mr 16.14, Lc 24.36-43, Jn 20.19-25)
      1) Introducir su ministerio posresurrección.
      2) Enfatizar el paralelo con el ministerio de Jesús (Jn 20.21), en la provisión de la fuente, el Espíritu Santo (Jn 20.22); la importancia de la misión (Jn 20.23).
   c. Ante los siete en el mar de Galilea (Jn 21.1-25)
      1) Restaurar a Pedro su autoridad para dirigir el grupo.
      2) Designar un pastor interino antes de que aparezca el Príncipe de los pastores (1 P 5.2-4).

3) Predecir el martirio de Pedro.
4) Mandar a Pedro a seguir la cruz.
d. Ante los once en la montaña de Galilea (Mt 28.16-20; Mr 16.15-18; 1 Co 15.6)
1) Mostrar la autoridad del Cristo resucitado para ordenar su misión.
2) Trazar metas y estrategias en cuanto al nuevo mandato.
3) Establecer las dimensiones geográficas y étnicas de su misión.
4) Determinar la presencia continua entre ellos aunque estaba físicamente ausente.
e. Ante los discípulos en Jerusalén (Hch 1.3-8)
1) Enseñar acerca de su persona y obra desde la perspectiva de la resurrección.
2) Anunciar que solo Dios establecerá su reino en su tiempo.
3) Proclamar que el reino será visible
4) Que los creyentes testifiquen hasta su venida.
5) Mostrar que la persona del Espíritu Santo es quien mueve y da poder a cada creyente.
B. Tomado de The Life of Christ:[45]
1. Jesús se apareció a sus discípulos el domingo en la tarde. A Pedro; a dos discípulos; y a todos juntos a excepción de Tomás.
2. El domingo siguiente se apareció a todos los discípulos incluido Tomás.
3. Durante las próximas cuatro a cinco semanas: A los discípulos, en el mar de Galilea; a los discípulos y a 500 creyentes, en el monte de Galilea; a Jacobo; a los discípulos en Jerusalén.

II. La Gran Comisión y la ascensión (15 minutos)

A. Jesús anunció su programa y una hora de crisis aconteció en la historia del cristianismo. El clímax se encuentra en la Gran Comisión de Mateo 28.18-20. Haga un breve estudio exegético de este pasaje antes de la clase. En vez de decirles a los estudiantes lo que encontró en su estudio, fórmúleles las siguientes preguntas para aclararlas si tienen dudas (añada sus ideas si lo considera apropiado):
1. ¿Cómo se compara aquí la comisión de Jesús con la anterior en Mateo 10.5-7?
2. De las cuatro acciones exigidas a los discípulos (vv. 19-20), ¿cuál es la central?
3. ¿Cómo debían hacer discípulos?

---

45. Jensen, Irvin, *op. cit.,* p. 94.

4. ¿De quién? ¿Con qué recursos? ¿Para qué fin?
5. ¿En qué manera cumplimos con la Gran Comisión en el contexto de la familia, la comunidad, etc.?

B. La ascensión de Jesús: Marcos 16.19-20, Lucas 24.5-53, Hechos 1.9. ¿Por qué Jesús dijo que le fue necesario regresar al Padre? Al concluir este tema, refiérase a la importancia de su resurrección (como estudiamos previamente).

III. Repaso. Juego «Riesgo».

A. Esta es una forma divertida de repasar la información estudiada. Si decide no emplearla, puede pasar más tiempo en alguna de las actividades previas. Los materiales necesarios para jugar «Riesgo» son: Una tabla y un premio para el equipo ganador. El juego abarca varias categorías, en este caso trataremos: personas, eventos y enseñanzas.

Haga que los estudiantes formen grupos de tres o cuatro integrantes cada uno. Seleccione una persona para que observe y otra para que anote los puntos que hacen los equipos. Explíqueles a los estudiantes que jugarán «Riesgo bíblico». Muestre la tabla con la que deben jugar. Comience el juego leyendo una pregunta de 10 puntos de la categoría «personas». Tan pronto como el estudiante sepa la respuesta debe levantar la mano. Si la levanta antes de que usted termine de leer la pregunta, detenga la lectura en ese momento. El «observador» debe notar en qué orden se levantaron las manos para organizar la participación de todos.

Quien levante la mano primero, tiene la primera oportunidad de contestar la pregunta. Como cada estudiante representa un equipo, si la persona que responde contesta incorrectamente, nadie más de su equipo puede tratar de contestar hasta que el otro equipo haya tenido la oportunidad de contestar esa misma pregunta. El equipo que haya levantado la mano en segundo lugar tiene la siguiente oportunidad, y así sucesivamente. El equipo que conteste la pregunta en forma correcta obtiene el número de puntos indicado, además tendrá el privilegio de seleccionar la próxima pregunta que corresponda.

El juego debe realizarse con las biblias abiertas, de manera que los equipos pueden discutir sus ideas antes de contestar. Repita el juego tantas veces como el tiempo se los permita y premie a los ganadores.

A continuación se muestran algunos datos para realizar el juego:

Categoría	Persona	Eventos	Enseñanzas
Puntos	10	10	10
	20	20	20
	30	30	30
	40	40	40

Prepare las preguntas enfocando las verdades encontradas en los evangelios. Use tarjetas pequeñas para escribir cada pregunta basada en lo que los alumnos han estudiado. A cada lado escriba el valor en puntos (como se indica en el diagrama anterior), dependiendo de la dificultad que presente la respuesta de la pregunta. Cada interrogante debe de encajar en una de estas categorías: personas, eventos o enseñanzas. Coloque las tarjetas de la misma categoría y valor una encima de la otra. A continuación algunas de las preguntas a modo de sugerencia:

Categoría personas
1. ¿Quién dijo: «Yo les bautizo con agua, pero Él les bautizará con el Espíritu Santo»? (Juan el Bautista). 10 puntos.
2. ¿Cuáles discípulos fueron más lejos en el jardín de Getsemaní con Jesús para orar? (Pedro, Jacobo y Juan). 20 puntos.
3. ¿Cuál fue el nombre del oficial de la sinagoga cuya hija fue sanada por Jesús? (Jairo.) 30 puntos.
4. ¿A quién se le apareció Jesús primero luego de su resurrección? (Dé el nombre completo. María Magdalena.) 40 puntos.

Categoría eventos
1. ¿En qué evento realizó Jesús su primer milagro? (En una fiesta de bodas en Capernaum.) 10 puntos.
2. ¿En cuál evento afirma Dios que: «Este es mi Hijo amado»? (En el bautismo y en la transfiguración de Jesús.) 20 puntos.

Categoría enseñanzas
1. ¿Qué elemento usa Jesús para comparar la Palabra de Dios en la parábola de los cuatro suelos? (Semillas.) 10 puntos.
B. Realice los ejercicios de la sección correspondiente.

IV. Redacción del diario
  Es importante que los estudiantes se detengan a reflexionar tranquilamente en lo que han aprendido, y que lo anoten en sus diarios con sus propias palabras.

Además, deben cumplir las asignaciones de la lección 8 de la *Guía de estudio.* Recuérdeles a los estudiantes que el examen final debe realizarse al concluir este período de clases. Si anunció en la primera sección que deben entregar el diario, recuérdeles que deben entregar sus diarios junto con el examen final.

Bibliografía

Broadus, John A., *Jesus of Nazareth*, Baker Book House, 1962.

Carson, D.A., *God With Us*, Gospel Light Publications, 1985.

Dockery, David S. y Garland, David E., *Seeking the Kingdom,* Harold Shaw Publishers, 1992.

Drane, John W., *Jesus and the Four Gospel,* Harper and Row, 1979.

Eusebio, *Historia de la Iglesia,* Editorial Portavoz, 1999.

Guthrie, Donald, *Jesus the Messiah*, Zondervan, 1969.

Halley, Henry, *Compendio manual de la Biblia,* Editorial Portavoz, 1955.

Jensen, Irving, *Life of Christ,* Moody Press, 1969.

————. Life Application Bible.

Mears, Henrietta, *What the Bible is All About*, Regal Books, 1966.

McQuilkin, Robertson, *Understanding and Applying the Bible,* Moody Press, 1992.

Phillips, John B. *Exploring the Scriptures*, Moody Press, 1965.

Scroogie, W. Graham, *Guide to the Gospels,* Harper and Row, 1979.

Tenney, Merril, *New Testament Times*, Eerdmans, 1965.

Vine, W.E., *An Expository Dictionary of the New Testament Word,* Thomas Nelson, 1985.

Willis, Wesley R. *Mark: 12 Studies on Jesus, the Suffering Servant,* Victor Books, 1988.

Willmington, H.L., *Comentario bíblico Portavoz,* Editorial Portavoz, 1995.

————. *Zondervan Topical Bible.*

Respuestas a las preguntas que aparecen al final de cada sección

Sección I

1. El evangelio tiene su origen en los designios eternos del trino Dios. El apóstol Pablo, en 2 Timoteo 1.8-11, describe en palabras sublimes tanto el origen como la manifestación del evangelio cuando afirma:

Sufre conmigo los trabajos por el evangelio según el poder de Dios, quien nos salvó y llamó con vocación santa, no conforme a nuestras obras, sino conforme a su propósito y gracia, que nos fue dada en Cristo Jesús antes de los tiempos eternos, mas ahora se mostró por la manifestación de nuestro Salvador.

Este pasaje bíblico demuestra la eternidad del evangelio debido a la eternidad de su autor. Hay dos facetas importantes de la manifestación del evangelio en Cristo: a) La naturaleza de Dios (amor perfecto, poder ilimitado y omnisciencia). b) La revelación de la naturaleza de su obra redentora. La proclamación del evangelio es el anuncio de las buenas nuevas de la vida, muerte y resurrección del Señor. Cristo es el prototipo de todos los heraldos del evangelio puesto que no solo obra, sino enseña y proclama la Palabra de Dios.

2. Trenchard dice que el aspecto más importante de su preparación se indica con la frase *«para que estuviesen con él»* (Mr 3.15). Esto indica que una parte importante del entrenamiento consistió en imitar al Señor. Los discípulos debían aprender de la fuente misma de la sabiduría, para así poder proclamar el evangelio a los hombres. La importancia de la obra de los apóstoles radica en que fueron testigos de lo que habían visto y oído de parte del Maestro.

3. En los primeros capítulos del libro de Hechos, encontramos que los apóstoles comenzaron su obra de proclamación en una manera eficaz en Jerusalén. El capítulo segundo de Hechos nos habla del gran resultado de su tarea como testigos. Había evangelización, enseñanza y comunión. El resultado principal fue la formación de la iglesia, y de allí el evangelio fue proclamado a otras partes del mundo. **4.** La tradición oral, en el verdadero sentido de la palabra, tiene que ver con la proclamación apostólica y la doctrina de los apóstoles. Estos tenían como tarea principal la proclamación de las obras y enseñanzas del Mesías.

Trenchard afirma que podemos percibir el principio de la etapa de la verdadera «tradición oral» en Hechos 2.42, donde se describe la vida de la iglesia que acababa de nacer en Jerusalén como consecuencia de la predicación de Pedro en el día de Pentecostés. *Y perseveraban en la doctrina* (enseñanza) *de los apóstoles, en la comunión, en el partimiento del pan y en las oraciones.*

5. Una de las maneras de contestar a esa objeción es apelar a las evidencias que demuestran lo contrario. Por ejemplo, la evidencia del Espíritu Santo en la inspiración de los escritos. Los escritores escribieron bajo la dirección del Espíritu de Dios. También está la evidencia externa de que son documentos que demuestran la autenticidad de los evangelios. Entre estos documentos se encuentra el Códice Sinaíticus. Otra evidencia es el testimonio de los escritos cristianos del primer siglo. Entre estos encontramos los de: Papías, Ignacio, Policarpo y Justino Mártir.

Sección II

1. Hay evidencias, tanto externas como internas, que prueban que Mateo es el autor del evangelio que lleva su nombre. Las siguientes son evidencias externas:

Papías (c. 100 d.C.), según una cita en la *Historia de la Iglesia* de Eusebio, se menciona a Mateo como el autor. También Ireneo en su *Tratado contra Herejías,* indica que Mateo redactó el evangelio que lleva su nombre.

Entre las evidencias internas encontramos:

a. Las características del autor: Mateo había sido recaudador de impuestos, rasgo que se describe en el contenido del evangelio.

b. El vocabulario del evangelio: Mateo emplea 115 vocablos que no se hallan en otros escritos del N.T., y varios de ellos tienen que ver con dinero, oro, plata, cuentas, cambios de dinero, etc., lo que se presume sería característico de un ex publicano.

c. Su gran interés por el pueblo de Israel: Conjuntamente con su celo al recopilar los discursos de condenación que Cristo dirigió contra la hipocresía de los fariseos y escribas, también hallamos la actitud de un judío celoso que había tenido que sufrir mucho de manos de los guías a causa de su profesión.

2. Entre las características peculiares del Evangelio según San Mateo encontramos: la presentación del material en secciones. Parece que Mateo no se interesa tanto en seguir un orden cronológico rígido, sino en agrupar su material en secciones con el fin de destacar ciertos rasgos de la obra y del ministerio del Señor, como por ejemplo, el Sermón del Monte, las obras poderosas de Dios, la extensión de la proclamación del reino, etc.

Otra característica principal es que Mateo hace hincapié en las enseñanzas del Señor. El ministerio oral que aquí hallamos incluye muchas parábolas y gira directa e indirectamente, alrededor del tema del reino de Dios.

Otra característica peculiar a Mateo es la abundancia en citas del Antiguo Testamento. Además de cuarenta textos citados para probar que Jesús de Nazaret es el Mesías profetizado, Mateo hace muchas referencias y alusiones al A.T., recopiladas de veinticinco de los treinta y nueve libros del Canon Antiguo, llegando a un total de ciento treinta.

La finalidad de Mateo es: Presentar a Jesús a los judíos como su Mesías y Rey. Evidentemente el propósito de Mateo era convencer a sus compatriotas de que el Mesías había venido, y que había establecido su reino. La división del Evangelio según San Mateo reafirma su finalidad: a) La introducción que hace hincapié en la genealogía de Abraham y David. b) La búsqueda de los magos que preguntan: *«¿Dónde está el rey de los judíos?»* c) El rechazo del Mesías por los guías ciegos no frustró la promesa ni el propósito de Dios.

3. Encontramos que la frase «Reino de los cielos» aparece 32 veces en el Evangelio según San Mateo. Otra frase que señala el interés de Mateo en el reino de los cielos es el uso del título mesiánico «Hijo de David», que se encuentra nueve veces en este evangelio. Tres aspectos del reino son: a) El reino depende del Rey. b) El reino se forma con súbditos que se hacen niños para entrar en él. c) Hay un reino en misterio.

4. Trenchard divide el Evangelio según San Mateo en cinco secciones:
- a. El advenimiento del Rey Mesías y su preparación para la misión: 1.1—4.22.
- b. El ministerio del Rey Mesías mediante enseñanzas y obras poderosas (una presentación plena de su persona y misión): 4.23—16.12.
- c. Crisis en la comprensión y obediencia en cuanto al reino: 16.13—17.9.
- d. El Rey Mesías instruye a los suyos en vista de la cruz: 17.10—20.34.
- e. La gran consumación de la misión del Rey Salvador en la tierra: 21.1—28.20.

Sección III

1. Evidencias externas. Papías (c. 100-115 d.c.), según una célebre cita hecha por Eusebio hace referencia al testimonio de «Juan el anciano» al efecto de que: «Marcos, como intérprete de Pedro, escribió toda su narración con mucha exactitud, pero sin seguir el orden de lo que nuestro Señor hablaba o hacía, porque él mismo no había oído ni seguido al Señor, pero acompañaba a Pedro, que le dio las instrucciones necesarias».

Ireneo (180 d.c.), escribe en *Contra Herejías*: «Marcos, el discípulo e intérprete de Pedro, también nos entregó por escrito lo que Pedro había predicado».

Clemente de Alejandría (190 d.c.), según una cita de Eusebio, declaró también que Marcos escribió su evangelio basado en las predicaciones de Pedro.

Evidencias internas. Marcos emplea detalles gráficos que delatan la condición de testigo ocular que parece representar las descripciones de Pedro. Por ejemplo, la hierba verde, en el relato de la multiplicación del pan y los peces, que señala una breve primavera en Palestina (6.39). Varias referencias a las «miradas» del Señor (3.5; 34; 5.32; 10.23; 11.11).

Marcos también declara detalles íntimos como en 8.33: *Mas Jesús volviéndose y viendo a sus discípulos reprendió a Pedro.* Hay también referencias a los propios pensamientos de Pedro en 9.6 y 11.21.

El estilo de Marcos es gráfico como lo muestra el frecuente uso del «presente histórico», que es peculiar de alguien que describe sus propias impresiones según las experimenta en el curso de los acontecimientos.

2. Marcos era hijo de una viuda llamada María en cuya casa la iglesia solía reunirse, de acuerdo con Hechos 12.

Marcos era primo de Bernabé (Hch 4.36,37). Pablo y Bernabé lo llevaron en su viaje misionero a Chipre. Pedro lo llama mi hijo (1 P 5.13). Pablo le pide a Lucas que pase por Marcos, pues le es útil para el ministerio (2 Ti 4.11).

3. La finalidad del Evangelio según San Marcos es proveer a los creyentes gentiles de los datos más imprescindibles sobre la persona y obra del Salvador. Otro propósito importante del Evangelio según San Marcos es presentar a Cristo como el Siervo de Dios. El versículo clave de Marcos es 10.45: *Porque el Hijo del Hombre no vino para ser servido, mas para servir y para dar su vida en rescate de muchos.*

Algunas características del Evangelio según San Marcos son las siguientes: La sencillez del plan, la rapidez de la narración, la brevedad de las enseñanzas, la limitación de las citas del A.T., la traducción de frases arameas, la falta de una introducción biográfica.

4. La persona de Cristo es presentada esencialmente como siervo. Este aspecto se remonta a la profecía de Isaías 42.1: *He aquí mi siervo... mi escogido, en quien se complace mi alma, he puesto sobre él mi espíritu.*

Sección IV

1. Se dice que a mediados del siglo segundo, y como una reacción contra las herejías de Marción, se escribieron unos prólogos que afirmaban la posición de los fieles en cuanto a los escritos novotestamentarios. En esos escritos se alude a Lucas, y afirman lo siguiente: «Lucas era sirio, oriundo de Antioquía, médico de profesión y discípulo de los apóstoles...» Así que después de la redacción de dos evangelios —el de Mateo en Judea, y el de Marcos en Italia—, Lucas escribió este evangelio en Acaya por inspiración del Espíritu Santo. Se dice que su intención era contrarrestar las «fábulas judías» y las «imaginaciones heréticas y vanas».

En el carácter del evangelio se nota que Lucas tenía la intención de redactar una historia que pudiese servir como fuente de información para los creyentes. Se nota que Lucas fue historiador y en su redacción se puede percibir cierto orden sistemático en el que emplea los testigos oculares del relato de la vida de Cristo.

2. Lucas era gentil, específicamente sirio, de profesión médico. Lo más probable es que se contara entre los primeros convertidos de la hermosa obra entre los gentiles en Antioquía. También fue un colaborador íntimo y figura destacadísima en las iglesias como menciona Pablo en Colosenses 4.14; Filemón 24; 2 Timoteo 4.11. En Hechos 16.10, Lucas se menciona a sí mismo como parte de la obra misionera con Pablo. Se deduce que Lucas se unió a la compañía misionera en Troas.

3.   a. Las frecuentes referencias al Espíritu Santo. Hay más alusiones al Espíritu Santo en este evangelio que en los anteriores juntos.

b. La presentación de Jesús como el Hijo del Hombre. La deidad de Cristo se echa de ver siempre, pero la luz de la narración se enfoca en el Hombre Perfecto, quien manifiesta la naturaleza de Dios por medio de una vida humana íntimamente relacionada con la raza y sus profundas necesidades.

c. La nota de universalidad en el evangelio. Cristo extiende su mano de amor, de perdón y de servicio a todos los individuos que acuden a él con deseo, sumisión y fe, sin ver su condición social, moral, religiosa o racial. Del hombre y la mujer, vistos como tales, se pasa no ya a la nación escogida, sino a la humanidad en su totalidad, a toda la angustiada simiente de Adán.

d. El estilo. Lucas muestra dominio del griego clásico en la redacción del prólogo, y también del griego helenístico, que forma la segunda parte de su obra.

4. a. Lucas redactó su evangelio con el fin de proveer a los lectores gentiles de una historia continua y suficiente de los comienzos del cristianismo.

   b. Presenta a Cristo como el Hombre Perfecto, que da el perdón y la salvación a todos los necesitados que quieren recibirlos.

5. Milagros peculiares de Lucas
   a. La pesca milagrosa (5.1-11)
   b. La curación de los diez leprosos (17.11-19)
   c. La curación de la oreja de Malco (22.49-51)
   Parábolas peculiares de Lucas
   a. El buen samaritano (10.25-37)
   b. El hijo pródigo (15.11-32)
   c. El rico y Lázaro (16.19-31)

Sección V

1. Papías, citado por los prólogos antimarcionitas, por Ireneo y Eusebio, afirma que el evangelio de Juan fue escrito mientras el apóstol estaba aún en cuerpo. La lista del fragmento muraturiano afirma que el cuarto evangelio es obra de Juan, uno de los discípulos; y relata cómo se le comunicó a Andrés que Juan había de poner por escrito su historia de la vida de Jesús.

Al apologista Teófilo (170 d.C.), se debe una referencia a Juan como autor del evangelio; Ireneo también lo ratifica, e indica que su fuente fue Policarpo, quien conoció a Juan personalmente.

Entre las evidencias internas encontramos las siguientes:
   a. Referencias al discípulo a quien Jesús amaba.
   b. El autor pretende ser testigo de los acontecimientos que relata. Por ejemplo, en Juan 1.14 leemos: *Y aquel verbo fue hecho carne y habitó entre nosotros (y vimos su gloria, gloria como del unigénito del Padre), lleno de gracia y de verdad.*
   c. El autor es un hebreo de Palestina: Escribe ciertamente después de la destrucción de Jerusalén, por Tito, en el año 70.

2. Es complementario en cuanto a las esferas del ministerio. Los sinópticos destacan la manifestación y el ministerio del Señor en Galilea. Solo Juan nos hace ver que Jesús había llevado a cabo una gran obra en Judea entre la tentación y el principio de la proclamación del evangelio del reino en la provincia norteña.

Es complementario en cuanto a la enseñanza. Tanto Mateo como Lucas transcriben muchos discursos y parábolas de Cristo, pero en Juan hallamos una serie de conversaciones con discursos públicos y privados que llevan un sello especial.

Es complementario en su cristología. A la necesaria presentación de Jesús como Rey Mesías por Mateo, como Siervo de Jehová por Marcos, y como Hombre Perfecto por Lucas, corresponde el profundo concepto del Verbo eterno que revela tanto el pensamiento como el corazón de Dios por medio de una vida humana.

La meta de Juan es presentar al Verbo eterno, creador y fuente de vida, que se dignó encarnarse. Otra finalidad de este evangelio es contrarrestar los errores del docetismo y gnosticismo.

3. Juan escogió el término «verbo», que ya era común en la filosofía, para designar al mediador, echando así un puente entre el modo de pensar de los griegos y la verdad que surgió —históricamente— del suelo de Palestina. El verbo del prólogo de Juan no es una vaga abstracción, sino Dios en manifestación y en acción a través de Cristo.

Plenitud (1.16)

Pleroma era un término muy usado por los gnósticos contemporáneos. Para Juan, como para Pablo, llega a ser toda la abundancia del ser de Dios en cuanto pueda ponerse a la disposición de los hombres: Las señales de convertir el agua en vino, dar de comer a los cinco mil, con las enseñanzas acerca del agua viva (4.14, 7.37-39); y el pan de vida (6.35), ilustran y desarrollan el concepto de una plenitud de Dios que se recibe por la fe.

Luz (1.4,19)

Luz es una necesidad para la vida e imaginariamente para toda orientación moral e intelectual del hombre. En los capítulos 8 y 9, Cristo se presenta como la luz del mundo. No solo frente al hombre fiel que le sigue, y que no andará en tinieblas, sino frente a los fariseos hipócritas cuyos pecados secretos se revelaban por la luz que todo lo descubre. Después de la noche de la pasión, los discípulos pasan al nuevo día de la resurrección, y la luz se enfoca en el rostro de Cristo.

Sección VI

1. Juan 1.51: *Tú eres el Hijo de Dios, tú eres el Rey de Israel... De cierto de cierto os digo, que veréis el cielo abierto y a los ángeles de Dios que suben y descienden sobre el Hijo del Hombre.* En este texto Jesús declara su naturaleza divina presentando la majestad celestial con los ángeles subiendo y descendiendo sobre Él, en el cielo abierto.

Juan 10.30: *Yo y el Padre una cosa somos.* En este texto Jesús declara su identidad en esencia con Dios.

Juan 14.9: *El que me ha visto a mí, ha visto al Padre.* En este versículo Jesús se declara como la perfecta revelación del Padre.

Juan 8.51: *Si alguno guardare mi palabra, jamás gustará la muerte.* Con esta declaración podemos inferir que Jesús solo ofrece lo que el Dios Padre podía brindar: «vida eterna».

2. a. Los sinópticos presentan a Jesús como Mesías. Mateo 16.16-19; Marcos 12.1-12; Lucas 7.17-28.

b. Jesús habla de su reino, como Señor que es de los ángeles. Lucas 22.29,30; Mateo 13.41.

c. Jesús habla de la compenetración entre el Padre y el Hijo. Mateo 11.27.

d. Jesús manifiesta que posee los atributos divinos de omnipotencia, omnisciencia y omnipresencia.
Omnipotencia: Mateo 28.18: *Toda potestad me ha sido dada en el cielo y en la tierra.*
Omnisciencia: Cristo profetiza los detalles de su propia pasión (Mt 16.21), acontecimientos futuros (Mt 24 y 25) conoce los pensamientos de los hombres (Mr 2.8).
Omnipresencia: Mateo 18.20: *Porque donde están dos o tres congregados en mi Nombre, allí estoy en medio de ellos.*

e. Jesús ordena el bautismo en el nombre del Padre, del Hijo y del Espíritu Santo. Mateo 28.19.

f. El Señor se declara fuente y origen de la ley divina. Mateo 5.17-48.

3. Las obras poderosas de Jesús pueden clasificarse de distintas maneras. Es muy usual verlas frente a los demonios. Por ejemplo, en Marcos 1.21-28, se encuentra a Jesús echando fuera un demonio en la sinagoga de Capernaum. En Mateo 12.22-28, frente a la crítica de que echaba demonios por el poder de Beelzebú, Cristo responde: *Y si por el Espíritu de Dios yo echo fuera demonios, ciertamente ha llegado a vosotros el reino de Dios.* La manifestación de su poder sobre el reino satánico era evidencia clara del triunfo del reino de Dios en su persona.

4. Encontramos que Jesús tuvo un desarrollo humano normal, como nos dice Lucas 2.40, 2.51, 2.49. Él mismo afirma su condición de hombre al responderle a Satanás que no solo de pan vivirá el hombre sino de toda palabra que salga de la boca de Dios. Jesús tuvo experiencias humanas en su cuerpo, alma y espíritu. Tuvo hambre (Lc 5.2), sed (Jn 4.7), se cansó (Jn 4.6, Mr 4.35-41).

5. a. Hijo de Dios y el Hijo
Hijo de Dios: No solo tiene una connotación relacionada con la encarnación sino también con la preexistencia de Cristo, por ejemplo en el A.T., a los ángeles se les llama hijos de Dios. El título Hijo de Dios refleja el pleno significado divino del unigénito Hijo, con referencia especial a quien se dignó venir a este mundo. Se señala una participación física, moral, social y espiritual, de modo que sin duda, el título en sí pone de relieve la realidad de su humanidad y de su asociación con la raza.
b. Hijo de Hombre
Esta expresión se usa para apuntar a la humanidad de Jesucristo. Representa el postrer Adán que vino a remediar el mal

causado por el primero. Él es el Mesías triunfante que reinará y juzgará.

Sección VII

1. Palestina tiene por límite occidental al Mar Mediterráneo (Mar Grande), y el río Jordán al este. Al norte se hallaban los países de Fenicia y Siria, que abarcaban la región del «Antilíbano», y las altas aguas del río Eufrates; al sur se encuentran el Mar Muerto y extensos desiertos o semidesiertos, pasando a la península de Sinaí. El río Jordán nace en las estribaciones del monte Hermón, para fluir en dirección sur, pasando primeramente por un pequeño lago llamado «Aguas de Merón», y luego por el Mar de Galilea. El Jordán sigue su curso por un valle profundo, una sección de una enorme falla geológica que se extiende desde el Antilíbano por el Mar Muerto, a través de la hendidura de Akaba y debajo del mar hasta la costa oriental de África. (Véase el mapa en la página 353)

2. Fariseos: Su nombre significa «separados». Pasaban el tiempo estudiando la ley. Su celo minucioso se convertía fácilmente en aquella hipocresía que tantas veces merecía el reproche del Maestro. Reconocían todo el canon del A.T. Admitían la parte espiritual del hombre y la resurrección de los muertos, comprendiendo por las Escrituras la existencia de seres angelicales.

Saduceos: Según su propia tradición, su nombre se derivaba de Sadoc, sumo sacerdote en los tiempos de David y Salomón. El partido se formó alrededor de la casta sacerdotal, y como los romanos trataban con el sumo sacerdote y el Sanedrín de la época, eran el partido de gobierno. La fuente de autoridad para ellos era el Pentateuco, y si bien admitían el valor de los demás escritos veterotestamentarios, no querían reconocer la doctrina de la resurrección, ni la supervivencia del alma, ni la existencia de ángeles.

Herodianos: Estos se mencionan dos veces en el evangelio (Mr 3.6 y Mt 22.16), y parece ser que se trata de un partido político que apoyaba la dinastía herodiana por razones prácticas más bien que de una secta con creencias distintivas.

Los escribas: Se les llama también «doctores de la ley» y no constituían una secta, sino una profesión. Estudiaban la interpretación de la ley en las escuelas de Jerusalén según la tradición de los ancianos.

3. a. El judío consideraba al romano como gentil «incircunciso», completamente ajeno al pacto y a las promesas de Israel, a no ser que se hiciera prosélito mediante la circuncisión y los demás ritos prescritos. Sin embargo, mantenían buena relación con los romanos en los negocios corrientes. Los romanos estaban en una esfera social más elevada debido al poderío imperial que dominaba gran parte del mundo en aquel entonces.

b. Los judíos no se trataban bien con los samaritanos. De

hecho, los consideraban gente cismática y enemigos del verdadero culto a Dios. c. Los galileos vivían en la región de Galilea, al norte de Jerusalén. Provenían de la invasión de Juan Hircano, uno de los príncipes de la dinastía de los asmoneos, que invadió la región galilea hacia el fin del siglo II a.c., forzando a los habitantes a recibir la fe de los judíos. Aparte de los muchos elementos gentiles en la región, llegaron a ser más fieles y celosos que los mismos judíos del sur, a pesar de ser despreciados por ellos como provincianos de dudosa pureza racial. Los discípulos fueron todos galileos.

4. El evangelio de Juan nos proporciona información valiosa en lo que concierne a la fecha del ministerio de Jesús. Las principales referencias provienen de la fiesta de la pascua y de esas referencias se ha deducido una fecha aproximada al citado ministerio.
a. La primera pascua: ocurrió en el año 27, según Juan 2.13-25.
b. La pascua de Juan 6.4, que ocurrió en el año 29.
c. La pascua de la pasión, acaecida aproximadamente a final del año 29 y principio del año 20.

Sección VIII
1. A Jesús se le llama el Maestro por excelencia debido a que sus enseñanzas se revestían de una autoridad y una profundidad desconocidas hasta entonces. Los líderes de Jerusalén estaban maravillados con sus enseñanzas, pues sabían que Jesús no había asistido a las escuelas rabínicas, y sin embargo su conocimiento sobrepasaba a los de los maestros de Israel.
Algunos de los métodos que Jesús utilizó en sus enseñanzas son los siguientes:
a. Uso de lenguaje figurativo: Lo empleaba mayormente en las parábolas.
b. Repetía sus enseñanzas. En algunas ocasiones el Señor esbozaba sus enseñanzas en líneas generales ante las multitudes, volviendo a detallarlas luego en privado, con las oportunas interpretaciones, para la instrucción más profunda de los discípulos (Mt 12.10, 36).
c. Empleo de preguntas y respuestas. El Maestro no necesitaba ayuda de la moderna pedagogía sicológica para saber que las verdades no se asimilan sin la participación activa de quien aprende, y que es necesario, no solo instruir, sino hacer pensar al discípulo; por tal razón Jesús utilizó preguntas y respuestas para que sus discípulos reflexionaran. Por ejemplo, al tratar sobre el asunto de la recolección de las dos dracmas, Jesús le preguntó a Pedro: *¿Qué te parece Simón? Los reyes de la tierra, ¿de quiénes cobran los impuestos o el censo? ¿De sus hijos o de los extraños?* (Mt 17.24-27)

2. a. Como profeta Jesús se halla en la línea de sucesión de los siervos de Dios de la dispensación anterior, pues continúa y completa sus enseñanzas, según la declaración magistral de Hebreos 1.1-2: *Dios, habiendo hablado a los padres en diferentes ocasiones y de diversas maneras, por los profetas, al final de aquellos días nos ha hablado por su Hijo.* El Maestro siempre tomaba las declaraciones del A.T. como punto de partida y acudía constantemente a ellas, tanto para sus argumentos como para sus ilustraciones.

b. Juan el Bautista fue instrumento de Dios como precursor del ministerio del Maestro. Fue el último y el mayor de los profetas de la antigua dispensación. Su función principal era servir como preparador y enlace del ministerio del Señor.

c. El punto de contacto entre las enseñanzas de Jesús y las de los doctores de la ley es sin lugar a dudas, la interpretación de la ley dada por Moisés. Los escribas eran los copistas e intérpretes de la ley, Jesús enseñó la ley de Moisés. Hay por lo menos dos conceptos de las enseñanzas de los escribas que Jesús atacó:

1. Divergencia por la hipocresía. Las grandes denuncias que el Señor dirigió contra fariseos y escribas, y que Mateo recoge en el capítulo 23 de su evangelio, se basan sobre todo en el divorcio entre las enseñanzas y la conducta moral de los que enseñaban. *Porque dicen y no hacen* (Mt 23.3).

2. Divergencia a causa de la tradición. El Maestro se oponía con severísima rectitud a las tergiversaciones del sentido real del sábado (Lc 14.1-6), y a las tradiciones que invalidaban los principios fundamentales de la ley (Mr 7.1-13).

3. a. Cristo no expone una teología ordenada, a la manera de los tomos modernos de dogmática, sino que las referencias a Dios son motivadas por los incidentes de su ministerio y surgen del abismo de su conocimiento total y esencial del Padre (Mt 11.27). La gloria de Dios, es decir la trascendencia en forma visible de los atributos de Dios, resplandecía con su mismo rostro, de modo que cuanto hacía y decía revelaba a Dios. Verle era ver al Padre, y conocerlo era conocer al Padre (Jn 14.9, 1.14; 2 Co 4.4-6).

b. El alma o vida interior del hombre, vale infinitamente más que su cuerpo. Eso lo podemos notar en la declaración de Marcos 8.36: *¿Qué aprovechará el hombre si ganare todo el mundo y perdiere su alma?* Se deduce claramente la doctrina de la inmortalidad del alma de las declaraciones del Maestro, que recalca además que el hombre es un ser responsable, cuyos pensamientos y obras son conocidas por Dios y registradas en el cielo; de ellos habrá de dar cuentas y aun de toda palabra ociosa.

El alma llega a ser el móvil del plan de salvación. Todo lo que concierne al hombre es de gran importancia delante de Dios, como Cristo señalara con la hipérbole: *Mas aun los cabellos de vuestra cabeza están todos contados* (Lc 12.7). Eso se dice de los fieles, pero igualmente se puede aplicar a cualquier hombre como ser «redimible». Este es el tesoro escondido en el campo (Mt 13.44), que concuerda con la gran declaración tantas veces citada: *El Hijo del Hombre vino a buscar y salvar lo que se había perdido* (Lc 19.10). Encontramos también en las enseñanzas del Señor, el concepto de la naturaleza pecaminosa del hombre. Jesús dice que *«siendo malos saben dar buenas dádivas a vuestros hijos»* (Mt 7.11). En este versículo el Señor refiere una generalización del estado malvado del hombre. Este concepto también lo observamos en el Evangelio de Juan en cuanto a la necesidad de la luz en medio de las tinieblas.

c. La misión de Jesús fue traer salvación a la humanidad. De hecho, sus enseñanzas se centran en su misión redentora. Eso lo vemos en su obra sanadora en la que ilustra que Cristo vino a salvar, restaurar y bendecir al hombre arrepentido que creyera en Él. Las sanidades de los cuerpos arruinados ilustran la gran obra de salvación por la que el individuo volvería a ser hombre en el verdadero sentido de la palabra, libre de la mancha del pecado, sujeto de nuevo a la voluntad de Dios, poseedor de la vida eterna, y encaminado hacia la resurrección del día postrero. Jesús también enseña que la vida eterna o el reino había de recibirse por el arrepentimiento y la fe. Lucas 15 es un buen ejemplo del sentido arrepentimiento, representado por la parábola del hijo pródigo. En Mateo 18.1-4, encontramos la referencia requerida para entrar al reino de los cielos: «Se necesita ser como un niño». En el Evangelio de Juan (6.29, 37, 40), Jesús enfatiza que el recibe a todo aquel que a Él viene.

d. El Señor enseña a los creyentes a servirle en el medio ambiente donde los ha colocado, siendo fieles a todo y frente a todos, precisamente porque le somos fieles a Él. Pero si surgen circunstancias en que el discípulo ha de escoger entre lo más sagrado de esta vida y su fidelidad a su Señor, el amor natural viene a ser como «aborrecimiento» comparado con el amor hacia Él. En otras palabras, el Señor enseña una total entrega a Él, negándose a uno mismo tomando la cruz y siguiéndole (Mt 16.24-27). La vida de los creyentes debe ser una de testimonio discipulado y servicio. En Mateo 6 el Señor enseña a los creyentes a confiar en Él para sus provisiones diarias y a no afanarse ni abrigar ansiedades infundadas.

Sección IX

1.   a. Metáfora. Es una figura retórica que lleva una comparación implícita en sí, pero que por ser tan natural y conocida, no se

desarrolla. Por ejemplo: *Vosotros sois la sal de la tierra...Vosotros sois la luz del mundo* (Mt 5.13,14).

b. Símil. Es una figura retórica que expresa una comparación explícita por el uso de conjunciones comparativas (como, de manera que, etc.). Por ejemplo, *Entonces los justos resplandecerán como el sol en el reino de su Padre* (Mt 13.43).

c. La hipérbole es una exageración retórica que tiene por objeto llamar la atención del oyente o del lector a la verdad fundamental que se quiere enseñar. Por ejemplo: *¿Por qué miras la paja que está en el ojo de tu hermano, y no echas de ver la viga que está en tu ojo?*

d. Paradoja. Esta figura entraña una contradicción aparente que se resuelve en la esfera moral o espiritual de la vida cristiana, y que surge inevitablemente de la tensión que existe entre la vida celestial del hijo de Dios y la de sus actividades en la esfera de este mundo. Por ejemplo: *Porque el que quisiere salvar su vida, la perderá; y el que perdiere su vida por causa de mí y del evangelio, la salvará* (Mr 8.35).

e. Parábola. Es una comparación ilustrativa en mayor grado, en la que actúan determinados protagonistas. En ella se expone una historia humana, en la que la acción del protagonista, o los protagonistas, puede ser muy limitada o bastante complicada, pero «al lado» de la narración se ha de buscar una analogía espiritual que encierra la lección que el que enseña quiere presentar. Por ejemplo, la parábola del buen samaritano (Lc 10.25-37).

2. La época de las parábolas en el ministerio de Jesús se inició en la segunda fase de su ministerio en Galilea, cuando el entusiasmo inicial provocado por las obras poderosas se iba enfriando, y se trataba de saber quiénes en verdad habían comprendido el significado de la persona y las obras de Jesús de Nazaret. Se puede decir que los comienzos del ministerio relativo a las parábolas separan las grandes campañas de la proclamación del reino de los cielos del periodo en que el Maestro disponía a los suyos para el reconocimiento oficial de su persona como Mesías.

El propósito primordial de las parábolas era ilustrar la verdad. Fue la intención del gran Maestro presentar la verdad de su vida y obra a través de ejemplos cotidianos. Las parábolas también servían para despertar la conciencia de la persona. Podemos notar que con cada una de ellas, Jesús trata de ilustrar el pecado de Israel al rechazar al Mesías.

3. La primera norma para interpretar una parábola es buscar la verdad central que ilustra. Siguiendo un principio exegético bien conocido, hemos de buscar el significado fundamental de cada parábola por el estudio de su contenido en relación con el contexto.

La segunda norma que se debe tener en cuenta para interpretar una parábola es que no todos sus detalles tienen significado espiritual. En este género la verdad se comunica por medio de una historia compuesta de elementos humanos, circunstanciales y temporales, que se combinan en forma verosímil; es inevitable pues, que algunos de los detalles no sirvan más que para completar el cuadro, o como vehículo para la lección principal y quizás algunos para enfatizar otros conceptos secundarios.

La tercera norma es que las parábolas han de examinarse a la luz de las grandes doctrinas de la Biblia.

4. a. La red y los peces. Parece ser que es bueno que haya buenas y malas personas en la iglesia, y en el mundo, puesto que a su debido tiempo los ángeles de Dios apartarán los buenos de los malos. Esta parábola destaca la «mezcla» presente y la separación final en la consumación del reino.

b. La gran cena. Esta parábola parece indicar que muchos desprecian el convite de gracia y de amor. Pero la cena se ha de aprovechar, siendo invitados los mendigos y desvalidos que acepten la invitación. De forma literal, esta parábola parece centrar su enseñanza en las personas con necesidades físicas.

Sección X

1. Es un acontecimiento en la esfera material y visible que trasciende la experiencia normal del hombre, que no percibe la causa que surte el efecto producido, bien que aprecia la evidencia de sus sentidos.

2. Parte de la importancia de los milagros es que prueban que Jesús es el Mesías prometido. Por ejemplo, en Juan 10.24-25 leemos: *¿Hasta cuándo nos has de tener en suspenso?, preguntaron los judíos. Si tú eres el Cristo, dínoslo claramente. Respondiéndoles Jesús les dijo: Os dije, y no creéis; las obras que hago en el nombre de mi Padre, estas dan testimonio de mí.*

Los milagros sirven como señales para dar a conocer tanto al Hijo como al Padre. Si bien Dios se descubre en todas sus obras, la revelación adquiere caracteres de inusitada brillantez en los milagros de Cristo. Dios en Cristo se sitúa una y otra vez frente a los hombres y mujeres que sufren en sus almas y cuerpos los estragos del pecado, y dondequiera que se produzca el encuentro, la plenitud de gracia y poder al impulso del amor sin límites, sana completamente al enfermo, sin que se perciba diferencia entre enfermedades funcionales u orgánicas, sin que se exceptúe ningún hombre, y sin que quede el menor rastro del mal.

En fin, los milagros son importantes porque señalan el poder de la presencia del reino del Mesías desafiando y destruyendo el imperio de las tinieblas.

3. En Abraham, el milagro de su hijo Isaac representa un acto evidente de la providencia de Dios. Abraham y Sara eran gente de edad avanzada, era humanamente imposible que concibieran en forma natural. Sin embargo, Dios rompe las leyes naturales. El nacimiento de Isaac, de unos padres viejos, es un milagro de gran significado ya que muestra desde el principio que el pueblo de Dios debía su existencia a los designios y a la obra de Dios.

Los milagros en la vida de Moisés constituían las credenciales de que era representante de Dios ante Faraón. Al Moisés presentarse ante Faraón y pedirle que dejara salir a su pueblo, este pregunta quién es Jehová para que oiga su voz. Los milagros de las plagas evidenciaron que Moisés era el siervo enviado por Dios. Al mismo tiempo sirvieron para probar a Faraón que su poderío no podía compararse con el del Dios Altísimo.

En la vida de Elías, el milagro impresionante por el que Dios envía fuego, es prueba indudable del poder de Dios ante los poderes de los falsos dioses. Este milagro prueba que Elías era profeta de Dios. La resurrección de un joven por la intercesión de Elías y la de otro por los ruegos de Eliseo, juntamente con varios milagros de provisión y salvación, manifestaron que Jehová daba su vida y múltiples bendiciones a su pueblo si éste quería recibirlas, mientras que todo se perdía bajo la falsa tutela del dios de los fenicios.

La curación del hombre impedido en la puerta del templo es típica de muchas obras de poder efectuadas mayormente por Pedro, las que confirmaron el testimonio apostólico en Jerusalén durante los primeros años de la historia de la iglesia. Este ministerio tuvo su auge en las circunstancias que se narran en Hechos 5.12-16, jugando los milagros un papel decisivo en el mantenimiento del testimonio de la iglesia por años ante el poder carnal del Sanedrín.

Los milagros que ocurrieron en el ministerio del apóstol Felipe, en Hechos 8.5-13, representan la evidencia del poder de Dios frente al culto cismático de los samaritanos. En el ministerio de Felipe, en Samaria, paralíticos y cojos fueron sanados, y muchos que tenían espíritus inmundos fueron liberados.

4. El milagro del ciego de nacimiento, en Juan 9.1-9, se halla en la esfera de los milagros que Jesús realizó en la restauración de cuerpo. Este milagro ilustra el poder que Dios puede ejercer en un mundo ciego y oscuro. Así como Jesús proveyó visión a un hombre que no tenía la mínima esperanza de recibirla para que viera la luz del día, también Jesús puede dar luz en medio de las tinieblas en este mundo pecador.

El milagro de la oreja de Malco, es uno que muestra el poder sanador y restaurador de Jesús. Lo importante de este milagro es que Jesús muestra un bello gesto de amor y de perdón al sanar al soldado que venía a apresarlo. Este milagro nos enseña que Jesús puede sanar las enfermedades físicas como también otorgar su amor y su perdón a un mundo pecador.

Sección XI
Trenchard menciona los siguientes rasgos que diferencian el suceso de la muerte de Cristo de un mero martirio, y que revelan algo de la obra redentora:

1. a) Según el relato de Juan 18.4-11, la compañía que había de prender a Jesús cayó a tierra al anunciar Él mismo que era Jesús Nazareno, y en Mateo 26.53 Cristo hace constar que disponía de «más de doce legiones de ángeles» para su defensa. Los dos pasajes evidencian que Jesús se entregó por su propia voluntad en manos de sus perseguidores al llegar la hora señalada, y que en manera alguna habrían tenido los hombres poder sobre Él si no hubiesen sido instrumentos de los planes de ellos.

b) El sueño de la mujer de Pilato (Mt 27.19) señala el misterio que rodeaba a la Persona de «ese justo».

c) La manera en que se presenta la alternativa de «Cristo o Barrabás», y la sustitución de este por el Inocente que padece y muere en la cruz del criminal, es más que una coincidencia, e ilustra dramáticamente el principio de sustitución (Mt 27.13-23).

d) La impresión que produjo en Pilato —que le entregó por miedo a las maquinaciones de los judíos, declarando a la vez que era un hombre sin culpa— el «rey de los judíos» (Mt 27.24, etc.), señala mucho más que un mero fallo en la justicia humana.

e) El crucificado que concede a otro un lugar en su reino, durante la horrible crisis de dolor, no es un mártir, sino un Rey que abre las puertas de su reino por el misterio de la muerte (Lc 23.39-43).

f) Las densas tinieblas sobre toda la tierra desde mediodía hasta las tres de la tarde, que no pudieron obedecer a ningún eclipse solar, por ser luna llena en la época pascual, tenían carácter sobrenatural y simbólico, como comprendieron muchos espectadores (Lc 23.44-48).

g) El grito: «Consumado es», como la voluntaria entrega del espíritu de Cristo a su Padre, mucho antes del momento normal de sobrevenirle la muerte física a causa de la crucifixión, habla elocuentemente de una obra de Dios, bajo el control, no de gobernadores, centuriones y soldados, sino del mismo Siervo que la llevaba a cabo (Jn 19.30-34).

h) El discípulo amado, testigo ocular de todo, apunta tres profecías cumplidas entre los padecimientos y la muerte de Jesús: Juan 19.24 (Sal 22.18); 19.36 (Éx. 12.46, el simbolismo del cordero pascual); 19.37 (Zac 12.10). Es interesante notar que las profecías se hallan en las tres secciones de las Escrituras que el Señor menciona en Lucas 24.44, o sea, la ley, los profetas y los salmos.

i) Los tres sinópticos notan el hecho de que el velo del templo fue rasgado de arriba a abajo en el momento de consumar Jesús su obra en la cruz (Mt 27.51, etc.): símbolo que relaciona el acontecimiento con todo el significado del sistema levítico (Heb 10.19-22).

    j) Solo Mateo (27.50-53) menciona el terremoto que abrió las tumbas de muchos santos, quienes aparecieron a otros muchos después de la resurrección de Jesús, hecho que anticipa el gran triunfo sobre la muerte efectuado por el fallecimiento y la resurrección del Vencedor.

2.   a) Declaraciones claras:
   - Mateo 16.21: *Desde aquel tiempo comenzó Jesús a declarar a sus discípulos que le convenía ir a Jerusalén y padecer mucho de los ancianos y ser muerto y resucitar al tercer día.*
   - El Señor relaciona varias veces los padecimientos y la muerte que se avecinaban con las profecías del Antiguo Testamento: *Elías, en verdad, viene primero, y lo restaura todo; pero, cómo está escrito del Hijo del Hombre, que padezca muchas cosas y que sea tenido en nada.*
   - Otro pasaje sobre este mismo tema es Mateo 26.24: *El Hijo del Hombre se marcha como está escrito de él; pero ¡ay de aquél por quien es entregado!*

    b) Declaraciones veladas
   - La mención del bautismo en Lucas 12.49-50 es sin duda una referencia a la muerte que le esperaba: *Fuego vine a echar en la tierra, ¿y qué quiero si ya se ha encendido? De un bautismo tengo que ser bautizado, y ¡cómo me angustio hasta que se cumpla!*
   - El simbolismo de la «copa», sea de veneno —como medio para ajusticiar a un reo de muerte—, sea de vino —como símbolo de alegría—, es conocido en el Antiguo Testamento (Marcos 14.33-36).
   - La reiteración de la «hora», que marca la consumación de la obra encomendada al Hijo, es muy típica del Evangelio de Juan: *Respondióles* [Jesús a los griegos]: *Ha llegado la hora para que el Hijo del Hombre sea glorificado. De cierto, de cierto os digo, si el grano de trigo que cae en la tierra no muere, queda solo; mas si muere lleva mucho fruto... Ahora está turbada mi alma, y ¿qué diré?... ¿Padre, sálvame de esta hora? Mas por esto he venido a esta hora. ¡Padre, glorifica tu Nombre!* (Jn 12.23,24,27,28).

3. Los sacrificios reconocen:
       a) La necesidad de restaurar las relaciones del hombre con Dios rotas por el pecado.
       b) El hecho del pecado y la necesidad de hallar el medio de expiarlo.
       c) La necesidad de la confesión del pecado, así como la identificación del pecador con la víctima.

d) Y señalan la necesidad de la muerte de una víctima pura e inocente en lugar del pecador.

e) Que la «sangre» llega a ser la señal de la vida ofrecida en expiación y en sustitución.

f) Que las características del tabernáculo (o templo) indicaban la dificultad de acceder a la presencia de Dios, pero a la vez daba esperanza de que mediante los sacrificios mismos, abriera el camino.

g) Que su constante repetición, así como la corta duración de la vida y el ministerio de los sacerdotes, indicaban unas condiciones incompletas y preparatorias, y la necesidad de una consumación futura (Heb 7,9 y 10).

Los relatos de la crucifixión vinculan el hecho histórico con la preparación simbólica que acabamos de reseñar por la celebración de la pascua, y la institución de la Santa Cena, en vísperas de la pascua (Mt 26.26-29), y por el testimonio de Juan sobre «la sangre y el agua», unido a la identificación de Jesús crucificado con el Cordero Pascual (Jn 19.33-36).

4. Cristo, en Juan 1.29, se presenta como Cordero de Dios, doctrina que se relaciona con la celebración pascual.

En Juan 6.33 declara que es el *pan de Dios... que desciende del cielo y da vida al mundo.*

Mateo 26.26-28: *Mi sangre del pacto.* Aquí encontramos la institución de la Cena del Señor, no se trata del pacto condenatorio y transitorio de Sinaí, excepto en el sentido negativo de que el castigo que corresponde a su fallo había de caer sobre la víctima.

En Juan 3.14,15 Jesús declara la necesidad de su juicio sacrificial cuando dice: *Y como Moisés levantó la serpiente en el desierto, así es necesario que el Hijo del Hombre sea levantado, para que todo aquel que en él cree... tenga vida eterna.*

En Juan 10.17,18 Jesús afirma que su sacrificio fue voluntario: *Por esto me ama el Padre, porque yo pongo mi vida para volverla a tomar. Nadie me la quita, sino que yo la pongo de mí mismo. Tengo potestad para ponerla, y tengo potestad para volverla a tomar.*

En Mateo 26.28 las palabras de Jesús señalan su precio de rescate y sustitución cuando afirma: *Esto es mi sangre del pacto, derramada para remisión de pecados.*

Sección XII

1. a) Predicciones claras del Señor acerca de su resurrección

• Mateo 17.22-23: *Estando ellos en Galilea, Jesús les dijo: El Hijo del Hombre será entregado en manos de hombres, y le matarán; mas al tercer día resucitará.*

• Mateo 20.17-19: *Subiendo Jesús a Jerusalén, tomó a sus doce discípulos aparte en el camino, y les dijo: He aquí subimos a Jerusalén, y el Hijo del Hombre será entregado a los*

principales sacerdotes y a los escribas y le condenarán a muerte; y le entregarán a los gentiles para que le escarnezcan, le azoten, y le crucifiquen, mas al tercer día resucitará.
• Lucas 9.22: *Y diciendo: Es necesario que el Hijo del Hombre padezca muchas cosas, y sea desechado por los ancianos, por los principales sacerdotes y por los escribas, y que sea muerto, y que resucite al tercer día.*
b) Alusiones veladas del Señor respecto a su resurrección
• En Mateo 12.39,40 Jesús dice: *Porque como Jonás estuvo en el vientre del gran pez tres días y tres noches, así estará el Hijo del Hombre tres días y tres noches en el corazón de la tierra.*
• En Juan 6.50-58, Jesús hace alusión al pan y al vino. El simbolismo de «comer la carne» y «beber la sangre» habla de la muerte sacrificial, y se relaciona con la gloriosa consumación de la resurrección del cuerpo.

2. El hecho histórico se establece por el testimonio múltiple de fieles testigos. La historia como tal no es posible aparte de la presencia de testigos de cierta confiabilidad que tomen nota de lo que han visto o averiguado, dejando escritos que puedan pasarse de una generación a otra. Hoy en día, entre personas algo enteradas en la materia, el valor histórico de la Biblia se establece cada vez más por el apoyo de una ciencia: la arqueología. Conviene recordar que los hechos narrados en las Escrituras, lejos de ser inferiores a otros en valor histórico, son superiores, tanto por la confianza que podemos tener en los hombres de Dios que los observaban y los pusieron por escrito, como por el hecho de que el proceso histórico se llevó a cabo bajo la guía de la providencia de Dios y por la inspiración del Espíritu Santo.

En lo que concierne a la resurrección, hay varias pruebas básicas relacionadas a este acontecimiento presentadas por Trenchard:
a) El hecho de hallarse la tumba vacía, y los envoltorios fúnebres en su lugar, intactos, nunca ha recibido ninguna explicación verosímil, aparte de la realidad de la resurrección del Señor.
b) Las manifestaciones del Resucitado a los discípulos y a las mujeres son tan variadas, y descritas con tanta naturalidad, que todo intento de «explicarlas» a través de consideraciones naturalistas o espiritistas ha fracasado.
c) El cambio que se produjo en los discípulos, transformándoles de cobardes en hombres de sumo valor, es un hecho probado y manifiesto que no tiene explicación alguna aparte de la realidad del hecho de la resurrección.
d) El nacimiento, persistencia y crecimiento de la Iglesia en la época inmediatamente posterior a la crucifixión es algo increíble aparte de la realidad de la resurrección.

En lo que respecta a testigos oculares de la resurrección, los evangelios mencionan que Jesús se apareció a sus discípulos y muchos otros antes de la ascensión.

3. Trenchard menciona once etapas de los acontecimientos del día de la resurrección. Estas son:

Primera etapa. Las dos Marías y Salomé llegaron al huerto muy de mañana, y vieron al ángel sentado sobre la piedra (Mt 28.1-6), quien les aseguro que el Señor había resucitado.

Segunda etapa. María Magdalena no esperó más, sino que —aturdida y llena de angustia por lo que parecía ser una violación de la tumba—, dejó a sus compañeras y corrió a la ciudad para llamar a Pedro y a Juan (Jn 20.1,2).

Tercera etapa. Las otras dos mujeres quisieron investigar el hecho, y al entrar en la tumba, vieron al mismo ángel (o a otro) «sentado al lado derecho». Este las tranquilizó y proclamó la resurrección del Señor conforme a los anuncios que precedieron a la pasión (Mr 16.5-8)

Cuarta etapa. Mientras tanto Pedro, Juan y María Magdalena se apresuraron al sepulcro por un camino distinto, no encontrando a María y a Salomé. Los dos hombres inspeccionaron la tumba, y creyeron la evidencia de los lienzos (Jn 20.3-10; Lc 24.12).

Quinta etapa y primera manifestación. María Magdalena no quiso apartarse de la entrada de la tumba, preocupada por la suerte del cuerpo del Amado. Al volver a mirar dentro, vio a dos ángeles vestidos de blanco. Apenas entabló conversación con ellos cuando se dio cuenta de que alguien se hallaba detrás de ella, y, al pronunciar el Señor su nombre, lo reconoció (Jn 20.11-18; Mr 16.9).

Sexta etapa. María acudió de nuevo a los discípulos con la buena nueva de que no solo estaba vacía la tumba, sino que el Señor se le había manifestado (Jn 20.18).

Séptima etapa y segunda manifestación. Al parecer, Salomé y la otra María, después de la conversación con el ángel, regresaron a la ciudad por otra ruta y con más lentitud. Seguramente acababan de salir del huerto cuando Pedro, Juan y María Magdalena estaban llegando. De todas formas hubo tiempo para que el Señor se le revelara a María y acudiera al encuentro de Salomé y la otra María antes de que llegasen a casa. Desde luego, el Señor no estaba sujeto a los límites de espacio ni de tiempo. Jesús las saludó con el «Salve» («Chairete», «Saludos» o «Gozaos») y les dio también el mensaje para los discípulos sobre Galilea (Mt 28.8-10) .

Octava etapa. Actividades de otro grupo de mujeres de Galilea. Lucas, utilizando otras fuentes de información, narra los movimientos de un grupo de mujeres de Galilea, entre las que se destacaba Juana. Ellas presenciaron la sepultura; además, prepararon especias y ungüentos (Lc 23.55—24.9) para el cuerpo.

Novena etapa. Ese mismo día, un poco más tarde, Jesús se le reveló a Pedro en privado, sin duda con el fin de efectuar su plena restauración en vista de las negaciones de la noche en que lo entregaron (Lc 24.34; 1 Co 15.5).

Décima etapa. La manifestación a Cleofas y a su compañero en el camino de Emaús (Lc 24.13-33), fue un acto especial de la gracia del

Señor, ya que se alejaban de la capital después de oír las noticias de la tumba vacía y de la conversación que tuvieron las mujeres con los dos ángeles en la tumba. Undécima etapa. La manifestación del Señor a los diez en el cenáculo, la tarde del primer día de la semana (Jn 20.19-23).

4. Trenchard presenta las siguientes notas destacando los principales aspectos del significado de la ascensión:

a) Puso fin oficial al ministerio de Cristo en la tierra. El Hijo se ofreció para realizar una misión especialísima, como el Verbo encarnado en la tierra, y como el Cordero de Dios que quita el pecado del mundo. Siempre fue y será el único Mediador; su estancia en la tierra se revistió de un carácter específico y con límites claramente definidos: *Salí del Padre, y he venido al mundo; otra vez dejo el mundo y voy al Padre* (Jn 16.28).

b) Se asocia son la exaltación de Cristo como Príncipe y Salvador, de modo que anula el veredicto contrario de los hombres que lo clavaron en la cruz de Barrabás, y señala el triunfo del Hijo del Hombre, a quien Dios dio un nombre que es sobre todo nombre (Fil 2.8-11, Hch 2.36).

c) Inaugura el ministerio de intercesión del Mediador y Sumo Sacerdote. La presencia de quien llevó a cabo la obra de expiación de pecados a la diestra del trono es la garantía de la justificación del creyente (Jn 16.10; Ro 8.34). Igualmente provee para los santificados un Intercesor y Auxiliador que opera a su favor con plena autoridad y poder (Heb 2.17,18; 4.14-16; 6.20; 7.24-28).

d) Señala el período del reino espiritual del Rey Sacerdote que terminará con su triunfo final sobre todos sus enemigos (Sal 110.4; Heb 10.12,13).

e) Inaugura la dispensación del Espíritu Santo en la tierra, va que Cristo había de consumar su obra redentora y sería exaltado antes de que se diera el Espíritu Santo para habitar en la Iglesia, como también en el cuerpo de los redimidos (Jn 7.38; 15.26; 16.7).

f) Señala, por lo tanto, la época de las «mayores obras» de los siervos de Dios en la tierra que depende de la obra consumada de Cristo y de la presencia con ellos del Espíritu Santo (Jn 14.12; Mr 16.19; Hch 2.41; 5.16; Ef 4.7-12).

g) Se relaciona con la Segunda Venida de Cristo de forma corporal y visible que señalará la consumación de este siglo (Hch 1.11; Mt 24.30). La ascensión enfatiza las notas de consumación y de esperanza, pues Cristo «volvió del Padre» porque había cumplido su misión en la tierra, y de él también se dice: *Porque dentro de brevísimo tiempo vendrá el que ha de venir, y no tardará* (Hab 2.3; Heb 10.37).

PROGRAMA GENERAL DE ESTUDIOS TEOLÓGICOS FLET

ETAPA O AÑO 1

Código y año	Curso	Texto	Autor	Horas crédito	Descripción
BI-101 1	Introducción a la Biblia	Introducción a la Biblia	Donald Demaray	3	Examina la inspiración, revelación, canonicidad e infalibilidad.
TP-101 1	Hermenéutica	Cómo entender e interpretar la Biblia	R.C. Sproul	3	Principios básicos para la interpretación bíblica.
TP-121 1	Guía Pastoral I	Guía Pastoral I	Les Thompson (editor)	3	Lectura de 45 artículos en diversas áreas ministeriales.
TS-101 1	Doctrina Bíblica	Doctrina Bíblica	R.C. Sproul	3	Estudio de 101 doctrinas bíblicas clave.
TS 111 1	Eclesiología	La iglesia en que sirvo	Alberto Barrientos	3	Estudio de la doctrina de la iglesia.
TP-111 1	Diaconía (Electivo)	El ministerio de la diaconía	Humberto Pérez	3	Análisis de la enseñanza bíblica del diaconado.
HU-101 1	Pedagogía (Electivo)	Enseñando para cambiar vidas	Howard Hendricks	3	Filosofía, principios y metodología para la enseñanza de la Biblia.
Escoja un curso electivo de la etapa 1	6			18	Certificación de Maestro o Diácono (18 horas crédito)

PROGRAMA GENERAL DE ESTUDIOS TEOLÓGICOS FLET

ETAPA 2

Código y año	Curso	Texto	Autor	Horas crédito	Descripción
BI-202	Nuevo Testamento I (Evangelios)	Los cuatro evangelios	Ernesto Trenchard y Larry McCullough	3	Estudia las enseñanzas principales del Señor Jesucristo.
TP-202	Apologética	Apologética	Norman Geisler y Ron Brooks	3	¿Cómo defender la fe cristiana ante este mundo hostil?
TP-222	Guía Pastoral II	Guía Pastoral II	Les Thompson (editor)	3	Lectura de 45 artículos en diversas áreas ministeriales.
TS-202	Antropología	La persona que soy	Les Thompson		Estudio analítico y práctico de la doctrina del hombre.
EM-202	Discipulado Personal (Electivo)	Discipulado Personal	Al Valdés y equipo de Billy Graham	3	Capacitación para discipular a los creyentes.
HI-202	El mundo al que predicamos (Electivo)	El mundo al que predicamos	Salvador Dellutri	3	Informa, alerta y estimula a vivir cristianamente en un contexto secular.
HU 202	Comunicación	Un manual de estilo	Mario Llerena	3	Herramientas para comunicar el evangelio con más precisión.
Escoja un curso electivo de esta etapa	6			18	

PROGRAMA GENERAL DE ESTUDIOS TEOLÓGICOS FLET

ETAPA 3

Código y año	Curso	Texto	Autor	Horas crédito	Descripción
BI-303	Nuevo Testamento II (Hechos)	Hechos de los Apóstoles	F.F. Bruce	3	Un comentario clásico acerca de los inicios de la Iglesia.
TP 303	La familia cristiana	La familia	Les Thompson	3	Un examen de la doctrina bíblica sobre el matrimonio y la familia.
TP-333	Homilética I	La predicación bíblica	Haddon Robinson	3	Introducción a la práctica de la exposición de la Biblia.
TP-343	Guía Pastoral III	Guía Pastoral III	Les Thompson (editor)	3	Lectura de 45 artículos en diversas áreas ministeriales.
TS-303	Teología	El Dios que adoramos	Gerardo Nyenhuis	3	Un estudio de la persona de Dios.
EM-303	Iglecrecimiento I	La Iglesia de Jesucristo y cómo hacerla crecer	Alfredo Smith	3	Un estudio detallado acerca del establecimiento y crecimiento de iglesias locales.
HU-101 1	Pedagogía (Electivo)	Enseñando para cambiar vidas	Howard Hendricks	3	Filosofía, principios y metodología para la enseñanza de la Biblia.
	6			18	Diploma en Estudios Bíblicos (54 horas crédito)

PROGRAMA GENERAL DE ESTUDIOS TEOLÓGICOS FLET

ETAPA 4

Código y año	Curso	Texto	Autor	Horas crédito	Descripción
BI-404	Antiguo Testamento I (Pentateuco)	El Reino de Dios (I)	Francis Breish	3	Un estudio del Pentateuco.
BI-444	Griego I (Electivo)	Griego	Merle Den Bleyker	3	Introducción al estudio del lenguaje original del Nuevo Testamento.
TP-404	Consejería (Electivo)	El Arte de Aconsejar Bíblicamente	Lawrence Crabb	3	Introducción a los principios de consejería bíblica.
TP-494	Guía Pastoral IV	Guía pastoral IV	Les Thompson (editor)	3	Lectura de 45 artículos en diversas áreas ministeriales.
TS 404	Neumatología (Electivo)	En tiempos de avivamiento	Cornelio Hegman	3	Un estudio de la Biblia sobre la persona y obra del Espíritu Santo.
EM-404	Misiones I	Misión Mundial I	Jonatán Lewis (editor)	3	Base bíblica e histórica del movimiento misionero cristiano.
HI-404	Historia I	Historia de la Iglesia Primitiva	Harry Boer	3	Introducción a la historia de la iglesia primitiva.
HU-404	Introducción a la Sicología	Introducción a la Sicología	En preparación	3	Estudia la conducta del ser humano desde una cosmovisión bíblica.
Escoja un curso electivo de esta etapa	6			18	Profesorado (72 horas crédito)

PROGRAMA GENERAL DE ESTUDIOS TEOLÓGICOS FLET

ETAPA 5

Código y año	Curso	Texto	Autor	Horas crédito	Descripción
BI-555	Antiguo Testamento II (Los Escritos)			3	Un estudio de Los Escritos del Antiguo Testamento.
TP-555	Liderazgo	Liderazgo en Misión	Raimundo Brinks	3	Un estudio práctico del liderazgo misionero.
TP-565	Guía Pastoral V	Guía Pastoral V	Les Thompson (editor)	3	Lectura de 45 artículos en diversas áreas ministeriales.
TS-505	Soteriología (Doctrina de la salvación)	Varios textos		3	Estudio de la doctrina de la salvación.
EM 505	Misiones II	Misión Mundial II	Jonatán Lewis (editor)	3	Estrategias para alcanzar al mundo en nuestra generación.
HI 505	Historia II	Desde Lutero hasta América Latina	Cornelio Hegeman y Derk Oostendorp	3	Enfoque sobre el desarrollo de la iglesia protestante durante el siglo 16.
HU 505	Introducción a la Filosofía	Introducción a la Filosofía	Salvador Dellutri	3	Las corrientes filosóficas, y sus repercusiones en la iglesia.
Escoja un curso electivo de la etapa 1 ó 2	8			24	Certificación de Maestro o Diácono (18 horas crédito)

PROGRAMA GENERAL DE ESTUDIOS TEOLÓGICOS FLET

ETAPA 6

Código y año	Curso	Texto	Autor	Horas crédito	Descripción
TP-606	Ética Cristiana	Ética Cristiana	Gerardo Nyenhuis	3	Un estudio de la verdad de Dios y sus efectos en la vida cotidiana.
TP-676	Guía Pastoral VI	Guía Pastoral VI	Les Thompson (editor)	3	Lectura de 45 artículos en diversas áreas ministeriales.
TS-606	Escatología	Los últimos días	R.C. Sproul	3	Analiza las teorías sobre la Segunda Venida.
EM 606	Misiones III	Misión Mundial III	Jonatán Lewis (editor)	3	Consideraciones transculturales en la misión.
HI 606	Historia III	Historia III	En proceso	3	Un examen de la historia de la iglesia en el siglo 20.
HU 606	Introducción a la Sociología	Introducción a la Sociología	En proceso	3	Conceptos sociológicos que inciden en la comunidad cristiana.
BIB-666	Nuevo Testamento III (Epístolas)	Epístolas	En proceso	3	Estudio de las cartas del N.T.
BIB-606	Antiguo Testamento III (Profetas)	Profetas	En proceso	3	Análisis de los profetas mayores y menores del A.T.
TOTALES	40, más electivos			12	Licenciatura en Teología(Electivo) (120 horas crédito)

FLET está en capacidad de dictar cursos de maestría y doctorado a través de una institución autorizada.

HOJA DE CALIFICACIÓN

NOMBRE	CALIFICACIONES								NOTA FINAL
	Peña 1	2	3	4	5	6	7	8	

Índice de temas

EDITORIAL
PORTAVOZ

NUESTRA VISIÓN

Maximizar el efecto de recursos cristianos de calidad que transforman vidas.

NUESTRA MISIÓN

Desarrollar y distribuir productos de calidad —con integridad y excelencia—, desde una perspectiva bíblica y confiable, que animen a las personas a conocer y servir a Jesucristo.

NUESTROS VALORES

Nuestros valores se encuentran fundamentados en la Biblia, fuente de toda verdad para hoy y para siempre. Nosotros ponemos en práctica estas verdades bíblicas como fundamento para las decisiones, normas y productos de nuestra compañía.

Valoramos la excelencia y la calidad
Valoramos la integridad y la confianza
Valoramos el mérito y la dignidad de los individuos
y las relaciones
Valoramos el servicio
Valoramos la administración de los recursos

Para más información acerca de nuestra editorial y los productos que publicamos visite nuestra página en la red: www.portavoz.com